In Erinnerung an meine Eltern, Lucjan Dolęga-Kamieński
und Linda Kamieńska (geb. Harder)

Jan Kamieński

Verborgen vor den Augen des Feindes

Widerstand aus dem Inneren des Dritten Reichs

SANDSTEIN

Vorwort

Alle Kriege sind hässlich. Alle Kriege sind blutig. Nahezu alle Kriege sind unnötig. Dennoch gedenken wir ihrer auf vielerlei Arten, indem wir Denkmäler für die vielen Millionen errichten, die gefallen sind in Schlachten, die aus einer Fülle von Gründen geführt wurden: aus Eitelkeit eines Herrschers, dem Wunsch, einmal Cäsar oder Napoleon zu spielen, aus politischer Ideologie und dem immerwährenden und brennenden Wunsch nach ewigem Ruhm. Und so befassen sich Geschichten über den Krieg mit der Geschichte bewaffneter Konflikte, mit ihren Ursachen, Verläufen und Resultaten. Manchmal sind solche Werke fiktional, manchmal radikal realistisch, da »vor Ort« selbst erlebt, doch sie alle zeigen die Auswirkungen des Krieges in Form von Pathos, Drama und Elend, die den anfänglichen heroischen Posen und hurrapatriotischen Deklarationen folgen. Es sind Werke von überzeugendem Realismus. Doch Jan Kamieńskis Buch ist anders. Seine Zusammenfassung der vergeblichen Diplomatie und Verträge ist sowohl eindringlich als auch von klarem Verstand und führt den Leser ins unheilvolle Jahr 1939 bis hin zur Besetzung Polens durch die Deutschen. Auf überzeugende Art und Weise beschreibt es die Umstände, unter denen die polnische Zivilbevölkerung in diesen verzweifelten Septemberwochen 1939 zu leiden hatte, als ein junger Teenager vor den tödlichen Verwüstungen durch den Blitzkrieg der Deutschen aus seinem Zuhause in Poznań Richtung Osten floh. Er findet auch eindringliche Wortbilder, um die drei Tage und Nächte des blanken Horrors im Januar/Februar 1945 zu beschreiben – diesmal sind es – in umgekehrter Richtung verglichen mit dem blutigen 1939 – die deutschen Flüchtlinge, die vor der näher rückenden Roten Armee gen Westen fliehen.

Zwischen diesen beiden epischen Katastrophen liegen sechs Jahre Blutbad, in dem über 40 Millionen Menschen umkamen – manche fielen der militärischen Schlagkraft und gezielten Bombardements zum Opfer (in Dresden, um nur eine Stadt zu nennen). Andere starben als unschuldige Opfer von Bestialität und Folter. Für die meisten war es bestenfalls ein erbärmliches

Dasein unter der Kontrolle der Nazis und später der Kommunistischen Partei. Auch diese Umstände werden sehr gut in diesem Buch beschrieben.

Neben Jan Kamieńskis Talent, menschliche Gefühle zu benennen und Ereignisse auf der Ebene des politischen Staates zur Sprache zu bringen, gibt es ein weiteres wichtiges Element in diesem Buch. Es ist die Verblüffung, die Faszination über die »seltsamer als jede Fiktion« erscheinende Realität, dass er die meiste Zeit damals als sehr junger Widerstandsaktivist aktiv war – und zwar im Land des Feindes. Ständig in der Gefahr zu leben, entdeckt und verhaftet zu werden, muss für einen 18-Jährigen sicherlich grauenhaft gewesen sein. Doch darauf geht der Autor kaum näher ein. Da er in Dresden lebte, wurde er Zeuge der drei aufeinanderfolgenden Bombenangriffe auf die Stadt, die am 13. und 14. Februar 1945 von der britischen Royal Air Force und den Luftstreitkräften der amerikanischen Armee ausgeführt wurden. Er beschreibt das Grauen dieser Zeit in den höchst bewegenden, aufrüttelnden Worten eines Augenzeugen, der die Katastrophe selbst miterlebt hat. Er nähert sich seinem Thema aus verschiedenen Perspektiven und wendet dabei großes schriftstellerisches Können an sowie eine unvoreingenommene philosophische Distanz, derer es bedarf, um mit solchem Einfühlungsvermögen schreiben zu können.

Dieses Buch ist eine Wohltat, sei es als Buch der Lebenserinnerungen, als Synopsis des Wahnsinns europäischer Diplomatie, des deutschen Militarismus' oder der Politik der Nazis in jener Zeit vor 65 Jahren.[1] Mit diesem Buch der Erinnerungen kann man damit beginnen, jene Zeit zu verstehen – und Mitgefühl zu entwickeln mit denen, die in den Strudel des Elends geraten sind. Der Autor malt eine Art schriftliches Porträt seiner bemerkenswerten Reise.

Der ehrenwerte Edward R. Schreyer
P. C., C. C., C. M. M., O. M., C. D.

1 Hier handelt es sich um die Zeitrechnung entsprechend der Originalausgabe von 2008. Nach heutigem Stand lägen wir bei 80 Jahren.

Vorwort zur deutschen Ausgabe

Dieses Buch, das nun in deutscher Sprache vorliegt, ist eine kleine Sensation und eine wichtige Ergänzung für die Sicht auf die Geschichte Dresdens.

Vor einigen Jahren hatten mich Roswitha und Andreas Hänel aus Dresden-Hellerau darauf hingewiesen, es gäbe da die Erinnerungen eines Polen namens Jan Kamieński aus seiner Zeit während des Zweiten Weltkriegs in Dresden in englischer Sprache; dieser habe in engem Kontakt mit ihrer Familie gestanden.

Das weckte sofort mein Interesse. Wie kam dieser damals junge, künstlerisch begabte Pole nach der Besetzung seines Landes nach Dresden, wie erlebte er Dresden und seine Einwohner unter der Naziherrschaft im Krieg, welche Kontakte knüpfte er insbesondere in Hellerau?

Die Lektüre seiner Erinnerungen fesselte mich zunehmend. Als 16-jähriger Schüler in einem gutbürgerlichen kulturellen Umfeld in Poznań erlebte der Autor den Überfall Nazideutschlands auf sein Heimatland mit all seinen grausamen Folgen. Er kam in Kontakt mit dem polnischen Widerstand und beschloss schließlich, sich in dessen geheimen Auftrag 1941 nach Dresden zu begeben und dort eine Arbeit anzunehmen. Er hatte das Glück, in Hellerau eine Bleibe zu finden, wo er Kontakt zu Menschen fand, die dem Regime ablehnend gegenüberstanden. Immer wieder in Gefahr entdeckt zu werden, schildern die Erinnerungen die heimliche Aufnahme von Kurieren aus dem besetzten Polen sowie insbesondere die Versuche, den in den umliegenden Lagern inhaftierten Zwangsarbeitern Informationen über die Kriegslage zu übermitteln und Hoffnung auf eine Befreiung zu geben. Aufmerksam registrierte er, der die deutsche Sprache beherrschte, Verhalten und Stimmungen der deutschen Bevölkerung, etwa unter seinen Arbeitskollegen und insbeson-

dere in seiner oft regimekritischen Umgebung in Hellerau. Die Freundschaft mit Franziska, der Tochter von Dr. Franz Ulich, einem von den Nazis 1933 entlassenen höheren sächsischen Beamten, und späteren Mutter von Andreas Hänel, ist ein wichtiges Element der Erinnerungen. Besonders dramatisch entwickelte sich das Geschehen, als Jan Kamieński zu sinnlosen Schanzarbeiten im bitterkalten Winter 1944/45 nach Schlesien und schließlich nach Breslau abkommandiert wurde. Von dort gelang ihm die Flucht zurück nach Dresden unter höchster Gefahr. Dabei begegnete er Flüchtlingstrecks und Todesmärschen aus den weiter östlich gelegenen Konzentrationslagern. Hautnah erlebte er die Bombardierungen Dresdens am 13. und 14. Februar 1945 und deren schreckliche Auswirkungen.

Es folgen Erinnerungen an die Atmosphäre unter der Bevölkerung bei Kriegsende, an das Zusammentreffen mit der Roten Armee und schließlich an das Studium als Meisterschüler an der sich neu formierenden Kunstakademie in Dresden. Hier begegnete er Malern wie zum Beispiel Professor Wilhelm Rudolph und Otto Griebel. Das Buch endet mit seiner Flucht in die britische Besatzungszone und mit seinen recht skurril erzählten Erlebnissen mit der britischen Militärbürokratie, bevor er dann 1949 nach Kanada übersiedelte. Dort war Kamieński als später hochgeehrter Künstler und Illustrator tätig und arbeitete für verschiedene Zeitungen, u. a. als politischer Karikaturist und Kolumnist. Er starb 2010 in Winnipeg im Alter von 87 Jahren.

Jan Kamieński hat seine Erinnerungen erst wenige Jahre vor seinem Tod, also viele Jahre nach den Geschehnissen, verfasst. Dennoch sind ihm nur wenige (v. a. Namens-)Fehler unterlaufen, auf welche in dieser Ausgabe hingewiesen wird.

Die deutsche Fassung wurde dankenswerterweise ermöglicht durch die finanzielle Unterstützung vor allem seitens der Stiftung Sächsische Gedenkstätten, aber auch der Ostsächsischen Sparkasse Dresden, des Münchner-Platz-Komitees und der Deutsch-Polnischen Gesellschaft Sachsen. Dank gebührt auch dem Sandstein Verlag, der sich sehr engagiert, die Bedeutung der Erinnerungen Jan Kamieńskis erkennend, zur Herausgabe entschlossen hat. Schließlich gilt der Dank Roswitha und Andreas Hänel, die die Anregung zu dem Projekt gaben und wichtige Hinweise lieferten.

Wolfgang Howald
Vorsitzender des Münchner-Platz-Komitees e. V. und der
Deutsch-Polnischen Gesellschaft Sachsen e. V.

Geleitwort

Gerade 18 Jahre alt und geprägt von der brutalen Eroberung und Unterjochung seines Heimatlandes Polen durch das nationalsozialistische Deutschland, entschließt sich Jan Kamieński, in das Land des Feindes zu gehen. Konkret nach Dresden, um von dort aus verdeckt für den polnischen Widerstand zu arbeiten. Mit seinen Erinnerungen schildert Jan Kamieński eine differenzierte Sicht auf das Leben im Dresden der Kriegszeit: Er erlebt die Normalität der Naziherrschaft, sieht die vielen verblendeten Mitläufer und Mittäter. Er spürt allerorts den kaum zu erschütternden Glauben an »Führer« und »Endsieg«. Aber er nimmt zunehmend auch die sich allmählich wandelnde Stimmung wahr, je näher die Kriegsfront Richtung Deutschland rückt.

Jan Kamieński trifft in Dresden auch auf Menschen, die dem nationalsozialistischen Regime kritisch gegenüberstehen. Zum Teil freundet er sich mit ihnen an. Aber sein Spektrum der Erinnerungen reicht noch weiter. Er schildert die Organisation des polnischen Widerstands, die Zustände in der Rüstungsproduktion, die Zwangsarbeitslager in und um Dresden, die Nachkriegszeit unter sowjetischer Militärverwaltung sowie seine ersten Jahre an der Kunstakademie Dresden nach dem Krieg.

Das vorliegende Buch ist ein wichtiges Zeitzeugendokument mit einer ganz besonderen Sichtweise. Ich freue mich, dass die Stiftung Sächsische Gedenkstätten die Veröffentlichung der deutschen Ausgabe von Jan Kamieńskis *Hidden in the Enemy's Sight* unterstützen konnte. Ich danke zugleich Wolfgang Howald als Vorsitzendem des Münchner-Platz-Komitees e. V. und der Deutsch-Polnischen Gesellschaft Sachsen e. V. für das ehrenamtliche Engagement, ohne das es diese Veröffentlichung nicht geben würde. Ich wünsche dem Buch besonders in Dresden, aber auch über die Region hinaus große Beachtung und viele Leserinnen und Leser!

Dr. Markus Pieper
Geschäftsführer der Stiftung Sächsische Gedenkstätten

Staatengrenzen Polens vor dem Zweiten Weltkrieg, 1939.

Teil 1

N

POLEN

Teil 1

Die Anfänge

Die Vergangenheit ist nichts weiter als der Anfang eines Anfangs, sagt H. G. Wells, und nun, mit weit über 80 Jahren, blicke ich zurück auf meine Vergangenheit, um herauszufinden, wo dieser Anfang eigentlich genau anfing. Nicht in der Kindheit, dessen bin ich mir sicher, denn dies sind meist Jahre, in denen wir uns auf die Zukunft vorbereiten und vorbereitet werden. Manchmal verläuft diese Übergangszeit glatt, manchmal jedoch werden wir auch durch plötzliche äußere Ereignisse, mit denen wir gar nicht gerechnet hatten, ins Erwachsensein hineingestoßen.

Meine eigene Kindheit war im Großen und Ganzen recht schön. An und für sich war das auch nicht weiter bemerkenswert, wenn man bedenkt, dass ich ein Einzelkind war und als solches sehr behutsam behandelt wurde. Ehrlich gesagt, war ich ziemlich verwöhnt. Ich werde diese Jahre überspringen, auch wenn diese Zeit und die Umgebung, in der ich aufwuchs, mein leichtes und unkompliziertes Hinübergleiten ins Erwachsenenalter geprägt haben.

In jener Umgebung war die Musik von herausragender Bedeutung. Mein Vater war Komponist, ein renommierter Forscher und Sammler polnischer Volksmusik und Folklore, Professor für Musikwissenschaft und später Dekan der Philosophischen Fakultät an der Universität in Poznań. Meine Mutter war Konzertsängerin und Gesangslehrerin. Natürlich nahmen sie aktiv am kulturellen Leben der Stadt teil, und bei uns zuhause gingen nicht nur andere Musiker und Musikerinnen ein und aus, sondern auch Schriftsteller, Künstler und sogar Politiker, die an den literarischen und musikalischen Abendveranstaltungen teilnahmen, die meine Mutter regelmäßig am Donnerstag anbot. Dies war das Milieu, in dem ich aufwuchs und das meine Haltung gegenüber der Welt in den entscheidenden Jahren prägte. Wir reisten regelmäßig. Selbst jetzt, im fortgeschrittenen Alter, habe ich immer noch viele Erinnerungen daran, wie ich als Sechsjähriger am adriatischen Strand von Dubrovnik spielte, wie ich mit acht Schloss Schönbrunn in der Nähe von Wien besichtigte und wie ich mich vom gespenstischen Inneren der enormen Burgruinen hoch oben auf der Donauebene über Bratislava einschüchtern ließ.

Ungefähr im Alter von zehn Jahren war mir bewusst, dass mein Leben einen vorbestimmten Lauf nehmen würde, der sich an den allgemeinen Gebräuchen und an der Familientradition ausrichtete. Nachdem ich die Oberschule abgeschlossen hatte, würde ich eine sehr strenge Abschlussprüfung namens Matura ablegen, schriebe mich an der Kadettenschule ein und stiege von dort weiter zur Offiziersschule auf, wo ich mich entscheiden könnte, welcher Dienstzweig mir am meisten zusagte (zumindest wurde uns das so vermittelt). Nachdem ich den Junior-Rang eines Unterleutnants erreicht hatte, würde ich ins zivile Leben zurück entlassen, jedoch natürlich als Reservist. Mit diesem Status wäre es mir möglich, mich an der Universität einzuschreiben, um mein Lieblingsfach Geschichte zu studieren, nicht, ohne dabei an eine zukünftige akademische Karriere zu denken. Natürlich ist nichts davon eingetreten.

Ich war noch ein Teenager, als mir ein Klassenkamerad, ein Junge namens Henryk Komorowski (oder hieß er doch Komierowski?) von einer politisch aktiven Jugendgruppe erzählte, der er angehörte, und mich fragte, ob ich nicht mal zu einem der Treffen mitkommen wolle – nicht direkt, um Mitglied zu werden, sondern einfach nur so, um die Diskussion zu verfolgen. Zu der Zeit hatte ich durch Radiohören und Zeitunglesen bereits angefangen, mich sehr für Politik zu interessieren. Ich hatte die italienische Invasion in Äthiopien mitverfolgt sowie den mörderischen spanischen Bürgerkrieg, und die Gefahr, die von Hitlers Deutschland für Polen ausging, war mir äußerst bewusst. Auch die Innenpolitik meines Landes übte einen gewissen Reiz auf mich aus. An einem Tag im Mai 1938 trafen Henryk und ich uns in einem kleinen Raum im Keller eines großen Wohngebäudes in der Łąkowa Straße in einem der ärmeren Mittelschichtsbezirke von Poznań. Der Raum war voll, obwohl wir nur zu sechst waren. Der Gastgeber war ein junger Mann namens Zenek, ein Student am Polytechnikum, der auch der Anführer und Sprecher der Gruppe war. Ich wurde vorgestellt und schüttelte jedem die Hand. Dann setzte ich mich in eine Ecke und verfolgte das Geschehen.

Es war alles recht simpel. Zenek sprach von der Innenpolitik und wie sich diese auf Polens Ansehen auf der internationalen Bühne auswirke. Ich kann natürlich nicht wortwörtlich alles wiedergeben, was in der kleinen Gruppe besprochen wurde, aber ich erinnere mich klar und deutlich an den allgemeinen Tenor seiner Kommentare und spekulativen Grübeleien. Nach Deutschlands Einmarsch in Österreich früher im Jahr, so sagte er, seien die Sudetendeutschen nun widerspenstig geworden und forderten eine Abspaltung von der Tschechoslowakei, um sich Hitlers Deutschland anschließen zu können. Dies könne zu weiteren Gebietsansprüchen Hitlers führen und möglicherweise in einem bewaffneten Konflikt enden, der auf die ein oder andere Art auch Polen betreffen würde. Er sprach nicht von einer Parteidoktrin, aber schließlich wurde mir klar, dass diese Doktrin sicherlich leicht rechtsgerichtet und äußerst katholisch ausgefallen wäre. Spätere Treffen, an denen ich als Mitglied der Gruppe teilnahm, ließen mich schließlich erkennen, dass die politische Bewegung, zu der wir uns hingezogen fühlten, den Namen Stronnictwo Narodowe (Nationale Partei) trug. Sie lehnte das herrschende Regime in Warschau ab und war entschieden anti-deutsch.

Bald fing das ganze Theoretisieren und Politisieren jedoch an, mich zu langweilen. Ich suchte nach etwas Aufregenderem als nach bloßem Gerede. Diese Aufregung kam dann früh genug, gegen Ende September, Anfang Oktober 1938, als Zeneks Vorhersage über die Annektierung des Sudetenlandes durch Deutschland wahr wurde. Polen bekam sein Stück vom Kuchen, indem es die ethnisch-polnischen Gebiete des Teschener Schlesiens wieder besetzte, die die Tschechoslowakei Polen entrissen hatte, während dieses 1920 verzweifelt gegen die Sowjetische Invasion kämpfte. Jetzt wurde in der Innenstadt von Poznań ein Informationsbüro eröffnet, noch bevor polnische Truppen dieses Gebiet zurückgewonnen hatten. Vermutlich taten sie dies, damit die Öffentlichkeit hinter der Entscheidung der Regierung stand, einem militärischen Vorstoß der Deutschen im besagten Gebiet zuvorzukommen. Von patriotischem Enthusiasmus inspiriert, versuchten ein Klassenkamerad und ich, beide erst 15 Jahre alt, uns den Streitkräften anzuschließen und an der Militäroperation teilzunehmen. Wir wurden jedoch auf höfliche Art gebeten, brave Jungs zu sein und wieder zurück zur Schule zu gehen.

Weite Teile Europas waren zu der Zeit durch ein Netz militärischer Abkommen und Versprechen gegenseitiger Hilfe miteinander verbunden. Ein französisch-polnisches Bündnis reichte zurück bis 1921. Polen und Rumänien hatten in den Jahren 1921 und 1926 ähnliche Abkommen unterzeichnet, und eine britische Zusage über militärische Hilfe für Polen wurde am 31. März 1939 ratifiziert. Nicht-Angriffspakte zwischen Polen und

Mit meinen Eltern im Mai 1929. Das Bild hat mein Onkel Czesław gemacht, der aus Kanada kam, um Poznań zu besuchen.

seinen unmittelbaren Nachbarn, der Sowjetunion und Deutschland, waren jeweils 1932 und 1934 unterzeichnet worden, aber als Hitler letzteren im März 1939 für »null und nichtig« erklärte, glaubten die meisten der 36 Millionen Einwohner Polens noch naiv an die Macht und an die Fähigkeiten ihrer anderen Verbündeten bei der Niederschlagung der Wehrmacht.

Sehr bald schon wurde uns klar, dass diese Bündnisse nichts weiter als ein Stück Papier waren, aber im Frühling 1939 marschierten wir noch stolz, patriotische Lieder singend, und schwenkten unsere rot-weißen Flaggen, um den Botschaften und Konsulaten unserer Verbündeten zuzujubeln. Unser Kampfgeist und unsere Bereitschaft, für unser Land zu kämpfen, waren stark und unerschütterlich. Jung und ungeduldig wie wir waren, hatten wir der Nachricht, dass in den Straßen von Paris und überall in Frankreich derzeit der Slogan »Mourir pour Dantzig? Jamais!« (»Für Danzig sterben? Niemals!«) die Runde machte, kaum Beachtung geschenkt. Hitlers Außerkraftsetzen des polnisch-deutschen Nichtangriffspakts verschärfte die bereits bestehenden Spannungen zwischen den beiden Ländern, und nun fing Deutschland an, gegenüber seinem Nachbarn Gebietsansprüche geltend zu machen. Wie nicht anders zu erwarten war, wies die polnische Regierung diese zurück, und unsere Streitkräfte wurden in Alarmbereitschaft versetzt. Ein schöner, wenn auch angespannter Sommer folgte, Zenek verschwand von der Bildfläche. Ich nahm an, dass er als Reservist wieder in seine Einheit zurückbeordert worden war, was sich in der Folge als richtig erwies.

Ich verbrachte zwei Wochen meiner Sommerferien in Turew (von mir »Turwia« genannt) auf einem Anwesen, wo ich bereits viele glückliche Sommer erlebt hatte. Es gehörte einer sehr entfernten Verwandten unserer angeheirateten Familie, Mme. Thecla Chłapowska, die ich »Tante Uja« nannte, und bestand aus einem Landsitz umgeben von einem riesigen Park und ca. 50 000 Hektar wunderschönem, fruchtbaren Grundbesitz. Zurück in Poznań reiste ich mit meinen Eltern in den kleinen Sommerurlaubsort Borsk, der zwischen den Ufern des großen Wdzydze Sees und einem zauberhaften Kiefernwald im sogenannten Polnischen Korridor gelegen war, der Deutschland von Ostpreußen trennte. Die Anlage mit ihrem halben Dutzend kleinen Gästehäusern und dem etwas größeren Gebäude, das einen Gemeinschaftsspeiseraum und das Quartier des Eigentümers beherbergte, gehörte Kazimierz Jasnoch, einem bekannten Porträtkünstler, dessen Frau Halszka Sängerin war und eine der Gesangsschülerinnen meiner Mutter. Mitte August verhandelten Deutschland und die Sowjetunion über einen Nichtangriffspakt, und Gerüchte über einen drohenden Krieg verbreiteten sich von Tag zu Tag mehr. Die Stimmung der wenigen, am Abendbrottisch anwesenden Urlauber schwankte zwischen schwermütiger Nachdenklichkeit und sorgloser Furchtlosigkeit, obwohl merkwürdige Dinge vor sich gingen. Kleine Flugzeuge, offensichtlich ziviler Art, flogen regelmäßig und häufig von Westen nach Osten und zurück, manchmal kreisten sie auch über uns. Einige der Urlaubsgäste sagten: »Ach ja, da sind unsere polnischen Flugzeuge – die überwachen unseren Luftraum!« Darauf antwortete Herr Jasnoch, der über solche Dinge dank seiner Zeit beim

Militär, während der es 1918 auch zu einem Aufstand gegen die Deutschen kam, Bescheid wusste: »Machen Sie sich doch nichts vor! Das sind deutsche Aufklärungsflugzeuge, die uns ausspionieren und von da oben Luftaufnahmen von unseren Straßen und Brücken machen!« Die anderen erwiderten darauf: »Das ist doch Blödsinn!«, und die allgemeine Einschätzung war, dass bei einem tatsächlichen Kriegsausbruch die Deutschen von uns eine solche Tracht Prügel bekommen würden, dass sie sie niemals wieder vergessen würden. Die Mobilisierung war in vollem Gang.

Der deutsch-sowjetische Nichtangriffspakt wurde am 23. August unterzeichnet, unter allgemeinem Unbehagen. Im Radio und in den Printmedien war man jedoch verhalten optimistisch. Meine Mutter meinte dazu immer wieder: »Wir schießen auch nicht mit Erbsen!« Es war das »wir« in ihrer Aussage, das mir Aufschluss über die Art von Verbundenheit gab, die sie als in Deutschland Geborene und Aufgewachsene nun zu unserem Land hatte, ein Land, das sie jetzt als das ihre betrachtete. Mein Vater war, glaube ich, nicht ganz so optimistisch was den Ausgang eines Krieges betraf.

Gegen Ende August kehrten wir nach Poznań zurück. Die Anspannung war unerträglich geworden. Die LOPP (Der Bund zum Schutz vor Kriegsführung aus der Luft und mittels Giftgas) verteilte Gasmasken. Militärbarracken standen leer, die Truppen waren zu ihren Stellungen beordert worden. Ominöserweise wurde am 29. August angeordnet, dass alle Schulen, die üblicherweise am 3. September ihre Tore öffneten, für unbestimmte Zeit weiter geschlossen blieben. Zusätzlich zu dieser Ankündigung versicherten die Tageszeitungen den Bürgern auf entschiedene Art, dass sie sich der Standfestigkeit unseres Land gegen jedweden Feind sicher sein könnten. Wenn ich zurückdenke, habe ich noch immer den begeisterten Slogan der Regierung im Ohr: »SILNI! ZWARCI! GOTOWI!« – ein klares Bekenntnis dazu, dass wir »STARK! VEREINT! BEREIT!« waren. Nach unserer Niederlage wurde dieser Slogan zu einem typisch polnischen, höhnischen Urteil über die tragische Vergangenheit. Wir gingen also nicht zur Schule und spielten einen Tag lang oder so Fußball, glücklich aus Unwissenheit, was uns in der unmittelbaren Zukunft erwartete.

Bombardierung und Evakuierung

Der Krieg brach am 1. September aus. Ich war allein zuhause, saß neben einem Fenster des Musikzimmers und las die Morgenausgabe des *Kurier Poznanski*, der einen hektisch zusammengestellten Bericht brachte, aus dem hervorging, dass die Deutschen die polnische Grenze um fünf Uhr morgens überschritten hätten sowie eine kurze Botschaft des Präsidenten der Republik, der alle Bürger dazu aufrief, geschlossen ihr Land zu verteidigen.

Kaum war ich mit dem Lesen fertig, hörte ich um Punkt zwölf ein Geräusch, das sich wie eine schnell näherkommende Flugzeugformation anhörte. Obwohl ich durchs Fenster nichts sehen konnte, spürte ich, wie die Luft im Raum vibrierte. Aus dem Geräusch wurde ein Dröhnen und plötzlich hörte ich einen langen, schrillen Pfeifton, im Bruchteil einer Sekunde gefolgt von einer donnernden Explosion, die alles um mich herum erschütterte. Ich befand mich im Zentrum eines ohrenbetäubenden Höllenlärms. Gemälde fielen von den Wänden, das Biedermeiersofa und die dazugehörigen Sessel sprangen herum, als tanzten sie zu einer verrückten Gavotte, der große Bechstein-Flügel schlitterte auf zwei seiner Rollen an mir vorbei, die dritte war abgebrochen, und der Kronleuchter, den es aus seiner Deckenverankerung gerissen hatte, krachte in einer Wolke aus Staub auf einen kleinen eleganten Tisch mit eingelassenem Schachbrett, dessen Glassplitter klirrend eine verrückte Disharmonie erzeugten, während sie auf den abenteuerlich verformten Teppich regneten.

Durch die Erschütterung rutschte die Halterung, die den Deckel des Flügels aufstellte, weg, und die Abdeckung krachte herunter, wodurch die Saiten wie in einem großen, tragischen

Chor laut aufheulten. Wie eine akustische Begleitkulisse dazu drang ein schallendes Getöse aus dem Speisezimmer, gefolgt von wiederholtem Scheppern und Klirren.

Unsere Haushälterin Zosia, die unterwegs gewesen war, um Einkäufe zu machen, war die Erste, die nach Hause kam. Konfrontiert mit dem unfassbaren Schaden verfiel sie in verzweifeltes Klagen. Da sie aber auf einem Hof auf dem Land aufgewachsen war und von daher eine vernünftige und praktisch veranlagte Person, überwand sie ihren Schockzustand bald und holte schnell einen Besen aus dem Schrank. Etwas später kam meine Mutter nach Hause, bereits in Erwartung des Schlimmsten, nachdem sie gesehen hatte, wie schief und aus den Angeln gehoben die Eingangstür hing. Stumm und wie versteinert stand sie im Speisezimmer. Lautlos weinte sie beim Anblick der umgestürzten Anrichte, aus der ihr geliebtes Porzellan von Sèvres, Meißen, Rosenthal und Limoges herausgefallen war. Die Scherben lagen überall auf dem Boden verstreut, auch auf den Stühlen und dem Esstisch, der wie durch ein Wunder stehengeblieben war. Erstaunlicherweise schwang das Pendel der alten Wanduhr immer noch hin und her, als sei nichts passiert.

Als ich sah, wie ihr die Tränen die Wange herunterliefen, fühlte ich mich schrecklich hilflos. Die sonst so redselige Zosia war auf einmal auch nur noch still.

Ich, der ich meine Mutter noch nie hatte weinen sehen, tat in der Hilflosigkeit und Verwirrung meiner 16 Jahre das Einzige, was ich tun konnte: Ich ging zu ihr und küsste ihre Hand.

Sie legte ihren Arm um mich und drückte mich an sich, als ob sie mich vor etwas schützen wollte, dass keiner von uns beiden kannte oder erkannte. Wären wir in der Lage gewesen, in die Zukunft zu schauen, so wäre uns klar gewesen, dass dieser Tag ein folgenschwerer Wendepunkt war, der das unwiderrufliche Ende eines ruhigen Lebens markierte und hineinführte in Jahre unvorstellbaren Horrors.

In jenem Moment jedoch, in meiner jugendlichen Unfähigkeit mit dem emotionalen Zustand meiner Mutter umzugehen, wo sie doch gerade den Verlust ihrer so lieb gewordenen Dinge betrauerte, war mir nicht klar, dass ich hätte bleiben und versuchen sollen, sie irgendwie zu unterstützen. So sanft wie ich konnte, löste ich mich aus ihrer Umarmung. Plötzlich, als sei sie aus einem Winterschlaf erwacht, reckte sie eine Faust an die Decke und rief laut auf Polnisch: »Zbrodniarze! Mordercy!« (»Verbrecher! Mörder!«). Später räumte sie gemeinsam mit Zosia den Schaden auf – in stiller Wut.

Währenddessen stand ich hilflos herum, bevor ich meinem infantilen Bedürfnis folgte und loszog, um nachzusehen, was die Katastrophe alles angerichtet hatte. Ich ging vorsichtig die teilweise mit Rissen versehene Hintertreppe hinunter und stieß auf einen Bombenkrater in der Mitte des Innenhofs. Er war vielleicht eineinhalb Meter tief, auch an der Eintrittsstelle.

Verglichen mit den Bombenkratern, die das Schicksal für mich in Zukunft noch bereithalten und in die ich sogar einmal hineinfallen sollte, war dies nicht mehr als ein Loch im Boden.

Meine Mutter, Linda Kamieńska, (geb. Harder) 1935 an ihrem Schreibtisch. Dort saß ich und las die Zeitung, als die ersten Bomben fielen.

Die Bombe war allerdings offenbar in solch einem Winkel eingeschlagen, dass der Druck der Explosion sich an der Mauer unseres Gebäudes entladen hatte, was einen tiefen Riss zur Folge hatte, der bis zum dritten Stockwerk reichte, genau einem unter unserem. Durch die Explosion aufgewirbelter Sand und Erde waren durch die zerschmetterten Fenster in die Küchen, Vorratskammern und in alle anderen Räume, die zum Hof hinwiesen, eingedrungen. Es gab jedoch keine Opfer in unserem Wohnhaus zu beklagen.

Erstaunlicherweise funktionierte die Telefonzentrale noch. Mein offensichtlich erschütterter Vater rief uns von der Universität mitten aus einem Seminar an und wurde von meiner Mutter mit gebrochener, schluchzender Stimme über die Katastrophe der vergangenen Stunden unterrichtet. Er versicherte ihr, dass er jede erdenkliche Möglichkeit nutzen würde, um nach Hause zu kommen, vielleicht mit der Straßenbahn, von der verwunderlicherweise einige Linien noch in Betrieb zu sein schienen. Ich erinnere mich, dass ich zur Bahnhaltestelle zwei Häuserblocks weiter gerannt bin, um dort auf ihn zu warten. Als er aus der Bahn stieg, sah ich, dass er sich ein Taschentuch vors Gesicht hielt, offenbar aus Angst vor Giftgas.

Es gelang mir, ihm seine Befürchtungen zu nehmen, und auf dem Heimweg erzählte ich von der Bombe, die in unseren Hof gefallen war, und von dem Schaden, den sie an unserem Wohnhaus und an den Wohnungen – auch an unserer – angerichtet hatte. Er war aufgebracht, als er das Ergebnis des Luftangriffs sah, war aber dennoch in der Lage, die Verzweiflung meiner Mutter und sogar auch Zosias stille Wut etwas aufzufangen. Ich erinnere mich, wie ich entlang unserer Straße das Geheule von Krankenwagen hörte. Ungefähr zwei Stunden nach dem ersten Angriff folgte ein zweiter, der willkürlich Wohngebiete ins Visier nahm. Keinerlei Industriegebiete wurden getroffen, es ging demnach eindeutig darum, die Zivilbevölkerung anzugreifen. An diesem Tag und in den darauffolgenden Wochen führten ähnliche Angriffe zu verheerenden Zerstörungen in Städten und kleineren Orten überall in Polen.

Später, in einem kleinen Familienkonklave, an dem auch Zosia teilnahm, teilte mein Vater uns mit, dass er seit einiger Zeit bereits in einen Plan eingeweiht sei, demzufolge die Lehrkörper und die Verwaltung der Universität Poznań sowie Archivalien und andere wertvolle Besitzstände im Falle eines Krieges, der hoffentlich nur sehr kurz dauern würde, evakuiert und an einen anderen Ort verbracht würden. Der Bestimmungsort sei Jarosław, eine Stadt ungefähr 600 Kilometer weiter südöstlich. Die Abreise sei für den 3. September vorgesehen, sodass ein Tag und zwei Nächte blieben, um alles Notwendige zusammenzusuchen und bereitzumachen für den Exodus.

Der Zug sollte am Abend des 2. September bestiegen werden. Zosia weigerte sich stur mitzukommen, sie wollte lieber in der zerstörten Wohnung bleiben, als in eine ungewisse Zukunft zu gehen, weg von dem Ort, den sie als ihr Zuhause ansah.

Meine Mutter, die angesichts der schlimmen Wende in unserem Leben immer noch in einer Art Schockzustand war und nun noch dazu von Panik geplagt wurde, schlug vor, dass wir die kommende Nacht zunächst in den schützenden dicken Mauern der Universitätsgebäude, zu denen auch das Institut für Musikwissenschaft meines Vaters gehörte, verbringen sollten. Mein Vater war einverstanden, aber Zosia schreckte auch davor zurück und wollte noch immer lieber zurück in die Wohnung, auch wenn diese halb zerstört war.

Sie half uns jedoch, noch einiges Notwendige – sowie unvermeidbar Unnötiges – zusammen mit Wertsachen in zwei angemessen große Schrankkoffer zu packen. Ihr gelang es sogar, ein vorbeifahrendes Auto ohne Mitfahrer darin anzuhalten und stellte dem Fahrer gutes Geld in Aussicht, wenn er uns zu unserem vorübergehenden Unterschlupf brächte. Ich erinnere mich daran, wie mein Vater dem Fahrer eine ganze Handvoll Banknoten reichte, bevor wir uns mit Tränen in den Augen von einer ebenso den Tränen nahen Zosia verabschiedeten. Als wir abfuhren, machte sie das Zeichen des Kreuzes über uns.

Es war nur eine kurze Fahrt von unserem Zuhause bis zum Collegium Maius. Das Institut für Musikwissenschaft der Universität Poznań befand sich in einem riesigen, einschüchternden Schloss im romanischen Stil, das zwischen 1905 und 1908 errichtet und 1910 mit viel Pomp und Prunk eingeweiht worden war. Es sollte dem Kaiser von Deutschland und König von Preußen eine angemessene Unterbringung bieten, sollte dieser Poznań und Westpolen besuchen wollen, das seit 1795 unter preußischer Besatzung stand. Aus tausenden riesigen Granitsteinen gebaut, steht das sechsstöckige Gebäude mit dem gewaltigen Turm, der die Silhouette der Stadt bestimmt, umgeben von vielen Hektar Grundbesitz dort bis heute.

Nach dem Niedergang der deutsch-preußischen Monarchie 1918 und der Wiedererlangung von Polens Souveränität ergriff die neu gegründete Universität Poznań Besitz von diesem plumpen Denkmal teutonischer Macht und machte daraus einen

Ort des Lernens. Das Institut meines Vaters mit seinen Vorlesungssälen befand sich im zweiten Stock, aber seine umfangreiche Bibliothek befand sich, so wie die Bibliotheken der anderen Abteilungen, im höhlenartigen Keller des Gebäudes. Zusätzlich zu den Regalen und Lesetischen war die Bibliothek, ganz so wie es die stille Vornehmheit dieses wissenschaftlichen Milieus gebietet, mit einem großen Sofa und bequemen Clubsesseln eingerichtet.

Keiner von uns schlief gut in dieser Nacht. Angesichts der Sorgen, über die gesprochen wurde, und der Pläne, die für die Reise gemacht werden mussten, konnte man den Schlaf, den wir fanden, allenfalls als unruhig beschreiben. Das Problem, wie wir mit unserem Gepäck zum Bahnhof Poznań-West gelangen sollten, löste sich am nächsten Morgen durch schieres Glück.

Professor Zakrzewski, dessen Institut für Numismatik an das Institut meines Vaters angrenzte, gelang es glücklicherweise, eines der wenigen Taxis mit einem »Frei«-Zeichen auf dem Dach zu erwischen und lud uns ein, mitzufahren. Ich erinnere mich daran, wie wir drei im Bahnhofsrestaurant frühstückten, wo der Betrieb noch lief, und dann eine Menge Zeit damit verbrachten, in dem für uns reservierten Zug einen Platz zu finden, während wir mit vielen anderen Professoren und deren Familien ins Gespräch kamen, mit denen wir später zusammen zu Mittag aßen. Wir erfuhren, dass die meisten der Züge aus Güterwaggons bestanden, auf deren Boden mit Decken abgedecktes Stroh ausgelegt war. Eine große Anzahl von Passagierwaggons steckten entweder im Ausland fest, zum Beispiel in Frankreich, Spanien oder in der Schweiz, oder waren von den Deutschen als »feindliches Eigentum« konfisziert worden, als sie auf dem Weg zurück nach Polen durch Deutschland kamen. Wir aßen früh zu Abend und besorgten uns noch viele Essensvorräte im Restaurant, bevor wir uns auf den Weg zu dem Güterwaggon machten, der uns zugewiesen worden war.

Das Einzige, was ich vom Einsteigen in den Zug erinnere, ist, dass ich in dem Gedränge von Menschen, die schoben, schubsten, drängelten und die Namen umherirrender Familienmitglieder riefen, meine Eltern aus den Augen verlor. Zum Glück wusste ich noch die Waggonnummer, wo ich dann auch meine Mutter vorfand, die bereits im Inneren war, während mein Vater noch dabei war, einen unserer beiden Schrankkoffer durch die große, offene Tür zu bugsieren. Ich kraxelte in den Waggon, um ihm zu helfen. In diesem ganzen Chaos verbreitete sich unter den auf dem Bahnsteig Wartenden das Gerücht, in der Stadt seien

Schüsse zu hören gewesen. Niemand schien die Quelle dieses Gerüchts zu kennen, dennoch verursachte es einen Hauch von Panik unter den Passagieren, die sich zur Evakuierung eingefunden hatten, da sie annahmen (fälschlicherweise, wie sich herausstellen sollte), dass die Wehrmacht bereits in Poznań eingefallen sei. Diese Ängste verschwanden jedoch in dem Moment, in dem das Signal zum Einsteigen in den Zug ertönte.

Auf dem strohgedeckten Boden des Waggons zu schlafen, war auch nicht einfacher als in der Bibliothek im Keller des gigantischen Universitätsgebäudes. Es waren noch andere Evakuierte in unserem Waggon, insgesamt bestimmt ein Dutzend Erwachsene unterschiedlichen Alters, die auf die ein oder andere Art etwas mit der Universität zu tun hatten. Merkwürdigerweise waren auch zwei oder drei Kavallerie-Soldaten dabei, die Richtung Osten ins belagerte Warschau unterwegs waren und einen kleinen Terrier namens Adolf bei sich hatten. Bis heute frage ich mich, wie wir alle einen Platz zum Liegen oder Sitzen auf dem Waggonboden finden konnten, und wie es uns gelang, mit dem Mangel an sanitären Einrichtungen zurechtzukommen, aber irgendwie gelang es uns.

Es war noch dunkel, als wir Poznań am nächsten Morgen verließen. Niemand schien auch nur ein bisschen geschlafen zu haben. Wir alle sprachen leise, als sollte uns niemand hören. Doch so oder so kroch der Zug leise voran, und bei Tagesanbruch erreichten wir ein winziges Dörfchen namens Siedlec. Plötzlich wurde ich ein zweites Mal mit der Realität des Krieges konfrontiert. Während es mich geängstigt und verwirrt hatte, eine Bombe explodieren zu hören und unser Mobiliar auf dem vibrierenden Boden tanzen zu sehen, war es nun der reine Terror, der über mich kam, als ich das Geräusch von Flugzeugen hörte, die sich in blitzschneller Geschwindigkeit näherten und … dann ein wilder Stakkato, der sich anhörte wie Hagelschlag auf dem Waggondach aus gewelltem Stahl. In Wahrheit aber waren es die Kugeln eines Maschinengewehrs, die aus einem Flugzeug über uns kamen, das die gesamte Länge des Zuges unter Beschuss nahm. Jemand in unserem Abteil rief: »Jesus!« Es war jedoch nicht Jesus dort oben. Es war einer von Hitlers Scharfrichtern, der seinen Spaß hatte! Im Waggon weinten Frauen. Meine Mutter kauerte in einer Ecke, während mein Vater sie festhielt, und ich saß auf dem Boden, taub vor Angst und inzwischen desillusioniert von meiner jugendlichen Vorstellung, Krieg sei ein großartiges Abenteuer. Glück für uns, dass es den kleinkalibrigen Kugeln nicht gelang, das robuste Dach unseres

Waggons zu durchdringen. Die Attacke war innerhalb von Sekunden vorbei, der Zug hatte nicht einmal angehalten.

Wir hatten natürlich keinerlei Nachrichtenquelle, die über das Erlebnis dieses unmittelbaren Beschusses hinausging, aber uns hielt die Gewissheit aufrecht, dass die unbesiegbare französische Armee und die britische Marine dem deutschen Naziregime schnell den Garaus machen würden. Das, was wir gerade erlebt hatten, so dachten wir, war nichts weiter als eine grässliche Episode, die wir bald schon wieder vergessen haben würden.

Doch es war nur eine Feuertaufe. Die albtraumhafte Reise ging weiter. Züge, ähnlich wie unserer, stoppten, fuhren weiter und stoppten wieder unter beinahe durchgängigem Feuerbeschuss durch tieffliegende Kampfflugzeuge der deutschen Luftwaffe. Stuka-Sturzkampfflugzeuge demolierten Eisenbahnschienen und Bahnhöfe. Bald wurden Kugeln mit höherem Kaliber abgeschossen, die anfingen, das Dach unseres Waggons zu durchbohren. Eine junge Frau wurde getötet, ein Mann verletzt – zum ersten Mal sah ich Verwundung und Tod. Es geschah so unmittelbar, dass niemandem sonst gewahr wurde, was passiert war. Auch meine Mutter brauchte einen Moment, ehe sie den Horror der Situation erfasste. Dann drehte sie sich um zu meinem Vater und starrte nur mit offenem Mund, wie in einem stummen Schrei.

Als der Zug später anhielt, um Wasser für die Lokomotive aufzunehmen, hörten wir wieder Flugzeuggeräusche. Einige der agileren Passagiere sprangen aus der großen Schiebetür und versteckten sich unter dem Waggon, da sie mit erneutem Beschuss rechneten. Dass ich bei meinen Eltern blieb, stellte sich jedoch als genauso gut heraus, denn der folgende Beschuss traf nicht den Zug, sondern konzentrierte sich auf die Straße, die in einem Abstand von 40 bis 60 Metern parallel zu den Gleisen verlief. Erschrocken starrten alle auf das Massaker, das sich draußen abspielte. Die Luftwaffe war nicht wählerisch bei der Bestimmung ihrer Ziele, die Straße war gesäumt mit Flüchtlingen, die versuchten, dem deutschen Moloch zu entkommen. Tote Pferde und Rinder und ja, auch getötete Menschen lagen auf der Straße und daneben. Wir fuhren an brennenden Bauernhöfen, Ställen, Scheunen und frisch geerntetem und eingelagertem Korn vorbei. Wir sahen Menschen mit Karren, beladen mit Bettzeug, auf denen Kinder saßen und Mütter im fortgeschrittenen Alter oder gebrechliche Menschen, die nicht laufen konnten. Schwarzer Rauch und der Geruch des Todes durchdrang alles. Der Mann, der beim vorherigen Beschuss verletzt worden war, war gestorben. Unter diesen Bedingungen konnten sein Leichnam und der der jungen getöteten Frau nicht versorgt werden, und so legte man sie für die Dauer der Fahrt in eine Ecke des Waggons. Als der Zug später in einem kleinen Dorf anhielt, um wieder Wasser aufzunehmen, übergab man sie den Ortsansässigen, damit sie sie bestatten konnten. Die heißen Septembertemperaturen ließen diese Maßnahme besonders dringlich erscheinen. Die ersten zwei Wochen des Krieges waren sonnig und trocken, ein perfektes Wetter für die Invasoren also, um ihr Werk der Zerstörung und des Todes zu vollbringen. Im Inneren des Güterwaggons war die Hitze drückend, selbst nachts, und die große Tür musste daher die ganze Zeit offenbleiben. So bekamen wir jedoch nicht nur mehr frische Luft, sondern auch eine Ansicht der unzähligen Feuer, die über die ganze Landschaft verteilt bis zum Horizont loderten und deren Rauch den klaren Sternenhimmel verdeckte.

Unser Zug war nicht der einzige, der Personal der Universität Poznań evakuieren sollte. Ein anderer Zug, der so wie unserer ebenfalls aus alten, ausgedienten Güterwaggons bestand, fuhr vor uns her, oder hinter uns, immer dann, wenn es ein paralleles Gleis gab. Beide Züge bewegten sich äußerst langsam vorwärts, mit unzähligen Halten, meist ohne ersichtlichen Grund. Vorwärtsbewegen taten sie sich schon, es war allerdings mehr so, als krochen sie auf kurzer Distanz, dann hielten sie, als müssten sie erst wieder Atem holen, um keuchend über die nächste Distanz bis zum nächsten Halt zu gelangen. Da wir so nicht mehr als ein paar Kilometer am Tag vorankamen, fragten wir uns bald, wann, wenn überhaupt, wir wohl in Jarosław ankommen würden.

Nahe der Stadt Września stoppte der Zug, weil das Hauptgleis weiter oben entlang der Strecke bombardiert worden war und nun schnell repariert werden sollte. Einige der Evakuierten waren ausgestiegen, vertraten sich die Beine oder standen herum und unterhielten sich. Nur Augenblicke später sprangen sie beim Geräusch von Kampfflugzeugen unter den Waggon, um sich in Sicherheit zu bringen. Meine Eltern und ich hatten keine Zeit mehr dazu, wir kauerten eng aneinandergedrängt im Waggon, der glücklicherweise nicht getroffen wurde. Die Maschinengewehre waren für weniger als eine Minute zu hören, bevor die

Mein Vater, Professor Lucjan Kamieński, in seinem Professorengewand, um 1930.

Flugzeuge abdrehten und woanders hinflogen. Als der Feuerbeschuss vorbei und die Luftwaffe außer Sichtweite war, ging ich mit ein paar anderen hinaus, um zu sehen, was die Deutschen angerichtet hatten. Meine Eltern wollten mich nicht gehen lassen, aber meine Neugierde gewann schließlich.

Die Messerschmitt-Flieger hatten ihre Arbeit in einem weiten Feld zwischen der flüchtlingsgesäumten Straße und den Eisenbahnschienen verrichtet. Unter anderem gehörte ein Feld mit frischem, reifem Mais dazu, und ich beschloss, meinen Eltern ein paar Kolben mitzubringen. Ich ging in die dichten, noch nicht abgeernteten Reihen der Maispflanzen, aber nach nur ein paar Schritten sah ich, dass die Kolben wie entstellt verbogen und abgebrochen und mit irgendwelchen dunkelroten Flecken verschmutzt waren. Dann sah ich ein farbenfroh gemustertes Stück Stoff, das ein Stück eines nackten Beines verdeckte, und weiter vorne Menschen, die auf dem Boden kauerten – Frauen, Männer, Kinder – alle sehr ruhig und bewegungslos in zum Teil grotesken Posen, mit diesen dunkelroten Flecken auf sich und um sich herum. Inzwischen musste mir niemand mehr erklären, was das bedeutete.

Diese Menschen, die eindeutig Flüchtlinge waren, hatten hier Deckung gesucht in der Annahme, dass der dichte Bewuchs des Maisfeldes sie vor den Blicken des Feindes in der Luft schützen würde. Ich stolperte zurück zu unserem Waggon und erzählte meinen Eltern, was ich gesehen hatte. Kaum hatte ich die Geschichte erzählt, musste ich mich übergeben und fing an zu zittern, was eine Weile anhielt. Es war, als hätte ich einen schlimmen Unfall überlebt, gefolgt von ein paar Minuten seltsamer Ruhe und dann von einer überwältigenden körperlichen Reaktion. Ich scheue mich noch immer, an diesen Tag und diesen Vorfall zurückzudenken.

Meine jugendliche Torheit schien jedoch kein Ende zu nehmen. Einen Tag nach der grausigen Erfahrung im Maisfeld hielt der Zug erneut an, diesmal um Kohle in der Nähe der kleinen Stadt Koło aufzunehmen. Der Zug stand im Schatten eines riesigen, offensichtlich neu gebauten Getreidesilos neben einer ziemlich großen Wiesenfläche, reich gedeckt mit einer riesigen Menge an Löwenzahn und anderen Wildblumen. Unsere Fahrt erschien mir endlos, und so beschloss ich, den Zug noch einmal zu verlassen, um ein bisschen für mich zu sein. Meinen Eltern versprach ich, nah genug beim Zug zu bleiben, damit ich sofort wieder einsteigen könnte, sobald die Pfeife zur Weiterfahrt blies. In einem Rucksack, den ich mir auf den Rücken band, hatte ich ein paar wenige Bücher und Äpfel, die wir irgendwo unterwegs erworben hatten. Ich wanderte aus dem Schatten des Silos, und als ich mich dort in die Sonne legte, die Wärme, das Licht und das Summen der Insekten spürte, schien mir der Krieg für diesen Moment nichts weiter als ein scheußlicher Albtraum.

Leider war diese kleine Pause nur allzu kurz. Es kann nicht viel mehr als eine Minute später gewesen sein, als der Krieg sich aufs Neue mit dem schon so vertrauten, schnell anschwellenden Motorengeräusch eines aus Süden herannahenden Flugzeugs in Erinnerung brachte. Es war unmöglich für mich, noch loszurennen. Es ging alles blitzschnell.

Mit dem Kopf zu Boden und dem Rucksack noch auf dem Rücken verschränkte ich meine Arme intuitiv über meinem Kopf und küsste beinahe den Boden, als den Bruchteil einer Sekunde später das Flugzeug eine Bombe fallen ließ, die in der weichen Erde am Fuße des Silos explodierte. Klumpen aus Erde und Torf fielen auf und neben mich, und ich spürte, wie der Rucksack mich gewaltsam zur Seite drückte. Am heulenden Geräusch des Motors erkannte ich, dass das Flugzeug beschleunigte, um abzudrehen – inzwischen hatte ich das schon mehrmals gehört und gesehen. Ich blieb regungslos liegen, bis das Geräusch abflaute und öffnete erst dann die Augen. Wieder auf den Beinen schaute ich rüber zum Zug, der wahrscheinlich nur 50 Meter entfernt war, sah die Passagiere dort herumstehen und in der offenen Waggontür meine Eltern. Auf dem Gesicht meiner Mutter sah ich einen Ausdruck äußerster Panik. Sie in derart großer Not zu sehen, machte mir solche Schuldgefühle, dass ich schnell damit begann, ein paar Blumen zu pflücken, die ich ihr als Entschuldigung dafür, dass ich sie und Vater allein gelassen hatte, überreichen wollte. Sie verzieh mir, aber mein Vater hielt mir eine wohlverdiente Predigt über meine kindliche Dummheit. Noch nie war er so wütend auf mich gewesen, und seine Ansprache war so überzeugend, dass ich sagte: »Tato, ich schwöre, dass ich nie wieder so töricht sein werde!« Wie konnte ich wissen, dass mein Schwur schon am nächsten Tag seine Bedeutung verlieren würde?

Es war am 9. September, dem siebten Tag unserer Reise. Der Zug vor uns war angewiesen, sich über Nacht auf ein Rangiergleis zu stellen, und wir sollten seinem Beispiel folgen. Bisher hatte es geheißen, die Luftwaffe operiere nicht des Nachts, und uns wurde eine ruhige Nachtruhe zugesichert. Es war seltsam, aber irgendwie auch wiederum nicht überraschend, dass es durch die Enge in den Güterwaggons keinerlei Absprache zwi-

schen den Passagieren untereinander gab. Nicht einmal die naturgegebene Nähe der akademischen Gesellschaft schien irgendwelche sozialen Kontakte unter den Evakuierten zu begünstigen. Worte wurden nur gewechselt, wenn dies absolut notwendig war, und ich bin sicher, dass wir alle die gleichen Ängste hatten angesichts der Gefahr, in der wir uns befanden. Aber diese Gefühle wurden offensichtlich nicht zum Ausdruck gebracht, so, als müsste man sich sonst dafür schämen. Die meisten Passagiere in unserem Waggon waren alleinstehend, es gab nur ein Paar und natürlich wir drei als einzige Familie. Aber auch wir blieben die meiste Zeit unter uns.

Im Alter von sechs oder sieben Jahren posierte ich stolz in einer Uniform im Stile des Militärs, die meine Mutter mir genäht hatte.

04

Abruptes Ende

Am nächsten Morgen wurden wir alle vom frühen Sonnenaufgang und den üblichen Geräuschen der trägen Vorwärtsbewegung des Zuges geweckt. Nach einem kleinen Frühstückshappen unterhielten mein Vater und ich uns über die Ereignisse des Vortages und stellten fest, welches Glück ich damit gehabt hatte, dass der Rucksack auf meinem Rücken gewesen war. Die explodierende Bombe hatte nicht nur Erd- und Rasenklumpen in meine Richtung geschleudert, sondern auch ein zerklüftetes Stück Beton aus dem Fundament des Silos, aus dem ein Stück rostiger Stahl ragte. Der Rucksack – aufgerissen durch den Flugkörper, der meine Äpfel zermalmte und ein paar der Bücher komplett zerriss – hatte mir das Leben gerettet.

Etwas später fuhr der vor uns wartende Zug weiter und unserer folgte ihm schließlich. Aber nach ungefähr 30 Kilometern kam der Zug vor uns wieder zum Stehen und unserer so natürlich auch. Ganz offenbar hatte ein wesentliches Bauteil der uralten Lokomotive des Hauptzugs den Geist aufgegeben; ein Ersatz musste erst hergestellt und installiert werden, bevor die Evakuierungszüge ihre Fahrt fortsetzen konnten. Wir befanden uns nur ein paar Kilometer von der Stadt Kutno entfernt, wo das verschlissene Maschinenteil garantiert repariert werden konnte. Nur wie lange würde das dauern? Niemand wusste es, aber uns wurde gesagt, dass es einen ganzen Tag dauern könnte. Die Evakuierung des Universitätspersonals wurde also an dieser Stelle angehalten und jeder hoffte, dass es sich nur um eine vorübergehende Unterbrechung handelte. Bei uns und vielen anderen Passagieren gingen jedoch die Lebensmittelvorräte langsam zur Neige. Ein längerer Aufenthalt in der Nähe der Stadt würde es uns also ermöglichen, dort neuen Proviant zu besorgen. Mein Vater und ich beauftragten meine Mutter damit, unser Gepäck zu beaufsichtigen, und zwei der drei mitreisenden Soldaten blieben ebenfalls zurück, um ein Auge auf die Besitztümer der Passagiere zu haben. Seit unserer Abfahrt aus Poznań in der vergangenen Woche gingen wir zum ersten Mal wieder gemütlichen Schrittes. Der eine der drei Soldaten, der mit uns ging, sagte, er werde für sich und seine Kameraden etwas Wodka besorgen. Ich erinnere mich auch noch daran, dass er Bemerkungen über die seltsame, kriegsuntypische Stille machte und darüber, dass man nichts von der Luftwaffe sah oder hörte, nicht mal ein Artilleriefeuer in der Ferne. »Vielleicht ist heute Sonntag oder der Krieg ist vorbei?«, witzelte er, als wir uns dem Marktplatz der Stadt näherten.

Mit seiner Vermutung, dass Sonntag sei, hatte er Recht. Eine große Menschenmenge war auf dem Platz versammelt, manche trugen festliche Kleidung, und ich erinnere mich, dass sich mein Vater fragte, ob die Geschäfte an so einem Feiertag überhaupt geöffnet seien.

Es war in diesem Moment, dass die Ruhe und Heiligkeit dieses Tages zu einem abrupten Ende kam. Ich erinnere mich nur noch an das ohrenbetäubende Geheule der Flugzeugmotoren, das kurze Maschinengewehrfeuer und – im selben Moment – den Blitz einer Explosion, für eine Millisekunde heiß und blendend und dann – nichts. Keine weitergehende Erinnerung, keine Bilder, nur kleine Fetzen von Bewusstsein späterer Momente: wie mein Vater mich in einen großen Hausflur zerrte und später auf die Ladefläche eines kleinen Militärfahrzeugs setzte, das mich in ein Krankenhaus brachte. Dort wurde ich auf den Boden gelegt, auf eine Lage Stroh zwischen zwei Betten.

Ich bildete mir ein, mit meinen Händen das Stroh zu fühlen, aber ich war noch zu sehr in einem Schockzustand, als dass mein Gehirn schon wieder richtig hätte funktionieren können. Ich erinnere mich vage, dass ich gefragt wurde, ob ich gestehen wolle, worauf ich mit »Nein« antwortete. Ich erinnere mich eigentlich nicht, einen Kaplan oder Ärzte wahrgenommen zu haben, die mich mit Sicherheit untersucht und die Blutung unter Kontrolle gebracht haben müssen, die, wie mir später gesagt wurde, besorgniserregend war. Irgendwann wurde mir von einer Krankenschwester flüssige Nahrung verabreicht. Immer noch reichlich verwirrt, sagte ich ihr, ich könne selbst essen. Nein, könne ich nicht, erwiderte die Krankenschwester beharrlich – ich war nicht in der Lage, etwas zu sehen. Ich dämmerte wieder weg, und als ich zwei Tage später zu mir kam, sah ich, wie sich vor meinen geöffneten Augen milchige, neblige Schatten bewegten. Ich nehme an, das versetzte mich in Aufruhr, denn ich erinnere mich daran, wie eine Krankenschwester sich über mich beugte und fragte, was los sei.

Als ich ihr von meinem fehlenden Augenlicht berichtete, rief sie einen Arzt, der mir sagte, dass ich durch die Explosion vermutlich nur eine vorübergehende Erblindung erlitten habe und dass die Chancen auf eine Genesung gut stünden. Damit behielt er recht, denn mein Augenlicht kehrte nach und nach zurück, obwohl es nie mehr ganz so gut wurde, wie es zuvor gewesen war. Ich erfuhr auch, dass der hohe Blutverlust, den ich erlitten hatte durch eine Wunde verursacht worden war, den mir eine Granate der Luftwaffe zugefügt hatte. Obwohl die Blutung gestoppt werden konnte, war es unter den derzeitigen Umständen nicht möglich, den Granatsplitter zu entfernen, der sich weit oben im Inneren meines linken Oberschenkels befand, also praktisch in der Leiste. Das Krankenhaus war überfüllt mit zivilen Opfern, die alle dringend medizinische Hilfe benötigten, wohingegen der Granatsplitter in meinem Bein vermutlich auch noch zu einem späteren Zeitpunkt entfernt werden konnte. Ich hatte unwahrscheinliches Glück gehabt; die Schwester von Felicja Niemczewska, der Assistentin meines Vaters, stand beim Angriff nur eineinhalb bis zwei Meter neben mir und war auf der Stelle tot.

Unterdessen begannen in der Region um Kutno heftige Kämpfe, bei denen beide Seiten einige Erfolge, aber ebenso enorme Verluste zu verzeichnen hatten. Die deutsche Artillerie fuhr schwere Geschütze auf, um Kutno anzugreifen. Auch das Krankenhaus wurde angegriffen, obwohl ein großes rotes Kreuz auf dem Dach angebracht war. Die Einschläge im Krankenhaus führten zu ungefähr einem Dutzend Toten und sehr vielen Verletzten. Wie durch ein Wunder wurde die Station, in der ich untergebracht war, nicht getroffen.

Die heftige Schlacht, an der mehrere Divisionen beider Seiten beteiligt waren, erstreckte sich über zwei bis drei weitere Tage, und das Krankenhaus war hoffnungslos überfüllt. Verwundete Soldaten, sowohl polnische als auch deutsche, wurden vom Schlachtfeld hierher gebracht und auf den Fluren abgelegt. Die Deutschen, die auf dem Rückzug ihrer Einheiten verwundet zurückgelassen worden waren, waren nun Kriegsgefangene. Sie sahen verängstigt aus, wurden aber ebenso gut gepflegt wie ihre polnischen Feinde.

Am 16. September, einem nieseligen Morgen, führte eine Gruppe deutscher Offiziere eine Inspektion des Krankenhauses durch und ordnete an, dass alle polnischen Patienten, selbst die Schwerverletzten und auch die, die praktisch im Sterben lagen, weggebracht werden sollten, damit Platz für die weiteren, noch zu erwartenden deutschen Opfer gemacht werden konnte.

Das Ganze sollte innerhalb von drei bis vier Stunden über die Bühne gehen – und wurde trotz der offensichtlichen, immensen Schwierigkeiten entsprechend durchgeführt. Es handelte sich wahrscheinlich um etwa 100 bis 150 verwundete Polen, darunter auch viele Zivilisten wie ich, die nun vor dem Krankenhaus warteten und mit allem, was irgendwie auffindbar war, zugedeckt wurden, um sie vor dem kalten Regen zu schützen. Ich erinnere mich, dass ich halb auf der Treppe des Gebäudes lag und einen

Bei einem Ausflug mit meinem Vater und einigen seiner Studenten im Juli 1939. Kaum zwei Monate später wurde Teresa Niemczewska, die junge Frau mit dem Kopftuch (die zweite von rechts), beim Anschlag in Kutno getötet, als sie nur ein paar Schritte neben mir stand.

schweren Soldatenmantel trug, der einige Einschusslöcher hatte und Blutspritzer auf dem linken Ärmel. Ich war mir sicher, dass man den Mantel einem Toten abgenommen hatte.

Es kann nicht einfach gewesen sein, so kurzfristig eine neue Herberge zu finden, aber nichtsdestotrotz fanden wir uns alsbald an drei verschiedenen Orten wieder, die schnell zu vorübergehenden Krankenstationen umfunktioniert worden waren. Einige von uns waren in eine Kirche gebracht worden, deren Kirchenbänke man zur Seite geräumt hatte, um den Boden mit Stroh auszulegen, auf das die Verwundeten sich legen konnten. Eine andere Gruppe wurde in einer verlassenen Brauerei einquartiert, und ich hatte das Glück, in einem früheren und jetzt leeren Waisenheim zu landen. Ich wurde in ein Zimmer zusammen mit einer Handvoll junger Offiziere und drei oder vier regulären Soldaten gesteckt. Die meisten von uns lagen auf richtigen Betten – unter diesen Umständen ein unerhörter Luxus –, wurden aber nicht anders behandelt als jene, die auf Stroh oder anderen improvisierten Unterlagen lagen. Mein Bett war zwischen dem von Kavallerie-Leutnant Madalinski, der einen Schuss in den Kiefer erlitten hatte und dessen Knie zerquetscht wurde, als sein getroffenes Pferd unter ihm zur Seite kippte, und dem vom Hauptmann der Infanterie Lutostański, dessen Arm am Ellbogen von einer deutschen Panzerabwehrgranate abgerissen worden war. Unser Zimmer befand sich unmittelbar neben einem Behelfsoperationssaal, und so kamen wir häufig in den Genuss, Zeugen des Anblicks Verwundeter zu sein, die mit noch vollständigen Gliedmaßen in den Saal gerollt wurden und später ein Körperteil weniger hatten, welches kurz darauf in einer flachen Waschschüssel von einem männlichen Pfleger oder Wärter herausgetragen wurde.

Zwei Ärzte kümmerten sich um die Patienten. Einer, an dessen Namen ich mich nicht erinnere, schien für die weniger dringlichen Fälle zuständig zu sein, assistierte dem anderen Arzt, Dr. Pawlowski, jedoch stets bei Operationen. Dieser letztere ist es auch, den ich ewig als ein leuchtendes Beispiel für körperliche und mentale Ausdauer und Hingabe an seine Berufung in Erinnerung behalten werde. Einmal operierte er über 30 Stunden am Stück, unterbrochen nur von kurzen Pausen, um einen Schluck starken Kaffee zu sich zu nehmen und eine ebenso starke ägyptische Zigarette zu rauchen. Er hat viele Menschenleben gerettet, die andere Ärzte vielleicht aufgegeben hätten.

Einer der Rekruten in unserem Zimmer war ein junger jüdischer Soldat, der mit einem großen Granatsplitter im Magen ins Krankenhaus eingeliefert worden war. Er war operiert worden, aber es war klar, dass ihm nicht geholfen werden konnte. Er lag auf seinem Feldbett, nur leise jammernd, vielleicht im Bewusstsein, dass er bald sterben würde. Einen Tag oder zwei später stattete uns der Kaplan, der hin und wieder sporadisch das Behelfskrankenhaus aufsuchte, um nach den spirituellen Bedürfnissen der Patienten zu sehen, einen Besuch ab. Er war ein jüngerer, etwas massiger, rotgesichtiger Mann mit den groben Manieren, die einem gelegentlich beim Klerus kleinerer Städte begegneten. Als er den still vor sich hin leidenden jungen Soldaten entdeckte, erweckte der sein Interesse. Als ihm gesagt wurde, dass der Mann an der Schwelle des Todes stünde und sein Gestöhne in Wahrheit auch Gebete sein könnten, nickte der Priester, drapierte seine Stola über seine Schulter und ging hinüber zu dem Feldbett, auf dem der Mann lag. Wir sahen zu, während er sich über den sterbenden Soldaten beugte und anfing, ihm zu erklären, dass er ihn nun im christlichen Glauben taufen würde. Einen Moment später hörten wir ein tiefes Stöhnen des sterbenden Mannes und hörten, wie er mehrmals sagte: »Nie … nie … ! « (»Nein … nein!«) Ungerührt flüsterte der Priester nun etwas in das Ohr des Soldaten, aber ein Unterleutnant namens Podoski rief: »Hören Sie auf damit, Mann! Er möchte nicht von Ihnen getauft werden!« Jemand anders schrie: »Können Sie nicht sehen, dass er mit seinem letzten, schon todgeweihten Atem noch ›Nein‹ sagt?« oder etwas in der Art. Von allen Seiten hörte man jetzt Protest, der in der gemeinsamen Forderung kulminierte, der Priester möge verschwinden und sich nie wieder blicken lassen. Dies war des Volkes Stimme in ihrer kraftvollsten Art.

Der Kaplan zuckte mit den Schultern und verließ den Raum. Der jüdische Soldat starb kurz darauf in seinem eigenen Glauben. Wenn ich zurückdenke an den Tag, an dem ich verwundet wurde, muss ich das Bild im Nachhinein noch vervollständigen: Ich war mir der Ereignisse zwischen dem Moment der Bombenexplosion und meinem allmählichen Zu-mir-Kommen im Krankenhaus wirklich nur sehr vage bewusst. Die Hauptperson bei dem Ganzen war natürlich mein Vater. Er war es gewesen, der mich von dem Platz in den Hauseingang gezogen hatte und dann seine respektable Position als Universitätsprofessor und Fakultätsdekan genutzt hatte, um einen Juniooffizier zu überzeugen, uns beide ins Krankenhaus der Stadt zu fahren. Ebenso hilfreich war, erzählte mir mein Vater später, dass der Offizier einem in Poznań stationierten Infanterieregiment angehörte und den Namen meines Vaters gut kannte. Nachdem er mich sicher ins Krankenhaus gebracht hatte, wartete mein Vater, bis die Ärzte meinen Zustand stabilisiert hatten, und kehrte erst dann zum Zug zurück, um meiner Mutter auf die schonendste Weise mitzuteilen, was vorgefallen war. Offenbar ist sie nach einer Weile einigermaßen damit zurechtgekommen, obwohl sie nie so ganz damit fertig wurde, noch nicht einmal, nachdem ich mich wieder vollkommen erholt hatte. Um in meiner Nähe sein zu können, mussten meine Eltern den Zug verlassen und so schnell wie möglich eine Unterkunft finden. Sie mieteten ein Zimmer im Pfarrhaus von Grochowo, ein paar Kilometer entfernt, der Gemeindepriester war zwar ein ziemlicher Rüpel, aber dafür ein Musikliebhaber, daher kamen sie ganz gut mit ihm aus. Während meines Aufenthalts im Krankenhaus und später im Waisenheim besuchte mich mein Vater mindestens einmal in der Woche, manchmal sogar zweimal, aber für meine Mutter, deren warme Kleidung und entsprechendes Schuhwerk mit dem ganzen anderen Gepäck im Zug zurückgelassen werden musste, machte der ständige Herbstregen, der dann einsetzte, die Straßen beinahe unpassierbar. Tragischerweise hatte der Zug genau dann seine Fahrt wieder fortgesetzt, als meine Eltern nach einer Bleibe Ausschau hielten. Ich weiß noch, wie meine Mutter nur mit den Achseln zuckte, als wir später darüber sprachen, dass nun irgendeine uns unbekannte Frau ihre Kleider trug. Doch wenn ihre Gedanken dann unweigerlich zum Tafelsilber der Familie und zu Vaters Manuskripten wanderten, wurde sie ganz still.

Die Nachrichten über die sowjetische Invasion der östlichen Gebiete Polens am 17. September erreichten uns erst um den 25. September herum. Was zunächst mit sprachlosem Schweigen aufgenommen wurde, führte nun zu einer schrittweisen Erkenntnis über das Ausmaß der tragischen Niederlage unseres Landes. Dass dieses Polen, dessen fast 1000-jährige Geschichte auf seiner ach so gepriesenen Unbezähmbarkeit ruhte, fallen könnte, war unvorstellbar.

Nach und nach, je mehr die verwundeten Soldaten und Offiziere um mich herum anfingen, die umfassende Bedeutung dieser Entwicklung zu begreifen, erfüllten tränenreiche Racheschwüre und blasphemische Schreie, die Gottes Gerechtigkeitssinn infrage stellten, den Raum. Da ich in einem eher vornehmen Familienumfeld aufgewachsen war, hatte ich nie zuvor Gelegenheit gehabt, solch einen Ausbruch an hasserfüllten Beschimpfungen und hilfloser Wut zu erleben wie hier in diesem Krankenzimmer eines Behelfskrankenhauses.

»Sie wollten uns glauben machen, dass die Kavallerie besser sei als Panzer!«, rief Unterleutnant Podoski, selbst ein Infanterist, und andere stimmten ihm darin zu, dass Polens Regierung und die veraltete Rüstungspolitik der Militärbehörden schuld an der Niederlage seien. Ein junger Offizierskadett stand mitten im Raum und brachte lauthals Beschuldigungen gegen den Oberbefehlshaber unserer Streitkräfte, Marschall Śmigły-Rydz, zum Ausdruck, den ich immer noch als unermüdlichen Propagator der Unbesiegbarkeit Polens im Gedächtnis habe.

Vom Bett zu meiner Linken sprach Leutnant Madaliński mit einer von Schluchzen unterbrochenen und vom blutgetränkten Verband um seinen verwundeten Kieferknochen gedämpften Stimme. »Dies ist die vierte Teilung!«, heulte er und spielte dabei auf die drei vorangegangenen Teilungen Polens 1772, 1793 und 1795 an. Russland und Deutschland (damals Preußen) hatten unser unglückseliges Land unter sich aufgeteilt – 1793 noch mit der Beteiligung Österreichs –, und jetzt sollte also Polen, dessen Nationalität gerade 21 Jahre zuvor erst wiederhergestellt worden war, schon wieder das Joch der Besatzung erleiden.

Zu meiner Rechten versuchte der einarmige Hauptmann Lutostański, einen Hauch Optimismus in die Diskussion zu streuen. »Solange uns die Deutschen nicht an ihre russischen Freunde übergeben«, sagte er, »werden wir noch eine Chance haben.« Solch eine Hoffnung war natürlich völlig unbegründet.

Nach und nach flaute der Tumult ab, und ein bleiernes Schweigen legte sich über den Raum. Ich drehte mich zu Leutnant Madaliński. »Und was nun?«, fragte ich. »Werden wir nach Hause gehen?« Er saß auf der Seite seines Bettes, lehnte sich zur Seite und hob leicht die Schultern. »Niewola«, sagte er. »Gefangenschaft.«

Ich lag ruhig da, taub vor Ungläubigkeit und überwältigt von Gefühlen der Frustration. Ich war 16 Jahre alt, ein junger Mann mit einer schon recht männlichen Stimme und einem Scharfschützenabzeichen und – lieber Gott! – war dennoch nicht in der Lage, in die Schlacht zu ziehen und meinen Beitrag zu leisten! Ich wünschte mir, einer der Soldaten sein zu können, die für Polen gekämpft hatten. Obwohl ich noch verletzt war und noch nicht einmal in der Lage, ohne fremde Hilfe umher zu humpeln, entschied ich an jener Stelle und in jenem Moment, dass ich irgendeinen Weg finden würde, wie ich meinem Land helfen könnte. Die starken Gefühle jenes Tages begleiteten mich noch lange, und als ich die Gesellschaft der Soldaten ein paar Wochen später verließ, war ich zwar meiner glänzenden Ideen beraubt, aber nicht ohne Hoffnung für die Zukunft.

Die deutsche Besatzung

Sobald ich mich wieder bewegen konnte, kehrten meine Eltern und ich nach Poznań zurück. Nun, da die deutsche Invasion vorbei und die Schienen wieder repariert waren, dauerte die Rückfahrt nur wenige Stunden. Als wir aber aus dem Bahnhofsgebäude traten, fanden wir uns in einer völlig unbekannten Welt wieder. Die Stadt war inzwischen umbenannt worden und hieß nun Posen. Während die alten, so vertrauten Pferdekutschen noch immer mitten auf dem großen Platz auf Kundschaft warteten, hatte man die Fassade des Bahnhofsgebäudes mit Reichsflaggen und Hakenkreuzbannern der Partei verziert, die nun im Wind flatterten. Menschen in fremden ockerfarbenen oder schwarzen Uniformen liefen vor dem Bahnhofseingang umher, salutierten einander oder sprachen sich gegenseitig in einem scharfen, bellenden Ton an.

Wir hatten keinerlei Gepäck außer dem, was meine Mutter in ihrer Handtasche und mein Vater in seinen verschiedenen Jackentaschen hatte. Ich hatte einen Stock, der mir dabei half, vorwärts zu humpeln. Wir mieteten ein Taxi. Als wir eingestiegen waren, fragte mein Vater den Taxifahrer, wie die Dinge so liefen in der Stadt. Alles, was der alte Mann dazu sagte, war, dass er nicht darüber sprechen wolle. Als mein Vater ihm unsere Adresse gab, Ulica Słowackiego 29, antwortete der Mann, dass alle Straßennamen eingedeutscht worden seien und unsere Straße, die nach einem polnischen Dichter und Dramatiker benannt war, nun zu Ehren eines deutschen Physikers und Bakteriologen »Robert-Koch-Straße« hieß.

Wir kamen zuhause an und stellten fest, dass der schlimmste Schaden am Gebäude mehr oder weniger bereits repariert worden war. In der Wohnung war es der treuen Zosia gelungen, die Verwüstung weitestgehend zu beseitigen. Sie hatte es auch ganz allein geschafft, die durch die Druckwelle der Explosion geborstenen Fenster zu vernageln.

Ein oder zwei Tage nach unserer Rückkehr machten mein Vater und ich uns kurz auf, um die Innenstadt in Augenschein zu nehmen. Was wir sahen, bestätigte die Eindrücke, die wir bereits vom Taxi aus gehabt hatten. Militärmusik schallte aus Lautsprechern, die auf öffentlichen Plätzen installiert waren, und die Hakenkreuzfahne wehte an beinahe jedem Gebäude und Laternenpfahl. Banken, Geschäfte und Institutionen trugen jetzt nur noch deutsche Beschilderung, da jedes polnische oder jüdische Geschäft beschlagnahmt und deutschen Besitzern übergeben worden war. Fast jeder Deutsche, sogar der jüngste, schien irgendeine der vielen verschiedenen Naziuniformen zu tragen. Auf dem Heimweg schwiegen wir – ein Gespräch darüber, was wir gesehen hatten, war nicht nötig.

Warschau war am 28. September gefallen, obwohl die Kämpfe in einigen Teilen des Landes noch bis zum 5. Oktober andauerten. Während wir die Brutalität des deutschen Blitzkrieges erlebt hatten, hatten sich unsere Verbündeten Frankreich und England auf eine neue Form der Kriegsführung verständigt, den sogenannten Sitzkrieg. Folglich hatte Polen als politische Einheit erneut aufgehört zu existieren.

Die Nazis deklarierten die westlichen Gebiete (Pommern, die Provinz Posen und Oberschlesien) als »ursprünglich deutsches Land« und annektierten sie kurzerhand, indem sie sie schlichtweg als dem Deutschen Reich zugehörig erklärten. Der östliche Teil des Landes ging an Stalin. Das Gebiet dazwischen, das aus ungefähr 150 000 Quadratkilometern bestand und die Städte Warschau, Krakau und Lublin einschloss, wurde zu einem unter deutscher Verwaltung stehenden Protektorat, bekannt als Generalgouvernement, ein Gebiet, das während des gesamten Krieges Schauplatz des entsetzlichsten Leids wurde, was die Welt je gesehen hat. Während Juden aus allen Teilen Europas in Ghettos gepfercht und anschließend in deutsche Vernichtungslager deportiert wurden, wurden Polen, die aus den westlichen Provinzen vertrieben worden waren, hier wieder »angesiedelt«, um als riesiges Reservoir an Wegwerf-Sklavenarbeitern für die deutsche »Herrenrasse« zu dienen. Den langfristigen Plänen der Nazis zufolge würden alle nicht-deutschen Elemente hierzulande überflüssig, sobald der Krieg gewonnen sei und es keinen Bedarf an Sklavenarbeitern mehr geben würde. Der Generalgouverneur dieser Arena des Massenmordes hieß Hans Frank, ein gnadenloser Killer von jüdischen und nicht-jüdischen Polen gleichermaßen, der selbst damit prahlte, wie mitleidlos und effizient er Hitlers Befehle in die Tat umsetzte.

»Wenn wir erst einmal den Krieg gewonnen haben«, so wird er sprichwörtlich zitiert, »dann können Sie von mir aus Hackfleisch aus den Polen und Ukrainern und was hier sonst noch so rumhängt, machen.« Frank wurde in Nürnberg zum Tode verurteilt und am 16. Oktober 1946 gehängt, gemeinsam mit Seinesgleichen wie Ribbentrop, Kaltenbrunner und anderen Nazischlächtern.

Die annektierte Region Westpolen blickte bereits auf eine lange Geschichte teutonischer Brutalität zurück. Unter dem deutschen Kanzler Otto von Bismarck waren diese Gebiete mit einer einheimischen polnischen Bevölkerung von 3,5 Millionen einer erbarmungslosen Germanisierung unterworfen. Im Reichstag sprach sich Bismarck offen für die Ausrottung alles Polnischen aus. Schulkinder wurden buchstäblich blutig geschlagen, wenn sie auf Polnisch beteten. Die deutschen Behörden ließen polni-

Ulica Slowackiego 29, wo wir seit 1935 lebten. Das Gebäude gehörte der Universität und wurde nur von Professoren und deren Familien bewohnt. Unsere Wohnung befand sich im vierten Stock.

sche Grundbesitzer zwangsenteignen oder zwangen sie, ihr Eigentum zu verkaufen, sie vertrieben Bauern von ihrem Land, um es deutschen Siedlern zu geben. Eine zusätzliche Regelung gestattete es manchen Polen zwar, vorübergehend noch auf ihrem Grundstück zu bleiben, verbot ihnen jedoch, irgendwelche neuen Wohngebäude darauf zu errichten. Um diese Verordnung zu umgehen, kaufte sich ein geistesgegenwärtiger Bauer namens Michael Drzymała einen Zirkuswagen, fuhr ihn auf sein Grundstück und machte ihn zu seinem Zuhause. Diese Lösung erregte die erheiterte Aufmerksamkeit der internationalen Presse – zum großen Ärger der preußischen Behörden, die ihre Maßnahmen so vorgeführt fanden, wie sie nun einmal waren.

Eine Geschichte aus dieser Zeit, ob nun zweifelhaft oder nicht, vermittelt beispielhaft den Hass, den die Polen gegenüber ihren deutschen Besatzern empfanden. Ein Deutscher besuchte in den später 1880er Jahren ein polnisches Zuhause und fand dort Bilder von Bismarck und Kościuszko, einem polnischen Nationalhelden, Seite an Seite nebeneinander an der Wand hängen. »Wie ist es möglich«, fragte der Besucher, »dass Sie ein Bild von jemandem, den sie zutiefst hassen direkt neben einem ihres Nationalhelden hängen haben?« Darauf antwortete der Mann: »Nun, je mehr ich mir Bismarck anschaue, desto polnischer fühle ich mich. Deshalb.«

Jetzt, unter Hitler, hatten die Besatzer schnell damit begonnen, die annektierten Gebiete einzudeutschen. Arthur Greiser, ein glühender Nazi, dessen Hass auf Polen und alles Polnische keine Grenzen kannte, war Hitlers natürliche Wahl für das Amt des Gauleiters (Gouverneur und Parteiführer) von Westpolen, ein Gebiet, das die Deutschen als »Wartheland« oder »Warthegau« kannten. Von seinem Hauptquartier in Poznań aus setzte er Hitlers Pläne eifrig um, rottete gnadenlos die polnische Kultur aus und führte eine allumfassende Schreckensherrschaft ein. Nach dem Krieg plädierte er auf Unschuld, gab stattdessen Hitler und Himmler, die beide bereits tot waren, die Schuld an der Monstrosität seiner eigenen Taten. Er wurde jedoch zum Tode verurteilt, in einem Käfig durch die Straßen von Poznań geschleppt und am Hügel der Zitadelle öffentlich gehängt.

In Poznań wurden um die 100 000 polnische Familien aus ihren Häusern vertrieben. Nachdem ihnen nur zehn Minuten zum Packen eines einzigen kleinen Koffers pro Person gestattet wurden, schickte man sie in Durchgangslager und von dort in Güterwaggons weiter in Richtung Osten ins Generalgouvernement. Ihre zurückgelassenen Häuser wurden mit dem kompletten Mobiliar und allen sich darin befindlichen Besitztümern der vorherigen Besitzer an deutsche Funktionäre und deutsche Einwanderer aus Gegenden wie Estland, Lettland und aus Südosteuropa gegeben. Einige Polen durften bleiben, meistens um den Deutschen bei Hilfsarbeiten zur Hand zu gehen und Arbeiten zu verrichten, die Deutsche ungern selbst übernehmen wollten.

Wir hatten Glück. Der größte Teil unserer Wohnung wurde als Quartier für Wehrmachtsoffiziere beschlagnahmt, ein Zimmer blieb für meine Eltern und mich, und Zosia erhielt ihren eigenen kleinen Platz. Die deutschen Offiziere, die in die anderen Zimmer einzogen, waren zu meiner Überraschung gar nicht unfreundlich zu uns, und ihre Anwesenheit schien uns davor zu bewahren, aus der Wohnung geschmissen zu werden.

Die Tatsache, dass sie unsere Wohnung besetzten, brachte noch einen weiteren Vorteil mit sich – einen stetigen Nachschub an Feuerholz. Obwohl die Kachelöfen, die in jeder Wohnung des Hauses standen, nach dem Bombenangriff im September wieder funktionstüchtig gemacht worden waren, machte es einem der sehr harte Winter 1939/40 und der Mangel an Heizmitteln nicht leicht, die Räume warm zu halten. Möbelstücke zu verbrennen, war natürlich undenkbar, und es war schließlich unsere findige Zosia, der es gelang, mithilfe einiger geschäftstüchtiger Überlebenskünstler eines aufkeimenden Schwarzmarkts für uns und andere Bewohner Holzabfälle und sogar ungewöhnlich große Brocken Kohle zu besorgen. Da das jedoch das Problem nur teilweise löste, hielten wir uns warm, indem wir stets mehrere Schichten Kleidung übereinander trugen oder einfach im Bett blieben. Einmal, als wir wirklich gar keinen Brennstoff mehr hatten, rangen wir uns dazu durch, Stück für Stück die ungefähr 50 Ausgaben eines Buches zu verbrennen, das mein Vater über den polnischen Ursprung der kaschubischen Volksmusik in dem von den Deutschen beanspruchten, sogenannten Polnischen Korridor geschrieben hatte. Nun konnte unser Leben dank des von der Wehrmacht beschafften Brennholzes – zumindest was die Heizbedingungen anging – beinahe wieder zur Normalität zurückkehren.

Unser Zuhause wurde jedoch auch Schauplatz einiger brutaler Hausdurchsuchungen, während der einige Ahnenporträts in Stücke geschnitten wurden und wertvolle Bücher aus der Bibliothek meines Vaters entweder vernichtet oder gestohlen wurden. Einmal jedoch stauchte einer der Offiziere, die in unserer Wohnung untergebracht waren, eine Gruppe von Gestapo-Schlägern, die aus welchen Gründen auch immer in unser Haus eindringen wollten, mit einer Standpauke regelrecht zusammen. Wie merkwürdig, oder vielleicht auch gerade nicht, dass ich den Namen und Rang dieses Offiziers in Erinnerung behalten sollte. Er hieß Hühne, hatte den Rang eines Majors und der Raum, den die Wohnungsbehörde für Militärangehörige ihm zugewiesen hatte, war zufälligerweise der Raum, in dem zuvor die von meinen Eltern veranstalteten Musik- und Literaturabende stattgefunden hatten. Ein Großteil der Möbel war an die Wände gerückt worden, um für ein Chaiselongue Platz zu machen, das behelfsmäßig als Bett diente. Es war jedoch noch immer unser Bechstein-Flügel, der nach einigen Reparaturen mit seiner massiven Präsenz den Raum dominierte.

Major Hühne war ein großer Liebhaber der Musik und bat meinen Vater oft, für ihn zu spielen, am liebsten Werke der deutschen Romantiker. Er liebte die Musik von Liszt, Schumann, Schubert und – ja! – sogar die von Chopin, die von den Nazis verboten war. Bei einer dieser Gelegenheiten griff der Major in seine Aktentasche und zog eine Flasche Likör hervor, sodass mein Vater und er zum Gedenken einiger großer musikalischer Genies der Vergangenheit einen heben konnten. Mein Vater brachte die Gläser, eins aus Kristall für den Major und für sich selbst eine Art Becher, der mir als Familienerbstück bekannt war. Er hatte einen schweren Boden und jedes Mal, wenn man versuchte, ihn umzukippen, richtete er sich automatisch wieder auf. Er war aus rosa-violettem Glas und hatte an einer Seite eine kleine Verzierung, einen polnischen weißen Adler. Sie stießen an und tranken, und als Major Hühne den weißen Adler auf dem Becher meines Vaters entdeckte, sagte er: »Herr Professor, ich verstehe die Symbolik des weißen Adlers auf ihrem standhaften Becher. Es ist sicher, dass Ihr Polen zurückkommen wird. Ich wünsche Ihnen nur das Beste – aber zeigen Sie das Glas niemals einem anderen Deutschen.« Eine solche Geste der Toleranz war selten zu finden in jenen Zeiten.

Die schiere Barbarei der deutschen Herrschaft im Polen der Kriegszeit ist schwer zu beschreiben, und seit dem 1. September schien sie kein Ende mehr zu nehmen. Sie umfasste jede Facette im Leben des polnischen Volkes: Sie zielte auf eine vollständige Beseitigung der polnischen Sprache, aller polnischen Gebräuche und Traditionen ab, sie bedeutete die Unterdrückung des kulturellen Lebens in all seinen Manifestationen, die Zerstörung jeden Wohlstands durch offen sichtbaren Raub und die Vernichtung des menschlichen Lebens selbst. Im *Ostdeutschen Beobachter*, einer neu herausgegebenen, Hass verbreitenden

Tageszeitung der Nazis, wurden die zahllosen neuen Verbote bekannt gegeben, die unser Leben von nun an bestimmten. Alle polnischen Vereinigungen, Gewerkschaften und Verbände waren verboten. Gottesdienste auf Polnisch waren verboten und religiöse polnische Feiertage abgeschafft. Alle polnischen Schulen und Universitäten waren geschlossen, ebenso wie die polnischen Theater und Kinos, Restaurants und Cafés. Es war jetzt verboten, eine Zeitschrift, eine Zeitung oder ein Buch in polnischer Sprache zu veröffentlichen, und den Polen war es nicht erlaubt, Radios, Grammophone, Kameras oder Fahrräder zu besitzen. An den Theatern, Konzerthallen und Kinos der Stadt sowie an Straßenbahnen, Parks und an vielen öffentlichen Plätzen wie Marktplätzen oder ausgewiesenen Bürgersteigen hingen nun Schilder, auf denen »Nur für Deutsche« stand. All jene, die zu den Feinden des Dritten Reichs zählten – eine sehr weit gefasste Kategorie, die sowohl Intellektuelle, Künstler, Geistliche als auch alle, die Gruppen jeder Couleur anführten, sogar die Pfadfinder –, wurden im berüchtigten Fort VII, einer der Festungen, die Poznań umgaben, entweder gefangen gehalten oder gefoltert und umgebracht. Zwar war es offiziell ein Gestapogefängnis und ein vorübergehendes Lager für Zivilisten, in Wirklichkeit aber war es ein Vernichtungslager, in dem die Nazis zwischen 10 000 und 15 000 Polen exekutierten, mit der Guillotine und in primitiven Gaskammern. Nur wenige entkamen diesem Ort des Horrors lebendig. Es heißt, dass einer der Kollegen meines Vaters, Professor Kalandyk, damals um die 70 Jahre alt, hier sein Ende fand, nachdem man ihn gezwungen hatte, sich auszuziehen und durch den Schnee zu rennen, damit die SS das Zielen üben konnte. Das Collegium Maius, in dem sich das Institut für Musikwissenschaft befand, wurde missbraucht, um daraus Hitlers Hauptquartier für die Ostgebiete zu machen.

Die Schließung der Universität von Poznań bedeutete für meinen Vater, dass er keine Arbeit mehr hatte. Im Oktober 1939 wurde er von der Gestapo verhaftet, und alle Versuche meiner Mutter, die zuständigen Behörden ausfindig zu machen, die polnische Intellektuelle, Künstler und Wissenschaftler festnahmen und gefangen hielten, waren vergeblich, ebenso wie ihr Nachfragen an den Toren des Fort VII. Sie weinte und rief meines Vaters Namen im Schlaf. Manchmal sprach sie auch über unzusammenhängende Dinge mit ihm. Ich versuchte, sie davon zu überzeugen, dass er bald wieder bei uns sein würde. Doch je mehr ich sagte, desto verzweifelter wurde sie. Mein Vater war mehrere Tage lang inhaftiert und wurde am 30. Oktober wieder freigelassen. Seine Entlassungspapiere waren von SS-Obersturmbannführer Wagner unterzeichnet, dem Führer des Einsatzkommandos 15/VI. Bei seiner Rückkehr wirkte mein Vater erschöpft, zittrig und entmutigt. Er wollte meiner Mutter und mir nicht in die Augen sehen, war in sich verschlossen. So stumm und distanziert schien er uns ein anderer Mensch zu sein. Aus Rücksicht auf seine Stimmung stellten weder meine Mutter noch ich ihm Fragen, was sich als gut erwies, denn am nächsten Morgen schien er langsam wieder er selbst zu werden. Mit einem seltsam unpersönlichen Ton in der Stimme sagte er uns, dass er sehr grob behandelt und so endlos lange verhört worden sei, bis er irgendwann keine Stimme mehr gehabt habe. Natürlich waren wir überglücklich, ihn wieder bei uns zu haben, aber mit dieser Freude schwang etwas mit, das mir viele Jahre später beim Lesen von Orwells *1984* wieder begegnete: die Dunkelheit der Angst. In Nazideutschland sollte mir noch viel davon begegnen.

In jenen Zeiten wurde das eigene Schicksal oftmals von schierem Glück bestimmt – oder vom Fehlen desselben –, und in diesem Fall kam meinem Vater eine Personenverwechslung zu Hilfe und erleichterte seine Freilassung. Unter den Ausweispapieren, die mein Vater dem Vernehmungsbeamten vorlegte, befand sich eine veraltete Karte, die auf die frühen 1900er Jahre zurückging und seine frühere Mitgliedschaft in der Reichsmusikkammer attestierte. Diese Vereinigung war in den 1870er Jahren gegründet worden, als Bismarcks brutale Germanisierungspolitik alle polnischen Kulturinstitutionen im preußisch besetzten Polen verdrängte und junge polnische Komponisten ihr Urheberrecht nur schützen konnten, indem sie einem der deutschen Berufsverbände beitraten. Da der Major den Namen meines Vaters nur flüchtig las und die Karte nur ebenso flüchtig betrachtete, fragte er meinen Vater: »Sie sind also der Komponist Heinrich Kaminski?« Mein Vater kannte das Werk des deutschen Komponisten, den er für einen »unermüdlichen Graphomanen« hielt, »der sich mit seinen fleißigen Pseudo-Bach Kompositionen zu Ruhm und Erfolg verholfen hatte«. Er war kurz davor, den Fehler des Majors zu korrigieren, als sich dessen Miene etwas aufhellte, als er sich selbst den Namen Kaminski aussprechen hörte und er, ihm nun offensichtlich irgendwie zugetan, sagte: »Das ändert natürlich Einiges. Andernfalls wären sie direkt in ein KZ gekommen.« Als mein Vater mir ein paar Jahre später in einem Brief von diesem Vorfall berichtete, schloss er mit den Worten: »Verdammt nochmal! Um ein Haar!« Plötzlich war mir heiß und kalt. Ich fragte: »Ins KZ? Warum?« Er antwortete: »Du wirst mehr wissen, wenn wir uns das nächste Mal sprechen. Aber nicht heute. Wie Du siehst, hat mir mein Konkurrent unwissentlich das Leben gerettet.«

Nur wenige Wochen nach der Freilassung meines Vaters, am 23. November, geschah etwas, was das Leben meiner Eltern und auch meines verändern sollte. Meine Mutter wurde zum Büro der Volksliste bestellt, wo sie eine Erklärung über ihre deutsche Abstammung unterzeichnen musste und wo sie daraufhin einen leuchtend roten Ausweis bekam. Es gab vier verschiedene Arten von Ausweisen, leicht unterscheidbar durch ihre verschiedenen Farben, die je nach dem jeweiligen »Deutschheitsgrad« des Inhabers ausgestellt wurden, der per Dekret durch die Nazis festgelegten Kriterien folgte. Die Gruppen Eins und Zwei schlossen Personen ein, deren ethnische Zugehörigkeit unbestritten deutsch war, während die Gruppen Drei und Vier all jene umfassten, deren »Deutschsein« nicht nachweisbar oder zweifelhaft war. Oftmals betraf dies Polen mit deutschen Namen oder Personen in gemischten Ehen, die unter Androhung, ansonsten in ein Konzentrationslager geschickt zu werden, gezwungen wurden, die Erklärung zu unterschreiben. Es gab aber auch jene, die ihren Besitz retten wollten und der Nationalität gegenüber gleichgültig eingestellt waren. Meine Mutter galt als deutsch, da sie in Königsberg geboren war (heute Kaliningrad) und deutsche Schulen besucht hatte. Aber ihre rote Identifikationskarte der Gruppe Vier stufte sie als Person zweifelhafter deutscher Herkunft ein. Ich muss sagen, dass diese Kennzeichnung erstaunlich präzise war. Sie sprach perfekt Polnisch und bewegte sich ausschließlich in Kreisen polnischer Gesellschaft. Ihre Gesangsstudenten waren alle Polen. Zu guter Letzt hatte sie einen Polen geheiratet und mich als einen großgezogen. Wir bekamen polnische Essensmarken, die nur ungefähr ein Drittel des Nährstoffgehalts derer enthielten, die an die deutschen Besatzer ausgegeben wurden.

Sehr viele Polen, die gezwungen waren, von dem Wenigen zu leben, was die Deutschen ihnen übrigließen, hungerten sich zu Tode, und die Sterberate, besonders unter den jüngsten Kindern, stieg auf ein nie zuvor dagewesenes Niveau. Im Kontrast dazu zeigten die Familien deutschen Ursprungs, die von den Nazis hierhergebracht worden waren, um in konfisziertem, ehemalig polnischem Besitz anzusiedeln, sehr schnell ansteigende Geburtenraten. Als Gauleiter Greiser von seinen Handlangern gefragt wurde, was sie mit den ausgehungerten, verkrüppelten und unheilbar kranken Polen machen sollten, die noch immer am Leben waren, antwortete dieser ohne mit der Wimper zu zucken: »Tötet sie mit Maschinengewehren!« Unsere eigene Ernährungslage war durch Zosias Begabung, an Schwarzmarktgüter heranzukommen, begünstigt, sodass wir sogar einige unserer bescheidenen Einkäufe mit den Hausmeistern des Hauses, einem älteren Ehepaar, teilen konnten. Das Weihnachtsessen fiel in jenem Jahr jedoch sehr mager aus, bestand es doch lediglich aus einer wässrigen Suppe und ein paar Resten, die für den Anlass aufbewahrt worden waren. Es war das eine Mal, dass ich Tränen in den Augen meines Vaters sah.

Von den polnischen Intellektuellen aus unserem Freundeskreis, denen es bisher gelungen war, nicht verhaftet zu werden, erfuhren wir von den grauenhaften Ereignissen, die in unserer Abwesenheit hier stattgefunden hatten. Die Gerüchte um Schießereien in der Stadt, die kurz vor unserer Abfahrt aus Poznań am Bahnhof die Runde machten, hatten der Wahrheit entsprochen. Die deutschen Einwohner Poznańs hatten in einem konzertierten Angriff das Feuer auf die polnische Bevölkerung eröffnet, insbesondere auf alle, die polnische Uniformen trugen – ganz gleich ob militärische oder zivile. Soldaten und Offiziere, Zugpersonal, Postboten, selbst Straßenbahnfahrer und Pfadfinder wurden zur Zielscheibe. Diese deutschen Zivilisten waren alle polnischen Bürger, mit den Rechten und Privilegien, die der polnische Staat dieser Minderheit zubilligte. Sie hatten ihre eigenen Organisationen, deutschsprachigen Schulen, Büchereien und Versammlungsorte. Mit dem Aufstieg Hitlers in Deutschland übernahmen sie die Rassenideologie der Nazis, der zufolge jüdische Menschen und Slawen gleichermaßen als Untermenschen zu betrachten waren. Schon lange vor Kriegsausbruch hatten sie sich als geheime fünfte Säule im sogenannten Selbstschutz organisiert, allzeit einsatzbereit mit Waffen, die sie aus dem Deutschen Reich mithilfe deutscher Agenten und Saboteure, die Polen unterwanderten, eingeschmuggelt hatten. Nachdem die Invasion Polens begonnen hatte, waren Mitglieder des Selbstschutzes als Scharfschützen im Einsatz, schossen mit Maschinengewehren von Häuserdächern und Kirchtürmen auf polnische Zivilisten oder trieben sie zu Exekutionen zusammen. Mit typisch deutscher Gründlichkeit dokumentierten deutsche Fotografen derartige Exekutionen, indem sie genau den Moment festhielten, in dem die Opfer von der Kugel getroffen wurden und zusammenbrachen. Diese Bilder wurden dann weltweit als Beispiel für vermeintliche polnische Gräueltaten und zur Vertuschung der Wahrheit veröffentlicht.

Im Februar 1940 kam noch mehr Grauenhaftes ans Licht. Die Kopenhagener Tageszeitung *Politiken* veröffentlichte den Augenzeugenbericht einer Engländerin, Miss Baker-Beall, die zu Kriegsbeginn in der polnischen Stadt Bydgoszcz gelebt hatte. Am Morgen des 3. September hatten bewaffnete deutsche Zivilisten polnische Truppen angegriffen, die das Feuer erwidert hatten. Eine Straßenschlacht folgte, bei der 238 polnische Soldaten und 223 Deutsche getötet wurden. Kurz darauf kam die Wehrmacht in die Stadt, gefolgt von deutscher Polizei, SS und Gestapo. Diese letzteren drei Einheiten begannen dann damit, auf dem Marktplatz der Stadt ein Blutbad anzurichten. 10 500 Polen fielen dem Massenmord zum Opfer. Weitere 13 000 wurden in Konzentrationslager deportiert, wo sie zugrunde gingen. Über 2 000 Polen jüdischen Glaubens wurden exekutiert. Unter den Ermordeten befand sich auch eine Gruppe polnischer Pfadfinder im Alter zwischen zwölf und 16 Jahren, die vor der Mauer einer Kirche exekutiert wurde, zusammen mit einem Priester, der mit ihnen in den Tod ging. Die vielen Händler und Vertreter der Stadtverwaltung, unter ihnen der Bürgermeister, wurden ebenfalls ermordet. Nach dem Krieg wurde dieser Augenzeugenbericht von anderen Überlebenden bestätigt.

Zweifelsohne versuchten die Polen nicht nur, sich im Rahmen ihrer Möglichkeiten selbst zu verteidigen, sondern auch den Massenmord an unschuldigen polnischen Zivilisten zu rächen. Da sie nicht so gut ausgerüstet waren wie die deutschen Hinrichter, konnten sie ihnen nicht Gleiches zurückzahlen oder dieselbe Art Genozid auch an ihnen verüben. Die deutsche Propagandamaschinerie veröffentlichte die Zahl von 58 000 deutschen Zivilisten, die angeblich Opfer polnischer Gewalttäter geworden seien. Hitler selbst erhöhte die Zahl später auf unglaubliche 60 000. Die polnischen Behörden wiesen diese Zahl zurück und gaben sie ihrerseits mit 2 000 an. Historiker beider Seiten des Konflikts sind immer noch damit beschäftigt, dokumentierte Fakten von unbelegten Behauptungen zu separieren.

Besonders hervor tat sich Nazipropagandaminister Joseph Goebbels, wenn es darum ging, die Fakten realer Ereignisse zu verdrehen, um die Polen wie schwachsinnige Idioten aussehen zu lassen. Zwei solcher Ereignisse stechen ganz besonders heraus, da sie beide eifrig aufrechterhalten wurden und selbst heute noch weitverbreitet als wahr betrachtet werden.

Der erste Mythos betrifft eine polnische Kavallerieattacke, während der eine deutsche Formation der Infanterie ausgelöscht wurde. Deutsche Panzerfahrzeuge, die den Schauplatz erreichten, eröffneten sogleich das Feuer auf die Kavallerietruppe und töteten dabei 20 Kavalleristen sowie ihren Oberst. Am nächsten Tag wurden italienische Berichterstatter vor Ort dahingehend instruiert, dass die Polen getötet worden seien, als sie deutsche Panzer vom Pferd aus angegriffen hätten. Diese zurechtfabulierte Version des Ereignisses ging dann um die Welt und diente sogar als Vorlage für einen deutschen Spielfilm.

Eine zweite Lüge, die durch ständige Wiederholung Glaubwürdigkeit erlangte, war die, dass die gesamte polnische Luftwaffe angeblich dadurch dem Erdboden gleichgemacht worden sei, dass eines ihrer Flugzeuge für jeden offen sichtbar auf einer Landebahn geparkt gewesen sei. Ein Vorfall, bei dem einige kleinere Privat- und Sportflugzeuge zerstört worden waren, bildete die Grundlage für dieses Hirngespinst, während es in Wahrheit so war, dass die Polen tatsächlich ihre zwar ausgemusterte, jedoch noch einsatzfähige Flotte an P-11-Kampfjets sorgfältig getarnt hatten, allerdings in einem Waldgebiet. Die anderen waren natürlich weiterhin im Luftkampf im Einsatz und holten so in den 17 Tagen vor der Niederlage 165 der meist technisch überlegenen deutschen Messerschmitts und Dornier-Bomber vom Himmel.

An diesen kalten, dunklen Tagen waren wir stets froh, wenn Freunde uns besuchten. Einer von ihnen war ein alter Freund meines Vaters, Juliusz Kręglewski, vormals Eigentümer eines Geschäfts für Schul- und Schreibwaren und nun von den Deutschen enteignet. Ein anderer war Stanisław Kubicki, ein enger Kollege meines Vaters noch aus der Zeit vor dem Ersten Weltkrieg. Beide waren in den 1880er Jahren in gutsituierte Familien der polnischen Oberschicht hineingeboren worden. Sie waren in einem Klima von nationalem Patriotismus aufgewachsen, zu einer Zeit, in der die Zwangsgermanisierung des preußisch besetzten Westpolens durch Bismarck die polnische Sprache aus allen Stufen der Bildung verbannen wollte, von der Grundschule bis zur Universität. Um in den Genuss einer höheren Bildung zu gelangen, waren mein Vater und Stanisław Kubicki gezwungen, die Berliner Friedrich-Wilhelms-Universität zu besuchen; mein Vater studierte dort bei Max Bruch Musikwissenschaften und Kubicki bei Alexander Brückner Slawistik. Sie waren nicht die einzigen polnischen Studenten an dieser Universität, und ihre gemeinsame Nationalität brachte sie alle zusammen, was naheliegend war. So gründeten sie eine Art Ad-hoc-Gruppe, in der sie Dinge gemeinsamen Interesses diskutierten sowie auch Probleme, die ihr polnisches Heimatland betrafen. Im Laufe der Zeit wuchs die Gruppe. Auch der später weltberühmte Pianist Artur Rubinstein schloss sich ihr an.

Nach dem Ersten Weltkrieg verließ mein Vater Deutschland und ließ sich in Polen nieder, das zu jener Zeit von der deutschen Besatzung befreit war, um schließlich eine Professur für Musikwissenschaft an der neu gegründeten Universität Poznań anzutreten.

Sein Freund Kubicki dagegen blieb in Berlin und behielt seine deutsche Staatsbürgerschaft aus rein politischen Gründen. Als er die Misere des Proletariats im Nachkriegsdeutschland miterlebte, zog ihn sein sehr starkes soziales Gewissen zum Sozialismus hin und noch darüber hinaus, sodass er der Kommunistischen Partei beitrat. Dort stieg er zum Assistenten des Parteiführers Ernst Thälmann auf, floh jedoch im März 1933 vor den Massenverhaftungen kommunistischer Funktionäre und kehrte mit seinem deutschen Pass in sein Geburtsland Polen zurück. Dank der Unterstützung polnischer Kameraden blieb er in Polen und besuchte uns einige Male, um 1935 herum und auch 1940. Dann verschwand er von der Bildfläche. Später erzählte ein gemeinsamer Freund meinem Vater, dass Kubicki sich dem polnischen Widerstand angeschlossen und seinen gültigen deutschen Pass dazu benutzt hatte, sich seine Aktivitäten im Untergrund zu erleichtern, solange, bis seine kommunistische Vergangenheit ihn einholte. Von der allzeit wachsamen Gestapo wurde er wahrscheinlich gefoltert, bevor er schließlich in Moabit, einem Gefängnis in Berlin, hingerichtet wurde.[1] Erst 1957, als mein Vater mich von Polen aus in Kanada besuchte, erfuhr ich von Kubickis damaligem Schicksal.

Ein anderer Besucher war ein früherer Student meines Vaters, Leutnant Adam Wieczorek, der während der deutschen Invasion im September 1939 das Kommando über ein polnisches Panzerbataillon hatte. In Gefangenschaft verwundet, gelang ihm dennoch die Flucht, und er fand vorübergehend Unterschlupf bei uns. Er trug ziemlich schlecht sitzende und eindeutig gebrauchte Arbeitskleidung und blieb nur drei oder vier Tage bei uns, bevor er mitten in der Nacht verschwand. Nach dem Krieg erzählte Wieczorek meinem Vater, dass er sich der Armia Krajowa (der Heimatarmee – Polens größter und best-organisiertester Untergrundarmee) angeschlossen hatte und 1944 beim Aufstand von Warschau gekämpft habe.

Das Leben war hart, und ich war mutlos geworden. In leise geflüsterten Gesprächen mit meinen Eltern äußerte ich gelegentlich Zweifel an der Zukunft Polens, aber selbst inmitten der Verzweiflung und des Elends, das uns umgab, verloren sie nie die Hoffnung auf eine besseres Morgen.

Ich erinnere mich an einen Anlass, bei dem mein Vater als Reaktion auf meine finsteren Gedanken einfach nur anfing, die ersten Töne der polnischen Nationalhymne zu pfeifen, die mit den Worten »Jeszcze Polska nie zginela, póki my zyjemy« (»Polen ist nicht verloren, wo wir doch noch am Leben sind«)[2] beginnt. Das half.

Drei recht wichtige Ereignisse fielen im Februar 1940 zusammen. Mein Vater wurde von Dr. Kurt Lück, einem deutschen Schriftsteller und Historiker, angesprochen, der vor dem Krieg in den Organisationen der deutschen Minderheit in Poznań aktiv gewesen war. Trotz seiner Naziüberzeugungen war Dr. Lück in seinem Umgang mit uns unerschütterlich anständig. Als er das lebensgroße Selbstporträt unseres Freundes Kazimierz Jasnoch sah, das im Arbeitszimmer meines Vaters hing und auf dem der Künstler in kompletter polnischer Uniform dargestellt war, gab er meinem Vater einen guten Rat. »Herr Professor«, sagte er, »darf ich Ihnen vorschlagen, das Porträt lieber abzuhängen und an einem Ort aufzubewahren, wo es nicht gesehen werden kann? Er wäre sehr klug von Ihnen, dies zu tun.« Wichtiger aber noch war, dass er meinen Vater bat, für ein von ihm geplantes Buch zu recherchieren, ein Buch zum Thema »Der Mythos des Deutschen in polnischer Folklore und Literatur«. Da unsere finanziellen Ressourcen trotz der Hilfe von Freunden und Zosias zuverlässigen Bemühungen auf dem Schwarzmarkt praktisch erschöpft waren, kam Dr. Lücks Angebot gerade rechtzeitig, um uns vor dem Ruin zu retten. Das Geld reichte aus, um uns für eine Weile am Leben zu halten.

Das zweite Ereignis folgte aus dem ersten. Mein Vater wandte sich an einen polnischen Arzt, Dr. Rakowski, der auf der anderen Straßenseite wohnte und zum Glück nicht von den Deutschen zwangsgeräumt worden war, um ihn zu fragen, ob er mir den Granatsplitter herausoperieren könne, der noch immer im Inneren meines linken Oberschenkels war. Zunächst war Dr. Rakowski skeptisch, vor allem, weil er als Pole keine Krankenhausprivilegien mehr hatte. Die Operation müsse illegal bei ihm zuhause stattfinden, wo er ein kleines Behandlungszimmer hatte. Am Ende willigte er jedoch ein. Die Operation fand unter Lokalanästhesie statt und seine Frau assistierte. Nachdem ich mich eine Woche lang im Gästezimmer ihrer Wohnung erholt hatte, war ich in der Lage, wieder vorsichtig über die Straße nach Hause zu humpeln, wo man mir half, die Treppen zu unserer Wohnung hochzukommen, und nach etwas mehr als einem Monat war ich wieder vollständig hergestellt.

Dann kam es zu dem dritten wichtigen Ereignis. Es war ein unerwarteter Besuch von Zenek, der als Unterleutnant der Infanterie in den Schlachten des Vorjahres gekämpft hatte und dem es dann gelungen war, einem Kriegsgefangenentransport zu entkommen und nach Poznań zurückzukehren.

Im Laufe seiner nachfolgenden Besuche wurden er und ich enge Freunde. Unsere Gespräche wandten sich irgendwann einem wichtigen Thema zu – der Entstehung einer polnischen Widerstandsbewegung im Untergrund. Obwohl sie sich noch im Aufbau ihrer organisatorischen Strukturen befand und sich hauptsächlich im Generalgouvernement gegründet hatte, streckte sie sich behutsam immer mehr in andere Teile des deutsch besetzten Polens aus. Zenek erzählte mir außerdem, dass die polnische Regierung im Exil zur Bildung bewaffneter Partisanengruppen ermutige und dass es dazu höchstwahrscheinlich in naher Zukunft kommen werde. Und genau so war es. Irgendwann bildeten diese Gruppen die Armia Krajowa, die die Deutschen auf Schritt und Tritt bis hin zum tragischen Ende des Warschauer Aufstands 1944 und währenddessen bekämpfte.

Zenek hatte Verbindungen zum noch mäßigen, aber doch langsam wachsenden Schwarzmarkt aufgenommen, und das verbesserte zusätzlich die Lage bei uns zuhause. Er war zudem ein Pragmatiker, der, ähnlich wie mein Vater, die Notwendigkeit erkannte, den Feind zu verstehen, um ihn für die Freiheit unseres Landes bekämpfen zu können. Das beinhaltete, wie er mich während eines unserer Gespräche wissen ließ, auch die Kenntnis der Sprache des Feindes, seiner Geschichte, Gewohnheiten und Traditionen. Natürlich wusste er, dass mein Vater vor dem Ersten Weltkrieg in Deutschland studiert und seine Doktorarbeit auf Deutsch geschrieben hatte. Zenek wusste auch, dass meine Mutter in Deutschland geboren war, deutsche Schulen besucht hatte und fließend Deutsch sprach. Ihm war natürlich auch völlig

Leutnant Adam Wieczorek, Zweite Panzerbrigade der polnischen Armee, ein Freund der Familie, der nach seiner Flucht aus deutscher Gefangenschaft kurz bei uns unterkam. Er war eine Inspiration für mich und befreite mich aus meiner Verzweiflung über Polens Niederlage.

bewusst, dass sie nicht nur perfekt Polnisch sprach, sondern auch, dass sie mich als Polen erzogen hatte und die deutschen Invasoren von ganzem Herzen verabscheute. Eine solche sprachliche und kulturelle Heterogenität war in Polen nicht unüblich. Während der über 126-jährigen deutschen Besatzung Westpolens waren viele Generationen von Polen gezwungen worden, Deutsch zu lernen und zu sprechen und wandten diese Fähigkeit auch im Widerstand gegen den Besatzer an. Ich hörte meine Mutter bei einer Vielzahl von Anlässen sagen, dass der Ort an dem man geboren und aufgewachsen sei wenig darüber aussagte, wo man seine wirklichen Wurzeln habe. Im Falle ihrer eigenen Familie waren die meisten dieser Wurzeln entschiedenermaßen nicht-deutsch. Ihr Vater, Armand Harder, war ein direkter Nachkomme von Schweden, die Mitte des 19. Jahrhunderts nach Deutschland immigriert waren, die Familie ihrer Mutter mit dem Namen Retti war noch viel früher aus Italien eingewandert. Ihrer Ansicht nach war sie halb schwedisch und halb italienisch, in Deutschland geboren und nun Bürgerin Polens. Das mag wie eine seltsame Mischung klingen, war es aber nicht. In Europa war die rassische Vermischung genauso üblich wie zum Beispiel in Kanada und ist es immer noch. Ein perfektes Beispiel dafür war der Fall der sogenannten Bambry, eines Volkes, dessen Vorfahren im frühen 17. Jahrhundert nach Polen gebracht worden waren und staatliches Land in Landkreisen rund um die Stadt Poznań zur Besiedelung erhalten hatten. Die Bambry waren hart arbeitende industrielle Farmer aus der Gegend von Bamberg in Deutschland, die ihre Sprache, ihre Gewohnheiten und Traditionen mit sich brachten und wesentlich zum Wohlstand ihres Gastgeberlandes beitrugen. Durch die Jahrhunderte hindurch hatten sie sich mit der polnischen Bevölkerung vermischt und

Im Frühling 1940 erholte ich mich von der operativen Entfernung eines Granatsplitters aus meinem Bein. Die lockere Pose täuscht über die brutale Nazibesatzung hinweg, unter der wir damals lebten. Polen durften keine Kameras besitzen, aber mein Freund Kazio Wendland, der das Foto hier gemacht hat, arbeitete in einem Fotolabor, das in deutsches Eigentum überführt worden war, und konnte heimlich eine »leihen«.

die polnische Sprache angenommen, ihre Familiennamen und traditionellen Trachten jedoch behalten. Mit der Zeit wichen die bunten Kleider mit all ihren Bändern, Spitzen und den vielen Unterröcken zwar der Alltagsmode; zu bestimmten Anlässen wie religiösen Feiern wurden sie jedoch getragen. Die Familiennamen wurden allerdings durch all die Jahrhunderte hindurch stolz beibehalten, obwohl ihre Inhaber längst vollständig polnisch geworden waren. Ein klassisches Beispiel für die Polnisierung der Bamberger war die in Poznań sehr bekannte Familie Langgeber, polnische Nationalisten bis ins Mark und katholisch aus Tradition. Tatsächlich war der Familienname unserer Zosia Bamberowicz und wies so ganz eindeutig auf ihre Herkunft hin. Allerdings wurden so tausende junge männliche Bambry über 18 aufgrund der von ihren Bamberger Vorfahren geerbten deutschen Nachnamen in den 1940er Jahren für Hitlers Wehrmacht zwangsrekrutiert, ungeachtet ihres tiefverwurzelten polnischen Patriotismus und der Tatsache, dass sie kein Wort Deutsch verstanden oder sprachen.

Meine spärlichen Deutschkenntnisse stammten vom Lehrplan des Collegium Marianum, der Schule, die ich besuchte, bevor der Krieg ausbrach. Obwohl es mir immer noch schwerfiel, die Sprache anzuwenden, hatte ich ein gutes Ohr für ihren Klang und hätte nur etwas mehr Übung gebraucht, um müheloser sprechen zu können. In der Bibliothek meines Vaters standen einige Bücher auf Deutsch, von denen manche bis zur Jahrhundertwende zurückgingen und entsprechend noch in altdeutscher Schrift gedruckt waren. Es dauerte einen Tag, bis ich die geschnörkelten Buchstaben zu entziffern gelernt hatte, danach aber konnte ich sie genauso leicht lesen wie die romanischen. Ein paar Wochen las ich laut, und diese praktische Methode half mir dabei, mich viel besser mit der Aussprache vertraut zu machen und, wichtiger noch, mit der schwierigen Grammatik des Deutschen. Zu all dem wurde ich durch Zenek und durch meinen Vater ermutigt.

1 Kubicki befand sich zuletzt im Pawiak-Gefängnis in Warschau und wurde dort ermordet.
2 Die erste Zeile lautet richtig: »Jeszcze Polska nie zginęła, kiedy my żyjemy.« Folgende Übersetzung ist dafür üblich: »[…], solange wir leben.« »póki« bedeutet aber auch »solange«. Hier hat Kamieński wohl die Erinnerung getäuscht.

01

Kurierdienst und kleine Sabotageakte

Mir wurde klar, dass eine Fremdsprache zu lernen nichts war, was ich tat, um mir die Langeweile zu vertreiben oder mich selbst zu unterhalten. Meine gesundheitliche Genesung war auf einem guten Weg, und obwohl der Bombenangriff im September des Vorjahres mein Augenlicht nachhaltig geschädigt und Nerven in meinem linken Bein verletzt hatte, war ich doch wieder recht gut hergestellt und konnte Dinge so erledigen wie zuvor. Zuhause war jedoch die finanzielle Lage wieder angespannt – das Geld von Dr. Lück war aufgebraucht, und ich erkannte die Notwendigkeit, selbst mit anzupacken. Ich fand, dass meine Deutschkenntnisse sich soweit verbessert hatten, dass ich mich praktisch in jedem Geschäftsbereich um Arbeit bewerben konnte. Vom deutschen Arbeitsamt wurde ich jedoch als Laufbursche an das Büro der Deutschen Arbeitsfront vermittelt, eine Organisation, die 1933 gegründet worden war, um die alten etablierten deutschen Gewerkschaften zu ersetzen, die alle von Hitler geächtet waren. Das Büro, in dem ich arbeitete, war eine Zweigstelle der Organisation, die mit der Planung deutscher Siedlungen in den neu eroberten polnischen Gebieten beauftragt war, von denen man die rechtmäßigen Eigentümer vertrieben hatte. Das Personal des Büros bestand aus zwei Direktoren, drei Städteplanern/Architekten, einer Sekretärin und neuerdings aus mir. Da man keinem Deutschen zumuten konnte, eine so geringfügige Arbeit wie die eines Boten zu übernehmen, musste das Büro sich hierfür mit einem Polen zufriedengeben, der zufälligerweise auf akzeptable Weise Deutsch sprach. Man gab mir ein Fahrrad, mit dem ich die Stadt durchquerte und zwischen Büros der

Nazipartei und der Regierung (obwohl die beiden im Grunde eins waren) und, manchmal, privaten Unternehmen, verkehrte, die nun von Deutschen geführt wurden, die die enteigneten polnischen Inhaber ersetzt hatten. Meistens transportierte ich Päckchen, große versiegelte Umschläge und manchmal auch große aufgerollte Mappen und Pläne zukünftiger Siedlungen. Die Arbeit war nicht schwer, aber die Bezahlung, gelinde gesagt, miserabel.

An einem Tag war ich gerade zu Fuß auf dem Weg zurück ins Büro, nachdem ich ein Paket abgeliefert hatte. Unterwegs hielt ich kurz an der Matejko Straße an und stand mit ein paar anderen Fußgängern an der Bordsteinkante, um einer Kompanie der Luftwaffe zuzusehen, die gerade vorbeimarschierte und vorneweg eine Art Flagge zeigte, die möglicherweise den Wimpel der Einheit darstellte. Während der Marsch vorbeizog, vergaß ich eine Vorschrift, die besagte, dass alle Polen als Zeichen des Respekts ihre Kopfbedeckungen abnehmen mussten, falls irgendeine Militärformation der »Herrenrasse« an ihnen vorbeiziehen sollte. Ich hatte nicht darauf geachtet, ob andere Leute dies getan hatten oder nicht, aber jetzt spürte ich plötzlich einen Schlag auf den Kopf. Meine Mütze wurde mir von einem Feldwebel runtergerissen, der aus den Rängen herausgestürmt war, mich in die Gosse warf und dann, die üblichen »Polacken«-Flüche brüllend, auf mir herumstampfte und -tanzte. Er gab mir einen Tritt auf den Kopf, der mir zwei meiner Zähne aus dem Mund brach.

Im zivilen Leben mag er ein sanftmütiger, anständiger Mensch gewesen sein, der seine Familie liebte, aber im Hier und Jetzt verwandelte er sich in den Inbegriff des *Furor Germanicus*! War ein Teil von ihm Deutscher und der andere Nazi, zu gleichen Teilen einsatzbereit für die Pflicht, je nach Bedarf? Dazu fallen mir der *Furor Hispanicus* im alten Mexiko ein und der *Furor Britannicus* und der *Gallicus*, der *Furor Americanus* und *Mongolicus* – all die großen *Furoris* –, und eine leise Stimme in mir regt sich und fragt: »Gab es nicht auch einmal einen *Furor Polonicus*?«

War die Brutalität der Deutschen, wie wir sie während der Besatzung Polens erlebten, ein angeborenes und noch nicht überwundenes nationales Charakteristikum? War die vorsätzliche Grausamkeit in den Folterkammern der Gestapo ein angeborener Charakterzug? Hitlers Regime hatte ein Erziehungssystem geschaffen, in dem absolute Unbarmherzigkeit im Umgang mit Gegnern zum Credo wurde. Kaum verwunderlich, dass diese Art der Erziehung später auf jeden deutschen Jungen eine Wirkung haben würde, der in die Schlacht ziehen sollte und dabei

fröhlich sang: »Wir werden weitermarschieren, bis alles zusammenfällt, denn heute gehört uns Deutschland und morgen die ganze Welt!«

Einem bezeichnenden Vorfall dazu wohnte unsere Haushälterin Zosia im Sommer 1941 bei. Beim Überqueren der Straße sah sie ein Mädchen beim Himmel-und-Hölle-Hüpfspiel auf dem Bürgersteig und einen Mann, der offensichtlich sehr in Gedanken war, auf das Mädchen zulaufen. Unbeabsichtigterweise schlurfte er über die Spielfelder und zerstörte so deren Anordnung. Das Mädchen sah ihn an und rief: »Du dummer Polacke! Schau, was Du angerichtet hast!« Verblüfft und verärgert gab der Mann dem Mädchen eine Ohrfeige. Dieses wich daraufhin zurück und sagte mit weinerlicher Stimme: »Entschuldigung. Ich wusste nicht, dass Sie Deutscher sind.«

Unser prächtiges Radio, ein Elektrit Majestic, das immer so einen fantastischen Empfang auf allen Wellenlängen gehabt hatte, war im November 1939 von der deutschen Polizei beschlagnahmt worden, und welche Nachrichten auch immer wir aus dem Rest der Welt bekamen, bekamen wir nun über Freunde, die ihre Radios vorsorglich versteckt hatten und nun heimlich verfolgten, was die BBC in ihren polnischsprachigen Programmen brachte.

Im Westen passierte nicht viel, und wir warteten ungeduldig und in vergeblicher Hoffnung auf die lang versprochene französisch-britische Offensive gegen Deutschland. Stattdessen ging der Sitzkrieg weiter. Ein Großteil der französischen Streitkräfte verbrachte den Winter 1939/40 hinter der sicheren Maginot-Linie, während England einen neuen Schlachtruf anstimmte: »Wir werden die Wäsche auf dem Westwall aufhängen, wenn der Westwall denn noch da ist.« Die englische Bezeichnung für den Westwall war »Siegfried's Line«, und so ergab sich im Englischen daraus ein gelungenes Wortspiel. Es herrschte Krieg zwischen Finnland und der Sowjetunion, und in unseren Herzen waren wir auf der Seite der Finnen, die wir als Opfer dergleichen Aggression betrachteten, der wie selbst unterworfen waren.

Die Vertreibung der polnischen Bevölkerung aus den westlichen Gebieten Polens und die unverblümte Annektierung des gesamten westlichen Teils Polens ins Großdeutsche Reich brachten unerwartete Konsequenzen für all jene Polen mit sich, die dort als unterworfene Zwangsarbeiter gehalten wurden. Da man sie als Subjekte des Reichs betrachtete (demnach nicht als Bürger), fielen sie unter die Anwendung des Reichsgesetzes zur Wehrpflicht vom 30. April 1940. Dies bedeutete, dass sie zwangsweise zur Wehrmacht eingezogen wurden, sobald festgestellt wurde, dass sie in der Lage waren, Waffen zu tragen. Zugunsten derer, die gezwungen waren, auf deutscher Seite zu kämpfen, erklärte die polnische Exilregierung, dass diese an keinerlei unter Zwang abgegebenen Eid gebunden seien, sondern nur an die Pflicht, zu ihrem eigenen Land, Polen, zu stehen. Natürlich nutzten viele, wenn nicht gar die meisten, der bereits eingezogenen Polen jede Gelegenheit, an der Front die Seiten zu wechseln und sich den alliierten Streitkräften anzuschließen.

Irgendwann im Juni 1940 gab es eine große Feier im Büro des Chefplaners, Herrn Mahnke, anlässlich des deutschen Sieges über Frankreich. Die Feier begann am Abend, und allerlei hohe Tiere der Nazipartei waren anwesend. Die Sekretärin, Fräulein Meyer, und ich wurden nach Hause geschickt mit der Order, am nächsten Tag ins Büro zu kommen, um die Räumlichkeiten dort nach dem Fest sauber zu machen. Das taten wir und fanden dabei eine unvorstellbare Sauerei vor – zerschlagene Gläser, verschüttete Drinks, halbleere Flaschen zwischen Essensresten (von Essen, welches ich schon lange nicht mehr zu Gesicht bekommen hatte) und Erbrochenes auf dem Boden – kurz gesagt, Hinterlassenschaften einer ziemlich abstoßenden Nazisiegesfeier. Zum Glück war Sonntag, und wir konnten uns bei den Säuberungs- und Aufräumarbeiten Zeit lassen.

Als ich umgekippte Gläser von Herrn Mahnkes Zeichenbrett räumte, fiel mir auf, dass einige Essensreste und Rotwein auf einen Stapel von Karten und Plänen von Zamość gefallen waren, ein Gebiet um die gleichnamige polnische Stadt, die von den Nazis in »Himmlerstadt« umbenannt worden war. Während Fräulein Meyer in einem anderen Teil des Büros damit beschäftigt war, allen möglichen Schutt vom Boden aufzuräumen, sah ich mir die Karte genauer an. Auf ihr waren die Standorte geplanter, an die Stadt angrenzender deutscher Siedlungen eingezeichnet, deren zukünftige Einwohnerzahl mit über 100 000 angegeben war. Einem Vermerk am Rande entnahm ich, dass bereits feststand, dass die ortsansässige polnische Bevölkerung aus der Stadt vertrieben und alle jüdischen Polen »zur weiteren Bestimmung« in ein Ghetto interniert werden würden. Ich weiß nicht genau wie es dazu kam, dass ich dieses interessante Dokument im Kopf behielt, aber beim nächsten Mal, als ich Zenek traf, zeigte ich ihm eine Skizze dessen, was ich gesehen hatte und woran ich mich erinnerte. Er sah es sich genau an und lehnte sich zurück. Nach einer Weile sagte er: »Ich glaube es ist an der Zeit, dass Du über ein paar Dinge Bescheid weißt.« Er fuhr fort und

fragte mich, ob ich bereit sei, einer »bestimmten Organisation« beizutreten, deren genaue Charakteristik er zu diesem Zeitpunkt noch nicht erläutern könne. Er denke aber, dass ich klug genug sei, selbst die Bedeutung des Ganzen herauszufinden.

Um die Geschichte abzukürzen: Dies war der Tag, an dem ich mich dem polnischen Widerstand anschloss. Ich war 17, erfüllt mit leidenschaftlichem Hass für den Feind einerseits und andererseits mit überwältigender Begeisterung für die Sache der Anderen. Die Gefahren, in die ich mich hineinbegeben würde und denen ich möglicherweise auch meine Eltern aussetzen würde, waren mir kaum bewusst. Ein paar Tage später legte ich meinen Eid ab.

Es versteht sich von selbst, dass ich meinen Eltern von meinem Entschluss, mich dem Widerstand anzuschließen, nichts sagte. Es war etwas, das nur zwei Menschen betraf: Zenek und mich. Sollte mich jemand anders auf höheren Ebenen der Organisation gekannt haben, so war mir dies nicht bewusst. Da wir bei unseren Aktivitäten unter äußerster Geheimhaltung und Vorsicht agierten, um andere nicht zu gefährden, nahmen die Mitglieder des Widerstands falsche Namen an, möglichst kurze, die für Außenstehende schwer verständlich waren, wenn man sie schnell und leise aussprach. Außerdem waren jedermanns Kontakte auf ein oder zwei weitere Mitglieder beschränkt, damit die Menge an Informationen, die von einem Mitglied unter Folter erpresst werden konnte, so gering wie möglich war. Daher kam es, dass ich die ganze Zeit über, die ich Zenek kannte, nie seinen wirklichen Namen erfuhr.

An einem Tag Mitte September 1940 trafen wir uns in einer verlassenen Hütte in der Nähe einer Brücke, die über den Fluss Warta führte. Zu meiner Überraschung hatte er meinen Freund Kazio Mettler mitgebracht, den ich seit Kriegsbeginn nicht mehr gesehen hatte. Es stellte sich heraus, dass Kazio auch ein Mitglied unserer Organisation war, und wir beide sollten nun an das herangeführt werden, was man als »kleine Sabotage« bezeichnete. Im Gegensatz zu »schwerer Sabotage«, deren Ziel es war, militärisches Gerät und Installationen zu zerstören, die der deutschen Kriegswirtschaft dienten, war die »kleine Sabotage« dazu gedacht, die deutschen Besatzer daran zu erinnern, dass die Polen noch immer beständig anwesend waren und sollte dazu führen, dass die Deutschen ein dauerhaftes Gefühl der Unruhe und des Unbehagens empfanden und ihr Selbstbewusstsein erschüttert wurde. Dies musste jedoch mit äußerster Vorsicht geschehen. Obwohl weit über die Hälfte der polnischen Bevölkerung von Poznań zwangsgeräumt und Richtung Osten ins Generalgouvernement verbracht worden war, gab es noch immer rund 150 000 Polen in der Stadt. Da dies den Besatzungsbehörden bewusst war, wurden Überwachungsmaßnahmen auf sehr hohem Niveau aufrechterhalten.

Dies wiederum bedeutete, dass sich der Widerstand in der Region Poznań, obwohl er aktiv war, auf geringfügige Aktivitäten beschränken musste, wie beispielsweise auf das Drucken und Verteilen einfacher zweiseitiger Bulletins mit einer deutschen Übersetzung der heimlich von polnischsprachigen BBC-Sendungen abgefangenen Nachrichten. Abgesehen von militärischer Lageberichterstattung, bei der es zu der Zeit um die Schlacht Großbritanniens ging und um die herausragende Rolle, die polnische Kampfjetpiloten dabei spielten, beinhalteten solche Bulletins auch Einzelheiten über die jüngsten Gräueltaten der Deutschen in Polen wie die anhaltenden Ermordungen von Wissenschaftlern, Schriftstellern, Künstlern, Grundbesitzern, politischen Führungskräften und Geistlichen ebenso wie der jüdischen Bevölkerung des Landes. Diese Bulletins wurden diskret in die Briefkästen von vormals von Polen und jetzt von Deutschen bewohnten Wohnungen gesteckt, in der Hoffnung, so zum Unwohlsein der neuen Bewohner beizutragen.

Ich meldete mich freiwillig, um diese Bulletins auszutragen, doch Zenek legte dagegen sein Veto ein. Ich sei viel zu groß und daher zu auffällig, um solch gefährliches Material mit mir herumzutragen, meinte er. Außerdem habe er andere Dinge mit mir vor. Er sagte jedoch nicht genau was. Was ich tun durfte, gefiel mir nicht besonders, aber ich erinnerte mich daran, dass es wenigstens dabei half, den Feind zu unterlaufen. Nach der Ausgangssperre um 21 Uhr (die nur für Polen galt) ging ich ganz ruhig die Straßen entlang, und in der totalen Dunkelheit der angeordneten Verdunkelung verging ich mich in geringfügigem Vandalismus an geparkten deutschen Autos. Es war Krieg, daher gab es nicht allzu viele davon, denn Nicht-Deutsche durften keine besitzen. Es gab aber dennoch genug, denen man Schaden zufügen konnte, indem man zum Beispiel ein Messer in einen oder zwei Reifen stach, einen fiesen Kratzer an der Fahrertür hinterließ oder einen Scheibenwischer abriss – kurz, indem man dem Besatzer das Leben so ungemütlich wie möglich machte. Nur ein einziges Mal begegnete ich einer Polizeistreife. Die beiden Uniformierten waren jedoch zu beschäftigt damit, sich über eine offensichtlich sehr lustige Geschichte auszutauschen und zu lachen, als dass sie mich, der ich in der Dunkelheit lauerte, hätten wahrnehmen können.

Ein weiteres Vorgehen bei der kleinen Sabotage war, heimlich eine praktisch unauslöschliche weiße Farbe auf dem Adler, der Teil des Stadtwappens von Poznań war, anzubringen. Dieses Wappen war im Flachrelief auf jedem schwarzen, gusseisernen Laternenpfahl der Stadt angebracht – und so war dies eine weitere Erinnerung an die Besatzer, dass der polnische Patriotismus noch immer sehr lebendig war. Noch eine Art die deutsche »Ordnung« zu erschüttern, bestand darin, ihre Kommunikationswege zu stören. Dies war ein besonders gefährlicher Job, da man dabei den Blicken der Öffentlichkeit ausgesetzt war. Er erwies sich aber als besonders effektiv, wenn es darum ging, im Telefonsystem des deutschen Militärs Chaos zu stiften. Ein paar der Freileitungskabel, von denen bis zu zehn oder mehr parallel verliefen, wurden durchtrennt und wahllos untereinander verbunden. So war dann der Kodierraum vielleicht auf einmal mit der Küche verbunden, die Waffenkammer mit dem Feldlazarett und so weiter. Soweit ich mich erinnere, hatte das ein Mitglied des Widerstands, das sich mit einer deutschen Uniform verkleidet hatte und mutig genug war, diese Aufgabe zu übernehmen, im Gebiet der Festung von Poznań zweimal geschafft.

Diese Widerstandsaktivitäten auf niederem Niveau (obwohl wir das zu jener Zeit nicht wussten) umfassten auch eine lebensgefährliche Arbeit, die von einer wagemutigen Gruppe von Wissenschaftlern und Laborassistenten der Medizinischen Fakultät der (zuvor polnischen) Universität Poznań erledigt wurde. Obwohl die Labore und Forschungseinrichtungen ihrer Fachbereiche Bakteriologie, Pharmakologie und Chemie von den Deutschen übernommen oder brutal zerstört worden waren, nutzten sie ihr Fachwissen und alle Ressourcen, die ihnen noch irgendwie zur Verfügung standen, um heimlich Bakterien und langsam wirkende Gifte zu entwickeln. Diese wurden dann unauffällig in Restaurantessen für deutsche Partei- und Polizeimitglieder sowie höherrangiges Wehrmachtspersonal gemischt, das für seine Grausamkeiten bei der Verfolgung der polnischen Bevölkerung besonders berüchtigt war. Kellner, die natürlich auch der Widerstandsbewegung angehörten, reicherten das Essen entsprechend an, bevor sie es servierten. Diese Gruppe war von 1940 bis 1942 aktiv, als die Gestapo ihr auf die Spur kam. Alle Mitglieder wurden exekutiert sowie auch ihre Familien – die Eltern, Frauen, Brüder und Schwestern. Die Kinder brachten die Nazis ins Dritte Reich, wo sie »germanisiert« werden sollten.

Die Verschleppung und »Germanisierung« von geschätzten 200 000 polnischen Kindern war eine weitere Facette der Bestrebungen der Nazis, die Dominanz der »Herrenrasse« zu vergrößern. Kinder, deren blaue Augen, blonde Haare und ansprechender Körperbau die Aufmerksamkeit der Experten – die von der SS in Sachen »Rassenreinheit« ausgebildet worden waren – erregten, wurden von SS-Einheiten, der deutschen Polizei oder der Wehrmacht verschleppt und einer Institution übergeben, die eine »Entstaatlichung« veranlasste. Sie wurden dafür geschlagen, dass sie Polnisch sprachen und gezwungen, einen Prozess der »Germanisierung« zu durchlaufen – dann wurden sie deutschen Familien zur Adoption angeboten, vorzugsweise solchen, die sich zur germanisch-nordischen Rassendoktrin bekannten. Nur sehr wenige dieser Kinder fanden nach dem Krieg ihren Weg zurück nach Polen. Die meisten waren sich ihrer Herkunft ein Leben lang nicht bewusst. Andere polnische Kinder im Alter von sechs bis 14 Jahren wurden einer weiteren Form von Grausamkeit ausgesetzt: Sie wurden verschleppt, um als Sklavenarbeiter in Fabriken, im Baugewerbe oder in der Rüstungsindustrie benutzt zu werden oder um in der Landwirtschaft deutsche Arbeitskräfte zu ersetzen, die zur Wehrmacht eingezogen worden waren. Sie wurden gezwungen, unter unmenschlichen Bedingungen zu arbeiten und routinemäßig misshandelt. Man ließ sie hungern und zwang sie, im Freien zu arbeiten, auch bei extremer Kälte, obwohl sie nur Lumpen anhatten. Viele verhungerten oder erfroren. Die jüdischen Kinder, die nicht von den SS-Einsatzkommandos bei Massenerschießungen ermordet wurden, starben in den Straßen der Ghettos an Hunger oder in den Gaskammern.

Ich sah Zenek in jenen Tagen seltener. Nachzuhaken, wo er gewesen sei oder was er gemacht habe, kam nicht infrage. Ich vermutete, dass er im Auftrag der Organisation nach Warschau und Krakau fuhr, denn immer, wenn ich ihn doch einmal traf, hatte er Neuigkeiten aus dem Generalgouvernement zu berichten, sei es über die Verhaftung und Ermordung unserer Landsleute durch die Deutschen, sei es über unseren Erfolg bei der Sabotage einer ihrer größeren militärischen Anlagen.

Unterdessen war der Sitzkrieg beendet worden. Am 10. Mai 1940 hatte die Wehrmacht ihren Blitzkrieg gegen Frankreich, Holland und Belgien begonnen. Gegen Ende Juni hatten alle drei kapituliert, das Britische Expeditionskorps war am Strand von Dünkirchen zerfleischt worden. Polen stand alleine da. Nachdem ein kurzer Krieg gegen die deutsche Übermacht verloren worden war, fingen seine Streitkräfte nun erneut an zu kämpfen, diesmal auf der Seite Großbritanniens. In einem klassischen Fall von Verrat reihten sich die Rumänen im November 1940 in Hitlers Achsen-Koalition ein. Damals wussten wir noch wenig davon, dass auch Großbritannien uns im Laufe der Zeit Stalins zartem Erbarmen überlassen würde.

Im Spätherbst 1940 wurde ich von meinem Arbeitgeber beauftragt, ein kleines Päckchen beim ehemaligen Krankenhaus der Heiligen Verwandlung abzugeben, das sich an dem sehr großen St. Bernards-Platz befand, in einem der älteren Stadtteile Poznańs. Das Krankenhaus hatte vormals einem Dr. Meissner gehört, der – trotz seines deutschen Namens – einer der führenden Köpfe in der Nationaldemokratischen Partei Polens war. Sein Krankenhaus war von der Wehrmacht übernommen worden. Als ich mich dem Platz näherte, musste ich vom Fahrrad absteigen und schieben, da die alten und engen Straßen, die auf den Platz zuliefen, durch lange Schlangen von Militärfahrzeugen blockiert waren, hauptsächlich große Lastkraftwagen mit Planenverdecken. Soldaten und Polizisten standen herum und unterhielten sich. Niemand achtete auf mich, während ich mir meinen Weg zum Platz bahnte. Aber als ich endlich den riesigen, offenen Platz erreichte, sah ich, dass er voll war mit einer ganzen Masse an Menschen, von denen manche standen, während andere auf Koffern und verschiedenen Bündeln saßen. Die meisten sprachen sehr leise, ihre Gesichter zeigten Verwirrung und Sorge. Es war eine enorme Menge Menschen, die den Platz befüllte und die an den Außenseiten von Polizisten bewacht wurde, die Bajonette auf ihre Gewehre montiert hatten. Ich musste nicht lange raten, wer diese Menschen waren. Der *Ostdeutsche Beobachter* hatte oft schon Bilder von Juden gezeigt, die gezwungen waren, den Davidstern auf den Ärmeln ihrer Jacken oder Mäntel zu tragen. Da ich außerhalb der Polizeiabsperrung war, konnte ich mich frei bewegen, obwohl ich an einer Stelle dann angehalten und nach meinen Ausweispapieren gefragt wurde. Ich zeigte das Päckchen, das ich beim nahegelegenen Krankenhaus abgeben sollte, und wurde durchgelassen. Während ich am Rande dieser Masse an Menschen entlanglief, dachte ich daran, dass diese Juden genau wie all die Polen vor ihnen, aus ihrem Zuhause vertrieben worden waren, um Platz für die Deutschen zu machen und nun ins Generalgouvernement geschickt wurden, vielleicht nach Warschau oder Lublin, oder an ähnliche Orte. In dieser Annahme irrte ich mich leider auf schreckliche Weise, wie ich später natürlich erfahren sollte. Der Anblick einer Hand, die mir zuwinkte, ließ mich abrupt anhalten: Hania Hirschberg, die Freundin meines Klassenkameraden und Kumpels Adam Majkowski, versuchte meine Aufmerksamkeit zu erregen. Ich rief ihr zu: »Hania …!«, und versuchte, in ihre Nähe zu kommen, aber ein Polizist schlug mir seinen Gewehrkolben zwischen die Schulterblätter und schrie: »Hau ab, Du Dreckspolack!« Er stieß mich zur Seite, ich fiel über mein Fahrrad. Als ich wieder auf die Beine kam, hielt ich wieder nach Hania Ausschau, aber sie war in der Menge verschwunden. Zutiefst erschüttert, gab ich das Päckchen ab. Die Erinnerung an Hania, wie sie mir zuwinkte und an die Verzweiflung in ihrem Gesicht, habe ich bis heute bei mir behalten. Die jüdische Gemeinde von Poznań war sehr klein und bestand vielleicht noch aus 3 000 Personen, in einer Stadt, die vor dem Krieg eine Bevölkerung von 270 000 hatte. Ich weiß nicht, ob irgendjemand aus dieser Gemeinde überlebt hat. Ich kann nicht anders, als immer noch zu hoffen und zu glauben, dass Hania unter denen ist, die noch am Leben sind. Adam Majkowski wurde von der Gestapo verhaftet. Sein Schicksal bleibt unbekannt.

70

Der Auftrag

Ich war noch immer 17, also minderjährig, und deshalb jenseits des autoritären Zugriffs der Nazibürokratie. Da meine Mutter allerdings gezwungen worden war, sich in die Volksliste einzutragen, bestand die reale Gefahr, dass ich, sobald ich im Jahr 1941 18 werden würde, zur Wehrmacht eingezogen werden könnte und dort gezwungen wäre, dem Feind zu dienen, den wir aus ganzem Herzen verabscheuten. Meine Eltern und ich diskutierten vage und oft hoffnungslose Pläne meiner Flucht in ein sicheres Land – Ungarn, vielleicht Rumänien – und von dort aus Gott weiß wohin. Aber die Deutschen waren inzwischen überall, und es war ungeheuer schwierig geworden, die Grenze zu übertreten.

In der Zwischenzeit hatte mein Vater eine Arbeit in der Katalogisierungsabteilung der großartigen und wohlhabenden Raczyński-Bibliothek von Poznań gefunden, sodass dank unser beider Einkommen unsere finanzielle Lage tragbar wurde. Erst einige Jahre nach Kriegsende habe ich von ihm und später auch von einem Zeitzeugen erfahren, dass er während seiner Anstellung in der Raczyński-Bibliothek wiederholt verhindern konnte, dass die Deutschen die unschätzbare Bibliothekssammlung seltener, antiker Bände plündern konnte, indem er die Werke in seiner Aktentasche oder schlicht unter seinem Mantel versteckte und sie später bei alten, vertrauenswürdigen Freunden deponierte. Diese Buchbände umfassten einige Beispiele des Buchdrucks aus dem späten 15. und frühen 16. Jahrhundert, damals eine ganz neue Erfindung, und eine Vielzahl unbezahlbarer Schriftstücke, häufig religiösen Inhalts. Mein Vater bewahrte auch einige Weltkarten aus der Mitte des 16. Jahrhunderts davor, von den deutschen Langfingern gestohlen zu werden.

Nach dem Krieg wurden diese Raritäten der wiedereröffneten Raczyński-Bibliothek zurückgegeben, so zumindest wurde es mir erzählt.

Anfang März 1941 nahm der deutsche Schienenverkehr Richtung Osten plötzlich zu, und es wurde sehr schnell deutlich, dass Vieles von dem, was dort transportiert wurde, keinen friedlichen Zielen diente. Die Hauptschienenstrecke, die von West nach Ost und durch den Hauptbahnhof von Poznań führte, verlief durch die Vororte. Der Verkehr, der über sie abgewickelt wurde, konnte ziemlich genau beobachtet werden. An einer Stelle verlief die Strecke entlang hoher, mit Gras überwachsener und geneigter Böschungen auf der einen Seite und dichtem Gebüsch auf der anderen, perfekt geeignet, um jedermann, der ungesehen aufklären wollte, vor Blicken anderer abzuschirmen. Die Sperrstunde um 21 Uhr und die Verdunkelung beeinträchtigten unsere Wachsamkeit, aber Kazio Mettler und mir (später auch Tadek Stas, der sich uns Ende März anschloss) gelang es, jeweils ein paar Stunden mit dem Zählen der Güterwaggons zuzubringen. Man konnte nicht sehen, was sich im Inneren der geschlossenen Güterwaggons befand, aber Objekte, die auf den Flachwaggons gestapelt und mit Tarnfarben-Planen abgedeckt waren, erregten unser Interesse. Von scheinbar harmlos aussehenden Kisten bis hin zu kistenähnlichen Gegenständen nahmen sie nach und nach immer bedrohlichere Gestalt an: die von bewaffneten Mannschaftstransportern, Militärfahrzeugen jeder

Meine Kompanions im Widerstand, von links nach rechts: Kazio Mettler, Henryk (Henio) Komorowski und Tadek Stas.

Art und schließlich die von Panzern. Unsere Beobachtungen gaben wir an Zenek weiter, der sie kommentarlos entgegennahm und angeblich an jemanden höhergestellten und wichtigeren weiterleitete. Trotz alledem ging ich weiterhin meiner Arbeit als Botengänger nach, so wie zuvor.

Die zwei polnischen Tageszeitungen von Poznań waren natürlich von den Deutschen liquidiert und durch eine einzige ersetzt worden, und zwar durch die deutschsprachige Zeitung *Ostdeutscher Beobachter*. Sie brachte ständig Nachrichten über die herzliche Freundschaft zwischen dem Dritten Reich und der Sowjetunion, indem sie Lieder des Stolzes krächzte über die Eroberung Frankeichs, Hollands, Belgiens und später weite Teile des Balkans, Griechenland eingeschlossen. Es gab natürlich reichlich Platz auf den Seiten dieser Zeitung, um Feindseligkeiten gegen Polen, jüdische und nicht-jüdische, zu verbreiten, aber im Großen und Ganzen war die Zeitung permanent damit beschäftigt, Deutschlands kommunistischen Busenfreunden ein Ständchen zu singen. Es war daher nicht verwunderlich, dass wir zusätzlich zu den deutschen Zügen Richtung Osten gelegentlich auch Züge Richtung Westen sahen, die vermutlich mit Getreide und anderen Lebensmitteln beladen waren und offenbar auch Öl in riesigen Containern, die wie im Huckepack auf den Flachwaggons saßen, transportierten. Während wir diesen Hin- und Rückverkehr auf den Schienen beobachteten, fielen uns die Buchstaben »CCCP« auf einigen der Waggons in Richtung Westen auf. In der Annahme, dass diese Buchstaben »irgendetwas Russisches« bezeichneten, fragte ich meinen ehemaligen Klassenkameraden Oleg Jefimov, der russischer Abstammung war, was diese Buchstaben bedeuteten. Er sagte, es seien die Initialen der Bezeichnung Sowjet-Russlands: Union der Sozialistischen Sowjetrepubliken. Wir spekulierten darüber, ob Nazideutschland und Sowjetrussland Waffen gegen Nahrungsmittel oder Nahrungsmittel gegen Waffen tauschten, aber Zenek lachte nur und sagte: »Das werden wir bald rausfinden!«

Hitler griff die Sowjetunion am 22. Juni 1941 an, und Zenek gab von oben die Ansage, dass wir in diesem Konflikt für keine der beiden Seiten Partei ergreifen sollten. Immerhin hatten Deutschland und die Sowjetunion 1939 dabei kollaboriert, unser Land unter sich aufzuteilen und waren demnach ganz offensichtlich beide unsere Feinde.

Auf Zeneks Bitte hin trafen wir beide uns, um eine Angelegenheit zu besprechen, die er als außergewöhnlich wichtig bezeichnete. Zunächst befragte er mich über meine Deutschkenntnisse. Ich sagte ihm, dass ich die Sprache inzwischen ziemlich gut sprechen könne, da ich seit über einem Jahr schon in einem deutschen Büro arbeite. Er wollte wissen, ob ich mir zutrauen würde, in einem rein deutschen sozialen Umfeld zu bestehen. Ich bejahte dies und sagte, ich glaubte, ich könne das. Dann fragte er, ob ich bereit wäre, eine Arbeit auszuführen, die es erfordere, dass ich mich unter dieses Umfeld mischte, während ich gleichzeitig für den Widerstand aktiv war. Ich antwortete ihm, dass dies ja bereits der Fall sei, auch wenn ich mich nicht im eigentlichen Sinne unter die Mitarbeiter des Büros »mischte«, in dem ich arbeitete. Er winkte ab und vermittelte mir, dass das, was er meinte, weitaus ernsthafter und unendlich wichtiger sei. Ich drängte ihn, mir Einzelheiten zu verraten, aber er wollte zuerst meine Antwort. In meiner jugendlichen Impulsivität sagte ich Ja.

Erst jetzt begann er, mir zu erklären, um was es bei dieser Arbeit ging. Ich sollte auf Feindesgebiet leben, also in Deutschland selbst. Dort sollte ich mir zur Deckung eine passende Beschäftigung suchen und mich in der Gemeinschaft etablieren. Ich müsste eine unauffällige Unterkunft bei einem diskreten Vermieter oder einer Vermieterin finden, vorzugsweise außerhalb der Stadtgrenze und möglichst in einem Haus, das in einiger Entfernung zu anderen Gebäuden stand (im heutigen Sprachgebrauch würde man so etwas als »geheimen Unterschlupf« bezeichnen). Ab und zu würde ich eine Postkarte oder eine kurze Nachricht in einem Umschlag erhalten, in der auf zuvor abgesprochene Weise und auf Deutsch eine Person angekündigt würde, die zu Besuch käme (ein »Onkel«, eine »Cousine« oder ein anderes »Familienmitglied«) und über Nacht bliebe, um am nächsten Tag wieder abzureisen. Ich sollte dieser Person in jeder erforderlichen Hinsicht helfen, mit Mahlzeiten, Wegbeschreibungen, Gütern des täglichen Bedarfs (soweit verfügbar) und dergleichen. Ich erinnere mich, dass ich Zenek fragte, ob die Personen, die ich beherbergen und versorgen sollte, irgendwelche Kuriere waren, und er nur die Schultern hob und antwortete: »Kann sein.«

Ein weiterer Auftrag bestand darin, ein Radio aufzutreiben – nicht den beliebten Volksempfänger, mit dem man nur eine einzige, von der Naziregierung genehmigte Wellenlänge empfangen konnte und aus dem normalerweise nur Unterhaltungsmusik und Kriegspropaganda tönte, sondern ein richtiges Radio mit Auswahl, vor allem eins mit Kurzwellenfunk, um die polnischsprachigen Programme der BBC empfangen zu können.

Diese Programme sollte ich transkribieren und dann die wichtigsten Fakten daraus extrahieren (bei denen es hauptsächlich um die Erfolge der Alliierten und nun auch um ein paar der Sowjets ging). Diese Transkripte sollte ich mit den zur Verfügung stehenden Mitteln kopieren und an die nächstgelegenen Lager mit polnischen Zwangsarbeitern verteilen. Die vom Lageralltag gezeichneten Insassen dieser Lager, die von den deutschen Besatzern zwangsweise von Polen nach Deutschland verschleppt worden waren, um dort als Versklavte für das Dritte Reich zu arbeiten, waren bei Gedanken an ihre Zukunft verzweifelt und voller Hass auf ihre Peiniger. Ihnen den Fakten entsprechende Informationen über den Verlauf des Krieges, insbesondere über die Beteiligung polnischer Kräfte dabei, zukommen zu lassen, war ein Weg, sie aufrecht zu halten, ihre Hoffnung auf eine bessere Zukunft und eine mögliche Rückkehr zu stärken. Die Massen dieser Sklavenarbeiter, die in unzähligen Lagern über ganz Deutschland verteilt und gezwungen waren, für den Feind zu arbeiten, stellten de facto eine fünfte Säule dar, die nicht nur in der Lage war, die Kriegsproduktion zu verlangsamen, sondern sie auch zum Schaden der deutschen Kriegsanstrengungen aktiv zu sabotieren. Dass solche Sabotageakte in sehr vielen Fabriken und auch in der Landwirtschaft stattfanden, stellte sich als erwiesene Tatsache heraus, obwohl es natürlich unmöglich ist, heute noch festzustellen, zu welchem Grad diese Aktivitäten durch das Lesen illegaler, in die Arbeitslager eingeschmuggelter Informationen motiviert war.

Eine weitere Aufgabe, die ich laut Zeneks Erläuterung hatte, war, die Regimentsnummern derjenigen zu überwachen und zu erfassen, die in den Rekrutenlisten der deutschen Armee aufgeführt waren sowie die der Unteroffiziere, die auf dem oberen Ärmelabschnitt der Uniform, unterhalb der Schulterklappe, getragen wurden. Diese Nummern identifizierten den Träger als Angehörigen eines bestimmten Regiments. Die Nummer 172 beispielsweise bedeutete, dass derjenige dem 172. Regiment angehörte, eine weiße Paspel am Ärmelrand wies dieses als Infanterieregiment aus. Ich habe vergessen, welche Farbe die Paspeln der Uniformärmel bei den Angehörigen der Panzereinheiten hatten, weiß aber noch, dass rote auf Artillerieregimente hinwiesen. Ich sollte meine Augen permanent nach diesen Nummern offen halten, wo auch immer ich gerade unterwegs war – ob ich nun eine Straße in der Stadt entlanglief oder auf die Straßenbahn wartete oder darin unterwegs war, ganz besonders aber in der Nähe jedweder Kasernenkomplexe. Zenek, der mich in all meine anderen Tätigkeiten eingewiesen hatte, erklärte mir nicht, was genau das Zählen der Regimentsnummern mit dem Widerstand zu tun hatte; erst einige Zeit später verstand ich dessen Bedeutung. Eine plötzliche, unerwartete Ansammlung gleicher Regimentsnummern konnte die Präsenz eines Regiments oder Bataillons anzeigen, vielleicht beim Fronturlaub in der Stadt, auf der Durchreise aus, sagen wir, Norwegen zur russischen Front oder nach Italien. Falls also eine solche Truppenbewegung für die Alliierten von Interesse sein könnte, war es wichtig, sie darüber zu informieren. Diese Information wurde einem durchreisenden Kurier anvertraut, damit die Chance bestand, dass die Information rechtzeitig die richtige Stelle erreichte, um Maßnahmen in die Wege zu leiten. Im Kontext eines großen bewaffneten Konflikts mag solch ein winziges, klitzekleines Bisschen an Information für diejenigen keine große Bedeutung haben, die gewichtige, strategische Entscheidungen fällen; wenn aber diese Informationen durch mehrere andere Quellen (die es natürlich gab) bestätigt wurden, konnten sie dazu beitragen, eine bereits geplante Operation zu beschleunigen, abzuändern oder aufzuhalten. Soweit ich mich erinnern kann, war ich nur ein paar Mal in der Lage, diese Art Information an einen Kurier zu übergeben, der auf der Durchreise Richtung Westen vorbeikam.

Bei wieder einer anderen Aufgabe, die etwas allgemeinerer Natur war, ging es darum, ein Auge auf Ereignisse und Besonderheiten im täglichen Leben der Bevölkerung zu halten und darüber Notizen anzufertigen. Dazu gehörte auch, die allgemeine Stimmung im deutschen Volk zu beobachten, die Einstellung zur Nazipartei insgesamt und zum Führer selbst. Auch die Meinungen der Menschen über die Kriegsführung waren sehr wichtig, genauso wie die über ihre tägliche Existenz in Anbetracht der zunehmend harten wirtschaftlichen Einschränkungen durch den Krieg. In diesem Zusammenhang war ich angewiesen, auf die Menge an Lebensmitteln zu achten, die für Einzelne und für Familien mit Kindern erhältlich waren. Da alle Lebensmittel kontrolliert über ein Gutschein-System ausgegeben wurden, würde es für mich nicht schwer sein, die Schwankungen in der Verfügbarkeit zu verfolgen. All diese Informationen sollten an die Durchreisenden, die ich beherbergte, mündlich weitergegeben werden.

Ob ich in der Lage sei, all das zu tun, fragte Zenek, und zuversichtlich sagte ich »Ja«. Aber nachdem mir das meiste des Was und Warum der Mission erklärt worden war, blieben das Wo und Wann noch ungeklärt. Das änderte sich meiner Erinnerung nach ein paar Tage später. Diesmal überraschte mich Zenek allerdings, indem er das Thema aus einem ganz anderen Blickwinkel ansprach: Er fragte mich, ob ich mich an einen Klassenkameraden namens Tadek Beutlich erinnere. »Ja«, sagte ich. Natürlich erinnerte ich mich an ihn – ein schmaler Bursche, etwas älter als ich, ziemlich ruhig. Einmal hatte er mir erzählt, er wolle Malerei studieren. Dann kam der Krieg, und ich verlor die meisten meiner Kumpel aus der Schulzeit aus den Augen. »Nun«, sagte Zenek, Tadek Beutlich sei nun in Dresden und studiere dort an der Staatlichen Kunsthochschule Malerei. Durch den so deutsch klingenden Nachnamen war seine Familie wahrscheinlich gezwungen worden, sich in die Volksliste einzutragen und hatte die rote Gruppe Vier Ausweiskarte erhalten (mit der man als »zweifelhaft deutsch« gebrandmarkt wurde). Tadek, der sich nun offiziell »Thaddeus« nennen ließ, war ein Student der Malerei, in der Hoffnung, dem langen Arm der Wehrmacht entkommen zu können. Und da er ja nun bereits in Dresden war und Zenek sogar im Besitz seiner Adresse, könnte ich eben eventuell so lange bei ihm unterkommen, bis ich dort eine eigene Unterkunft gefunden hatte. Ob ich das für eine Möglichkeit hielte, wollte er wissen. Ich bejahte, insbesondere da Tadek und ich die besten Schüler der Kunstklasse unserer Schule gewesen waren und uns oft über die Kunstwerke ausgetauscht hatten, die wir in Galerien gesehen hatten. Das sei auf jeden Fall etwas, was wir gemeinsam hätten, sagte ich, aber fragte auch etwas irritiert nach, woher Zenek diese ganzen Informationen über Tadek hatte. Als Antwort lächelte er nur wortlos und schüttelte kurz den Kopf.

Wie meine Eltern wohl reagieren würden, wollte er wissen, und ich sagte ihm, dass sie wahrscheinlich erleichtert sein würden. Jetzt, wo ich schon 18 war, war auch die Notwendigkeit, einen Weg zu finden, wie ich den Tentakeln der örtlichen deutschen Einberufungsbehörde entkommen konnte, dringlicher geworden als je zuvor. In der grauen Masse der Zivilbevölkerung in Deutschland selbst unterzutauchen, schien daher ein exzellenter Trick. Die Frage, wann ich abfahren sollte, könne geklärt werden, sobald meine Papiere fertig seien. Zenek versicherte mir, dass ausgezeichnete Experten sie herstellen würden: Leute aus dem nun stillgelegten Polska Wytwórnia Papierów Wartościowych (PWPW – dem staatlichen Druckereiunternehmen), in dem zuvor Briefmarken, Aktienscheine und Ähnliches gedruckt worden waren. Ich erinnere mich, wie erstaunt ich war, dass unsere Widerstandsbewegung, die so klein begonnen hatte, nun so groß und effizient geworden war, dass sie sogar in der Lage war, absolut echt aussehende Dokumente herzustellen!

Mir wurde auch versichert, dass Geld kein Problem darstellte. Man würde mir 500 Reichsmark geben, mithilfe derer ich mich in Dresden niederlassen und dort einen Anfang finden könne. Weitere Mittel würden dann mehr oder weniger regelmäßig folgen, bis ich eine anständig bezahlte Beschäftigung gefunden hatte. Meine Papiere erhielt ich Ende September 1941, überbracht von einem dieser zweifellos mutigen und verwegenen Kuriere der Widerstandsbewegung, die permanent bei den Kontrollen der deutschen Eisenbahnpolizei, der Gendarmerie der Wehrmacht oder der Gestapo ihr Leben riskierten. Was ich bekam, war ein Pass als sogenannter Staatenloser, der (wie die Nansen-Pässe) denjenigen ausgestellt wurde, die keine formale Nationalität hatten. Er war auf den Namen »Hans-Jakob Schreiter« ausgestellt und ein Meisterstück der Fälscherkunst, das sogar mein Foto enthielt. Außer diesem Pass besaß ich nur eine Kopie meiner echten Geburtsurkunde von 1923, ordnungsgemäß aus dem Polnischen ins Deutsche übersetzt und von deutschen Behörden im bereits besetzten Poznań abgestempelt.

Ich traf Zenek zum letzten Mal am Tag vor meiner Abreise nach Dresden. Er hatte auf das Treffen bestanden, um mir in letzter Minute noch ein paar Anweisungen für meine ersten Tage in Dresden zu geben. Was er mir zu sagen hatte, war kurz und aufs Wesentliche konzentriert. Ich sollte mit diesen Informationen so verfahren wie mit allen, die ich bisher von ihm bekommen hatte – ich sollte sie einfach im Gedächtnis abspeichern. Er gab mir den Namen und die Adresse eines Kontakts in Dresden, ein Mann namens Krajewski oder so ähnlich (nach all den Jahren weiß ich es nicht mehr so genau), der in der Kanalgasse wohnte.

Ich sollte ihn möglichst bald nach meiner Ankunft in der Stadt aufsuchen. Zenek sagte auch, es könne sein, dass ich gebeten würde, noch weitere, bisher noch unbestimmte Aufgaben zu übernehmen, über die ich dann zu gegebener Zeit noch informiert würde. Selbstverständlich weigerte er sich, zu sagen, um welche Art Aufgaben es sich handelte.

Mit seinen Türmchen, den Fresken und der dreistöckigen Loggia verkörperte das erlesene Renaissance-Rathaus die Seele der Stadt und ist als die »Wiege Polens« bekannt. 1945 praktisch völlig zerstört, wurde es in den 1950er Jahren wieder aufgebaut.

Ich fuhr mit einem Abendzug nach Berlin. Meine Eltern verabschiedeten mich am Bahnhof. Mein Vater unterdrückte seine Tränen, doch meine Mutter ließ ihren freien Lauf. Mit leiser Stimme sagte sie: »Bóg z tobq, moje dziecko.« – »Möge Gott mit Dir sein, mein Kind.«

Es war das letzte Mal, dass ich sie lebend sah.

Teil 2

M DRITTEN REICH

Erste Schritte in Dresden

Ich kam in Berlin am Schlesischen Bahnhof an und bahnte mir den Weg zum Anhalter Bahnhof, von wo aus ich einen Zug nahm, der am nächsten Morgen Dresden erreichte. Das Wohnhaus an der König-Albert-Straße, in dem Tadek Beutlich ein Zimmer gemietet hatte, war nicht schwer zu finden. Aus irgendwelchen Gründen hatte Zenek allerdings nicht gewollt, dass ich Tadek über mein Kommen vorab benachrichtigte, sodass ich nun nicht sicher war, wie mein alter Kumpel mich empfangen würde. Ich hätte mir jedoch keine Sorgen machen müssen. Seine Vermieterin öffnete die Tür. Ich stellte mich vor und bat sie, mich Herrn Beutlich anzukündigen, was sie auch tat – und plötzlich stand Tadek da, noch im Schlafanzug, mit einem fetten Grinsen im Gesicht. Er hieß mich mit offenen Armen willkommen und stellte auch gleich die nachvollziehbare Frage, was mich nach Dresden führte. Genauso nachvollziehbar war, dass ich ihm den wirklichen Grund nicht sagen konnte. Ich hatte aber sogleich eine gute Antwort parat. Ich sagte ihm, ich wolle der deutschen Einzugsbehörde in Poznań entgehen und hoffte, den Krieg in Dresden aussitzen zu können. Er schmunzelte und sagte, dass das Studium in der Akademie auch ihm die Gelegenheit gebe, sich von der Wehrmacht fernzuhalten. Er war damit einverstanden, sein Zimmer mit mir zu teilen, bis ich eine vernünftige Arbeit und eine eigene Unterkunft gefunden hatte.

Ungefähr ein oder zwei Tage nach meinem Einzug bei Tadek ging ich zu der Adresse, die Zenek mir bei unserem letzten Treffen gegeben hatte. Die Kanalgasse, die in der Nähe des Postplatzes in der Innenstadt lag, war eine kurze, schmale Gasse mit schmalen Häusern, die meisten ziemlich vernachlässigt und alt

– in einigen offensichtlich billige Mietwohnungen, in anderen ein paar eher schmuddelige Kneipen. All das verkörperte Armut inmitten einer schönen Stadt, die reich an Geschichte, Kultur und Tradition war. Als ich jedoch zur Adresse meines Kontakts gelangte, fand ich die alten, knarrenden Treppen, die ins obere Geschoss führten, säuberlich gescheuert vor. Die zwei winzigen Mansardenzimmerchen des Mannes waren auf angenehme Art makellos, mit Gazevorhängen und Kapuzinerkresse am Fenster.

Ich stellte mich ihm auf Deutsch vor, aber als ich ihm meine Papiere zeigte – nur die rechtmäßigen – antwortete mir der Mann auf Polnisch, was wir dann auch die übrige Zeit sprachen. Er beherrschte die Sprache fließend, jedoch mit einer beinahe unmerklichen Spur deutschen Tonfalls. Ich sagte ihm, dass ich aus Poznań gekommen war, um mich in Dresden niederzulassen und zu arbeiten, aber Zeneks strengem Rat folgend, erwähnte ich weder Namen noch sonst irgendetwas über den wahren Zweck meiner Anwesenheit in der Stadt und stellte auch meinem Gastgeber keine Fragen. Noch heute muss ich innerlich schmunzeln, wenn ich an das Gesprächsmenuett denke, welches wir beide aufführten, während der Mann meine Glaubwürdigkeit auf die Probe stellte. Nach und nach wurde unsere Unterhaltung persönlicher. Ich erzählte ihm eine (naturgemäß) kurze Geschichte über meinen Hintergrund; er erzählte mir etwas von sich, jedoch streiften wir zu keinem Zeitpunkt das Thema Widerstandsbewegung.

Er war bei der Reichsbahn angestellt und in Westfalen als Kind polnischer Eltern zur Welt gekommen. Sein Vater hatte den deutsch besetzten Teil Polens gegen Ende der 1800er Jahre verlassen, um in Deutschland Arbeit als Grubenarbeiter zu finden. Er hatte im Ersten Weltkrieg sogar in der Deutschen Armee gedient. Nichtsdestotrotz hatte er seinen beiden Kindern beigebracht, Polnisch zu sprechen und zu schreiben, sodass die Familie die Verbindung zu ihren Wurzeln lebendig gehalten hat, obwohl umgeben von deutscher Sprache und Kultur.

Ich wusste bereits, dass die deutsche Reichsbahn hunderte ehemaliger polnischer Eisenbahner anstellen musste, hauptsächlich Lokomotivführer und Heizer, um vorübergehend deutsches Personal zu ersetzen, das von der Wehrmacht eingezogen worden war. Früher hatte mein Gastgeber in irgendeinem obskuren Reichsbahnbüro gearbeitet, aber jetzt war er als Übersetzer für die deutsche Eisenbahnverwaltung und die polnischen Maschinisten und Triebwerkmechaniker, die eingezogen waren, um für das Eisenbahnwesen zu arbeiten, angestellt.

Hier bin ich mit Tadek Beutlich (rechts) im Oktober 1941 auf der Brühlschen Terrasse vor der Dresdner Kunstakademie zu sehen.

Ich muss für vertrauenswürdig befunden worden sein, denn nach einer Stunde höflicher Plauderei sagte mir der Mann, ich sollte darauf vorbereitet sein, einige »entfernte Verwandte« zu empfangen, die bei mir über Nacht blieben, bevor sie weiter Richtung Westen reisten. Er gab mir ein paar Lebensmittelgutscheine, um Brot zu kaufen und was sonst noch erhältlich war, sodass ich ein bescheidenes Abendbrot und ein Frühstück am nächsten Morgen hätte. Danach sah ich ihn nur noch ein paar wenige Male, erinnere mich aber nicht an den jeweiligen Anlass dafür.

Meine Suche nach Arbeit lastete mich während meiner ersten Tage in Dresden vollkommen aus, war jedoch eine Übung in Vergeblichkeit. Alles in der Industrie war gerade auf die Unterstützung der Kriegsanstrengungen ausgerichtet und überhaupt, ich hätte mich als völlig nutzlos erwiesen, hätte ich angefangen, in einem Restaurant zu arbeiten oder in einem Geschäft Waren zu verkaufen. Ich musste mich selbstverständlich auch an das Gesetz halten, demzufolge sich jeder neu Zugezogene bei der örtlichen Polizeidienststelle registrieren musste. Das tat ich und legte meine Geburtsurkunde als Dokument vor, musste jedoch schnell überlegen, als es beim Ausfüllen des Formulars dann um die Frage nach dem Beruf ging. Nach wenigen Sekunden Bedenkzeit und schlicht einem Impuls folgend, schrieb ich »freischaffender Künstler«, was zu meiner großen Erleichterung auf der Stelle und ohne jede Nachfrage akzeptiert wurde. Erst als ich die Polizeiwache verließ, merkte ich, wie angespannt ich während dieser ersten Begegnung mit den Behörden gewesen war. Meine Deutschkenntnisse waren jedoch nicht infrage gestellt worden, auf meine Geburtsurkunde wurde nur ein kurzer Blick geworfen, und so war ich nun ein rechtmäßiger Einwohner von Dresden und hatte als solcher Anspruch auf eine vollwertige Zuteilung von Lebensmittelgutscheinen.

Die Stadt fand ich absolut bezaubernd. Selbst die vielleicht etwas schwerfällig erscheinenden Gebäude aus dem 19. Jahrhundert sahen gemütlich aus inmitten all des delikaten barocken Charmes der verschiedenen Palais und anderer Bauten, die noch aus der Zeit der Herrschaft Augusts des Starken stammten, der, wie ich wusste, nicht nur Sachsen regiert hatte (mit Dresden als Hauptstadt), sondern auch gewählter König Polens gewesen war. August hatte den Thron durch seinen Übertritt vom Protestantismus zum Katholizismus – der vorherrschenden Religion in Polen – erobert. Er hatte die bis dahin gesunde polnische Wirtschaft ruiniert, indem er ihre Ressourcen plünderte, um Kriege zu führen, Sachsen stark zu bereichern und dieses schöne Stück zu schaffen, das zu Dresden wurde.

Irgendwann lernte ich Tadeks Kollegen kennen und auch Professor Dietze, der die Malerklasse im zweiten Semester leitete, die Tadek besuchte. Dietze, ein fähiger Maler alter Schule, war ein älterer, freundlicher Mann, der mein Interesse an Kunst bemerkte und fragte, ob ich auch malte. Ich gab zu, dass ich auch ab und zu ein bisschen zeichnete, und er sagte, dass er gerne mal etwas von meinen Arbeiten sehen würde. Ich hatte zuletzt in der Zeit vor dem Krieg etwas gezeichnet, als Tadek und ich einige Streifzüge an den Rand der Stadt unternommen hatten, um Landschaftsskizzen anzufertigen. Ich fühlte mich etwas unsicher und führte vage Ausreden an, doch Tadek erzählte Dietze, ich sei eigentlich ziemlich gut. Dann wandte er sich an mich und sagte mir, ich solle dem Professor doch mal zeigen, was ich könnte. Ich gab nach, kaufte mir einen Skizzenblock und verbrachte einige Zeit damit, Architektur im Zwinger zu zeichnen, einer schönen barocken Anlage aus dem frühen 18. Jahrhundert, und im Großen Garten, einem riesigen städtischen Park. Insgesamt brachte ich in etwa ein Dutzend Zeichnungen zu Dietzes Atelier in der Akademie. Er fand sie gut genug und lud mich ein, an ein paar Klassen teilzunehmen, die er am Abend unterrichtete. Diese Klassen wurden von einer kleinen Gruppe Studenten besucht, die ihre Fähigkeiten auf diesem außerschulischen Weg unter der Leitung eines guten Lehrers verbessern wollten. Tadek gehörte auch zu dieser Gruppe, genau wie vier junge Frauen, deren Namen ich – unglaublich! – noch immer erinnere. Unter ihnen war eine sehr lebhafte und intelligente Frau namens Franziska Ulich, mit der ich mit der Zeit viele Gemeinsamkeiten entdeckte.

Neben den rein akademischen Studien in Professor Dietzes Klassen begann ich, auch für mich allein zu zeichnen, meistens Zeichnungen vom Kriegsgräuel des Jahres 1939, das in meinen Gedanken noch sehr lebendig war, oder persönliche Darstellungen des Elends der polnischen Bevölkerung unter der Herrschaft der Deutschen. Franziska sah diese Zeichnungen und sagte, meine Stift- und Tuschetechnik würde dem Stil Alfred Kubins ähneln; die sozialen Themen meiner Bilder würden sie an die grafischen Arbeiten von Käthe Kollwitz erinnern. Ich fühlte mich natürlich geschmeichelt, obwohl ich die Namen dieser Künstler

Ein Selbstporträt von Franziska Ulich.

zuvor noch nie gehört hatte. Ich beichtete ihr, dass ich nichts über diese beiden wusste. Da nun aber die Weihnachtszeit vor der Tür stand, überreichte mir Franziska eine Sammlung von Käthe Kollwitz-Reproduktionen. Ich besitze und schätze diese Mappe mit Franziskas Widmung im Einband noch immer sehr.

Ende November verließ ich Tadeks gemütliches Zuhause und zog in ein eher düsteres, aber kostengünstiges Zimmer auf der Dürerstraße. Daneben hatte ich auch einen todlangweiligen, jedoch vernünftig bezahlten Job im Goehle-Werk, einer Fabrik, die zur weltberühmten Firma Zeiss Ikon gehörte, ergattert. Diese Firma stellte eine große Bandbreite optischer Geräte her und – wie ich herausfinden sollte – äußerst interessante Gegenstände aus Metall, deren Verwendungszweck ich eines Tages noch kennenlernen sollte.

Da Franziska wusste, dass ich Weihnachten eingesperrt in meinem düsteren Zimmer verbringen würde, lud sie mich zu einem Heiligabendessen mit ihrer Familie nach Hellerau, einem damals parkähnlichen Vorort von Dresden, ein. Alles, was ich als Geschenk mitbringen konnte, war eine Zeichnung von mir, die jedoch mit wahrer Anmut und Freude entgegengenommen wurde. Dieser Abend war der Beginn einer tiefen und bleibenden Freundschaft zu dieser Familie, die aus Dr. Franz Ulich, seiner Frau Ruth, ihrem Sohn Herrle und natürlich aus Franziska bestand (ein älterer Sohn, Ernst, diente in der Wehrmacht in Frankreich). Sie sollten während der verbleibenden Kriegsjahre und auch danach noch eine äußerst wichtige Rolle in meinem Leben spielen.

Es war ein angenehmes Mahl, bescheiden in seiner Substanz, jedoch gefolgt von etwas, das Franziska einen »unerwarteten Nachtisch« nannte. Dr. Ulrich schaltete das Radio mit einem Schweizer Sender an, der, nachdem er ein Weihnachtslied gespielt hatte, verkündete, dass sich das Dritte Reich seit einer Woche im Krieg mit den Vereinigten Staaten von Amerika befinde. Daraufhin folgte eine Wiederholung von Hitlers Ansprache, in der er die Welt an seiner Freude über die erfolgreiche Operation der japanischen Marine in Kombination mit den Luftstreitkräften gegen den amerikanischen Marinestützpunkt auf der Pazifikinsel Hawaii teilhaben und wissen ließ, dass sich durch die Verträge zur gegenseitigen Hilfe zwischen Japan und dem Dritten Reich, Deutschland nun im Krieg mit den Vereinigten Staaten befände. Fassungslos saßen wir schweigend beisammen, bis Dr. Ulich aufstand und das Radio ausmachte. »Dieser Mann hat den Verstand verloren!«, sagte er.

Im Goehle-Werk zu arbeiten, bedeutete, jeden Morgen um sechs Uhr aufzustehen und nach einem bescheidenen Frühstück (und oft sogar ohne) mit der Straßenbahn die ganze Stadt zu durchqueren, um Punkt acht Uhr in der Fabrik den Dienst anzutreten. Die Anzahl der dort beschäftigten Arbeiter, von denen ich einer war, konnte ich nur erraten, aber ich schätzte sie auf über 3 000. Es waren überwiegend junge Menschen beider Geschlechter und unterschiedlicher Herkunft, viele stammten aus Osteuropa oder vom Balkan, aber ein paar auch aus Frankreich. So wie die Juden gezwungen wurden, den Davidstern auf ihrer Kleidung zu tragen, so mussten die Polen ein ebenso erniedrigendes violettes »P« auf gelbem Grund tragen, während die Ukrainer ein weißes »OST« vor hellblauem Hintergrund trugen – all das, um sie von den Deutschen als höher gestellte Arbeiter und Aufsichtspersonal erkennbar unterscheiden zu können. Aus irgendeinem Grund wurde nur von den Jugoslawen nicht verlangt, ein Zeichen ihrer ethnischen Herkunft zu tragen. Mein meisterhaft angefertigtes Ausweispapier bewahrte mich davor, diese Art ethnisches Stigma tragen zu müssen.

Zusammen mit ein paar Dutzend Ausländern war ich in einer der Qualitätskontrollabteilungen angestellt. Wir überprüften verschieden kleine, fein bearbeitete und ziemlich rätselhafte Metallteile mithilfe hochsensibler Prüfgeräte und trennten sie je nach dem Grad ihrer Präzision: Die fehlerfreien kamen in die Kiste der »Guten«, während die fehlerhaften in die der »Schlechten« kamen. Eines dieser Teile war ein vernickelter, drei Millimeter dicker, spitzer Gegenstand, ungefähr einen Zentimeter lang und mit einer Art Manschette in der Mitte. Erst später fanden wir heraus, welch tödlicher Absicht es diente. Deutsche Aufseher überwachten die Herstellung, indem sie an den langen Tischen auf- und abliefen und dabei ab und zu stehen blieben, um zu überprüfen, wie gut wir unsere Arbeit verrichteten. Die Arbeit war geradezu tödlich stumpf und öde, die Langeweile war allgegenwärtig, und das Ganze erinnerte mich stark an die Fließband-Szene aus Charlie Chaplins Film *Modern Times*, den ich kurz vor dem Krieg gesehen hatte.

Links neben mir saß ein junger Serbe namens Mirko, rechts neben mir eine ebenso junge polnische Frau (eigentlich eher noch ein Mädchen) namens Halina. Während Mirko in der Regel gute Laune hatte, war Halina meistens deprimiert und voller Hass auf die Deutschen, die nicht nur ihren kleinen Bruder erschossen hatten, weil der ein Jagdmesser besaß, sondern sie auch noch bei einer Razzia festgenommen und gezwungen hatten, für sie in dieser schrecklichen Fabrik zu arbeiten. Sie war mit ungefähr 50 weiteren jungen Polinnen in einer Art Sonderlager untergebracht, von wo aus sie mit der Straßenbahn zur Arbeit und zurück fahren musste. Interessanterweise kamen wir aus der gleichen Gegend in Polen. Ich kam aus Poznań und sie aus Znin, einer Stadt, in deren Nähe mein Großvater sein Anwesen hatte. Unnötig zu erwähnen, dass die Tatsache, dass wir derart nahe Landsleute waren, uns bei der Arbeit noch enger zusammenrücken ließ. Ihre Situation war für mich nicht nur von flüchtigem Interesse, denn meine Widerstandsaktivitäten (die ich bis dato noch nicht wieder aufgenommen hatte) erforderten es, dass ich mehr über genau diese Art von Lagern in Erfahrung brachte, in dem Halina zu leben gezwungen war. Aus genau diesem Grund begann ich damit, unsere Bekanntschaft auf noch herzlichere Weise zu kultivieren. Halina war ihrerseits nur zu froh, dass sie jemanden zum Reden hatte, während wir beide diese geistlose Arbeit verrichteten, auch wenn wir nur im Flüsterton sprachen und oft von den Aufsehern unterbrochen wurden.

Natürlich ließen wir uns unsere Begeisterung angesichts der Nachricht von der Niederlage der Wehrmacht vor den Toren Moskaus im Dezember 1941 nicht anmerken. Die deutschen Berichte über dieses Debakel waren natürlich sorgfältig gesäubert, doch Dresdens Krankenhäuser waren plötzlich voll mit Soldaten, deren Gliedmaßen erfroren waren und amputiert werden mussten oder solchen mit gefrorenen Gesichtern, die während ihrer Heilung aussahen wie groteske ohrenlose oder nasenlose Masken aus irgendeinem Gruselkabinett. Trotz der Warnungen seiner Generäle hatte Hitler eine Blitzkrieg-Kampagne vorgesehen, die drei oder vier Monate dauern und mit einer Siegesparade auf dem Roten Platz enden sollte. Als Folge der zuversichtlichen Erwartung des Führers, dass der Krieg ein schnelles Ende nehmen würde, war seine Wehrmacht mit leichten, sommertauglichen Uniformen in die Schlacht gezogen, nur um ihre Soldaten im tödlichen Frost des russischen Winters umkommen zu sehen. In Folge dieser Katastrophe hatte in Deutschland eine verzweifelte Kampagne begonnen – und unter Zwang auch in allen von Deutschland besetzten Ländern –, und zwar die, zivile Winterkleidung zu sammeln, um die Wehrmacht in Russland warm zu halten. Im Laufe dieser massiven Kampagne war auch mein Vater bei einer der Straßenrazzien der Deutschen in Poznań festgehalten worden. Ein Soldat riss ihm den Biberpelzmantel vom Leib und zerrte gewaltsam den Siegelring von meines Vaters Finger, um seinen Raubüberfall zu vollenden. Dieses Familienerbstück vieler Generationen wurde nie wieder gesehen.

Anfang 1942 unterhielten Halina und ich uns über die gelegentlichen Besuche einiger kleiner Gruppen deutscher Marineoffiziere im Goehle-Werk. Weder sie noch ich wussten, was sie zu bedeuten hatten, und so wendeten wir uns an Mirko und fragten ihn, ob er wisse, was die Kriegsmarine in unserer Fabrik zu suchen habe. Er warf mir ein wissendes Grinsen zu und flüsterte zurück, dass ein Freund von ihm, der Deutsch verstand, einen Vorgesetzten bei einer Unterhaltung mit einem Aufseher belauscht habe, bei der es darum ging, dass die Marine formal eine letzte Kontrolle durchführe, bevor die jüngste Lieferung von geordertem Material abgenommen würde. Ich übermittelte diese Information an Halina, die sie unter jenen ihrer polnischen Kolleginnen verbreitete, die sie gut genug kannte, um ihnen blind zu vertrauen.

Ich weiß nicht, wie sie herausfand, dass die spitzen kleinen Objekte, die wir prüften, Teile von Torpedoabschussanlagen waren, aber diese Erkenntnis schockierte uns beide, da, wie ich wusste und Halina auch erzählt hatte, polnische Marineschiffe an der Seite der britischen Flotte kämpften – während wir hier gezwungen waren, zu ihrer möglichen Zerstörung beizutragen! In fieberhaftem Geflüster diskutierten wir Möglichkeiten, etwas dagegen zu unternehmen. Wir hatten schon fast aufgegeben, als ich mich auf einmal an die Strategie der »kleinen Sabotage« erinnerte und sie Halina erklärte. Innerhalb von Sekunden hatten wir die Lösung: Wenn wir auf fehlerhafte Zündstifte stießen, würden wir sie in die Kiste zu den fehlerfreien legen und umgekehrt. Wir wussten nicht, wie viele dieser Geschosse dadurch nicht explodieren würden, aber selbst wenn es nur eines wäre, wäre dies ein kleiner Sieg für die junge Frau vom polnischen Land und für mich. Wir drückten die Daumen.

Von Halina erfuhr ich von den Lagerbedingungen, unter denen sie und die anderen Frauen lebten. Dieser Winter war überdurchschnittlich kalt. Ein einziger kleiner Ofen konnte nicht gegen den eisigen Wind anheizen, der durch die unisolierten Wände der Holzbarracken blies. Die Frauen versuchten, die Ritzen mit allem Auffindbaren zu stopfen, aber es reichte nicht. Paradoxerweise verbrachten sie ihre Zeit lieber bei der Arbeit in einer mäßig geheizten Fabrik, als die Bedingungen dieser Unterkunft, die tatsächlich als solche bezeichnet wurde, zu ertragen. Zweimal am Tag bekamen sie Essen: morgens ein paar Gramm

Brot, das aus undefinierbaren Zutaten bestand, und Ersatzkaffe aus gerösteten und gemahlenen Steckrüben. Die Abendmahlzeit bestand aus einer wässrigen Suppe genauso undefinierbaren Inhalts, die in kleinen, aufgeschlagenen Blechdosen gereicht wurde. Um sich nachts warm zu halten, legten sich die Frauen zu zweit in die doppelstöckigen Rohholzbetten mit den Strohmatratzen. Zu den hygienischen Bedingungen im Lager und zum Gesundheitszustand der anderen Lagerinsassinnen sagte Halina nichts.

Später erzählte sie mir, dass sie einige der anderen Frauen, die prüften, überreden konnte, auch bei der »kleinen Sabotage« mitzumachen und zwei der Frauen zugestimmt hätten, mit uns zusammenzuarbeiten. Als mir aber die große Gefahr bewusst wurde, die darin lag, andere mit einzubeziehen, bat ich sie, die anderen davon abzuhalten. Ich konnte nicht herausfinden, ob Mirko etwas ahnte. Schließlich war er nicht Teil unserer stillen Verschwörung, jedoch nah genug dran, um mitzubekommen, was wir machten. Dennoch dachte ich damals, dass er die Bombardierung Belgrads im April 1941 sicher nicht vergessen hätte, genauso wenig wie die mörderische deutsche Invasion in Jugoslawien. Er zeigte jedenfalls keinerlei freundliche Gesinnung gegenüber diesem gestiefelten Pack.

Mit meinen Eltern war ich in regelmäßigem Austausch. Die deutschen Offiziere, die in unserem Haus untergebracht waren, blieben meistens nur wenige Monate oder Wochen, um dann irgendwo anders hingeschickt zu werden und Platz für eine neue Gruppe zu machen. Der Krieg zog sich hin, die Engländer hielten durch, die Sowjets machten den Deutschen das Leben schwer, vom belagerten Leningrad bis hin zum Schwarzen Meer. Dresden war ruhig und gelassen in seiner Schönheit. Franziska, Tadek und ich gingen in eine Reihe von Sinfoniekonzerten und besuchten Dietzes Klassen mehr oder weniger regelmäßig. Aus den Briefen meiner Eltern erfuhr ich, dass Zenek sie ab und zu besuchte. Er hatte meine Adresse, aber ich bekam nie Post von ihm. Ende Februar 1942 erkrankte ich an einer schweren Grippe. Ein oder zwei Tage später erschien eine Krankenschwester im Auftrag meiner Arbeitgeber aus dem Goehle-Werk, um nach mir zu sehen und zu überprüfen, ob ich auch wirklich krank sei. Sie konnte dies bestätigen, und ich dachte, dies könnte eine Möglichkeit sein, das Goehle-Werk hinter mir zu lassen. Ich sagte ihr, ich hätte Angst vor Tuberkulose, die in meiner Familie häufig vorzukommen schien. Dies versetzte die Krankenschwester in ziemliche Unruhe. Sie sagte, wenn das so sei, bräuchte ich eine medizinische Versorgung und solle auf jeden Fall der Arbeit fernbleiben, um nicht andere anzustecken. Sie packte schnell ihr Stethoskop ein, ihr Blutdruckmessgerät und was sie sonst noch dabeihatte und verschwand umgehend. Ich schmunzelte, innerlich wissend, dass es nicht mehr allzu viele Ärzte in Dresden gab (viele von ihnen waren eingezogen und an die Front geschickt worden), sodass ich nun frei war, zu tun, was ich wollte. Meine Finte funktionierte. Das Goehle-Werk entließ mich aus dem Anstellungsverhältnis, meine Grippe flaute ab und verschwand schließlich ganz. Nun war es Zeit für mich, etwas Neues zu suchen.

Frau Heinich, meine Vermieterin in Hellerau.

Franziska, die immer unternehmungslustig und hilfsbereit war, fand eine Wohnung für mich in Hellerau – zwei winzige Zimmer, von dem jedes nicht ganz dreieinhalb Quadratmeter hatte, im zweiten Stock eines kleinen, hübschen Häuschens, das einer Frau Heinich gehörte. Sie war eine alte, sanftmütige Witwe, die ich vom ersten Moment an mochte. Praktischerweise war das Haus mit der Adresse Auf dem Sand 31 kaum zwei Häuser vom Wohnort der Ulichs entfernt. Franziska richtete es auch ein, dass ich die Abendessen immer mit ihrer Familie einnahm; ich übergab die meisten meiner Lebensmittelgutscheine Frau Ulich und

Hier helfe ich 1943 gerade einer Kollegin bei Boehner-Film mit der Stereo-Animation.

behielt nur die, die man brauchte, um Kriegsbrot zu kaufen (von solch schrecklicher Qualität, dass ich es hier lieber nicht ausführen möchte), welches ich auf meinem Holzofen toastete.

Fast gleichzeitig fand ich eine Arbeit, die mir recht gut gefiel, nämlich als Animationskünstler bei Boehner-Film. Die Filme, die dort produziert wurden, waren nicht die üblichen animierten Produktionen wie Mickey Mouse und Schneewittchen, die ich aus Vorkriegszeiten kannte. Hier handelte es sich um dreidimensionale Stereofilme, die hoch spezialisiert waren. Um sie anzuschauen, musste man eine Polaroidbrille aufsetzen. Es war ein patentiertes Verfahren, das Boehner-Film gehörte und für militärische Zwecke genutzt wurde (so wie es in allen deutschen Industriezweigen jener Zeit der Fall war). Als ich auf die Zeitungsannonce antwortete, in der nach Bewerbern mit Kunstschulbildung gesucht wurde, und etwas über die Art der Boehner-Produktionen erfuhr, wusste ich, dass dieser Arbeitsplatz nicht nur interessant, sondern auch relativ sicher sein würde. Die Arbeit war diesmal überhaupt nicht stumpf, was vor allem daran lag, dass ich von faszinierenden Menschen umgeben war – Künstler, Techniker, Kameraleute, Filmeditoren, Filmregisseure und Bühnenbildner. Die Studios lagen im Vorort Gorbitz, weit weg von Hellerau. Doch dank des ausgezeichneten und noch immer funktionierenden Dresdner Nahverkehrssystems konnte ich meinen Bestimmungsort inklusive Umstieg in 45 Minuten erreichen.

Der erste Film, an dem ich arbeitete, befasste sich mit den Sternenkoordinaten und wurde hauptsächlich als Bildungsmaterial für das Personal der Marine produziert, um dieses in die Lage zu versetzen, zu navigieren, selbst im Fall eines Versagens der Navigationsgeräte. Die Sterne waren als weiße Punkte mit einem Durchmesser von ungefähr vier Millimetern auf große Zellophanfolien gezeichnet. Ihre himmlischen Reisen waren in drei Dimensionen so überzeugend dargestellt, dass, nachdem sie gefilmt, geschnitten und auf eine Leinwand projiziert worden waren, eine solche Illusion von der Tiefe des Raumes erzeugt wurde, dass das Publikum in Staunen versetzt war. Für mich war die Arbeit, die große, fast mathematische Genauigkeit erforderte, nicht übermäßig interessant – abgesehen natürlich vom Ergebnis auf der Leinwand. Trotzdem war es weit entfernt von der tödlichen Langeweile meiner vorherigen Arbeit im Goehle-Werk. Bald folgte Franziska meinem Beispiel. Sie nahm eine Arbeit bei Boehner-Film in der gleichen Abteilung wie ich an und malte nun auch kleine weiße Punkte.

Inzwischen waren Tadek, Franziska und ich enge Freunde geworden. Wir gingen nicht nur zusammen in die Klasse von Dietze, sondern trafen uns auch zu Spaziergängen durch das alte Dresden und gingen oft auf ein wässriges Kriegszeiten-Bier oder zwei ins Pschorr Bräu Restaurant im ältesten Teil der Dresdner Innenstadt. Überflüssig zu erwähnen, dass wir natürlich auch mit beinahe religiöser Regelhaftigkeit die sagenhafte Staatliche Gemäldegalerie besuchten, die damals noch geöffnet war.

Es war nun sechs Monate her, dass mich Zenek gefragt hatte, ob ich bereit wäre, nach Deutschland zu gehen und dort für den Widerstand zu arbeiten. Innerhalb dieser Zeit hatte ich das getan, was von mir erwartet worden war: Ich hatte einen rechtmäßigen Wohnsitz in Dresden, hatte Freundschaften geschlossen und mir einen interessanten und ziemlich gut bezahlten Arbeitsplatz gesucht, an dem ich auch an etwas arbeitete, das offiziell als kriegswichtig galt. War ich nun vielleicht bereit, mit der Arbeit zu beginnen, für die ich von der Widerstandsbewegung hierhergeschickt worden war?

Die Anfänge meiner Arbeit für den Widerstand

Eine Postkarte aus irgendeinem obskuren Ort im besetzten Westpolen kam an, auf der mir mit herzlichen Worten und in perfektem Deutsch angekündigt wurde, dass »Onkel Ernst« oder irgendein Cousin gerne an dem und dem Tag in Dresden vorbeikäme, um seinen Neffen zu besuchen. Ob er wohl gegen Abend vorbeikommen könne, wenn ich von der Arbeit zurück sei. Nicht mal der aufmerksamste Postzensor hätte etwas Verdächtiges an dieser schlichten, unschuldigen Ankündigung finden können, die selbst die Ankunftszeit meines »Onkels« erwähnte.

Nachdem ich dafür gesorgt hatte, dass nicht zufällig Franziska an diesem Abend bei mir vorbeikam, wartete ich bis nach der Dämmerung auf meinen Gast. Als es klingelte, rannte ich schnell die Treppe herunter, bevor Frau Heinich die Tür öffnen konnte. Ich hatte mich die ganze Zeit gefragt, wie mein »Onkel« wohl aussehen würde, war aber nicht auf die völlige Gewöhnlichkeit der Person eingestellt, die da vor der Tür stand. Alles an ihm, auch sein Gesicht, war absolut durchschnittlich – worin ein unschätzbarer Vorteil für jeden lag, dessen Leben davon abhing, nicht aufzufallen. Er wirkte so, als sei er um die 30 oder 40 Jahre alt, hatte leicht abgetragene Kleidung an, Schuhe, die auch schon mal bessere Zeiten gesehen hatten und eine graue, halb-militärisch aussehende Kappe der Art, die gerade innerhalb der deutschen Arbeiterklasse in diesen Kriegszeiten sehr populär wurde. Er begrüßte mich mit einem »Guten Abend«, dem ein leichter Akzent anhaftete, und als ich ihn hereinbat, sah ich, dass auf seiner Kappe das Emblem der Reichsbahn mit dem geflügelten Rad befestigt war. Keinerlei Namen wurden ausgetauscht.

Wir schüttelten uns die Hände, und ich führte ihn zu dem kleinen Zimmerchen, das ich für ihn vorbereitet hatte. Bedauerlicherweise befand sich darin kein Bettgestell. Ich entschuldigte mich dafür, dass ich ihm nur eine alte Sprungfedermatratze als Schlafstätte anbieten konnte. Er hob die Schultern, lächelte und sagte, er habe schon Schlechteres gesehen – auf dem nackten Boden oder auf Stroh zu schlafen, das sei für ihn oftmals die einzige Möglichkeit. Wir sprachen jetzt Polnisch. Ich lud ihn ein, mit in mein Zimmer zu kommen, wo etwas Brot auf ihn wartete, das ich aufgehoben hatte, und etwas gekochtes Gemüse, ebenso wie eine kleine Kanne Kräutertee, die ich schnell noch auf meinem Holzofen aufwärmte. Nachdem er dieses bescheidene Mahl heruntergeschlungen hatte, fragte ich ihn, wie die Dinge zuhause standen, doch er war nicht übermäßig gesprächig. Er sagte nur, dass die Lage nicht gut war, dass die Unterdrückung durch die Deutschen in jedem Lebensbereich spürbar war, dass jedoch die Polen nun etwas mehr Hoffnung schöpften, was einen positiven Ausgang des Krieges betraf, nun, da auch Amerika an der Seite der Alliierten war. Seine Kenntnis über die Bedingungen in Polen beschränkte sich jedoch leider auf die Enklave des Generalgouvernements, weshalb ich ihn gar nicht erst nach der Lage in Poznań fragte. Ich erfuhr ja auch in jedem Fall aus den Briefen meiner Eltern etwas, wenn ich zwischen den Zeilen las.

In der Kommunikation mit Leuten wie Zenek oder anderen Mitgliedern der Widerstandsbewegung war ich natürlich schon in Selbstkontrolle geübt. Man musste bei den Fragen, die man stellte, und den Antworten, die man gab, vorsichtig sein, denn jede erhaltene oder übermittelte Information konnte sich möglicherweise bei einem intensiven Verhör als hochgefährlich herausstellen. Selbst das Wissen über Einzelheiten der Mission dieses Mannes gehörte in die Kategorie »Unaussprechliches«. Worüber wir jedoch sprechen konnten, war über die Stimmung und Einstellung der Dresdner Bevölkerung angesichts des Verlaufs des Krieges. Was das betraf, so konnte ich ihm berichten, dass es keinen erkennbaren Meinungswechsel gab, zumindest nicht den Gesprächen zufolge, die ich an öffentlichen Plätzen oder an meiner Arbeitsstelle mithörte. Einige Leute im Filmstudio hatten allerdings in einem etwas umständlich geflüsterten Ton ihren Pessimismus, den Vorstoß der Wehrmacht betreffend, zum Ausdruck gebracht, der ihrer Meinung nach viel zu weit in den Süden Russlands hineinführte – um sich sogleich selbst wieder zu korrigieren, indem sie darauf verwiesen, dass der Führer natürlich wisse, was er tue, wenn er sich auf den Weg zu

den Ölfeldern am Kaspischen Meer machte. Es versteht sich von selbst, dass ich es vermied, mich an solch spekulativen Gesprächen zu beteiligen.

Mein Besucher verließ mich am nächsten Morgen nach einem mageren Frühstück und gerade noch rechtzeitig, um zum Bahnhof zu gelangen und seinen Zug zu besteigen. Wohin er von dort aus reiste, konnte ich nicht einmal erahnen. Erst gegen Ende des Krieges erfuhr ich, dass das Kommunikationssystem des polnischen Untergrunds seine Stützpunkte und Außenposten in Städten wie Stockholm, Budapest, Bukarest, Istanbul, Kairo, Bern, Marseille, Paris und Lissabon hatte.

Kuriere zwischen Polen und England reisten entlang dreier Hauptrouten:

Die nördliche Route führte von Ostseehäfen wie Danzig (heute Gdansk), Gdynia oder Stettin (heute Szczecin) – und in einem Fall, sogar von Kiel – nach Schweden. Von dort aus führte die Route weiter nach Norwegen und über die Nordsee nach Großbritannien. Der polnische Widerstand hatte Mitglieder entlang der Route auf dem Landweg positioniert, Meeresüberfahrten wurden mit kleinen Fischerbooten und Kohlefrachtern bestritten oder mit anderen Booten, die nicht unter deutscher Flagge fuhren und deren Kapitäne entsprechend dafür bezahlt wurden, wegzuschauen.

Die südliche Route, die längste und umständlichste von allen, führte entweder über Prag nach Österreich oder über Bratislava nach Ungarn. Im ersten Fall weiter von Österreich nach Norditalien. Die zweite Variante, die Kuriere über den Norden Jugoslawiens nach Zagreb brachte, führte ebenfalls nach Norditalien. Von dort aus bahnten sich die Kuriere ihren Weg entlang der Mittelmeerküste bis nach Perpignan auf der französischen Seite der Pyrenäen. Hier würden sie entweder einen willigen Skipper bestechen, damit er sie entlang der spanischen Küste nach Gibraltar brachten oder den langen Marsch durch die tückischen Pyrenäen und das von der Guardia Civil verseuchte spanische Festland riskieren. Von Gibraltar aus wurden die Kuriere dann von Schiffen oder Flugzeugen der Alliierten mit der nächstmöglichen Passage nach Großbritannien gebracht.

Eine dritte Route, die kürzeste, aber auch die gefährlichste, führte auf direktem Wege durch Deutschland nach Belgien und von dort aus an die französische Küste. Dort wurden die Kuriere entweder von kleinen Flugzeugen abgeholt oder von Fischerbooten über den Ärmelkanal gebracht. Ungefähr in der Mitte des

Krieges begannen einige Kuriere, Sabotageexperten, Spezialeinsatzagenten und sogar wichtige politische Kontaktpersonen, die zwischen der polnischen Exilregierung in London und deren Untergrundvertretung in Warschau vermittelten, mit Fallschirmen über Gebieten des deutsch besetzten Polens abzuspringen oder nachts in entlegenen Landstrichen zu landen. Dieses Verkehrsmittel war mit Sicherheit schneller, aber auf seine Art wahrscheinlich genauso gefährlich wie die langsamen Reisen der Kuriere über Land und See.

Ich war mir natürlich der Gefahr sehr bewusst, in die ich mich begab, indem ich Übernachtungsmöglichkeiten für Individuen, die von Polen nach Westen unterwegs waren, zur Verfügung stellte. Es gab keine Möglichkeit, ihre Glaubwürdigkeit sicher festzustellen, noch nicht mal mithilfe der Verwendung von Codewörtern. Letztere wurden in der Post, mit der die Besuche von »Cousin Hans« oder »Mutters Halbbruder Willy« angekündigt wurden, oft geändert. Die Namen dienten später als Codewörter, mit denen sich die Besucher vorstellten, woraufhin ich beiläufig die Verwandtschaftsbeziehung aufgriff, die mir auf der letzten Postkarte genannt worden war. Aber auch Codewörter konnten zur Kenntnis der deutschen Abwehr oder der Gestapo gelangen, die ihre eigenen wirksamen Methoden hatte, um Informationen von verhafteten Mitgliedern des Widerstands zu erpressen. Meine »Gäste« berichteten nur von Ereignissen, die sich im Gebiet des Generalgouvernements abspielten, von Massenverhaftungen und Exekutionen, von der Verfolgung der jüdischen Bevölkerung und ihrer Vernichtung in Todeslagern, deren zahlreiche Namen und Standorte inzwischen bekannt geworden waren. Viel wusste man inzwischen auch über die Hölle, durch die die Polen gingen, die von Sowjets und Ukrainern verfolgt und in sibirische Arbeitslager zwangsverschleppt wurden. Verständlicherweise sprachen meine Übernachtungsgäste nie über den genauen Zweck ihrer Reisen oder ihrer Missionen. Sie versuchten, im Gedächtnis zu behalten, was ich ihnen meinerseits über die sich rasant verschlechternden Lebensbedingungen in Sachsen und vermutlich in fast ganz Deutschland berichten konnte. Sie nahmen auch dankbar Informationen darüber auf, dass immer mehr ausländische Truppen die ständig ansteigenden Opferzahlen innerhalb der Wehrmacht ersetzten: Kalmücken, Tataren, Osseten, Tschetschenen, Mongolen, Usbeken, Nenzen und andere, die während der zwölf Jahre von Hitlers »Tausendjährigem Reich« allesamt als »Untermenschen« betrachtet wurden.

Entgegen dem Eindruck, den man durch das oben Beschriebene bekommen könnte, kamen nur wenige polnische Kuriere durch Hellerau. Ich erinnere mich nur dunkel daran, dass sie abends auftauchten und am nächsten Morgen wieder verschwanden. Um auf der sicheren Seite zu sein, würde ich sagen, dass zwischen 1942 und November 1944 nicht mehr als drei bis sechs Kuriere aus Polen bei mir in Hellerau übernachteten (obwohl ich mir dieser Zahlen nicht ganz sicher bin). Das Ende des Warschauer Aufstands im Oktober 1944 schränkte die Aktivitäten des Widerstands ein und beendete im Großen und Ganzen die Kurierfahrten.

Obwohl diese Übernachtungen von Kurieren bei mir nicht häufig vorkamen, war ich dennoch unaufhörlich wegen zweier sehr naher Nachbarn in Sorge. Einer von ihnen war ein älterer, aber aktiver rangniederer Parteiführer der Nazipartei, der eine ziemlich gute Sicht auf Frau Heinichs Hauseingang hatte. Der andere war auch ein Nazi, ein pensionierter Bürokrat namens Geyer, der jedes Mal die Hakenkreuzflagge hisste, wenn im Radio ein deutscher Sieg verkündet wurde, ganz gleich wie unbedeutend dieser war. Sein Haus lag nur wenige Meter entfernt von Frau Heinichs, und von einem Fenster im zweiten Stock seines Hauses aus konnte er in mein Zimmer schauen. Hatte ich einen Besucher, war es daher immer zwingend notwendig, das Fenster zu schließen und die Vorhänge vorzuziehen.

Nur ein Wort von Herrn Geyer zur Gestapo darüber, dass verdächtige Personen Frau Heinichs Adresse aufsuchten, hätte zu Konsequenzen geführt, die ich selbst heute, so viele Jahre später noch, lieber nicht aussprechen möchte.

Die veröffentlichten Berichte einiger dieser Kuriere werfen ein Licht auf die vielen Gefahren, denen sie ausgesetzt waren, ebenso wie auf den Umfang ihrer Aufträge. In Jan Karskis *Story of a Secret State*, das noch vor Kriegsende veröffentlicht wurde, beschreibt der Autor die Abenteuer bei seinen Reisen von Warschau nach Großbritannien mit dem Zweck, die Alliierten über die Massenmorde an den Juden, die die Deutschen im besetzten Polen verübten, zu informieren und mehr Waffen für den Kampf der polnischen Armee im Inland gegen Hitlers Reich anzufordern. Jan Nowaks Erinnerungen *Courier from Warsaw*, im Umfang ein etwas anderes Werk, befasst sich in Teilen mit den Heldentaten des Autors als Kurier im Auftrag der polnischen Untergrundbehörde, die ihn aussandte, um das Anliegen Polens vor Persönlichkeiten wie Churchill und Roosevelt zu vertreten, nur um festzustellen, dass diese beiden Würdenträger während der

Konferenz von Teheran, 1943, Polen schon längst an Stalin übergeben hatten, um im Gegenzug zu erreichen, dass die Sowjetunion Kriegsteilnehmer bliebe.

Für mich enthielt *Courier from Warsaw* eine unerwartete persönliche Anmerkung: Nachdem der Kurier Nowak einige Schwierigkeiten hatte, über die deutsche Grenze in die Schweiz zu gelangen, erreichte er einen polnischen Außenposten in Vesenaz, nahe Genf, wo er sich in Gesellschaft eines Majors Młodzianowski und – zu meiner Überraschung – eines Hauptmanns Kasimierz Jasnoch wiederfand, einem Künstler, der mit der polnischen Kontaktperson des Widerstands in der Schweiz in Verbindung stand. Ich hatte keinen Zweifel daran, dass es sich um denselben Kasimierz Jasnoch handelte, den ich während meiner Kindheit und Jugendzeit im Poznań der Vorkriegszeit kannte, dessen lebensgroßes Selbstporträt in der Uniform eines polnischen Offiziers einmal im Arbeitszimmer meines Vaters gehangen hatte, und den ich zuletzt auf seinem Anwesen in Borsk kurz vor Ausbruch des Krieges gesehen hatte. Damals musste er so um die 60 Jahre alt gewesen sein, sodass er bei seinem Treffen mit Nowak in der Schweiz im Frühjahr 1945 schon in fortgeschrittenem Alter gewesen sein muss. Gegen Ende des Jahres 1946 war er einmal kurz in Poznań auf der Suche nach einer Information aufgetaucht, die ihm dabei helfen könnte, den Aufenthaltsort seiner Frau ausfindig zu machen, die eine der Schülerinnen meiner Mutter gewesen war. Obwohl mein Vater ihm behilflich sein konnte, erfuhr er nichts von Jasnochs Geschichte, die – angesichts der brutalen Maßnahmen des polnischen Kommunistenregimes gegenüber ehemaligen Mitgliedern der Widerstandsbewegung – sicherlich einige beachtliche Risiken bei der Rückkehr nach Polen aus der Schweiz mit sich gebracht hätte. Meine Erkundigungen über sein weitergehendes Schicksal, die ich nach dem Krieg an das General Sikorski-Institut in London richtete, blieben unbeantwortet.

Inzwischen wusste jeder in der Familie Ulich, dass ich Pole war, aber es schien für sie keine Bedeutung zu haben. Obwohl sie nach außen hin verschwiegen waren, brachten sie in meiner Gegenwart ihre unerschütterliche Anti-Nazihaltung zum

Beim Blick aus meinem Fenster über das friedliche Hellerau war kaum zu glauben, dass gerade Krieg herrschte.

Ausdruck. Sie hatten Verständnis für meine Einstellung zur deutschen Besetzung Polens und waren entsetzt über die Verfolgungen, denen jüdische und nicht-jüdische Polen dort ausgesetzt waren. Kurz nachdem der erste Kurierbesuch bei mir übernachtet hatte, hatte ich eine Unterhaltung mit Franziskas Mutter, Frau Ruth Ulich, über die Bedingungen in Polen. Im Laufe unseres Gesprächs hatte ich den Eindruck, dass sie über weitaus umfassenderes und detaillierteres Wissen verfügte als ich. Erstaunt über die Menge an Informationen, die sie hatte, fragte ich sie, woher um alles in der Welt sie die habe, und sie antwortete – ganz beiläufig: »Oh, na von der BBC natürlich.« Einen Moment war ich sprachlos und realisierte dann sogleich, dass es für mein Problem, an Informationen aus dem Westen zu kommen, eine einfache Lösung gab. Ich musste noch nicht mal um Erlaubnis bitten, BBC zu hören. Frau Ulich selbst schlug es mir vor!

Das wundervolle Grundig Radio der Ulichs war in der Lage, Radiostationen aus vielen Teilen der Welt zu empfangen, aber wir waren hauptsächlich an den Nachrichten aus London interessiert. Natürlich wurde der Funkverkehr massiv von den Deutschen gestört, aber sei's drum, die Hälfte oder mehr dessen, was wir hören wollten, drang durch den höllischen Lärm aus Pfeif- und Krächzgeräuschen. Meistens klang die Stimme des Sprechers so, als würde er unter Wasser gehalten – und als wäre sie selbst dann noch vom Rauschen der Wellen überdeckt. Aber sporadisch tauchte sie auf und war für eine kurze Zeitspanne recht klar zu hören, manchmal kaum eine Sekunde lang, manchmal eine halbe Minute. Wir hörten die polnisch- und deutschsprachigen Programme der BBC, obwohl die polnischen für meine Gastgeber ja nicht verständlich waren und ich für sie die interessantesten Stellen dolmetschen musste – auch jene, die die Aktivitäten der polnischen Streitkräfte an der Seite der Alliierten betrafen.

Diese »Verdolmetschungen« brachten einen zusätzlichen Nutzen mit sich. Ich konnte so kurze Notizen machen, die ich dann abschreiben und – falls nötig – im Umfang noch ausführlicher gestalten konnte, um sie unauffällig in den polnischen Zwangsarbeiterlagern in und um Dresden zu verteilen. Halina, meine Freundin aus dem Goehle-Werk, hatte mir deren Standorte durchgegeben: Es gab drei in den Dresdner Vororten Freital, Radebeul und Klotzsche sowie eines in einem kleinen Kurort namens Bad Schandau entlang der Elbe, ungefähr 60 Kilometer südöstlich von Dresden gelegen, in einer sehr schönen, gebirgigen Gegend, allgemein bekannt als Sächsische Schweiz. Hier sollte der andere Teil meiner Mission beginnen. Den Anweisungen zufolge, die ich vor meiner Abreise aus Poznań bekommen hatte, sollte ich mir stets Zeit lassen und nie den Anschein erwecken, als sei ich in Eile. Nun, mit einer Körpergröße von 1,92 Metern konnte ich nur schwerlich so unauffällig erscheinen, wie ich es mir gewünscht hätte. Um dies auszugleichen, musste ich auf mein Verhalten bauen, das zu jeder Zeit, was auch immer ich gerade tat, dem Ort, Zeitpunkt und Anlass angemessen war. Das war natürlich auch entscheidend, wenn es darum ging, die besten Wege um die Arbeitslager herum auszukundschaften und geeignete, unauffällige Orte zu finden, an denen ich meine – wenn auch primitiv hergestellten – BBC-Abschriften hinterlassen konnte.

Die heimlichen Radio-Abhörsitzungen bei den Ulichs zuhause waren unregelmäßiger Art und fanden immer spontan statt, aber mindestens zwei- bis dreimal in der Woche. Meistens bestand dabei die Zuhörerschaft aus Dr. Ulich und seiner Frau, Franziska und mir. Gelegentlich wurde auch dem zwölfjährigen Herrle gestattet, teilzunehmen. Das große Grundig Radio stand in dem etwas vollgestellten kleinen Wohnzimmer mit einem großen Panoramafenster, durch das man in den Garten hinter dem Haus sah. So wie in Großbritannien gab es auch in ganz Deutschland eine totale Verdunkelung, und am Abend wurde das große Panoramafenster mit einer großen, dicken Decke zugehängt, durch die nicht nur kein bisschen Licht mehr nach draußen dringen konnte, sondern auch sonst nichts. So schirmte sie uns auch vor den Blicken etwaiger Wichtigtuer ab und verhinderte wirksam, dass das Quietschen und Heulen des Störfunks nach außen dringen konnte. Eine primitive Antenne, eine auf dem Dachboden ausgestreckte lange Kupferdrahtspule, verbesserte höchstwahrscheinlich die Qualität der Übertragungen. Natürlich wussten wir alle, dass das Abhören »feindlicher« Sender strafbar war und zu unbefristeten Aufenthalten in Konzentrationslagern oder gar zum Tod führte.

Das Thema »Konzentrationslager« kam erstmals in einer Unterhaltung mit den Ulichs zur Sprache, als Franziska zufällig erwähnte, dass ein Mann namens Chrambach, ein Schriftsteller,[1] der ein paar Häuser weiter wohnte, aus solch einem Lager entlassen worden war und sich wortlos in sein Haus zurückgezogen hatte, wo er seitdem völlig isoliert lebte. Ich hatte schon auf der Arbeit Flüstern darüber gehört, dass Häftlinge mit relativ geringen Strafen manchmal wieder entlassen wurden, jedoch nur, wenn sie einen Eid unterzeichneten, dass sie nichts von dem preisgeben würden, was sie im Lager erlebt oder miterlebt hatten.

Das allein schon sprach Bände über die barbarische Behandlung der Insassen, die diesen Ort des Horrors bevölkerten. Mit der Zeit hatte ich das Gefühl, dass die meisten Deutschen sorgfältig vermieden, über die Konzentrationslager zu sprechen. Ebenso war bekannt, dass, wenn ein Gefangener starb oder während seiner Inhaftierung getötet wurde, auf dem Formschreiben, das den Angehörigen geschickt wurde, ausnahmslos der Grund »Pneumonie« oder »Schlaganfall« als Todesursache angegeben wurde. Manchmal wurde dies an einen Karton angeheftet verschickt, in dem sich angeblich die Asche der Verstorbenen befinden sollte. Die Existenz von Krematorien in den Lagern war daher öffentlich bekannt. 1941 und 1942 wusste jedoch noch niemand, dass auf dem Gebiet des besetzten Polens ein neuartiges Lager errichtet wurde und dieses den Beginn eines Massenmordes in einem Ausmaß ankündigte, von dem man noch niemals zuvor je gehört hatte. Gegen Ende des Zweiten Weltkriegs schien die deutsche Öffentlichkeit sich an die Existenz von Konzentrationslagern und deren »Unerfreulichkeit« gewöhnt zu haben. Selbst als die realen Gräuel des von den Nazis geplanten Völkermords ans Licht kamen, wurden diese Nachrichten von vielen Deutschen mit Ungläubigkeit und Leugnung aufgenommen. Etwas von dieser Leugnung ist bis heute geblieben, nicht nur in Deutschland selbst, sondern auch in vielen anderen Teilen der Welt. Überflüssig zu erwähnen, dass die Freunde und Kollegen, denen ich vertraute, ebenso von Hass gegen das Naziregime erfüllt waren, ihm jedoch hilflos gegenüberstanden. Die Gestapo schien ihre Leute fast überall zu haben, die Angst vor ihr war allgegenwärtig.

Ach, armer Tadek – die Wehrmacht holte ihn ein, und er wurde eingezogen. Einige Zeit verbrachte er im Militärlager in Königsbrück nahe Dresden, wo er im Marschieren, Schießen und Salutieren ausgebildet wurde. Franziska und ich besuchten ihn dort, bevor er an die russische Front geschickt wurde, von wo ich einige kurze Briefe erhielt. Die nächste Mitteilung von ihm war einige Zeit später eine begeisterte Postkarte aus Florenz. Seine Einheit war nach Italien versetzt worden, aber im Laufe der Ereignisse war er von den alliierten Truppen gefangengenommen und in ein Kriegsgefangenenlager gesteckt worden. Von dort wurde er gerettet, aber, da er vor dem Krieg polnischer Bürger war, im Anschluss in das Zweite Polnische Corps eingegliedert, das Teil der britischen Armee war. Ich hatte mehr Glück als Tadek. Der lange, haarige Arm der Wehrmacht griff nie mehr nach mir, obwohl die Möglichkeit, dass sie es doch noch tun würde, eine ständige Sorge war.

Es war wahrscheinlich Anfang April 1942, als ich beschloss, dass es an der Zeit war, ein Bulletin herzustellen, das aus BBC-Nachrichtensendungen zusammengestellt war. Den Text zu schreiben, war nicht schwer, ging es doch mehr darum, die deutschsprachigen Programme aus London ins Polnische zu übersetzen und den polnischen Text in wenigen kurzen Abschnitten zusammenzufassen. Die Nachrichten befassten sich hauptsächlich mit schweren Gefechten durch die Sowjets, die die deutsche Invasion Russlands und der Ukraine aufhalten sollten, mit der deutschen Belagerung von Tobruk und verschiedenen Aktionen in der Atlantikschlacht. Soweit ich mich erinnern kann, gab es zu der Zeit auch polnische Sendungen, die sich nicht nur mit polnischen Kampfjetpiloten im Einsatz über Großbritannien und andernorts befassten, sondern auch mit rein politischen Ereignissen, die innerhalb der polnischen Exilregierung in London stattfanden.

Das Bulletin musste kurz und knapp sein und lediglich die erwähnenswertesten Punkte ansprechen. Da ich aber keine Schreib- oder Vervielfältigungsmaschine besaß, musste ich den Text von Hand schreiben und Durchschlagpapier verwenden, um drei oder manchmal vier Kopien des einseitigen Bulletins anzufertigen. Natürlich schrieb ich den kompletten Text in Druckschrift in lateinischen Buchstaben, da eine Handschrift viel zu leicht zurückzuverfolgen gewesen wäre. Das Problem, wie ich diese Bulletins sporadisch verteilen sollte, ohne auch nur in geringster Weise meinen geregelten Tagesablauf zu ändern – der meine tägliche Arbeit im Boehner-Studio ebenso einschloss wie natürlich meine häufigen Besuche bei den Ulichs zuhause –, konnte nur durch äußerst sorgfältige Planung gelöst werden. Unnötig zu sagen, dass ich all meine geheimen Aktivitäten vor ihnen verbergen musste, vor allem vor Franziska, mit der ich unter der Woche gemeinsam bei der Arbeit war und an den Wochenenden zu Hause bei ihrer Familie. Zeit für mich allein hatte ich am ehesten an den Abenden, nach dem Essen bei den Ulichs. Meine Vermieterin, die liebenswürdige alte Frau Heinich, zog sich gewöhnlich gegen 21 Uhr zurück. So oder so interessierte sie sich so gut wie gar nicht dafür, was ich machte, wann ich wo hinging oder wen ich bewirtete. Die gelegentlichen Kurierbesucher (die im Übrigen alle ziemlich gut Deutsch sprachen, wenn auch mit leichtem Akzent) wurden von ihr wie Freunde oder Familienmitglieder akzeptiert. Wir hatten auch eine Abmachung, nämlich die, dass die Besucher von ihr nur zugelassen würden, wenn sie erschienen, bevor sie sich zurückzog. Sie war eine Seele von Diskretion und kam niemals nach oben in meine Zimmer. Sie las auch sicherlich nie einen Brief an mich, der aus Ostdeutschland oder dem besetzten Westpolen kam mit Grüßen von »Cousins«, »Neffen« oder (in einem Fall) von meiner »Schwester« und natürlich von meinen Eltern, die im Elend des besetzten Poznań versuchten, zu überleben.

Ich beschloss, meinen ersten Streifzug ins Unbekannte zu machen, um eine einzige Ausgabe meines aufwendig hergestellten Nachrichtenblatts in einem polnischen Arbeitslager in Radebeul, einem nordwestlich gelegenen Vorort von Dresden, loszuwerden. Da die Straßenbahnen bis zwei Uhr nachts fuhren, konnte ich in Hellerau nach 21 Uhr das Haus verlassen, meinen Bestimmungsort in ungefähr einer Stunde erreichen, dort schnell meine Aufgabe erfüllen und noch vor Mitternacht wieder zuhause sein. Ich war nicht allein in der Straßenbahn. Ich glaube, es waren ein paar Soldaten auf Heimaturlaub und über ein Dutzend Frauen, wahrscheinlich auf ihrem Weg zur Spätschicht in irgendeiner Fabrik oder einer sonstigen Arbeitsstelle. Männliche Arbeitskräfte waren eine Seltenheit geworden, da die meisten von der Wehrmacht eingezogen worden waren und nun das zweifelhafte Vergnügen hatten, den Krieg in Russland zu erleben. Am Postplatz, mitten im Zentrum Dresdens, stieg ich in eine andere Linie um. Als ich in Radebeul die Straßenbahn verließ, fand ich mich selbst in der Finsternis der totalen Verdunkelung wieder. Zum Glück hatte mir Halina die präzisen Standortdaten des Lagers genannt, sodass ich, obwohl ich keinerlei Straßenschilder lesen konnte, immer noch die drei tief liegenden Hütten, die durch einen Drahtzaun von den umliegenden Wohn- und Geschäftsgebäuden getrennt waren, finden konnte – unverkennbar das Lager, welches ich suchte. Ich lief langsam um das eingeschlossene Terrain, schob mein zweifach gefaltetes Bulletin unter dem Zaun durch und schlenderte langsam davon, wie jemand, der kurz draußen unterwegs ist, um einen kleinen Abendspaziergang zu machen und frische Luft zu schnappen. Auf meinem Weg zurück nach Hellerau fragte ich mich, wer – wenn überhaupt irgendjemand – dieses gefaltete Stück Papier aufheben und später lesen würde. Halina hatte mir erzählt, dass die meisten, wenn nicht alle, Zwangsarbeiterlager deutsche Torwächter hatten – alte Männer, schon über das militärtaugliche Alter hinaus, die die ganze Zeit in kleinen Wachhäuschen saßen, Radio hörten, Zeitschriften lasen und oft wegdösten. Nur selten wagten sie sich für eine Lagerinspektion hinaus, und sicherlich würden sie sich erst recht nicht bücken, um irgendeinen Abfall aufzuheben. Den Lagerboden sauber zu halten und dafür zu sorgen, dass dort kein Papierabfall herumlag, war Verantwortung der Lagerhäftlinge. Da ich dies wusste war ich zuversichtlich, dass mein allerserstes geheimes Bulletin an die richtigen Empfänger gelangen würde.

Das Lager in Freital war ziemlich weit weg, auf der anderen Seite von Dresden genauer gesagt, und ich konnte dort nur mit einem Zug vom Bahnhof Dresden-Neustadt um sechs Uhr morgens hinfahren, mit dem ich 20 Minuten später Freital erreichte. Vor Ort hatte ich genügend Zeit, die Umgebung des Lagers sorgfältig auszukundschaften und mein Bulletin an einem unauffälligen Ort zu hinterlassen, bevor ich um sieben Uhr dreißig wieder in den Zug nach Dresden stieg. Etwas über eine Stunde später, ungefähr um Viertel vor neun, war ich wieder in Hellerau. Ich meine mich noch zu erinnern, dass ich die Ausflüge nach Freital nur sonntags unternahm, weil die Boehner-Filmstudios ihren Angestellten an diesem Tag freigaben. Die Fahrten dorthin waren jedoch nur im Schutze der Dunkelheit möglich. Als der Sommer kam, beschloss ich daher, es damit bleiben zu lassen.

Das polnische Arbeitslager in Klotzsche war für mich am einfachsten zu erreichen. Am Rande einer kleinen Gemeinde gelegen, die an Hellerau angrenzte, war das Lager vom üblichen Stacheldrahtzaun und ein paar Bäumen und Büschen umgeben, sodass es relativ einfach war, meine subversive Literatur unter den Drahtzaun zu schmuggeln. Außerdem brauchte ich nie länger als 30 Minuten, um zu Fuß von meinem Wohnort zum Lager zu laufen.

1 Der Autor meint wohl Dr. Walter Chrambach, ein Jurist und Nazigegner, der bei den Nazis als »Halbjude« galt und in dessen Haus in Hellerau Künstler verkehrten. Er wurde 1944 verhaftet, im Untersuchungsgefängnis am Münchner Platz in Dresden inhaftiert und kam später im KZ Buchenwald um.

Nochmal davon-gekommen und ein neuer Reisepass

3

Bad Schandau, das mit dem Zug ungefähr 45 Minuten von Dresden entfernt war, besuchte ich öfters am Samstagnachmittag, da die Boehner-Studios nicht von uns verlangten, dass wir länger als bis 13 Uhr arbeiteten. Dort jedoch einen Zugang zum polnischen Arbeitslager zu finden, stellte mich vor ganz eigene Probleme: Es war an zwei Seiten ziemlich exponiert gelegen, an den anderen zwei befand sich ein unscheinbares Gelände mit etwas struppigem Gebüsch, das jemandem, der sich dem Lager so inoffiziell nähern wollte wie ich, leider gar keine Deckung bot. Die einzige Möglichkeit war daher, die Sache dreist durchzuziehen, indem ich so tat, als suchte ich irgendetwas in dem elenden Gebüsch, während ich mich dadurch nach und nach der Umzäunung näherte, um mein Bulletin dort zu platzieren.

Für meinen zweiten Ausflug zu diesem Lager setzte ich ein vollkommen unschuldiges Tarnobjekt ein: meinen Skizzenblock, in dem ich Zeichnungen des verschiedenen Unkrauts und der Disteln, die entlang des Lagerzauns wuchsen, anfertigte. Es gab doch nichts Harmloseres als einen Künstler, der bei seinem Studium der Natur Skizzen machte! Um die Pflanzen näher zu betrachten, musste ich mich weiter herunterbeugen, bis an die

Stelle, wo der Zaun den Boden berührte. Meine »Literatur« ins Lager durchzustecken, dauerte nicht länger als den Bruchteil einer Sekunde. Bis heute noch bin ich erstaunt über die entwaffnende Naivität derer, die an mir vorbeigingen und lächelten oder mir sogar freundlich zuwinkten. Dieser Vorfall fasst meine Existenz in jenen Tagen ganz gut zusammen. Da ich ein Fremder in diesem Land war, nahm ich instinktiv die Gestalt eines Chamäleons an, fügte mich in die Umgebung ein und wurde ein Teil der Landschaft.

An einem besonderen Samstag im April 1942 ging ich zurück zum Bahnhof, nachdem es mir wieder gelungen war, mein Informationsblatt ins Lager Bad Schandau zu schmuggeln. Ich wartete auf den Regionalzug, der mich zurück nach Dresden bringen würde. Ich glaube, ich war an dem Tag ziemlich zufrieden, dass mein zweiter (oder vielleicht sogar dritter?) Ausflug nach Schandau erfolgreich war und ich erfreut festgestellt hatte, dass das zuletzt dagelassene Bulletin nicht mehr an Ort und Stelle war – für mich ein Beweis dafür, dass es aufgehoben worden war und seinen Zweck als Informationsquelle für die Lagerhäftlinge erfüllt hatte.

Zusammen mit einer kleinen Gruppe Frauen mit Kindern, einigen Mädchen und Jungen der Hitlerjugend, ein paar älteren Männern in Arbeitskleidung und ein paar Soldaten – offenbar auf Heimaturlaub – stand ich auf dem Bahnsteig und rechnete damit, dass der Zug innerhalb der nächsten Minuten in den Bahnhof einfahren würde. Plötzlich war das Dröhnen von Fahrzeugmotoren und Motorrädern zu hören, das aus allen Richtungen gleichzeitig näherzukommen schien. Tatsächlich kam es aus Richtung des Geländes hinter dem kleinen Bahnhofsgebäude auf der anderen Seite der Schienen. Das Geräusch verstummte abrupt, und einige Polizeibeamte und in schwarz uniformierte SS-Männer stürmten durch die Bahnhofstür. Von der Rückseite des Gebäudes her rannten sie über die Schienen und sprangen auf den Bahnsteig. Innerhalb von Sekunden hatten sie einen Halbkreis um die Gruppe von Wartenden gebildet. Alles passierte so schnell, dass niemand, mich eingeschlossen, Zeit hatte, überhaupt zu realisieren, was vor sich ging. Ein alter Mann trat hervor, wandte sich an den SS-Mann, scheinbar der Anführer des Kommandos, und fragte mit irritiertem Ton in der Stimme, was das Ganze zu bedeuten habe. Der SS-Mann aber schubste ihn schroff beiseite und befahl, dass die Frauen und Kinder sich auf die eine, die Männer sich auf die andere Seite stellen und eine Reihe bilden sollten. Daraufhin fingen er und ein untergeordneter SS-Mann damit an, die Papiere jedes Mannes und jedes Jungen zu kontrollieren, auch die der beiden Soldaten. Die Werkzeugtaschen der beiden Arbeiter wurden minutiös untersucht sowie die Tornister, Taschen und selbst die Gasmaskenbehälter der Soldaten. Diejenigen, die eine Kopfbedeckung trugen, mussten dabei zusehen, wie ihre Hüte oder Kappen mit beispielhafter Sorgfalt gründlichst durchsucht wurden. Einige wurden aufgefordert, ihre Hosentaschen nach außen zu stülpen und den Inhalt vorzuzeigen. Schuhe und Stiefel mussten ebenfalls ausgezogen und vorgezeigt werden. Die Frauen und Kinder waren von der Durchsuchung ausgenommen.

Dort, auf diesem Bahnsteig in Schandau, veränderte sich etwas in mir. In weniger als einer Millisekunde war meine jugendliche Überheblichkeit einer so allumfassenden Angst gewichen, dass ich sie beinahe schmecken konnte. Niemals zuvor war ich so angsterfüllt, noch nicht einmal, als ich durch die Bombenexplosion auf dem Marktplatz in Kutno verwundet worden war und vorübergehend erblindete. Je näher der SS-Mann auf mich zukam, desto größer wurde meine Angst. Seltsamerweise, so erinnere ich mich, zitterte ich aber gar nicht. Doch während ich dort bewegungslos stand, meinen gefälschten Pass schon griffbereit, überkam mich die plötzliche Vergegenwärtigung, dass ich in einer meiner Taschen ein Dokument dabeihatte, das meine wahre Identität bezeugte: meine Geburtsurkunde, ausgestellt auf den Namen Jan Jakub Daćbóg Kamieński. Sollte ich durchsucht werden und diese beiden Dokumente zum Vorschein kommen, waren meine Überlebenschancen gleich null. Der SS-Mann nahm meinen Pass, betrachtete das Foto, dann mich und fragte: »Sprichst Du Deutsch?« »Ja«, sagte ich mit einem absichtlichen Akzent, »aber nicht sehr gut.« Er grummelte etwas, gab mir den Pass zurück und ging weiter zum nächsten Mann in der Reihe.

Niemand wurde an diesem Abend festgenommen. Die SS und Polizei rauschten mit Getöse ab, der Zug kam an und brachte uns zurück nach Dresden. Unterwegs gab es viel Murmeln und Flüstern über den möglichen Zweck dieser unerwarteten Aktion und einige sehr leise artikulierte Bemerkungen über das unerhörte Benehmen der Verantwortlichen. Doch all das ebbte ab, als wir in den Dresdner Hauptbahnhof einfuhren. Erst am nächsten Tag erfuhr man den Grund für diese SS- und Polizei-Aktion.

Bad Schandau liegt südlich von Dresden, in einer schönen Gegend von Sandsteingebirgen, felsigen Flussufern und Tafelbergen, die sehr beliebt sind bei Touristen und anderen Naturliebhabern. Aber während des Dritten Reichs war diese Gegend auch Schauplatz finsterer Absichten der Nazis. In einer Nervenheilanstalt, die im Schloss Sonnenstein, hoch oberhalb der Stadt Pirna, untergebracht war, wurden über 13 000 geistig kranke oder behinderte »Patienten« durch Injektionen mit Phenol oder in Gaskammern getötet. Auf der Hochebene, mit dem Blick über die Stadt Königstein war die düstere Burg aus dem 13. Jahrhundert (die seit dem späten 16. Jahrhundert bereits als Gefängnis gedient hatte) in ein Kriegsgefangenenlager für hochrangige Offiziere umgewidmet worden. Meist waren es Franzosen, die während der deutschen Invasion Frankreichs im Mai und Juni 1940 gefangen genommen worden waren. Unter diesen Gefangenen war auch der General Henri Giraud, dem es, offensichtlich mit Hilfe von außen, gelungen war, am Vorabend meines Besuchs in Bad Schandau aus dem Lager Königstein zu fliehen. Die Episode auf dem Bahnsteig war Teil der hektischen Suche nach seinen Kollaborateuren.

Gegenüber meinen Freunden in Hellerau erwähnte ich den Vorfall nie, sie wussten ja nicht einmal, dass ich in Bad Schandau unterwegs gewesen war. Doch die Nachricht von General Girauds Flucht – und die peinliche Verlegenheit, in die sie die Deutschen gebracht hatte – verarbeitete ich selbstverständlich in meinem nächsten Bulletin in ein paar interessanten Abschnitten. Infolge der angloamerikanischen Landungen im November 1942 gelang es Giraud irgendwann, Nordafrika zu erreichen. Er kommandierte daraufhin französische Truppen in Italien, geriet aber mit de Gaulle aneinander und zog sich 1944 zurück. Nach dem Krieg blieb er ein Mitglied des Kriegsrates und erhielt eine Medaille in Anerkennung seiner Flucht.

Diese sensationelle Flucht des Generals war nicht das einzige helle Licht am ansonsten düsteren Horizont des Krieges. Hitler hatte den Vereinigten Staaten bereits 1941 den Krieg erklärt, und so war eine weitere Nation Teil der Allianz geworden, zu der auch wir Polen gehörten. Die Royal Air Force bombardierte jetzt deutsche Industriegebiete und Städte. Dennoch rückte die Wehrmacht weiterhin siegreich tiefer nach Russland und in die Ukraine vor. Ich musste diese Nachricht in meinem Bulletin etwas abdämpfen, indem ich auf all die positiven Entwicklungen auf Seiten der Alliierten hinwies. Die BBC sparte auch niemals mit Lob für diese Errungenschaften und blähte sie sogar manchmal unverhältnismäßig auf – dies war wohl eine Art psychologische Kriegsführung, die alle Kriegsteilnehmer anwendeten.

Niemand in Dresden glaubte, dass die Stadt jemals bombardiert werden könnte. Schließlich hielt man die Briten für ein kultiviertes Volk, das die Schönheit und die künstlerische Bedeutung dieser reizenden Stadt an der Elbe respektierte. Hamburg, Köln und Berlin waren sehr gründlich bombardiert worden sowie viele industrielle Zentren Deutschlands, doch Dresden blieb praktisch unberührt. Meiner Erinnerung nach kamen in dieser Zeit nur wenige Reisende aus Polen bei mir in Hellerau vorbei – vielleicht zwei Personen im Abstand von Wochen oder Monaten, unaufdringlich und unscheinbar. Welche spärlichen Nachrichten auch immer sie aus Polen mitbrachten, sie waren stets düster und bedrückend. Sie handelten von Massenverhaftungen und -hinrichtungen, von Erschießungen, die willkürlich und öffentlich stattfanden und oft mehr als 100 Opfer gleichzeitig forderten. Diese Blutbäder wurden von London in den polnischsprachigen Sendungen in gleicher Weise bestätigt. Unter anderem hörten wir von SS-Sondereinsatzgruppen, die auf der Flucht wie im Amok ganze Dörfer niederbrannten, häufig nachdem sie die Dorfbewohner in Kirchen getrieben, eingeschlossen und bei lebendigem Leib verbrannt hatten. Die Verfolgung von jüdischen Polen nahm ebenfalls an Intensität und kaltblütiger Bestialität zu.

Ich erinnere mich, dass es ein herrlicher Frühling im Elbtal war. Überall blühten Blumen. Die Parks und Spielplätze waren bevölkert mit Frauen und ihren Kindern; der Zoo war gut besucht, selbst die Schaufelraddampfer waren noch geschäftig dabei, Urlauber von Dresden nach Meißen und zurückzubringen oder bis nach Rathen, unweit der tschechoslowakischen Grenze. Einem meiner Besucher, der auf der Durchreise nach Dresden kam und bei mir übernachtete, berichtete ich von meinen Beobachtungen hinsichtlich der Stimmung in der Bevölkerung und der im Straßenbild sichtlich reduzierten Anzahl jüngerer Männer. Man sah dort hauptsächlich ältere, die das wehrfähige Alter bereits überschritten hatten. Was die Stimmung in der Bevölkerung betraf, so konnte ich dazu nur sagen, dass diese Schwankungen unterworfen war, die zweifellos von den jeweiligen Nachrichten aus dem Hauptquartier der Wehrmacht beeinflusst wurden. Deutsche Erfolge in der Schlacht um Charkiw sorgten für die Hoffnung auf ein baldiges Ende der Kämpfe im Osten. Umgekehrt sorgte der Tausend-Bomber-Angriff der Royal Air Force auf Köln Ende Mai[1] für Verzweiflung und Hass auf die Briten. Ich hörte aber auch diskretes Murmeln darüber, dass dieser Angriff als Rache für die vorherigen massiven Angriffe der Deutschen auf Coventry anzusehen war, die 1940 weite Teile des historischen Zentrums zerstört hatten. Ganz klar sollten sie wohl auch ein Racheakt für den Blitzangriff der Luftwaffe auf London sein.

In Lichtspielhäusern wurde der Krieg in Wochenschauen gezeigt, die vor jedem Spielfilm liefen. Siegreiche deutsche Truppen, staubbedeckt in die Kamera lächelnd, vorwärts gedrängt, während sich tausende russische Soldaten, besiegt und in Lumpen, in die andere Richtung zu den Kriegsgefangenenlagern schleppten, die die meisten von ihnen nicht überleben sollten. Die deutschen Panzer rollten, alles in ihrem Weg Befindliche zermalmend, zur musikalischen Begleitung von Liszts *Les Préludes* Richtung Osten, einem heroischen Musikstück, das leicht für solch eine Gelegenheit komponiert worden sein könnte.

Irgendwann im Juni 1942 ertönte ein Luftangriffsalarm in Dresden und seinen Vororten, der zweite oder dritte Alarm seit Beginn des Krieges. Die Entwarnung folgte bereits ein paar Minuten später, doch der Zwischenfall sorgte für einen Zustand vorübergehender Panik in der Bevölkerung und später für Verblüffung darüber, dass der Feind so weit in Reichsgebiet vorgedrungen war. Dennoch waren meine kultivierten Kollegen bei den Boehner-Filmstudios zuversichtlich, dass »sie« – gemeint waren die Royal Air Force und die Amerikaner – niemals absichtlich ihr Dresden, die Perle der barocken Schönheit, angreifen würden.

Zu diesem Zeitpunkt begann ich, mir wegen meines doppelten Namens Sorgen zu machen – der echte auf meiner Geburtsurkunde und der falsche in meinem Pass als Staatenloser, den ich von der Widerstandsbewegung 1941 bekommen hatte. Bisher hatte ich den Pass nur selten benutzt, nur wenn er mir dabei behilflich sein konnte, aus potenziell kniffligen Situationen rauszukommen. Überall sonst war ich unter meinem richtigen Namen bekannt. Die Tatsache, dass dieser auf »-ski« endete, hatte noch nie zu hochgezogenen Augenbrauen geführt, es schien kein Problem. Was ich jedoch schwierig fand, war, dass ich stets darauf achten musste, in der jeweiligen Situation auch den korrekten Namen zu benutzen. Je mehr ich darüber nachdachte, desto mehr kam mir die Idee, meinen wahren Namen mit einem Pass als Staatenloser zu kombinieren.

Es stellte sich heraus, dass dies sogar leichter war, als ich gedacht hatte. Im Dresdner Telefonbuch fand ich heraus, dass das Bezirksamt auch für das Ausstellen von Pässen zuständig war. Als ich hinging, um mich zu erkundigen, stellte ich fest, dass ich dort gar nicht die arroganten Beamten vorfand, mit denen ich gerechnet hatte. Zu meiner großen Erleichterung traf ich stattdessen auf gutmütige ältere Herren, die hinter ihren Schreibtischen bei der Arbeit saßen. Die meisten waren zweifelsohne aus dem Ruhestand zurückgeholt worden, um jüngere Beamte zu ersetzen, die jetzt in der Wehrmacht dienten.

Ich wurde an den für die Passausstellung zuständigen Beamten verwiesen, ein freundlicher Herr, dem ich mein Anliegen schilderte. Ich zeigte ihm meine Geburtsurkunde und erläuterte, dass ich zwar in Polen geboren war, dieser Staat aber nun nicht mehr existierte. Da ich auch kein deutscher Staatsbürger war, wolle ich nun um einen Pass als Staatenloser bitten, um mich bei Bedarf ausweisen zu können. Mein (so hoffte ich) gut begründeter und doch simpler Antrag war offensichtlich überzeugend, denn der Mann nickte zustimmend und bat mich, zu warten, während er alle notwendigen Einzelheiten notierte. Als dies geschehen war, sagte er, ich könne den Pass am nächsten Tag abholen. Ich erinnere mich nicht, ob ich da schon mein Foto griffbereit hatte oder ich es erst am nächsten Tag mitbrachte, um es in den nagelneuen Pass eingeheftet und gestempelt zu bekommen. Ich erinnere mich hingegen immer noch an die immense Erleichterung, die ich verspürte, nachdem ich diesen potenziell riskanten Coup erfolgreich gemeistert hatte. Mir wurde klar, dass die Denkweise dieses älteren Beamten noch auf die althergebrachte Art funktionierte, nämlich im Sinne eines geschäftlichen Umgangs zwischen Beamtentum und Öffentlichkeit, der auf gegenseitigem Vertrauen beruht. Wäre ich dort auf einen viel jüngeren Beamten getroffen, vielleicht sogar auf einen mit einem Parteiabzeichen am Revers, hätte eine sehr gründliche Prüfung meines Falles sicherlich zu einer Einweisung in ein Konzentrationslager geführt, wenn nicht gar Schlimmeres bedeutet. Nichtsdestoweniger war ich nervös und voller Sorge, als ich am folgenden Tag den neuen Pass abholte. Könnte etwas passiert sein, was seine Ausstellung und Gültigkeitserklärung noch verhindern konnte? Hatte der Vorgesetzte des netten alten Herrn dessen Entscheidung revidiert? Hatte sich seit dem Vortag irgendetwas geändert? Doch nichts von all dem trat ein. Ich bekam den Pass, bezahlte die Gebühr, bedankte mich und ging. Dann setzte ich mich auf die Stufen auf der Vorderseite des Gebäudes und wartete, bis mein Puls wieder normal wurde.

In meinen Bulletins gab ich mein Bestes, zu erklären, dass die deutschen Erfolge im Osten und in Afrika nur vorübergehender Natur sein konnten und dass angesichts der amerikanischen Teilnahme an der Allianz gegen Hitler das Endergebnis des

Krieges gewiss war. Der Sieg würde auf unserer Seite sein. Ich hatte jedoch etwas erfahren, von dem ich nichts wusste, als ich noch in Poznań gewesen war, worüber ich aber später in einer polnischsprachigen BBC-Sendung hörte. Ungefähr eine halbe Million Polen war von den Sowjets aus ihren Häusern in Ostpolen nach Sibirien verschleppt worden, wo sie jetzt als Zwangsarbeiter schufteten. Eigentlich war das ja etwas, was ich in meinem Bulletin hätte verarbeiten müssen, aber ich zögerte. Angenommen unter den polnischen Zwangsarbeitern, die ich mit meinen Bulletins versorgte, waren welche aus den sowjetisch besetzten ostpolnischen Gebieten? Die Nachricht würde sie über das Schicksal ihrer Familienangehörigen verzweifeln lassen. Am Ende entschied ich mich dagegen, diese Information weiterzugeben. Ich sah meine Rolle darin, die Stimmung meiner Landsleute zu heben, sie aufzumuntern. Es wäre falsch gewesen, ihr Leid noch zu vergrößern.

Im Sommer 1942, nach dem verheerenden britisch-kanadischen Angriff auf Dieppe, wurden zwei oder drei Holzbarackenschuppen auf dem Gelände direkt neben den Gebäuden der Boehner-Filmstudios errichtet. Ein Maschendrahtzaun um das Gelände wurde aufgestellt; eine große Gruppe Kriegsgefangener, die meisten Briten und Neuseeländer, aber auch ein paar Kanadier, zog in das Lager ein. Die Briten und Kanadier waren während des Debakels in Dieppe gefangen genommen worden, die Neuseeländer in Nordafrika. Jeder Kontakt zwischen Mitarbeitern der Studios und den Kriegsgefangenen war verboten, aber die räumliche Nähe des Lagers machte einen Austausch unvermeidlich. Schließlich wurden neben Schokolade und Zigaretten (aus den Rotkreuz-Paketen der Kriegsgefangenen) auch Informationen ausgetauscht – nicht nur der offizielle Brei, sondern reale Nachrichten, die über die BBC kamen. Zu denjenigen, die eine Kommunikation mit den Gefangenen riskierten, gehörten auch Herr Best, ein älterer Herr, der ziemlich gut Englisch sprach, Franziska, die auch einige Wörter und Sätze auf Englisch konnte, und ein paar andere Mitarbeiter der Studios. Dieser Austausch, sei es der verbale oder der von Gütern, wurde immer sehr schnell abgewickelt, in einem Moment, in dem man »wie zufällig« gerade gleichzeitig ein Stück am Maschendraht entlangging. Ich sprach zwar kein Englisch, erinnerte mich aber an ein paar Worte, die ich vor dem Krieg in den vielen amerikanischen Filmen gehört hatte. Indem ich diese Wörter benutzte, dazu etwas Deutsch beisteuerte und gestikulierte, konnte ich gut genug kommunizieren, um verstanden zu werden.

Ich glaube, es war irgendwann im November 1942, als ich es schaffte, einem am Zaun herumlungernden britischen Gefangenen »America land in Africa« (»Amerika landen in Afrika«) zuzuraunen und schnell weiterging. Das Bild vom Gesichtsausdruck des jungen Mannes mit den großen Augen und dem vor Freude offenstehenden Mund behielt ich bei mir.

Während ich niemals meine Sünden preisgab, war ich erstaunt, dass es unter meinen Kollegen drei oder vier gab, die mir anvertrauten, dass sie ab und zu ausländische Sender hörten. Die Zahl der deutschen Opfer war im Jahr 1942 stetig ange-

Der Schreibtisch, an dem ich Schriften für den Untergrund verfasste.

wachsen, und 1943 wurde der Anblick verwundeter oder gar verkrüppelter Soldaten ziemlich normal. Die Zeitungen füllten einen Großteil ihrer numerisch immer kleiner werdenden Seiten mit den Todesanzeigen gefallener Soldaten: »Unser Sohn ist im Kampfe für Führer und Vaterland gefallen« etc. Es war inzwischen allgemein bekannt, dass nicht einmal schwer verletzte Zivilisten einfach so ins Krankenhaus eingeliefert werden konnten, da verwundete Soldaten Vorrang hatten.

Einmal, es mag im September 1942 gewesen sein, kamen Franziska und ich gerade von der Arbeit, als unser Bus an einem Bahnübergang halten musste, um einen langen, im Schneckentempo fahrenden Lazarettzug durchzulassen, der über Dresden fuhr. Manche Zugfenster waren mit Farbe bestrichen, doch die meisten waren noch klar, sodass wir die Gesichter der Passagiere sehen konnten, die uns im Vorbeifahren anstarrten. Sie waren blass und gezeichnet, manche ziemlich ausdruckslos, andere bis auf Augen und Mund beinahe vollständig in Bandagen eingewickelt. Einige Soldaten, deren Arme oder Oberkörper bandagiert waren, sahen vor dem dunklen Inneren der Eisenbahnwaggons gespenstisch aus. Während der Zug, makaber und surreal zugleich, unser Blickfeld von rechts nach links durchfuhr, hörte man in unserem Bus kein einziges Wort, nicht mal ein Flüstern. Der Fahrer hatte den Motor abgestellt. Das Einzige, was man hören konnte, war das Klick-Klack der Räder des Zuges. Es waren vielleicht 20 Passagiere im Bus, und erst als der Zug ganz vorbeigefahren war, hörte man von jemandem ein lautes Seufzen. »Scheiße!«

Für mich war dieser Vorfall eine furchterregende Erinnerung an das, was ich bereits im Frühjahr 1941 gesehen hatte – langsam fahrende Züge, die Waffen, schweres Kriegsgerät und Truppen ostwärts durch Poznań transportierten, während ich (wahrscheinlich zusammen mit einem Freund) in der Böschung saß und die Eisenbahnwaggons zählte. Ich konnte nicht anders, als darüber nachzudenken, ob unter den verkrüppelten Kreaturen, die ich gerade gesehen hatte, nicht einige waren, die ich zuvor auf ihrem Weg in den Ruhm auf dem Schlachtfeld hatte ostwärts reisen sehen und die jetzt geschlagen und gebrochen in Körper und Geist zurückkehrten. Franziska betrachtete den Zug in steinerner, konsequenter Schweigsamkeit. Aber als wir wieder in Hellerau waren, saß sie auf der Eingangstreppe vor ihrem Haus und weinte.

1 Bekannt als »Operation Millenium«.

Gezeiten-wende

Im November desselben Jahres umzingelten die sowjetischen Streitkräfte die gesamte Sechste Armee der Deutschen in Stalingrad. Ich wusste, dies würde in den Zwangsarbeitslagern für Jubel sorgen, und die Einzelheiten der Stalingrad-Falle, die ich nach meinen Informationen von der BBC beschrieb, waren viel genauer und korrekter als die, die von den deutschen Propagandisten in den täglichen Berichten der Wehrmacht verbreitet wurden. Jemand, der zu der Zeit durch Dresden kam, erzählte von langen Zügen, die durch das deutsch kontrollierte Generalgouvernement Richtung Osten fuhren, beladen mit Soldaten und Kriegsmaterial, mit dem die hoffnungslos feststeckende Front gestärkt werden sollte und der Druck der Russen auf Stalingrad vielleicht etwas gelockert. Die Stimmung im besetzten Polen war laut diesem Informanten nicht viel besser als in den drei vorangegangenen Jahren der Besatzung. Die positiven Nachrichten von den Landungen der Alliierten in Nordafrika und die hoffnungslose Lage der Deutschen in Stalingrad wurde von dem Zorn über die anhaltenden Gräueltaten im Generalgouvernement überschattet: Massenhinrichtungen von Polen und das unablässige Räumen der jüdischen Ghettos, deren Bewohner zu Tausenden in lange Züge aus Viehwaggons getrieben wurden und in Lager transportiert, aus denen niemals jemand zurückkam. Das polnische Eisenbahnpersonal berichtete, dass die Züge auf der Fahrt in die Lager voll waren, auf dem Rückweg jedoch leer. Die Schlüsse, die man daraus ziehen konnte, waren nur allzu offensichtlich.

Weihnachten 1942 stand bald vor der Tür, und ich wollte Halina, meiner Bekanntschaft aus dem Goehle-Werk, ein kleines Geschenk bringen. Ich entschied mich, sie am Ende ihrer Schicht abzufangen. Halina wohnte in einer Frauenbarracke im Lager in Radebeul, aber ich hielt es für das Beste, ihr das Geschenk nach der Arbeit zu geben, wenn sie mit den anderen Frauen ihrer

Gruppe das Goehle-Werk verließ. Ich weiß nicht mehr, um wieviel Uhr sich die Tore öffneten, es war jedenfalls schon dunkel und daher nicht ganz einfach, sie in der Menge zu finden. Die angeordnete Verdunkelung half dabei natürlich auch nicht. Doch schließlich entdeckte ich das hellfarbige Kopftuch, das sie immer trug, wenn sie nicht in der Fabrik war. Ich wagte mich an sie heran und drückte ihr die Schachtel Zigaretten in die Hand, während ich sie fragte, wie es ihr ging. Bevor sie antworten konnte, wurde ich plötzlich am Arm gepackt und zurückgehalten, während die Gruppe Frauen mit abgewandten Gesichtern weiterging. Ich wurde von einem Mann in Uniform festgehalten, und ein Blick aus dem Augenwinkel verriet mir, wer und was er war – auf seinem linken Ärmel trug er ein kleines, rautenförmiges Abzeichen mit den Buchstaben SD, was für »Sicherheitsdienst« stand – der Nachrichtendienst der SS. Die Arbeiter zogen vorbei, und der Mann verlangte nach meinen Papieren, also zeigte ich ihm meinen Staatenlosen-Pass. Da man jedoch im Dunkeln kaum etwas sehen konnte, zog er mich hinüber zum Wachhäuschen am Tor und forderte einen bewaffneten Polizisten auf, mit seiner Taschenlampe auf meinen Pass und mein Gesicht zu leuchten. Er glich mein Gesicht mit dem auf dem Foto ab, prüfte die Marken und die Gültigkeit der Registrierung bei der örtlichen Polizei und wandte sich mir dann zu mit der Frage, ob ich Deutsch spräche. »Ja«, antwortete ich, »aber noch nicht sehr gut.« Er wollte wissen, wo ich arbeitete, und ich sagte, ich sei in einem Filmstudio angestellt, das – und das betonte ich besonders – zur kriegswichtigen Kategorie gehörte. Als Beweis zeigte ich ihm meinen Studio-Ausweis. Dies schien ihn irgendwie zu beeindrucken, aber dann wollte er wissen, was ich mit der »Polacken«-Frau zu bereden gehabt hätte. Ich glaubte nicht, dass er gesehen hatte, wie ich ihr die Zigaretten zugesteckt hatte, aber ich musste nun eine Antwort auf seine Frage finden, warum ich mit ihr hatte reden wollen. Zwei Sekunden später schon hatte ich eine glänzende Idee. Ich erzählte etwas von wegen, dass ich sie hätte aufreißen wollen, weil ich dachte, vielleicht könnten sie und ich … »Naja, Sie wissen schon ...«, woraufhin er irgendetwas grummelte, an das ich mich nicht erinnere, und dann nur »Hau ab!« sagte. Ich machte mich davon, verschwand schnell in die Dunkelheit und schickte einen Dank gen Himmel dafür, dass ich wieder einmal davongekommen war.

Erst als ich wieder zurück in meinem Zimmer in Hellerau war, lagen meine Nerven blank. Ich zitterte eine ganze Weile lang unkontrolliert, bevor ich mich wieder beruhigen konnte, weil mir klar wurde, dass die Dinge sehr schlecht für mich hätten ausgehen können. Im Vergleich zu dem, was mir gerade passiert war, war der kleine Vorfall am Bahnhof von Bad Schandau geradezu ein Kinderspiel gewesen. Dort war ich nur einer von vielen, hier war ich der Gefahr ganz allein ausgesetzt; die ganze Aufmerksamkeit des Gestapo-Mannes war allein auf mich gerichtet. Ich war 19 Jahre alt, und obwohl ich schon einige wirklich angsteinflößende Erfahrungen gemacht hatte, waren mir doch ein paar typische Teenagerzüge erhalten geblieben, unter anderem eine diffuse Verdrängung meiner eigenen Sterblichkeit und ein kindlicher Begriff von Heldentum – der noch aus Märchen, Geschichtsbüchern und Vorkriegsfilmen über St. Georg, der den Drachen erlegt, oder über Napoleons polnische Kavallerie, die den spanischen Somosierra Pass stürmt, stammten. Sie alle waren furchtlos, also musste ich sein wie sie! Doch in Bad Schandau war mir klar geworden, dass ich kein Held war – und jetzt wusste ich, dass diese Sache, die man Angst nennt, mein ständiger Begleiter bleiben würde, solange, bis der Krieg endlich vorbei war.

Durch diese Erkenntnis lernte ich viel über mich selbst. Wegzulaufen, das war undenkbar, und Fahnenflucht stank nach Verrat. In ständiger Angst zu leben, das war jedoch an sich schon eine beängstigende Perspektive. In Bad Schandau war es sehr leichtsinnig und unvorsichtig von mir gewesen, zwei unterschiedliche Dokumente bei mir zu tragen. Und es hatte andere Situationen gegeben, in denen ich nicht umsichtig genug gewesen war, in denen ich mir nicht die Zeit genommen hatte, mich zu vergewissern, dass die Luft rein war – wenn ich meine allzeit riskanten Nachrichten-Bulletins in den Zwangsarbeiterlagern verteilte. War Halina vertrauenswürdig? Hatte Mirko den Mund gehalten? Das Problem war natürlich, dass ich gar keine Handhabe hatte, diese Leute wirklich zu überprüfen. Ich konnte hier nur meinem Instinkt folgen oder reiner Spekulation. Mein Mentor Zenek hätte sich vermutlich angesichts meiner mangelnden Vorsicht vor Entsetzen die Haare gerauft.

Die Arbeitszeiten in den Boehner-Studios waren so geregelt, dass sie mir gestatteten, auch künstlerischen Tätigkeiten etwas Zeit zu schenken. Ich malte zwar sehr wenig, aber mein neu entdecktes Interesse am Holzschnitt führte unvermeidbar dazu, dass ich dieses Medium erkundete. Seine Ausdrucksstärke gefiel mir gut, besonders in diesen turbulenten Zeiten. Ich fand, dass mir der Holzschnitt für die düstere Darstellung von Kriegstragödien erlaubte, meine innersten Gefühle darüber zum Ausdruck zu bringen, was mein eigenes Land und, darin impliziert, auch alle anderen Länder unter deutscher Herrschaft befallen hatte.

Knappe Nachrichten über die verheerende Niederlage und Kapitulation der Deutschen in Stalingrad wurden von öffentlichen Lautsprechern übertragen, die bis dahin stets dafür genutzt worden waren, Nachrichten über Deutschlands großartige Erfolge zu Wasser, Land und Luft unters Volk zu trompeten. Am kalten, regnerischen Morgen des 3. Februar 1943, als ich gerade am Dresdner Postplatz stand, um in eine andere Straßenbahn umzusteigen, gaben die Lautsprecher nüchtern bekannt, dass die Sechste Armee gezwungen war, ihren heroischen Kampf aufzugeben, den sie jedoch mutig »bis zum letzten Mann« gekämpft hatte. Weder von den Verlusten wurde etwas erwähnt – von denen inzwischen jeder wusste, dass sie entsetzlich hoch waren – noch von denjenigen, die die Hölle von Stalingrad möglicherweise überlebt hatten. Diesmal folgte auf den Bericht der Wehrmacht nicht wie sonst der Klang triumphierender Militärmärsche, sondern der des düster-tragischen Trauermarsches aus Beethovens *Eroica*-Sinfonie. Mit dieser feierlichen Musik proklamierte das Propagandaministerium de facto, dass es die noch lebenden Soldaten der Sechsten Armee neben ihren gefallenen Kameraden bereits für tot erklärte! Viele deutsche Durchschnittsbürger waren der Auffassung, dass dies völlig unverständlich sei und demonstrierten mit unglaublicher Grobheit gegen die Sender, die für diese Berichterstattung verantwortlich waren. Außerdem, so erfuhr ich, war selbst der Glaube vieler loyaler Parteimitglieder stark erschüttert. Ich schrieb daher mit einer gewissen ungerührten Genugtuung in meinem Bulletin über das Debakel von Stalingrad, nachdem ich die BBC-Nachrichten gehört hatte. Diese bezifferten die Zahl der gefallenen, verwundeten oder in Gefangenschaft geratenen Deutschen mit 260 000 Mann. Dies war somit die Zahl, die ich auch in mein Bulletin schrieb und als Information an die polnischen Zwangsarbeiterlager weitergab.

Eine etwas zerfledderte und öfters wieder zusammengeflickte Ausgabe von Theodore Plieviers *Stalingrad*, die gut verstaut in meiner Bibliothek stand, erinnerte mich nicht nur an die tödliche Falle, in die Hitler seine gesamte Sechste Armee geschickt hatte – fast alle Soldaten fielen im Kampf oder kamen in Gulag-Lagern um –, sondern auch an den Mann, der mir das Buch 1946 gab. Dr. John Ulrich Schroeder war ein Anwalt, Freund und Nachbar der Familie Ulich und, so wie Dr. Ulich auch, ein altgedienter Sozialist. Kurz nach dem Untergang von Hitlers Reich und des von den Kommunisten geschaffenen sowjetisch besetzten Ostdeutschlands wurde er zum Staatsanwalt im Fall mehrerer Funktionäre der Nazipartei sowie SS-Schläger und Polizisten ernannt, die angeklagt waren, etwa 300 russische Kriegsgefangene getötet zu haben – gerade noch eben zwei Tage, bevor die Rote Armee in der Stadt Bautzen, ungefähr 80 Kilometer östlich von Dresden, einmarschierte. Dieser Massenmord, der öffentlich vollzogen wurde, war so grausig, dass selbst Schroeder, eigentlich ein sanftmütiger, freundlicher Mann, sich dazu entschloss, über alle beteiligten Mörder die Todesstrafe zu verhängen. Sie wurden innerhalb des Bautzener Arbeitslagers gehängt. Schroeder, den diese Erfahrung zutiefst erschüttert hatte, gab den Beruf des Staatsanwalts auf und wurde zu einem Eremiten in seinem eigenen Haus.[1] Das letzte Mal, dass ich ihn sah, war, als er mir das *Stalingrad*-Buch überreichte. Kurz darauf, 1947, starb er.

Im Jahr 1943 angekommen, hatte sich die Stimmung der deutschen Bevölkerung von freudigem Stolz und unerschütterlichem Glauben an den Führer in Verwirrung und sogar Verblüffung gewandelt. Es hieß nicht mehr »Der Führer weiß es am besten!«, sondern »Was jetzt?« Man konnte es in geflüsterten Bemerkungen mithören und in den Gesichtern der Menschen sehen. Die Propagandamaschine trommelte weiter den Takt der Zuversicht in die Zukunft, doch der Schaden war angerichtet. Der feste Glaube an den »Endsieg« zeigte Risse, noch schmal, jedoch immer breiter werdend. In jener Zeit sickerte auch die Nachricht über zwei Münchner Studenten durch, die nach der Katastrophe von Stalingrad Flugblätter gedruckt und verteilt hatten, in denen dazu aufgerufen wurde, das Naziregime zu entlarven und zu stürzen. Dafür und weil sie die Widerstandsgruppe *Weiße Rose* gegründet hatten, wurden Hans Scholl und seine Schwester Sophie zum Tode verurteilt und enthauptet. Die kleine Gruppe Intellektueller unter meinen Kollegen im Filmstudio wurde spürbar immer nachdenklicher. Ich selbst hatte keine Ahnung davon, dass es innerhalb Deutschlands irgendeine Form aktiven Widerstands gegen die Nazis gab. Es gab natürlich Leute wie meine Freunde, die Ulichs, die dem Naziregime gegenüber entschieden feindselig eingestellt waren, die dabei aber nicht offenkundig ihr Leben riskierten. Erst im Juli des folgenden Jahres (1944), als ein Attentat auf Hitler bedauerlicherweise fehlschlug, erfuhr die ganze Welt von der Existenz einer größeren Verschwörung gegen ihn und seine Gefolgschaft. Möglicherweise animiert durch das heldenhafte Beispiel der beiden Münchner Studenten, wurde der Putsch durch eine Gruppe hochrangiger Offiziere aus dem Generalstab der Wehrmacht inszeniert, die bis dahin Hitler und dessen Regime treu gedient hatten. Sie waren dem Befehl Hitlers gefolgt, nach Österreich und in die Tschechoslowakei einzumarschieren, und hatten am 1. September 1939 gehorsam ihre Hacken zusammengeschlagen, als er ihnen befahl, in Polen einzufallen und dadurch die Ungeheuerlichkeit des Zweiten Weltkriegs zu entfesseln.

In meinem eigenen kleinen Zuständigkeitsbereich gelang es mir mit mäßigem Erfolg, eine Druckmöglichkeit für meine Bulletins zu finden. Durch das gütige Wohlwollen von Herrn Eckhardt, dem freundlichen alten Buchdrucker, der die grafische Druckerei der Akademie leitete, kam ich in den Besitz einer uralten, aber noch funktionierenden Handpresse. So konnte ich bis zu sechs oder acht Kopien produzieren, ohne den Text von Hand zu schreiben und Durchschlagpapier zu benutzen, wie ich es bisher gemacht hatte. Herr Eckardt meinte, seine Handpresse könnte womöglich noch aus dem 19. Jahrhundert stammen, wo sie höchstwahrscheinlich von Laienkünstlern benutzt wurde oder sogar von Kindern als eine Art Lernspielzeug. Er schenkte mir sogar noch eine Dose Druckerschwärze dazu, einen Abstreifer, der gerade so in den Rahmen passte und einen alten Stempel zum Einfärben der Schablone. Ich wollte ihm Geld dafür geben, aber er verweigerte jede Form der Bezahlung und sagte stattdessen, er sei froh, den alten Mist losgeworden zu sein. Nach dem Krieg fand ich heraus, dass auch er ein alter Sozialist gewesen war und eine alte Bekanntschaft von Dr. Ulich.

Das Drucken meiner journalistischen Bemühungen musste aus offensichtlichen Gründen in den sehr späten Abendstunden und in unregelmäßigen Abständen stattfinden. Es war außerdem wichtig, absolut sicherzustellen, dass abgesehen von den seltenen, jedoch immer zuvor angekündigten Durchreisenden aus Polen niemand unerwartet an meiner Tür auftauchte, während ich mit meinen geheimen Aktivitäten beschäftigt war. Franziska hielt mein Bedürfnis nach abendlicher Einsamkeit für eine eigenartige Marotte, respektierte es aber dennoch.

Wie zuvor schon erwähnt, bestand meine winzige Wohnung im zweiten Stock in Frau Heinichs Haus aus zwei Zimmern. Das Zimmer, was ich bewohnte, hatte zwei Fenster, einen kleinen Tisch und Stuhl, einen Ofen und mein Bett. Da dieses Zimmer direkt unter dem Dach war, fiel der obere Teil von zweien seiner Wände aber in einem Winkel von rund 45 Grad ab.

Dahinter tat sich ein zusätzlicher Stauraum auf, und genau dort bewahrte ich einen 60 Zentimeter hohen Stapel Papiere und alles weitere Zubehör auf, das ich für den Druckvorgang brauchte. Das weitere kleine Zimmer auf der anderen Seite des Flures mit einem kleinen Waschbecken und einem Kaltwasserhahn hatte ich zum Gästezimmer bestimmt. Bis auf eine Matratze und ein paar gut genutzte Kissen war das Zimmer leer. Irgendwann habe ich Frau Heinich einige Laken und Kissenbezüge abgeluchst, damit meine polnischen Gäste sich etwas wohler fühlten. Etwas später in diesem Frühjahr kaufte ich eine alte, etwas klapprige Adler Schreibmaschine von Günther Nitzsche, einem Freund und Kollegen aus den Boehner-Filmstudios. Nun musste ich die Texte für meine Bulletins nicht länger mühselig von Hand schreiben.

Im April 1943 sendeten die BBC und der Deutsche Rundfunk Nachrichten über einen bewaffneten Aufstand im jüdischen Warschauer Ghetto. Die Familie Ulich und ich hörten uns beide Quellen an und stellten fest, dass die Sendung aus London dieser Heldentat beträchtliche Aufmerksamkeit widmete, während die deutschsprachigen Programme der BBC kaum darüber berichteten. Der Grund dafür mögen andere Vorkommnisse gewesen sein, die die Tragödie überschatteten – die Kapitulation aller deutschen Streitkräfte in Nordafrika und die Zerstörung der deutschen Staudämme Edersee und Möhnetalsperre durch die Royal Air Force, ein aufsehenerregender Bombenangriff, der eine katastrophale Überflutung ländlicher Gebiete in Deutschland verursachte und zu einem beträchtlichen Verlust an Menschenleben führte.

Auch die Nachricht von einer Entdeckung der Deutschen im Wald von Katyń, wo auf sowjetischem Gebiet Massengräber mit den Leichen von ungefähr 4 000 polnischen Offizieren gefunden wurden, bekam viel Aufmerksamkeit. Auf Seiten der Alliierten ging man sofort davon aus, dass die Deutschen selbst dieses Verbrechen begangen hatten, und diese Annahme wurde von den sowjetischen Militärbehörden eifrig befeuert. Schließlich waren sie inzwischen schon als Spezialisten für Massenmord bekannt. Die polnische Exilregierung forderte ihre sowjetischen Amtskollegen auf, das Internationale Rote Kreuz einzuschalten, damit der Vorfall untersucht werde. Die Sowjets beantworteten diesen Vorstoß jedoch damit, dass sie die diplomatischen Beziehungen zur polnischen Regierung aufkündigten. Die BBC-Berichterstattung über polnische Angelegenheiten und über die polnische Beteiligung am Krieg gegen Deutschland wurde stark eingeschränkt und geradezu feindselig. Die britische Regierung stellte sich an die Seite der Russen, die ganz klar ein weitaus mächtigerer Verbündeter war, als die vielen tausenden Polen, die in den Reihen der Alliierten kämpften. Jemand, der auf dem Weg nach Westen in dieser Zeit aus Polen kam, erzählte mir, dass die meisten Polen sich sicher seien, dass die Sowjets in Wahrheit diese Gräueltat begangen hatten. Sie waren in jedem Fall dazu fähig, wie sie durch ihre Geschichte hindurch bewiesen hatten.

Weitere zigtausende Polen – Offiziere und Unteroffiziere sowie auch eine große Anzahl ziviler Beamter aller Dienstgrade – wurden während der sowjetischen Besatzung Ostpolens zwischen 1939 und 1941 inhaftiert. Die Haftanstalten waren bekannt; anfänglich gab es sogar noch eine Art Korrespondenz zwischen ihnen und ihren Familien im deutsch besetzten Polen. Jetzt war diese Art Kontakt unmöglich geworden. Das Schicksal dieser Gefangenen war unbekannt und blieb es auch. Erkundigungen auf höchster Ebene der polnischen Exilregierung in London brachten nur eisernes Schweigen auf sowjetischer Seite hervor. Mit schwerem Herzen überbrachte ich die Abschriften der BBC-Radionachrichten an das Zwangsarbeiterlager in Radebeul: Ich wusste, dass der Vater meiner Freundin Halina unter den Gefangenen des Ostashkov-Kriegsgefangenenlagers war, von wo aus sie eine Postkarte von ihm bekommen hatte. 1939 war er als Reserveoffizier mobilisiert und – nachdem der Angriff im Oktober desselben Jahres vorbei war – von den Sowjets gefangen genommen worden. Es war daher so gut wie sicher, dass er unter den Verschollenen war.

Im Sommer 1943 stürzte eine weitere nationale Katastrophe viele Polen überall auf der Welt in tiefe Trauer und Verzweiflung: der Tod des polnischen Premierministers und Oberbefehlshabers der polnischen Streitkräfte, General Sikorski. Nur Augenblicke nachdem es die Start- und Landebahn in Gibraltar verlassen hatte, war sein Flugzeug aus unerklärlichen Gründen ins Wasser gestürzt. Alle Insassen kamen dabei ums Leben, bis auf den tschechischen Piloten, dem es erstaunlicherweise gelang, unversehrt zu entkommen. In den deutschen Zeitungs- und Rundfunknachrichten ging man allgemeinhin von Sabotage aus. Dort beschuldigte man schadenfroh den britischen Geheimdienst, der den nun unbequem gewordenen polnischen Alliierten hätte loswerden wollen, da der es auf einmal wagte, höchst unangenehme Fragen über die mächtigen sowjetischen Freunde Großbritanniens zu stellen (deren Streitkräfte zugegebenermaßen die größte Last des Krieges trugen). Wenn ich in meinen Bulletins britische Radiokommentatoren zitierte, versuchte ich, den harschen, oft beleidigenden Tonfall abzuschwächen, mit dem sie die polnische Seite im Konflikt kleinredeten oder diskreditierten und herumposaunten, dass das Blut der in Katyń Getöteten an deutschen, nicht an sowjetischen Händen klebte. Ich wollte die ohnehin schon verzweifelten und mutlosen polnischen Zwangsarbeiter nicht noch weiter beunruhigen. Ich für meinen Teil muss sagen, dass ein Großteil der Bewunderung, die ich zu Beginn des Krieges für Großbritannien empfand, gerade dabei war, sehr schnell zu verblassen. Hatten unsere Piloten, die tapfer und erfolgreich die Deutschen in der Schlacht von Großbritannien in die Flucht geschlagen hatten, es verdient, auf diese Art gedemütigt zu werden? Unsere Matrosen auf dem Atlantik und der Nordsee und die tausenden polnischen Truppen unter britischem Kommando erfüllten noch immer loyal ihre Pflicht. Diese Männer und Frauen mussten gewiss auch den Stachel des Spottes spüren, der über die BBC und offiziell über Whitehall an sie herangetragen wurde. Es war das erste Mal – und ich dachte bei mir, dass es wohl nicht das letzte Mal sein würde –, dass ich die Sprache meines Bulletins etwas abschwächte.

Es gibt Nachkriegshistoriker, die die Schlacht von Kursk im Juli 1943 als eine der größten Schlachten in der Geschichte einordnen. Diese Einschätzung wurde durch Statistiken bestätigt, die nach dem Krieg bekannt wurden. Über zwei Millionen Männer, sowohl Deutsche als auch Russen, mit mehreren hunderttausend Panzern und zig tausenden Artilleriegeschützen kämpften in dieser epischen Schlacht, die zu gewaltigen Verlusten auf beiden Seiten führte. Erwartungsgemäß waren die anfänglichen Berichte von deutscher Seite triumphierend, doch es wurde bald deutlich, dass die Zeiten leichter Siege, wie noch 1941, nun vorbei waren.

Gemeinsam mit meinen Freunden Franziska, der Familie Ulich und Kollegen aus den Boehner-Filmstudios hatte ich gelernt, bei den Nachrichten, die mit nüchterner Stimme von deutschen Radiokommentatoren vorgetragen wurden, zwischen den Zeilen zu »lesen«. Die BBC verkündete, dass die deutsche Offensive gerade in jeder Etappe scheitere und wahrscheinlich in einer mit Stalingrad vergleichbaren Katastrophe enden würde. Ich erinnere mich noch immer, dass ich diese Vermutung in meinem Nachrichtenblatt zitierte. Als die Berichterstattung über Kursk aus den Nachrichten und Zeitungen verschwand, fand sich die deutsche Öffentlichkeit in einem Zustand von Verwirrung und Konfusion wieder. Die Nachrichten über heftige Kämpfe an der Ostfront und eine »Begradigung der Frontline« (also Rückzug) waren nicht gerade ermutigend. Auf der anderen Seite schien das in Endlosschleife wiederholte Mantra »Der Führer weiß es am besten!« ein Gefühl größten Unbehagens gerade noch abfangen zu können. Viele Restaurants sowie öffentliche Einrichtungen, Galerien, Bibliotheken und Museen hatten ihre Tore geschlossen, nachdem Goebbels im Februar des Jahres den »Totalen Krieg« erklärt hatte. Die meisten der Akademie-Studenten mussten auf Anweisung der Behörden nun ganztags kriegswichtige Arbeit in Fabriken, im öffentlichen Verkehr, im Postdienst etc. verrichten. Damit waren sie nicht allein. Auch die Studenten der Fachhochschule, des Konservatoriums für Musik und der Schauspielschule waren gezwungen, ihre Studien abzubrechen, um sich dem »Kampf um den Sieg« zu widmen. Die Kinos blieben natürlich geöffnet, um eine ganze Flut von Kriegspropaganda unters Volk zu bringen. In der *Wochenschau* ging es hauptsächlich um die militärischen Triumphe der Deutschen gegen die bösen Kräfte aus dem dekadenten Westen und die bolschewistische Gefahr aus dem Osten.

Bis heute erschaudere ich, wenn ich Liszts sinfonisches Gedicht *Les Préludes* höre und mich daran erinnere, wie seine romantischen, wenn auch manchmal heroisch-schrillen Töne auf der silbrigen Leinwand die Bilder von deutschen Soldaten begleiteten, die gerade dabei waren, die feindlichen Schützengräben zu stürmen, sowjetische Panzer in die Luft zu jagen oder ganze Dörfer niederzubrennen. Oder wie die Flugzeuge mit dem Eisernen Kreuz die der Alliierten abschossen und danach siegreich zu ihren Stützpunkten zurückkehrten. Die Verluste der Alliierten im Luftkampf wurden immer zweistellig angegeben, die der Deutschen stets unverändert mit Zahlen wie zwei oder drei. An den Wänden öffentlicher Gebäude prangte nun der Slogan »Führer befiel! Wir folgen Dir!«

Wenn meine Erinnerung mich nicht täuscht, war es später Herbst 1943, als ein kleines, banales Ereignis die Gewohnheit von Familie Ulich und mir störte, beinahe täglich die BBC-Sendungen zu verfolgen. Eines späten Abends, als Dr. Ulich das fabelhafte und immer zuverlässige Grundig Radio anschaltete und auf die Kurzwellenfrequenz der BBC einstellte, war nicht mal das übliche Störgeräusch zu hören. Der Grund dafür war eine durchgebrannte Radioröhre, eine von vielen nur, die in jenen Tagen in Radioempfängern verbaut waren, jedoch eine unverzichtbare.

Dieses Unglück bedeutete nun, dass das BBC-Hören erstmal nicht mehr möglich war, zumindest bis Ersatz für das defekte Teil gefunden war. Die Wahrscheinlichkeit, eine neue Röhre zu finden, schien jedoch äußerst zweifelhaft, da die gesamte Produktion von Gütern der Kommunikationstechnologie nur noch zur Unterstützung der Kriegsbemühungen bestimmt und für die Zivilbevölkerung nicht mehr erhältlich war.

Für mich bedeutete das, dass ich meine vorrangige Informationsquelle nicht länger in Anspruch nehmen konnte und das Drucken und Verteilen der primitiven kleinen Nachrichtenblättchen, von denen ich gehofft hatte, dass sie die unterdrückten Arbeiter irgendwie aufrechthalten konnten, einstellen musste. Mir wurde gesagt, dass ihnen gestattet wurde, ab und an Postkarten ihrer Familienmitglieder zugestellt zu bekommen und zu beantworten. Da diese Postkarten jedoch einer strengen Zensur unterworfen waren, waren sie nicht mehr als bloße Lebenszeichen (»Mir geht es gut und ich hoffe, Dir auch«) und entbehrten jeder weiteren Information. Doch auch ohne die Informationen der BBC-Nachrichten war ich in der Lage, von einigen Ereignissen im deutsch besetzten Polen Kenntnis zu erlangen. Kurz vor Weihnachten 1943 oder vielleicht auch erst zu Beginn des Jahres 1944 hörte ich von einer deutlichen Zunahme der Partisanenaktivitäten im Generalgouvernement und den vormals polnischen Ostgebieten. Viele deutsche Züge mit Truppen und Munition wurden in die Luft gesprengt oder zum Entgleisen gebracht. Eine Art urbane Kriegsguerilla hatte an Intensität gewonnen, nicht nur in Warschau, sondern auch in Städten wie Radom und Kielce und in zahlreichen kleineren Zentren. Leider resultierte die Vergeltung der Deutschen in Massenexekutionen von Polen. Oftmals wurden aus Rache für die Tötung eines einzigen deutschen Amtsträgers gleich 100 polnische Geiseln erschossen. Die Auslöschung dessen, was von der polnisch-jüdischen Bevölkerung noch übrig war, nahm ebenso an Intensität zu. Mir wurde erzählt, dass Polen zum Tode verurteilt und von der Armia Krajowa, dem militärischen Arm der polnischen Widerstandsbewegung, hingerichtet wurden, weil sie Juden bei den Deutschen denunziert hatten. Informationen, die ich von einem Übernachtungsbesucher erhalten hatte, sagten weit mehr aus über die Lage im besetzten Polen, als es die BBC gekonnt hätte – oder inzwischen bereit war zu vermitteln.

Zu der Zeit bestand das Radiosignal der BBC aus vier Morseschnittstellen, gleichbedeutend mit dem Buchstaben V: dreimal kurz, einmal lang. Auf zwei Trommeln geklopft, klangen sie genau wie die ersten vier Noten aus Beethovens fünfter Sinfonie, in der deutschen Überlieferung mit »Das Schicksal schlägt an die Tür« übersetzt.[2] Goebbels verstand das zutreffenderweise als britische Propaganda, die das Ende des Hitler-Regimes ankündigen sollte und ordnete Gegenmaßnahmen an. In einer groß angelegten Kampagne wurde der Buchstabe V auf Postern und anderen Darstellungen als »V für Victory« (»Sieg«) deklariert, für einen deutschen »Victory« natürlich! Auf einem der Warschauer Plätze wurde ein großes V aus Sperrholz und schweren Leinwänden, die stahlfarben angestrichen waren, aufgestellt. Innerhalb von Stunden – und zur Freude der Warschauer Bevölkerung – wurde daraus mit freundlicher Genehmigung der polnischen Widerstandsbewegung ein Haufen qualmender Asche.

Nun, da das Radio außer Betrieb war, fing Dr. Ulich damit an, die Zeitung *Dresdner Neueste Nachrichten* mit von der Arbeit nach Hause zu bringen. Die Tageszeitung enthielt regelmäßige Wehrmachtsberichte, und aus dieser Quelle erfuhren wir von den Landungen der Amerikaner in Anzio Anfang 1944. Und da Italien inzwischen Deutschland längst den Krieg erklärt hatte, schien diese Landung wie ein Vorzeichen für eine kommende deutsche Niederlage. Ich glaube, erst da verstand ich gänzlich die Gespaltenheit meiner Freunde, der Ulichs, in Bezug auf den Krieg. Als ich Franziska und ihren Eltern zum ersten Mal begegnet war, hatte ich sofort ihre konsequente Anti-Nazi-Haltung wahrgenommen. Selbst unser anfänglicher Austausch, so vorsichtig er auch gewesen sein mag, vermittelte mir den Eindruck eines tiefverwurzelten Mitgefühls und der Toleranz gegenüber der gesamten Menschheit, unabhängig von Rasse, Religion oder Nationalität. Auf ganz persönlicher Ebene vergrößerte die Landung der Alliierten in Sizilien, Salerno und jetzt in Anzio nicht nur die praktische Gewissheit einer bevorstehenden Invasion der Alliierten im Norden Frankreichs, sondern auch eine mögliche Gefahr für den ältesten Sohn der Ulichs, Ernst, der dort bei einer Meldeeinheit diente. Trotz der Angst um ihn wünschten sie solch einer Invasion Erfolg.

Irgendwann im März 1944 gelang es Dr. Ulrich durch den Freund eines Freundes, die durchgebrannte Radioröhre zu ersetzen. Wir nahmen also unsere Radiositzungen wieder auf, aber die deutschen Störgeräusche der BBC-Frequenzen hatten derart zugenommen, dass es fast unmöglich war, den Fetzen und Wortschnipseln, die noch durch die ohrenbetäubenden Störgeräusche drangen, einen Sinn zu verleihen. Es gab also keine Möglichkeit, die inhaftierten polnischen Arbeiter über Ereignisse in unserem Land und über den Krieg, in dem unsere Soldaten in Italien und als Partisanen in Polen gerade kämpften, zu informieren. Außerdem wurden einige der Zwangsarbeiterlager inzwischen Tag und Nacht von bewaffneten Polizeistreifen bewacht. Trotz meines starken Gefühls patriotischer Pflicht wurde ich umsichtiger, mein Leben nicht für eine Sache aufs Spiel zu setzen, die schon mehr als halb entschieden zu sein schien. Dennoch quälte mich mein Gewissen, aber dann fiel mir wieder Zeneks Mahnung von vor vielen Jahren ein: Keine unnötigen Risiken eingehen und den Helden spielen, wenn Heldentum gerade nicht gefragt ist. Interessanterweise erwähnte er nicht, dass man sich unter Folter nach dem Tod sehnte, aber das musste er auch nicht. Das lag sowieso auf der Hand.

1 Dr. John Ulrich Schroeder war nach Ende des Krieges erster Generalstaatsanwalt in Sachsen und Honorarprofessor an der Universität Leipzig.
2 Laut Beethovens Sekretär und Biograf Anton Schindler äußerte sich der Komponist selbst mit diesen Worten zum Anfang des *Allegro con brio*.

Der erstickende Moloch

So wie ich mich an den Verlauf der Ereignisse im schicksalhaften Jahr 1944 erinnere, so habe ich davon noch immer das Bild einer langsamen, aber sich allmählich beschleunigenden Agonie des hässlichen Molochs des Dritten Reichs vor Augen, das langsam an dem erstickte, was es versuchte, zu verschlucken. Es schien, als ob kaum ein Tag ohne eine sowjetische Offensive, eine Landung der Alliierten, einen amerikanischen Triumph über den japanischen Verbündeten oder heftige Bombardierungen deutscher Städte durch die amerikanische oder britische Luftwaffe verging. Die Deutschen zogen sich aus Leningrad zurück und wurden von der Roten Armee wieder zurückgedrängt, bis nach Polen hinein. Am 6. Juni war das Ende sogar noch klarer in Sicht, als die lang ersehnte Landung der Alliierten in der Normandie begann. Es erübrigt sich, zu sagen, dass dies Frau Ulichs Sorgen um ihren Sohn verschärfte, und für ein paar Tage war sie untröstlich, obwohl alle sich bemühten, sie aufzumuntern.

Für mich ist das Datum des 20. Juli 1944 von zweifacher Bedeutung. Zum einen schafften es eine Handvoll von Angehörigen des Wehrmachtsgeneralstabs und ein paar hochrangige Beamte, sich endlich zu überwinden, das zu retten, was noch von Deutschland übrig war, indem sie versuchten, Hitler umzubringen. Darüber hinaus war genau dies auch der Zeitpunkt, an dem mich mein Vater in Dresden besuchte, nachdem wir über drei Jahre getrennt gewesen waren. Er kam einige Tage, vielleicht sogar eine Woche, vor dem 20. Juli an, und während seines Besuchs nahmen wir uns die Zeit, die Stadt zu besichtigen. Inzwischen kannte ich mich gut aus in Dresden, und auch mein Vater erinnerte sich gut, obwohl er zuletzt vor über 40 Jahre für nur einige Monate hier gewesen war, um nach Material für seine Doktorarbeit zu suchen. Franziska begleitete uns bei all unseren Ausflügen, und ihre Eltern empfingen meinen Vater im Geiste wahrer Freundschaft und wahren Respekts. Die Gegenwart eines Flügels im Hause der Ulichs führte zu einem spontanen privaten Abendkonzert, das sehr dazu beitrug, ein warmherziges, persönliches Verhältnis zwischen ihm und den Ulichs zu entwickeln.

Natürlich hatten wir nach all den Jahren der Trennung, während der wir nur vorsichtig formulierte Briefe austauschen konnten, über so Vieles zu reden. Die Gesundheit meiner Mutter verschlechterte sich, sie verlor an Gewicht, und die noch verbliebenen Ärzte, die nicht zur Wehrmacht eingezogen worden waren, zeigten sich hilflos. Die Krankenhäuser waren überfüllt mit Opfern von der Front. Trotz der Hilfe von Freunden und von Zosia wurde es immer schwieriger, auf dem Schwarzmarkt an Lebensmittel zu kommen, und das, was man auf die Lebensmittelgutscheine bekam, war buchstäblich gerade genug, um Hunger zu leiden. Die Verhaftungen polnischer Intellektueller waren sprunghaft angestiegen, so wie auch die Hinrichtungen, die oft öffentlich stattfanden. Meinem Vater war es gelungen, seine Arbeitsstelle in der Raczyński-Bibliothek zu behalten, aber Wehrmachtsoffiziere wurden nur noch selten bei uns einquartiert.

Das »Hallelujah!« über die Nachricht von Hitlers Ermordung schlug fast zeitgleich in tiefste Enttäuschung um, als der deutsche Rundfunk eine Rede von Joseph Goebbels übertrug, der triumphierend frohlockte, dass Hitler das Attentat auf sein Leben gut überstanden und höchstens ein paar Schrammen davongetragen habe. In diesem Moment fand Frau Ulich, die die ganze Zeit so in Sorge um ihren in Frankreich stationierten Sohn gewesen war, wieder zu ihrem alten Temperament zurück. Sie stand von ihrem Stuhl auf, schlug mit der Faust auf den Tisch und rief in verzweifelter Wut: »Das Schwein lebt noch!« Ich weiß noch, dass ich hinterher dachte, dass dieser Wutausbruch, der eigentlich etwas ungewöhnlich war für eine weltgewandte Dame wie sie, aus tiefstem Herzen kam. Sie war gewiss nicht allein mit ihren Gefühlen. Einige meiner Kollegen bei Boehner-Film hatten Ähnliches zum Ausdruck gebracht, allerdings nur im Flüsterton und nachdem sie sich zuvor über ihre Schulter geschaut hatten. Franziska, die eben Franziska war, brachte ihre Gedanken wesentlich unverblümter hervor, indem sie über Methoden spekulierte, mit denen sie Hitler ganz langsam umbringen wollte – höchstpersönlich versteht sich.

Mein Vater reiste am 1. August aus Dresden ab, dem Tag, an dem der tragische, mehr als zwei Monate andauernde Warschauer Aufstand begann. Wir nahmen unsere Korrespondenz wieder auf, aber zu Beginn des neuen Jahres war selbst das nicht länger möglich.

Die Massenexekutionen und die Hinrichtung der Verschwörer des Hitlerattentats wurden umgehend veranlasst und in Radio und Zeitungen jubelnd angekündigt. Unter den verhafteten und getöteten Verschwörern war auch General Fritz Lindemann, dessen Bruder ein enger Freund und Kanzleikollege von Dr. Ulich war. Und da Hitler angekündigt hatte, dass in bestimmten Fällen die gesamte Familie der Verschwörer ausgelöscht werden sollte, war die Gefahr, Dr. Ulichs Freund könne ebenfalls hingerichtet werden, durchaus sehr real. Dies wiederum hätte zu Nachforschungen führen können, die möglicherweise auch Dr. Ulich selbst in den Verdacht der Kollaboration mit den Verschwörern hätte bringen können. So vergingen einige Wochen voller Anspannung. Es stellte sich jedoch heraus, dass Herr Lindemann von der Gestapo nur oberflächlich befragt und wieder freigelassen worden war. Es ist schwer zu sagen, woran das lag. Vielleicht hatte die Gestapo einfach schon alle Hände voll zu tun mit immer mehr Verhaftungen und Verhören und den verschiedenen Methoden der Folter, die diese Prozeduren stets begleiteten.

An einem späten Sommerabend 1944, als ich auf dem Rückweg von den Ulichs durch Hellerau spazierte, hörte ich ungewöhnliche Geräusche in der Ferne. Neugierig wie ich war, folgte ich ihnen und stellte schließlich fest, dass sie aus der Umgebung des Lagers in Klotzsche kamen. Ich konnte schemenhaft den dunklen Schatten und die geschlitzten Frontscheinwerfer eines großen LKWs erkennen und von etwas, das aussah wie ein Kübelwagen, ein von der Wehrmacht verwendeter Einsatzleitwagen, der mit laufendem Motor vor dem Haupteingang des Lagers geparkt war. Deutsches Kommandogebrüll beherrschte die Szenerie – grob, bellend und unbedingten Gehorsam fordernd. Ich verschwand förmlich in ein paar nahe gelegenen Büschen und konnte so immer noch hören und sehen, was im Lager vor sich ging. Es bestand aus drei großen Baracken, eine für Männer und zwei für Frauen. Jede Baracke hatte einen kleinen separaten Raum mit einer Grundausstattung für den Aufseher, der die Aufgabe hatte, für Ordnung und den Anschein von Sauberkeit in und um die Baracken zu sorgen.

Als ich 1941 noch im Goehle-Werk arbeitete, hatten mir meine Kollegen Mirko und Halina dort ihre Lebensbedingungen im Lager beschrieben und unter anderem auch die Aufseher erwähnt, deren Durchschnittsalter zwischen 60 und 70 Jahren zu liegen schien. Jetzt, wo ich im Gebüsch hockte, kam mir ein beängstigender Gedanke in den Sinn: Was, wenn ein Aufseher bei seinem Kontrollgang etwas Belastendes gefunden hatte, vielleicht einen verbotenen Gegenstand, ein illegales Radio oder Briefe, die die Zensur umgangen hatten – oder vielleicht auch verbotene Schriften aus dem Untergrund? An Letzteres hatte ich natürlich auch zuvor schon einmal gedacht, schon zu der Zeit, als ich damit anfing, diese riskante Literatur zu verteilen. Ich erinnere mich, dass ich am Ende eines jeden Bulletins einen Satz hinzufügte, der so in etwa lautete wie »Nach dem Lesen sofort verbrennen!« oder dergleichen. Ich konnte natürlich nicht wissen, ob dieser Rat befolgt worden war.

Der Aufruhr und das Geschrei dauerten fast zwei Stunden, während der ich nicht wagte, mein Versteck zu verlassen. Als der Krach schließlich abflaute, war ich sicher, dass ich beobachten würde, wie Leute abgeführt oder mit dem LKW weggebracht würden, doch nichts dergleichen geschah. Die Deutschen, vermutlich ein SS-Trupp, unterhielten sich untereinander, stiegen währenddessen in ihre Fahrzeuge und fuhren ab. Erst nach Ende des Krieges erfuhr ich, dass diese Razzia nur eine von vielen im Rahmen einer großangelegten Generalaktion war, die SS und Polizei in den meisten Arbeits- und Kriegsgefangenenlagern durchgeführt hatten.

Seitdem ich nach Dresden gezogen war und vor allem seitdem ich Franziska und ihre Familie getroffen hatte, war mir bewusst geworden, dass es Deutsche gab, die anders waren, manchmal sogar ganz auffallend anders als die Deutschen, die in jenem tragischen September 1939 mein Land überfallen hatten. Ich war mit der Geschichte der deutsch-preußischen Unterdrückung aufgewachsen, in der das gesamte 19. Jahrhundert hindurch und darüber hinaus alles verdrängt werden sollte, was Polnisch war. Es war also diese Geschichte der Zwangsgermanisierung unter Bismarck und nun deren weitaus brutalere Fortsetzung durch die Nazis seit 1939, die meine Einstellung gegenüber der gesamten deutschen Nation geprägt hatte. Und mit dieser Einstellung stand ich eindeutig nicht allein da. Die Besatzer hatten ein System eingeführt, das dem der Sklaverei gleichkam und das Netzwerk der stalinistischen Gulags an Grausamkeit bei Weitem übertraf. Am mildesten ausgedrückt, ähnelte das Nazisystem im besetzten Westpolen einer Art Schichtkuchen mit verschiedenen Schichten der Intoleranz, vergleichbar mit dem, was man aus dem tiefsten Süden der Vereinigten Staaten kannte, wo es Schilder mit der Aufschrift »Nur für Weiße« gab und es Schwarzen immer noch an bestimmten Orten verboten war, sich hinzusetzen. Hier begegnete uns nun das Äquivalent dazu in Form der vielen »Nur für Deutsche«-Schilder.

Natürlich brachte ich mein Misstrauen und meine Ressentiments mit mir, als ich nach Dresden kam. Einiges davon stellte sich auch als gerechtfertigt heraus. Man sah häufig die ockerfarbenen und goldverzierten Uniformen der Naziparteifunktionäre inmitten der anmutigen barocken Architektur. Ständig begegneten einem die Hakenkreuzfahnen, die von öffentlichen Gebäuden, aber oft auch von rein privaten Wohnhäusern wehten. Interessanterweise fiel mir jedoch auf, dass die meisten Dresdner zur Begrüßung immer noch das altmodische »Guten Tag« verwendeten, anstatt den rechten Arm zu heben und »Heil Hitler!« zu rufen, wie die Deutschen im besetzten Poznań es taten.

Mit der Zeit, und nachdem Tadek Beutlich mich seinen Künstlerfreunden vorgestellt hatte, begann ich zu verstehen, dass es auch noch eine andere Sorte Deutsche gab. Auf eine leise Art intellektuell, sahen viele dieser Künstler die Welt in viel mehr Farben als nur in Nazibraun. Ihre Ansichten gaben sie nur vorsichtig und indirekt preis, aber ich wusste, dass es in ihnen brodelte, wenn das Thema der Nazirepressionen gegenüber Werken zeitgenössischer oder progressiver Künstler wie Ernst-Ludwig Kirchner, Otto Dix, Karl Schmidt-Rottluff oder hunderter anderer zur Sprache kam, die nicht den kleinbürgerlichen Geschmack der Nazirangordnung bedienten.

Später begegnete ich ein paar Deutschen, die, wenn sie die offiziellen Verlautbarungen der Wehrmachtsberichte im Radio hörten, nichts sagten, sondern nur mit den Schultern zuckten, als wollten sie sagen: »Na und?« Mir wurde klar, dass auch sie zu den »anderen Deutschen« gehörten.

Letztendlich war es aber meine Freundschaft mit den Ulichs, die mich davon überzeugte, dass es Deutsche gab, die ganz anders waren als das gemeine Volk, als die Masse, die blind ihrem Führer folgte und einfach nur dabei zusah, wie seine Befehle, Millionen von Menschen umzubringen, gehorsamst ausgeführt wurden. Die anständigen Deutschen, die sich mit mir befreundeten, obwohl sie wussten, dass ich Pole war, erinnerten mich an die Jahre nach der Niederlage des polnischen Aufstands gegen die Herrschaft der Russen im Jahr 1830, als viele der

Aufständischen bei den – damals freundlichen – Deutschen Zuflucht fanden. Als ich den Friedhof in Dresden-Friedrichstadt besuchte, stieß ich tatsächlich auf viele polnische Gräber, auch auf das vom Onkel meines Vaters, Telesfor, der es zum erfolgreichen Händler für hochwertige Haushaltsmetallwaren gebracht hatte. Sein Sohn Tadek, der in Dresden zur Welt kam, durchlief

Vor seiner Verschickung an die russische Front besuchten Franziska und ich Tadek Beutlich, hier in seiner verhassten Wehrmachtsuniform, im Militärlager Königsbrück.

eine herausragende Karriere beim Militär, kämpfte in der polnischen Legion (unter österreichischem Kommando), dann in der polnischen Armee und nach 1939 in der Armia Krajowa.

Durch all die Unruhe und die Wirren dieser Jahre hindurch hielt ich die Korrespondenz mit meinen Eltern in angemessener Regelmäßigkeit aufrecht. Da die Post der Zensur unterworfen war, schrieben wir uns in unseren Briefen nur Dinge allgemeiner Natur über unverdächtige Themen wie das Wetter, Kunst oder Musik. Manchmal konnte ich zwischen den Zeilen lesen und ihre Hilflosigkeit und Frustration spüren, vor allem angesichts der Tatsache, dass die meisten ihrer polnischen Freunde ihrer gesamten Habe beraubt und ins Generalgouvernement deportiert worden waren. In einem Brief schrieb meine Mutter (natürlich auf Deutsch): »Wir sind jetzt vollständig umgeben von deutschen Neuankömmlingen aus Lettland und Estland, die die Besitzstände derer übernehmen, die hier seit ewigen Zeiten gelebt hatten.« In einem anderen Brief schrieb mein Vater: »Mir wurde erzählt, dass dieser herrliche Ort, an dem Du so viele glückliche Urlaube verbracht hast, jetzt an die Hitlerjugend übergeben wurde. Um die Jungen ›im rechten Geist‹ zu erziehen.« Mein Vater meinte damit Turew, den Landsitz meiner Tante Uja, wo ich zuletzt noch im Sommer 1939 gewesen war. Viel später erst, lange nach Kriegsende, erfuhr ich, dass Tante Uja, eine alte Frau, die schlimm an Arthritis litt, später in jenem Jahr brutal aus ihrem Haus vertrieben und im Frost und Schnee des schlimmsten Winters seit Jahrzehnten ausgesetzt worden war. Letztendlich wurde sie in einem Viehwaggon mit tausenden anderen Zwangsvertriebenen ins Generalgouvernement transportiert. Das Gut wurde geplündert und so gut wie alle Möbelstücke, die meisten davon herausragende Antiquitäten, gestohlen und durch Mobiliar nach grauenhaftem Nazigeschmack ersetzt. Die rund 2000 Bücher der Bibliothek, darunter unbezahlbare Bände mit Aufzeichnungen von Parlamentsdebatten der Sejm, des polnischen Parlaments, die bis auf die Mitte und das Ende des 17. Jahrhunderts zurückgingen, waren von den Hitlerjungen aus den Regalen genommen, aus den Fenstern auf den großen Vorplatz vorm Haus geworfen, mit Benzin übergossen und angezündet worden.

Was Deutschlands Zukunft betraf, so waren die Zeichen der Zeit für jeden erkennbar. Die meisten Deutschen schienen sich dessen bewusst zu sein oder zumindest zu spüren, dass die pompösen Slogans und die triumphierende Militärmarschmusik zunehmend einen falschen Klang hatten. Die kleine Frau Heinich, die den ganzen Tag ihrem Volksempfänger lauschte und normalerweise jedes Wort glaubte, fragte mich auf einmal ängstlich, ob ich es für möglich hielte, dass Deutschland den Krieg verliere. Um die alte Frau nicht in Unruhe zu versetzen, versicherte ich ihr, dass sie nichts zu befürchten hätte und das Reich sicherlich bald alle Gebiete zurückerobern würde, von denen es sich im Osten vorübergehend zurückgezogen hätte. Sie lächelte glücklich und watschelte wieder zu ihrem Radio, um weiter zu hören.

Ich hatte sie im Hinblick auf alle Angelegenheiten, die nicht ihren kleinen Garten mit dem Gemüsebeet betrafen, schon immer für rührend naiv gehalten. Nun aber schien sie in Zweifel an der Welt um sie herum geraten zu sein. Und wenn schon meine Vermieterin in diese Richtung dachte, was war dann erst mit den anderen? Was war mit den Parteimitgliedern? Trösteten sie sich mit einer endlosen Wiederholung von Schlagworten aus Hitlers Reden?

Im Krieg, der über den Äther ausgetragen wurde, behielten die deutschen Ansager einen sorgsam ernst gehaltenen Ton bei, von dem sie lediglich bei der Ankündigung des hochbeliebten Wunschkonzerts eine Ausnahme machten. Auf Wunsch von Frontsoldaten oder deren Familien war die Sendung voll von unverhohlen aufgedrehtem Humor und Unterhaltungsmusik von beliebten Volksmelodien bis hin zu Filmmusik-Favoriten. Doch je länger sich der Krieg hinzog und je mehr Opfer er forderte, desto mehr wurde aus der erzwungenen Fröhlichkeit eine düstere Farce, ein »Tanz der Toten mit den Halbtoten«, wie mein Freund Günther Nitzsche es so treffend nannte. Zufälligerweise war der Sohn des musikalischen Leiters dieser Sendung, ein Reporter namens Manfred Jäger, Jahre später ein Kollege von mir beim *Winnipeg Tribune*.

In der Zwischenzeit stieß die Rote Armee weiter Richtung Westen vor und war Ende Juli nur noch wenige Kilometer von Warschau entfernt. Am 1. August 1944 initiierten polnische Widerständler dort einen Aufstand und hofften auf die feierlich zugesagte Hilfe der Sowjets bei der Niederschlagung der Deutschen, bei der Befreiung der polnischen Hauptstadt und bei der Schaffung einer nationalen Regierung in einem freien, souveränen Polen. Bis heute fällt es mir schwer, an den Verrat der Sowjets zu denken, geschweige denn, darüber zu schreiben, wie die Rote Armee vor den Toren Warschaus anhielt, um schlichtweg dabei zuzuschauen, wie die Polen nicht nur alleine gegen die deutsche Wehrmacht und Waffen-SS kämpften, sondern zudem noch gegen tausende osteuropäische Kriminelle in deutschen Uniformen. Trotz etwas Hilfe in Form von Waffen und Munition, die von ein paar amerikanischen und britischen Bombern aus der Luft abgeworfen wurden (von denen manche von polnischen Piloten die ganze Strecke von Italien rübergeflogen wurden), endete der Warschauer Aufstand nach 64 Tagen[1] ununterbrochenem mörderischen Kampf in einer Niederlage. Auf polnischer Seite beliefen sich die militärischen und zivilen Verluste auf rund 200 000. In Deutschland schrieb Propagandaminister Joseph Goebbels höchstpersönlich einen scheinheiligen Artikel auf der ersten Seite in *Das Reich*, der offiziellen Wochenausgabe der Regierung, in dem er auf heuchlerische Weise Verständnis für den Heldenmut der aufständischen Polen suggerierte, nur um dann auf das wahre Gesicht des falschen Spiels der »bolschewistischen roten Gefahr« abzuheben, gegen die das Deutsche Reich kämpfte. Der Artikel endete schließlich mit dem flammenden Appell, Deutschland bis zum letzten Mann zu verteidigen, damit es nicht das gleiche Schicksal erleiden möge wie Polen 1939 in den Händen der Sowjets.

Offensichtlich in Panik angesichts der unaufhaltbaren Übermacht der Roten Armee über die nun entkräftete deutsche Verteidigung versuchte das Oberkommando der Wehrmacht groteskerweise, oder vielleicht auch nur aus Naivität, die Polen mit Waffengewalt zur Kollaboration zu zwingen und den russischen Vormarsch soweit abzuwehren oder zumindest zu verlangsamen, dass Deutschland ermöglicht wurde, die Reihen seiner sich noch im Einsatz befindlichen Truppen wieder aufzustocken. Die Polen reagierten jedoch nur mit Spott und Gelächter auf die Deutschen.

Inzwischen war allgemein bekannt, dass die Wehrmacht Freiwillige aus Nationen rekrutierte, die Deutschland, und dem Nazismus im Allgemeinen, wohlgesonnen waren, um die schwindenden Reihen der Wehrmacht aufzufüllen. Auf Hitlers dringenden Appell zur europäischen Einheit machten sich Freiwillige selbst aus Nationen, die vormals von den Deutschen überfallen worden waren, auf den Weg, um sich der Nazi-SS oder einer ihrer eigenen nationalen Verbände anzuschließen und an der Seite der Wehrmacht gegen das sowjetische Russland zu kämpfen. Während sich Ungarn und Rumänien bereits in den Reihen Hitlers befanden, organisierte der belgische Faschist Leon Degrelle flämische und wallonische Brigaden, die auf deutscher Seite kämpfen sollten. Das Vichy-Regime in Frankreich unterstützte Nazideutschland mit Freiwilligen in den Reihen der Waffen-SS, während Francos offiziell neutrales Spanien Hitler eine hervorragend ausgestattete Blaue Division zur Verfügung stellte. Weitere Kollaborateure kamen aus osteuropäischen Ländern wie Litauen, Lettland, Estland, der Slowakei und der Ukraine, um als Wachen in den Konzentrationslagern zu dienen oder um gelegentlich bei der Folter oder der unverhohlenen Tötung von Insassen behilflich zu sein. In Russland selbst wurden die »Hiwis« (Hilfswillige), die oft Deserteure der Roten Armee waren, von den Deutschen für banale, oft leicht zu beaufsichtigende Arbeiten benutzt, so beispielsweise für das Ausheben von Gräben, das Beerdigen der Toten, das Fahren von Lastwagen, das Ausliefern von Feldpost und, überraschenderweise, auch zum Kämpfen auf deutscher Seite. Die norwegische SS-Division von Quisling spielte ebenfalls eine unterstützende Rolle.

Die Produktionslinie der Boehner-Filmstudios umfasste nun auch die Arbeit an einem Spielfilm über das aktuelle Thema »Spionage«. Diejenigen von uns, die sich mit stereo-animierten Schulungsfilmen für die Marine abmühten, zeichneten weiterhin kleine weiße Kreise oder Sternchen auf Zellophanbögen, manchmal schauten wir auch Projektionen von Probestreifen an, um die Genauigkeit unserer für die Augen sehr anstrengenden Arbeit zu prüfen. Ab und zu machte mal jemand eine Pause, ging vielleicht vor die Tür, um Luft zu schnappen und den alliierten Kriegsgefangenen auf der anderen Seite des Maschendrahtzauns zuzuwinken, oder schlenderte rüber zur Tonbühne, wo gerade ein Spielfilm mit dem Titel *GEKADOS* gedreht wurde, eine Abkürzung gebildet aus der Kennzeichnung militärischer Dokumente: »Geheime Kommandosache«.

Die Handlung des Filmes sollte in Paris spielen, und die Simulation dessen war an und für sich nicht schwierig, da es in Dresden viele Orte gab, die mithilfe sorgfältiger Schnitttechnik bestens für Ansichten von Paris gehalten werden konnten, sowohl Innen- als auch Außenansichten. Ebenso hilfreich war, dass sich eine liebevoll hergestellte Reproduktion eines Pariser Nachtclubs inklusive einer kleinen Band und eines Sängers, der den derzeit beliebten französischen Hit *Parlez-moi d'amour* (Erzähl' mir von Liebe) zum Besten gab, der Authentizität halber dazugesellte. Die Filmhandlung war simpel: Eine hübsche deutsche Sekretärin wird in einem Wehrmachtshauptquartier von einem raffinierten Franzosen verführt und dazu gebracht, ihm streng vertrauliche Dokumente auszuhändigen. Die Liebesaffäre gedeiht so lange, bis der Ex-Geliebte der Dame, ein misstrauischer und patriotisch motivierter Offizier der Spionageabwehr, das Paar in flagranti in einem Hotelzimmer erwischt. Er erschießt den Franzosen, die Dame springt aus dem Fenster, und der Offizier berichtet schließlich unter Tränen seinem Vorgesetzten von dem Vorfall. Ich sah nur Schnipsel von dem Streifen, den Rest der Handlung erzählte mir eine der Filmeditorinnen, Frau Ponto. *GEKADOS* war jedoch nicht der einzige Spielfilm, an dem ich neben den Animationsfilmen mitarbeitete und der sich gerade im Stadium des Drehs und Schnitts befand. Es schien geradezu idiotisch, dass zu einer Zeit, in der die Alliierten bereits ziemlich weit nach Deutschland vorgedrungen waren, die Rote Armee an der Grenze zu Ostpreußen stand und Frankreich befreit worden war, ein Produzent von Boehner-Film namens Engel damit beschäftigt war, seinem Film über die Tabakproduktion in der Ukraine den letzten Schliff zu verleihen, während ein anderer Produzent namens Dinkel gerade dabei war, den Feinschnitt eines Filmes vorzubereiten, in dem es um die Attacken deutscher U-Boote auf alliierte Verbände ging. Es war alles nur eine einzige Massenverblendung, ein allumfassendes Täuschungsmanöver, wie dieses Spiel, das Kinder spielen, wenn sie sich die Augen zuhalten und annehmen, dass das, was sie nicht sehen auch nicht existiert. Es wusste jedoch schon jeder, dass die Sowjets einen Brückenkopf über die Weichsel errichtet hatten und ihre nächste Offensive kurz bevorstand.

Bis zum späten September 1944 hatte das Oberkommando, vielleicht sogar Hitler selbst, die beinahe hoffnungslose militärische Lage des Dritten Reichs endlich erkannt. Die verheerenden Verluste der Wehrmacht über die Jahre hatten ihre Reihen dezimiert, es waren praktisch keinerlei Reserven mehr vorhanden. So fiel die Entscheidung für den Volkssturm, eine Art Notstandsmiliz, die aus männlichen Zivilisten bis zum Alter von 60 Jahren und Jungen ab dem Alter von 14 Jahren bestand. Auch Teil dieser unglückseligen Ansammlung waren Lahme und Krüppel sowie diejenigen, die nicht in der Lage waren, in einer richtigen Armee zu dienen. Erbärmlich ausgestattet mit veralteten Waffen und einer komischen Panzerfaust, trugen sie zivile Kleidung und konnten nur durch Armbinden mit der Aufschrift »Deutsche Wehrmacht« als Militärangehörige identifiziert werden. Die Armbinde verlieh ihnen jedoch keinen wahren militärischen Status, sodass sie im Fall einer Gefangennahme durch den Feind als Waffen tragende Zivilisten sofort hingerichtet wurden und nicht als Kriegsgefangene inhaftiert. Der Volkssturm richtete jedoch, so viel steht fest, bei der Verteidigung Nazideutschlands kaum etwas aus und schmolz in den meisten Fällen dahin wie Schnee im Hochsommer.

Weder Weihnachten 1944 noch Neujahr 1945 schienen in irgendeiner Weise bemerkenswert. Im Oktober 1944 gab es einige kleinere Bombenabwürfe der Alliierten über Dresdner Rangierbahnhöfen und Fabriken, jedoch in weiter Entfernung vom Stadtzentrum und von der ländlichen Welt in Hellerau. Leipzig und vor allem Berlin waren dagegen stark betroffen mit tausenden Opfern. Doch selbst zu diesem fortgeschrittenen Zeitpunkt des Krieges schien Dresden ein Heiligtum, vermutlich unter dem Schutz der Alliierten stehend, die doch nicht zuletzt zivilisierte Menschen waren (oder etwa nicht?) und die diese Stadt als »Florenz an der Elbe« kannten – ein Ort der Schönheit, der Kultur und aller bewundernswerten Dinge. Bomben auf Dresden? Das war undenkbar.

Die Ostfront befand sich inzwischen in Zentralpolen, und eine Zeit lang schien wenig zu passieren. Die Kommentatoren der BBC spekulierten darüber, dass die Sowjets nun das geplante Ziel ihrer Offensive bereits erreicht hätten und die sehr überlasteten Versorgungsleitungen nutzten, um ihre militärische Stärke durch die Wiedergewinnung von Arbeitskräften und Kriegsgerät wieder aufzubauen. Doch diese Kampfpause dauerte nicht lange. Am 12. Januar kämpfte sich die Rote Armee unter Marschall Konev durch den Brückenkopf bei Baranow über der Weichsel und durchbrach die deutsche Verteidigung. Sie war nun auf dem Weg Richtung Westen ins eigentliche Deutschland.

Ich weiß nicht mehr, welcher Wochentag es war, aber dieses Ereignis gehörte auf jeden Fall in die Kategorie »Wo warst Du, als das und das passierte?« Ich sehe noch vor mir, wie ich früh am Tag die Straße entlangging und Franziska begegnete, die atemlos auf mich zugestürmt kam, um mir die Neuigkeiten mitzuteilen: »Den Russen ist der Durchbruch geglückt!« Natürlich war dies eine Entwicklung, mit der wir gerechnet hatten, sodass ich weder überrascht noch besonders beeindruckt war von der Begeisterung, mit der sie mir davon berichtete. Sie hatte ihre pro-slawische Gesinnung immer schon ganz frei heraus gezeigt, was ich für eine heftige Reaktion auf das alles umfassende Naziteutonentum hielt, das alle Lebensbereiche des Dritten Reichs durchdrang. Obwohl sie sicherlich keine Kommunistin

Im Juli 1944 mit meinem Vater am Grab seines Onkels Telesfor auf dem Friedhof in Dresden-Friedrichstadt.

war, hatte sie manchmal doch radikalere politische Ansichten als ihr pragmatisch sozialistischer Vater. Nun, an diesem denkwürdigen Tag erzählte sie mir wieder, dass sie es kaum erwarten könne, dass die Rote Armee einmarschiere und die Nazibestie zur Strecke bringe. Ich erwiderte meinerseits, dass man von einer russischen Besatzung kein Fest brüderlicher Liebe erwarten könne, sondern dass diese Besatzung – so wie in Polen nach der Niederlage 1939 – in eine Orgie aus Vergewaltigung, Plünderei, Verhaftungen, Exekutionen und Massendeportationen umschlagen könne.

Natürlich machte ich mir Sorgen um meine Eltern. Es war unmöglich, zu sagen, wann die Rote Armee Poznań erreicht haben würde und wie dann das, was von der polnischen Bevölkerung dort noch übrig war, behandelt werden würde. Zu Beginn des neuen Jahres hatte ich ein Weihnachtspäckchen und einen Brief von zuhause erhalten. Es war das letzte, was ich von meinen Eltern für eine lange Zeit hören sollte. Ich schrieb zurück, aber ich bezweifle, dass mein Brief jemals seinen Bestimmungsort erreicht hat.

1 Original aus Kamieńskis Erinnerungen übersetzt, historisch dauerte der Warschauer Aufstand allerdings vom 1. August bis zum 2. Oktober 1944, also 63 Tage.

AUSBAU VON VER-SCHAN-ZUNGSAN-LAGEN

Teil 3

Zwangsarbeit

Am 13. Januar, dem Tag nach dem Durchbruch der Sowjets in Baranow, rief mich der Direktor der Boehner-Filmstudios in sein Büro und sagte mir, ich solle einige persönliche Dinge zusammenpacken und mich am folgenden Tag am Dresdner Hauptbahnhof zum Einsatz melden. Ich sei dazu bestimmt worden, mich einem Kontingent Zivilisten anzuschließen, die Richtung Osten nach Schlesien verschickt würden, um dort dabei zu helfen, eine Art Verteidigungslinie aufzubauen, »nur für den Fall, dass es den Russen gelingen sollte, so weit vorzudringen«. Wie gelähmt wusste ich einen Moment nicht, was ich sagen sollte. Dann fragte ich, warum ich und nicht jemand anders aus der Mitarbeiterschaft des Studios. »Nun«, sagte der Mann, »du bist hier der Einzige, der in einem einigermaßen guten Gesundheitszustand zu sein scheint. Der Rest der Belegschaft ist entweder unabkömmlich, verkrüppelt oder schlichtweg zu alt.« Es gab keinen Ausweg, ging mir durch den Kopf, außer ich versteckte mich. Aber der Krieg konnte noch lange dauern, wo sollte ich mich da die ganze Zeit versteckt halten? Und wie sollte ich überleben? Es half alles nichts: Ich musste gehen und versuchen, meinen Verstand zu nutzen, um durch alle Situationen hindurchzukommen, denen ich begegnen würde. Ich hasste mich selbst dafür, dass ich unter diesem Druck nun einknickte – besonders, weil ich jetzt aktiv den Nazibarbaren helfen sollte, die mein Land verwüstet und eine noch immer unbekannte Zahl meiner Landsleute niedergemetzelt hatten. Später fiel mir ein, dass mein Verschwinden im Fall, dass ich einfach untertauchte und wie durch ein Wunder bis zum Ende des Krieges überlebte, natürlich bekannt werden würde und meine Freunde und Studiokollegen in allergrößte Schwierigkeiten bringen könnte. In der Tat hatte meine Verbindung zur Familie Ulich diese bereits von Beginn an, seit wir uns vor über drei Jahren zum ersten Mal begegnet waren, in Gefahr gebracht. Unwissentlich waren sie zu meinen Mitverschwörern geworden. Ich trug die Verantwortung für ihr Schicksal. Ich befand mich selbst in einem Dilemma, das mich fortwährend zwang, meine aufrichtige Freundschaft mit dieser Familie – ganz besonders mit Franziska – gegen die Pflicht aufzuwiegen, die ich mir vor ein paar Jahren auferlegt und auf die ich einen Eid geleistet hatte. Überflüssig zu sagen, dass es ein beinahe permanenter Balanceakt war, der einem die Seele zerriss. Die Erinnerung daran quält mich über ein halbes Jahrhundert später noch immer.

Am 14. Januar stieg ich zusammen mit 39 anderen männlichen Zivilisten in einen aus Güterwaggons bestehenden Zug Richtung Osten. Dieser umfasste auch einige Flachwaggons mit Panzern und gepanzerten Personentransportern. Alle Güterwaggons bis auf zwei waren bereits mit Truppensoldaten besetzt, und wir zivile Rekruten wurden in die zwei verbliebenen gepfercht. Niemand wusste etwas über unseren endgültigen Bestimmungsort, und unsere Aufpasser, zwei niederrangige Nazis in Parteiuniform, die Seitenwaffen trugen, hielten den Mund. Mit 20 Passagieren und Gepäck je Waggon war nicht viel Platz. Ein spontanes System wurde eingeführt, nach dem einige von uns standen und andere auf ihren Koffern oder Bündeln saßen und man in stündlichen Intervallen die Plätze tauschte. Da es nur einen einzigen Eimer gab, der den Bedürfnissen so vieler Passagiere zu Diensten sein sollte, kamen Spekulationen auf, dass es sich wohl nur um eine kurze Fahrt handeln könne, und seltsamerweise erwies sich dieser in schwarzen Humor verpackte Witz sogar als zutreffende Vorhersage. Unsere Reise dauerte keine fünf Stunden. Der Zug hielt an einem kleinen Bahnhof beinahe im Nirgendwo und lud uns dort ab, um seine Fahrt in östliche Richtung fortzusetzen.

Als wir Dresden verließen, hatte in der Stadt nur eine geringe Menge Schnee gelegen, die Temperatur lag über Null. Nun, nur wenige Stunden später, fanden wir uns unter einem bleifarbenen Himmel im tiefsten Schnee wieder und versuchten vergebens, uns gegen den eisigen Wind zu schützen, der aus scheinbar allen Richtungen gleichzeitig blies. Selbst die beiden Nazifunktionäre schienen verblüfft von all dem. Doch dann befahl der eine von den beiden, der einen etwas höheren Dienstgrad hatte und etwas wichtiger und besser informiert zu sein schien, der Gruppe, ihm entlang einer Straße oder etwas in der Art zu folgen. Es waren nur zwei Kilometer zu unserem endgültigen Ziel, doch da wir durch fast kniehohen Schnee stapften und dabei unser Gepäck trugen, kam uns die Strecke doppelt so weit vor.

Während wir uns mühsam vorwärts kämpften, fragte ich einen der Männer, wieso wir von uniformierten und bewaffneten Parteifunktionären begleitet wurden und nicht von Militärangehörigen. Er erklärte mir, da alles Militär an der Front gebraucht würde und die meisten männlichen Zivilisten zum Volkssturm einberufen worden waren, kümmere sich die Partei nun um viele Belange der allgemeinen Verwaltung – wie eben Polizei- und Wachdienste oder die Koordination des Zivilschutzes. Dies verhelfe Personen wie unseren beiden Aufsehern dazu, es schön warm zu haben und nicht zur Front zu müssen, fügte er hinzu – nicht ohne einen leichten Zynismus in der Stimme. Die Partei behüte natürlich zuallererst ihre eigenen Leute.

Es wurde dunkel, bis wir unseren Zielort erreichten. Zwischen den sanften Hügeln der Landschaft in einer Ebene gelegen befand sich das Gebäude, in dem ein Teil von uns Rekruten untergebracht werden sollte: eine ehemalige Scheune, in der jetzt ein kleiner eiserner Ofen mit Feuerholzvorräten stand. Auf dem Boden lag großzügig Stroh ausgebreitet, um uns als Schlafstätte zu dienen. Der Rest der Gruppe wurde in einigen schulbänkelosen Klassenzimmern eines offenbar verlassenen Schulgebäudes in der Nähe untergebracht. Die beiden Nazis okkupierten das Lehrerzimmer, das zwar auch verlassen, aber noch mit einer voll funktionstüchtigen Küche eingerichtet war, in der ein paar mürrisch dreinblickende Frauen auf einem massiven Holzofen unsere Mahlzeiten kochten.

Wie alle anderen hatte auch ich etwas Reiseproviant dabei, aber da ich vorher nicht wusste, wie lange die Fahrt dauern würde, hatte ich erst wenig davon gegessen. Kein Wunder also, dass ich am Ende der Reise nicht nur todmüde, sondern auch hungrig genug war, um nicht nur all meine Vorräte, sondern auch noch mehr als eine Portion von der Suppe zu essen, die die beiden Frauen zubereitet hatten. Von ihnen erfuhr ich auch ein paar Dinge über den unheimlichen, verlassenen Ort, an dem wir uns befanden. Das Dorf, das zwischen 25 und 30 Kilometer nördlich von Breslau, der Hauptstadt Niederschlesiens, lag, hieß Katzberg und bestand aus der zuvor erwähnten Schule, einer evangelischen Kirche, einem kleinen Laden und einem Postamt – allesamt zu Diensten einer beträchtlichen Anzahl von Bauernhöfen in Randlage. Die gespenstische Stille an diesem verlassenen Ort war die Folge eines Befehls des Nazikreisleiters, der am Abend des 12. Januar veranlasst hatte, dass das gesamte Gebiet geräumt werden musste. Alles zum Überleben notwendige – Haushaltswaren, Bettzeug, Kleidung, Nahrungsmittel und ein paar Nutztiere – sollte Richtung Westen, weg von der nahenden Front und der Roten Armee, mitgenommen werden.

Der Befehl wurde scheinbar strengstens befolgt, denn es gab keinen einzigen Hof mehr in der gesamten Gegend, dessen Eigentümer geblieben war. Der Lehrer, der Pastor und der Ladenbesitzer waren auch eiligst abgereist, nur diese beiden Frauen – eine Mutter mit ihrer Tochter – waren hiergeblieben, da sie auf Befehl der Partei für ein Kontingent Männer kochen sollten, die den Auftrag hatten, an Wehranlagen zu arbeiten, was auch immer damit gemeint war. Ich fragte die Tochter, eine große, hübsche Frau mittleren Alters, ob sie »von hier« sei und meinte damit aus Katzberg. »Nein«, erwiderte sie, sie seien aus Blüchertal, einem Dorf nur wenige Kilometer nordöstlich. In diesem Moment murmelte ihre Mutter, eine Frau so um die 70 oder älter, etwas, das ich nicht richtig hören konnte. Ich bat sie, zu wiederholen, was sie gesagt hatte, und sie gab nur ein einziges Wort von sich, so etwas wie »Zhavoine«. Ihre Tochter hob die Schultern und sagte, dass ihre Mutter wohl den alten Namen des Dorfes meinte, den, der vor vielen Jahren in »Blüchertal« umgewandelt worden war. Erst viel später dachte ich noch einmal darüber nach und erinnerte mich an das, was ich aus den Geschichtsbüchern gelernt hatte, die ich früher mit so großem Interesse gelesen hatte. Dieser Teil Schlesiens war seit jeher slavisches Territorium gewesen und hatte bis zur ersten Hälfte des 14. Jahrhunderts zum Königreich Polen gehört, als Konflikte zwischen schlesischen Prinzen diese außerstande versetzten, sich gegen Mächte aus dem Ausland zu wehren. Seit Schlesien außerhalb des polnischen Staates lag, hatten die deutschen Einflüsse in der Region intensiv zugenommen und einen Höhepunkt in der zweiten Hälfte des 19. Jahrhunderts erreicht, als die rücksichtslosen Germanisierungsmaßnahmen von Preußens Kanzler Bismarck in der Auslöschung der letzten Spuren slawischer Vergangenheit in Schlesien und allen anderen von den Deutschen über die Jahrhunderte besetzten polnischen Gebieten resultierten. So wurde der alte Name Opole (am Feldrand) in Oppeln umgewandelt, Olesnica in Oels, und Zhavoine (eigentlich zuvor Zawoine) wurde zu Ehren des preußischen Generals Blücher, der dabei geholfen hatte, Napoleon in Waterloo zu schlagen, in Blüchertal umbenannt.

Auf Stroh zu schlafen, war für mich nichts Neues. Nicht zuletzt hatte mir die Luftwaffe dieses zweifelhafte Vergnügen damals im September 1939 verschafft, als sie die Stadt Kutno bombardiert hatte und ich erblindet und mit einer Granatsplitterwunde in ein überfülltes Krankenhaus eingeliefert worden war. Dort waren jedoch die Umstände und auch meine Gesellschaft ganz andere. In Kutno hatte ich auf dem Boden zwischen Betten gelegen, in denen schwer verwundete und sterbende polnische Soldaten lagen, einige nur leise wimmernd, andere nach Gott und ihren Müttern rufend. Hier nun, in dieser Scheune in Katzberg, war der Boden zwar genauso hart wie der im Krankenhaus in Kutno, und das Stroh fühlte sich irgendwie vertraut an, die Menschen jedoch, in deren Mitte ich mich befand, waren fast alle Deutsche, gebürtige Sachsen – die schneller, geistreicher und fleißiger waren als ihre Landsleute in, sagen wir, Preußen oder Bayern. Sie waren kein schlechter Haufen. Die meisten von ihnen waren Fabrikarbeiter oder Büroangestellte niederen Ranges, Männer, die körperlich ungeeignet erschienen, um Führer und Vaterland an der Front zu dienen und sich nun auf andere Art beweisen sollten. Ich erinnere mich noch an einige von ihnen, nicht an ihre Namen, aber an ihre jeweiligen Gebrechen, die sie vor dem aktiven Militärdienst bewahrt hatten. Einer von ihnen war ein relativ junger Schweißer, der ein Auge verloren hatte. Ein anderer war ein Bauer, dem ein Fuß unter die Zahnräder seines Traktors geraten war. Wieder ein anderer hatte Schäden einer Kinderkrankheit zurückbehalten. Ein jüngerer Kerl, der sich aus irgendeinem Grund sehr an mich hing, erzählte mir von seiner Herkunft aus der unteren Mittelschicht und von seiner körperlichen Verfassung, irgendeiner »-gitis«, die scheinbar ernst genug war, um ihm die Uniform zu ersparen. Er schien, was mich betraf, ziemlich neugierig zu sein, aber meine paar Jahre im Widerstand hatten mich äußerste Diskretion im Umgang mit Fremden gelehrt. Manchmal war ich selbst bei den durchreisenden Kurieren misstrauisch geblieben, sei es nur wegen einer bestimmten seltsamen Geste oder wegen der besonderen Betonung eines Wortes. Im Gespräch mit dieser Person beschränkte ich mich daher auf das, was man als »Grundwahrheiten« bezeichnen könnte – dazu gehörte mein tatsächlicher Name, Geburtsort, Alter und Beruf. All diese Angaben waren an sich interessant genug, um darüber endlose Gespräche führen zu können, ohne über Politik oder den Krieg reden zu müssen, den Deutschland gerade dabei war, an allen Fronten zu verlieren. Nicht, dass er nicht versuchte, über all das mit mir zu reden, aber ich winkte jedes Mal ab, indem ich von »Kismet« sprach, dem türkischen Wort für »Schicksal« und fügte hinzu, dass wir hinnehmen müssten, was für uns vorherbestimmt sei.

Es war schon recht spät am Abend des 14. Januar, als diese zerlumpte und desorganisierte Truppe keuchender, hustender, sich dahinschleppender Halbinvaliden und widerwilliger Wehrpflichtiger, nachdem sie sich mit Suppe und Landbrot den Magen vollgeschlagen hatte, in zwei Gruppen zu je 20 Männern aufgeteilt und in ihre jeweiligen Quartiere geschickt wurden: die eine Gruppe ins Schulhaus, die andere in die Scheune. Ich war in letzterer und hatte das Glück, einen Schlafplatz nur wenige Meter entfernt von dem kleinen Ofen zu ergattern, der das Gebäude warmhalten sollte. Natürlich mussten wir uns daran gewöhnen, in unserer Kleidung zu schlafen. Die Scheune war nicht sehr groß, reichte aber aus, um die Gruppe unterzubringen. Das große Scheunentor schloss nicht dicht, und wir mussten Stroh in die Ritzen stopfen, um den heulenden Wind und den umhertreibenden Schnee abzuwehren. Niemand schien sich jedoch so richtig um diese Naturgewalten zu scheren. Völlig erschöpft waren wir gerade noch dazu in der Lage, uns die zusätzliche Kleidung, die wir noch dabeihatten, überzuziehen – mehrere Pullover, drei oder auch vier Paar Wollsocken, um den Hals gewickelte Schals, Mützen bis auf die Stirn gezogen. Dies taten wir im düsteren Schein einer Laterne, die einer der beiden Parteifunktionäre hielt, während der andere herumdirigierte und Decken verteilte. Danach verließen sie die Scheune schnell. Erst jetzt ließen einige der Männer ihren Gefühlen freien Lauf. Es war wie ein tiefes Grollen verschiedener Stimmen, von denen man nur einzelne Wörter oder Halbsätze hier und da vernehmen konnte: »Da ziehen se ab, die Goldfasane!« (der übliche abfällige Spitzname für Parteifunktionäre, angelehnt an die ocker- und goldfarbene Gestalt ihrer Jacken), »Diese Bastarde!«, »Schweinehunde!«, »Für die nur das Beste – warme Betten und für uns nur Stroh!« An der Oberfläche konnte man das für eine angestaute Feindseligkeit gegenüber diesen beiden Nazifunktionären halten, ich aber hatte das Gefühl, dass es darüber hinausging und sich gegen die Nazipartei selbst richtete … vielleicht sogar … nur vielleicht … gegen den Führer, diese bislang unberührbare Gottheit. Dieser kollektive Ausdruck von Unzufriedenheit verstummte jedoch nur Momente später und wich der Erschöpfung. Ich hörte ein paar noch schnarchen, ehe ich selbst einschlief.

Am nächsten Morgen wurden wir früh von seltsamen Geräuschen geweckt, die von draußen kamen. Jemand stand auf, öffnete das kleine Türchen in dem großen Scheunentor, sah hinaus und sagte nur ein Wort: »Flüchtlinge!« Der tiefe Schnee dämpfte alle Geräusche ab, wir konnten jedoch ganz deutlich das Quietschen von Wagenrädern, einige menschliche Stimmen, Hundegebell und das seltsame Muhen einer Kuh erkennen. Als ich nach draußen schaute, kamen mir die genau gleichen Szenen vom September 1939 in den Sinn, die Erinnerungen an verängstigte Menschen mit ihren eilig zusammengepackten Habseligkeiten, die sich vor einer Gefahr in Sicherheit zu bringen versuchten. Im September 1939 waren es polnische Flüchtlinge gewesen, die vor der Bedrohung durch die deutschen Panzer Richtung Osten gezwungen wurden. Jetzt waren die Flüchtlinge Deutsche, die vor den T-34-Panzern der Roten Armee nach Westen flohen. 1939 waren die Flüchtlinge Opfer der Blutbäder der deutschen Luftwaffe gewesen. Jetzt, im Jahr 1945, war die flüchtende deutsche Bevölkerung Schnee, heulenden Winden und Frost ausgesetzt, und nichts davon würde bald abklingen. Die endlose Kolonne bewegte sich in gleichmäßigem Tempo vorwärts. Männer mit finsteren Gesichtern gingen gebeugten Hauptes im wehenden Schnee, führten Pferde, die Bauernwagen zogen, bis obenhin beladen mit Haushaltswaren aller Art sowie Bettdecken, die die Frauen und Kinder vor der Kälte schützen sollten. Ab und an hörte man ein Baby wimmern – das war das einzige menschliche Geräusch, das aus dieser düsteren Prozession nach außen drang.

Nach dem Frühstück, welches eine magere Angelegenheit war, ließ der Schneefall allmählich nach; auch der Wind legte sich. Mit dem schier endlosen Flüchtlingstreck konfrontiert, versuchten unsere beiden Nazi-»Führer« so zu tun, als seien sie völlig gleichgültig, während sie uns Spaten und Schaufeln reichten, die offenbar reichlich vorhanden waren. Dann wurden wir ungefähr einen Kilometer die Straße hinunter bis zu einer Anhöhe geführt, wo – so sagte man uns – »vorbereitete Positionen« festgelegt worden seien. Diese so großspurig als »Positionen« bezeichneten Stellen erwiesen sich als seichte Gräben, die nicht mehr als 90 oder 120 Zentimeter Tiefe hatten und viel zu eng waren, um einen durchschnittlich großen Mann mit Gewehr darin aufzunehmen. Mit anderen Worten: Diese sogenannten vorbereiteten Positionen waren nichts weiter als eilig und schlampig ausgehobene Gräben, die jetzt komplett zugeschneit waren und die wir eingezogenen Zivilisten nun für die zukünftigen Verteidiger dessen, was vom Dritten Reich noch übrig war, wieder herrichten sollten. Ich war nicht der Einzige, dem die Absurdität der Situation auffiel. Die alten Hasen unter uns, die den Stellungskrieg in den Schützengräben des Ersten

Weltkriegs erlebt hatten, lachten nun offen, wenn auch grimmig, über ihre eigenen Versuche, während sie, so wie alle anderen, den Schnee in vorsätzlich geringfügigen Mengen aus dem Graben schaufelten – wie Kinder, die in einem Sandkasten spielten. Unsere zwei Naziaufseher standen dabei nur herum und versuchten, heroisch auszusehen, während ihnen die Nutzlosigkeit des ganzen Unterfangens wohl vollends bewusst war. Sie machten keinerlei Anstalten, uns anzutreiben, wenn jemand einige Minuten oder länger aufhörte zu schaufeln, sich nur auf die Schaufel stützte und ausruhte. Einer der alten Männer hielt inne und sprach sie mit erhobener Stimme an: »Hey, Ihr beiden, schaut nicht bloß zu! Helft uns, das Vaterland zu retten!« Der Rest von uns stand still da und grinste frech angesichts der versteinerten Mienen der zwei Parteischergen, die versuchten, die Beleidigung runterzuschlucken. Die ganze Szene war eine Komödie par excellence!

Von dem kleinen Hügel, auf dem wir arbeiteten, oder vielmehr so taten als ob, konnten wir den unendlichen Flüchtlingsstrom deutlich sehen, in dem manche neben ihren Wagen liefen und andere oben auf ihren Besitztümern saßen, die auf den Wagen aufgetürmt waren. Wären nicht solche Massen von Menschen, Tieren und Transportmitteln, von denen manche gar von Traktoren gezogen wurden, dabei gewesen, hätte sich diese lange Kolonne des Elends weitaus schneller fortbewegen können. Während ich auf dieses Spektakel blickte, das nur im Schneckentempo vorankam, sagte ein Mann neben mir mit einem starken Akzent auf Deutsch: »Jetzt Krieg geht andere Richtung, stimmt?« Ich drehte mich zu ihm um und sah, dass er wohl so ungefähr Ende 20 war. Sehr groß, mit schmalem Gesicht und blauen Augen, sah er nicht unbedingt ausgemergelt aus, aber doch unterernährt. Ich nickte zustimmend und antwortete, in Anbetracht seines Akzents auf Deutsch, dass ich dächte, er habe wohl recht. Wir lächelten beide. Dies war der Anfang meiner kurzen, jedoch unvergesslichen Freundschaft mit Yakiv Malik. Ich fragte ihn, von wo er käme. Aus einer Kleinstadt namens Razdol in der Ukraine, sagte er. Er hoffe, bald zurück zu seiner jungen Frau und seinem kleinen Sohn zu können. Immer noch vorsichtig gegenüber neuen Bekanntschaften, besonders bei denjenigen, die von sich aus auf mich zukamen, passte ich auf, was ich sagte und versuchte, im Gespräch mehr über ihn zu erfahren, als ich über mich selbst preisgab. Er schien aber ziemlich aufrichtig mit mir, und ich erfuhr, dass er, wie viele andere Landsleute, den Deutschen geglaubt hatte, die während ihrer Invasion der

Ukraine im Jahr 1941, als diese noch Teil der Sowjetunion war, der Bevölkerung einen souveränen Staat versprochen hatten, frei von Unterdrückung und der zwangsweisen Russifizierung der ukrainischen Kultur und Sprache. In diesem Glauben hatten er und viele andere sich freiwillig gemeldet, um in Deutschland zu arbeiten. Er wurde auf einen Hof nahe Pillnitz, einem Vorort von Dresden, geschickt.

Wir hatten uns schon eine Weile unterhalten und nicht einmal so getan, als arbeiteten wir, jedoch nach wie vor unbehelligt von den beiden Nazis, als plötzlich wieder einige Schneeflocken aus dem grauen Himmel fielen. Zunächst achtete kaum jemand darauf, doch innerhalb von Minuten wuchsen sich diese paar Flocken zu einem wahren Schneesturm aus, der das Ausgraben der zugeschneiten, angeblichen Verteidigungsgräben von Albernheit zu blanker Idiotie hätte werden lassen. Die gesamte Gruppe erhielt das Kommando »Arbeitsstopp!« und sollte sich auf den Rückweg zu den Unterkünften in Katzberg machen. Alle weiteren Versuche zu graben wären ja auch völlig sinnlos gewesen, und mit ihrem großspurigen Gehabe wirkten die beiden Nazis nun genauso verunsichert wie der Rest. Es war nur allzu offensichtlich, dass der Schnee diese primitiven, seichten Gräben innerhalb von Minuten wieder zugedeckt hätte.

Die finstere Kolonne von Flüchtlingen schob sich immer noch durch den Schneesturm, langsam und beinahe geräuschlos. Ich schätze, es war irgendwann zwischen dem frühen und späten Nachmittag, als wir unsere Unterkünfte im Dorf erreichten. In der Scheune wurde ein großer Topf Wasser auf dem kleinen Ofen erhitzt, und wir wechselten uns mit einer sehr nötigen kleinen Wäsche ab. Ich erinnere mich nicht an ein Mittagessen, aber es gab ein bescheidenes Mahl am Abend. Da nun selbst der Auftrag »Verschanzungspositionen vorbereiten« der Vergangenheit angehörte, schlugen wir die Zeit tot, lagen herum und unterhielten uns über alles, was uns einfiel. Interessanterweise kam es zu einem generellen Wandel in den Äußerungen zum Kriegsverlauf, und wenn es darum ging, wer die Verantwortung für das zu tragen habe, was nun ganz klar zu einer Katastrophe geworden war. Obwohl unsere Naziaufseher von Zeit zu Zeit ihre Runden drehten, um uns zu kontrollieren, wurde das Misstrauen gegenüber der Partei und dem Regime beinahe offen und angstfrei zum Ausdruck gebracht. Hitlers Name wurde nicht explizit genannt, aber die Andeutung war klar. Alte Göring-Witze, die einst nur im Flüsterton erzählt wurden, wurden nun genüsslich zum Besten gegeben, ebenso wie die bitterbösen, aber zutreffenden Beinamen für Goebbels wie »Schrumpfgermane« oder »Klumpfußzwerg«.

Ich war noch immer wach, nachdem der Rest der Gruppe schon eingeschlafen war. Ich erinnere mich daran, dass ich an meine Eltern dachte und mich fragte, wie es ihnen wohl ergehen würde, sobald die Sowjets Poznań erreichten. Was war mit meinen Freunden? Mit Kazio Mettler, Tadek Stas, Zenek und all den ehemaligen Schulkameraden, die in Poznań geblieben waren, als ich meine Heimatstadt Richtung Dresden verließ? Meine Abreise zur »Verbesserung der Verschanzungsanlagen« kam so plötzlich, dass ich auch kaum dazu in der Lage gewesen war, mich von meinen Freunden in Dresden und Hellerau zu verabschieden. Wenn nun ein Kurier unerwartet an meiner Tür erschien, konnte ich ihn nicht empfangen. Der letzte Übernachtungsbesucher auf seinem Weg nach Westen war irgendwann im späten November oder frühen Dezember 1944 bei mir vorbeigekommen. Angesichts der Geschwindigkeit, mit der sich die Ereignisse entfalteten, schien es jedoch fragwürdig, ob noch mehr Abgesandte aus Polen kommen würden: Der Warschauer Aufstand war auf tragische Weise gescheitert, die Kommunikation zwischen der polnischen Exilregierung in London und den letzten Überresten des polnischen Widerstands, wenn überhaupt vorhanden, schien so gut wie sicher unterbrochen. Ich machte mir ebenfalls Sorgen um das Schicksal der elenden jungen polnischen Zwangsarbeiter, die, so wie ich stets inständig gehofft hatte, vielleicht etwas Trost, vielleicht sogar etwas Zuversicht aus den paar Informationsblättchen gewinnen konnten, die ich heimlich in der Dunkelheit unter dem Stacheldraht zu ihnen hindurchgeschoben hatte. Aber urplötzlich, angesichts der Ungeheuerlichkeit der Ereignisse, die sich nur 200 Kilometer weiter östlich abspielten, verblasste dieses ganze Tun bis zur Bedeutungslosigkeit – die Radiotranskriptionen, das Drucken und das in der Dunkelheit Umherschleichen, um die Blättchen in das eine oder andere Lager zu schmuggeln. Als ich die Aufgabe erfüllte, die die Widerstandsbewegung mir aufgetragen hatte, leistete ich nun wirklich nichts besonders Bedeutendes. Es war wahrlich belanglos im Vergleich zu den Taten derer, die ihr Leben riskiert oder sogar geopfert hatten, indem sie deutsche Truppenzüge in die Luft gesprengt, Nazischlächter am helllichten Tage hingerichtet oder auf den Barrikaden des Warschauer Aufstands mitgekämpft hatten. Was hatte es im Vergleich dazu schon bewirkt, dass ich wagemutigen Kurieren dabei behilflich war, auf ihren gefährlichen Reisen von Polen nach England von A nach B zu kommen? In Wirklichkeit war ich nur eines von tausenden winzigen Zahnrädchen im großen Rad der zerbrechlichen Maschinerie des Widerstands.

Flucht und Gefangennahme

Es war inzwischen der 16. Januar und obwohl die tragische Flucht der Flüchtlinge sich fortsetzte, waren es doch weniger geworden. Eine etwas nördlichere Route führte nun den Hauptteil der in Panik geratenen, fliehenden Menschen nach Westen. Immer wieder schneite es zeitweise und von »Positionen vorbereiten« war natürlich keine Rede mehr. Die Telegrafen- und Telefonleitungen des Postamts in Katzberg waren jedoch noch funktionsfähig und konnten von unseren beiden Nazibossen dazu genutzt werden, ihren Vorgesetzten Bericht zu erstatten und nach weiteren Befehlen zu fragen. Darüber wurden wir von dem Älteren der beiden informiert, dem mit dem extra Gold auf der Mütze. Wie durch ein Wunder erreichte er die Parteizentrale in Breslau (heute Wrocław). Nachdem er dort mit einem Zuständigen gesprochen hatte, trommelte er die ganze Gruppe von uns zivilen Rekruten zusammen, um uns den nächsten Auftrag zu geben. Wir sollten zu Fuß in Richtung Breslau marschieren und dabei eine Landstraße nutzen, auf der Berichten zufolge noch kein Flüchtlingsverkehr stattfand. Wenn verlassene Höfe entlang der Strecke zu finden wären, sollten wir uns dort mit allem, was in den Häusern an Nahrungsmitteln noch auffindbar wäre, selbst versorgen. Und falls noch Nutztiere vorgefunden würden – wie Pferde oder Kühe –, sollten wir diese mit uns führen und zu einer speziellen Sammelstelle in Breslau bringen.

Die Reaktion der Gruppe Männer, die in diesen Dienst gezwungen worden waren, fiel gemischt aus. Manche waren froh, dass sie so der nahenden Front ausweichen und vielleicht sogar nach Dresden zurückkehren konnten. Andere waren höchst unerfreut in Anbetracht der Aussicht, eine Entfernung von über 30 Kilometern zu Fuß zurücklegen zu müssen. Dies waren vor allem die älteren Männer, Veteranen des vorangegangenen Großen Krieges[1] von 1914 bis 1918, die viel Erfahrung mit Langstreckenmärschen zur Winterzeit hatten und wussten, dass ihre Überlebenschancen unter diesen Umständen stark sanken. Nun richtete sich der Nazichef auf und erklärte, dass Befehle unter allen Umständen zu befolgen seien und man mit Simulanten entsprechend nach Kriegsgesetz verfahren werde. Damit meinte er natürlich, dass all jene, die Krankheit oder Unfähigkeit zu laufen vortäuschten, damit rechnen müssten, ohne Prozess erschossen zu werden. Ich zumindest hatte den Eindruck, dass die Tatsache, mit den Vorgesetzten gesprochen und neue, verbindliche Aufträge bekommen zu haben, unserem Naziaufpasser den Rücken gestärkt und in ihm das vielbeschworene »Führerprinzip«, das ein wesentlicher Bestandteil der Naziideologie war, wieder zum Leben erweckt hatte. Um die Gewichtigkeit seiner Worte hervorzuheben, tätschelte er das Holster, in dem seine Walther-Pistole steckte – und diese Geste genügte, um seine Überlegenheit zu demonstrieren und alle zum Schweigen zu bringen.

Meine eigenen Gefühle waren in diesem Moment zwiespältig. Auf der einen Seite erfreute ich mich an Deutschlands unabwendbarer Niederlage. Doch dann wiederum wusste ich eben um die Bösartigkeit und Brutalität der sowjetischen Invasion in Polen 1939 (an der Seite der Deutschen), sodass ich mir auch kaum wünschen konnte, ein Opfer der Dampfwalze der Roten Armee zu werden. Für mich wäre es besser, so war mein Gedanke, das Ende des Krieges in Dresden abzuwarten und dann nach Polen aufzubrechen, nach Poznań, um wieder bei meinen Eltern zu sein. Ich machte mir keine Sorgen wegen des 30-Kilometer-Marsches nach Breslau. Vielleicht auch, weil ich mich daran erinnerte, in einem Pfadfinderbuch einmal gelesen zu haben, dass man einen Kilometer in zehn Minuten zurücklegen konnte, solange man in einem gleichmäßigen Tempo marschierte. Natürlich funktionierte es so dann doch nicht. Wir sollten eine Landstraße entlanglaufen, auf der es fast kein Flüchtlingsaufkommen gab und die in südwestliche Richtung führte. Doch die Straße hatte sehr viele Kurven, wodurch die Strecke immer länger wurde. Wie einige andere sorgte auch ich mich um den Zustand meiner Stiefel, die nur mit Klebstoff und ein paar strategisch angebrachten Nägeln zusammengehalten wurden. Die Sohlen waren so dünn, dass ich mir sicher war, dass sie innerhalb kürzester Zeit durchgelaufen sein würden.

Wir verließen Katzberg um die Mittagszeit des folgenden Tages, dem 17. Januar. Es wurde schnell klar, dass wir länger als nur einen Tag brauchen würden, um bis nach Breslau zu kommen. Zum einen waren die Schneeverwehungen stellenweise bis zu 60 Zentimeter tief, allein das erschwerte das Fortkommen erheblich. Zum anderen konnten einige der älteren Männer aus verschiedenen Gründen nicht so gut und schnell laufen wie der Rest der Gruppe. Die zwei Frauen, die bisher für uns gekocht hatten, versorgten uns mit etwas Brot und einer Art Marmelade für den Weg, aber es reichte kaum, um uns die ganze Strecke bis nach Breslau zu verpflegen. Sie hatten beschlossen, in ihr altes Dorf Blüchertal zurückzukehren. Die alte Frau wusste, dass sie es gar nicht schaffen würde, den ganzen Weg bis in die Stadt zu laufen und machte ziemlich deutlich, dass sie nach Hause wollte.

Die Straße, auf der wir marschierten, konnte man als solche nur durch die noch intakten Stromleitungen erkennen, die an ihr entlangführten. Selbst die Entwässerungsgräben waren komplett zugeschneit. Nach ein paar Stunden kamen wir am ersten Bauernhof vorbei. Wie die meisten Höfe in der Region lag auch dieser nahe an der Straße und bestand aus mehreren robusten Backsteingebäuden – einer Scheune, einem Maschinenschuppen, einem Pferdestall und einem schönen Haus, das relativ viel materiellen Komfort zu bieten hatte. Wir hatten nicht die Zeit, alles genau in Augenschein zu nehmen, aber alles deutete auf eine überstürzte Abreise der Besitzer hin. Bereitwillig folgten wir der Anweisung, im Inneren nach zurückgelassenen Nahrungsmitteln zu suchen, obwohl es sich seltsam anfühlte, wie ein Plünderer in den Sachen anderer Leute herumzuwühlen. An diesem Tag kamen wir an ungefähr zehn Höfen vorbei und durchsuchten sie, manche waren groß, manche klein, aber alle zeigten sie Anzeichen einer panischen Flucht. Wir fanden Lebensmittel aller Arten – Brote, die noch im Ofen waren, Räucherfleisch in Kühlboxen und Konserven in Speisekammern – genug, um uns alle satt zu bekommen. Wir konnten jedoch nicht alles mitnehmen, da wir schon unser eigenes Gepäck tragen mussten. Nachdem wir gegessen hatten, ließen wir deshalb zurück, was wir nicht tragen konnten.

Wir kamen von da an weiterhin an verlassenen Höfen vorbei und hielten Ausschau nach zurückgelassenem Vieh, das wir nach Breslau bringen sollten. Wir konnten jedoch keines finden. Nur ein paar hungrig aussehende Hunde mit aggressivem Blick schienen noch immer die verlassenen Grundstücke ihrer Eigentümer zu bewachen. Unsere Naziaufseher trieben uns an, obwohl einige der älteren Männer nun immer öfter zurückfielen. Manchmal schlugen diese Aufforderungen in unverhohlene Drohungen um, auf theatralische Weise mit wildem Herumfuchteln der Walther PPK untermalt. Aber selbst solche Drohungen zeigten keine Wirkung auf das immer langsamere Fortkommen der zunehmend erschöpften Gruppe.

Es wurde früh schon dunkel und dadurch unmöglich, weiter vorwärtszukommen. Wir hatten wieder einen der verlassenen Höfe erreicht, und die Nazis beschlossen, dass wir dort die Nacht verbringen sollten. Ihre bürokratischen Instinkte mussten jedoch auch bei ihnen durchgebrochen sein, denn sie verlangten, dass wir uns zum Zählappell in einer Reihe aufstellten. Hauptsächlich mit mir selbst beschäftigt, hatte ich wohl nicht so sehr darauf geachtet, was im Rest der Gruppe los war und merkte erst jetzt, dass drei Männer fehlten. Sie waren Ende 60 und Anfang 70, offenbar nicht in der Lage weiterzumarschieren und verzweifelt genug, um das zu riskieren, was einer Fahnenflucht gleichkam. Jeder nahm sofort an, dass sie in einem der Bauernhöfe zurückgeblieben sein mussten, in denen wir zuletzt waren. Unsere beiden Nazis wurden gleichzeitig zornig und konfus. Sie schrien Obszönitäten durch die Gegend und bedrohten alle mit dem Tod, die womöglich den Fluchtplan der Männer mitgehört hatten, ohne es zu melden, und alle, die gesehen hatten, dass die drei zurückgeblieben waren. Als treue Parteimitglieder waren sie mit der Aufgabe betraut, 40 Zivilisten an die Arbeit zur »Vorbereitung der Positionen« zu bringen und, da dies nun hinfällig geworden war, nach Breslau zu führen. Vermutlich, um dort noch mehr »Positionen« zu errichten. Aber jetzt – oh weh! – hatten sie nur noch 37 Untergebene und in Gedanken wahrscheinlich so etwas wie einen Braunhemden-Partei-Abgrund der Schuld vor sich, vielleicht sogar eine Degradierung im Rang, dafür, dass sie so etwas zugelassen hatten.

Schlussendlich jedoch wurde ihnen klar, dass sie zu viel der Zeit verlieren würden, die sie brauchten, um nach Breslau zu kommen, wenn sie zurückgingen, um die drei Alten zu suchen. Sie beschlossen, über Nacht zu bleiben und bis zum Abend des folgenden Tages die Stadt zu erreichen. Einige von uns schliefen auf einem Heuboden, andere, und zu denen gehörte auch ich, wurden in einen Viehstall verwiesen, der, unerfreulicherweise, nicht saubergemacht worden war. Mir machte der alles durchdringende faulige Geruch jedoch nicht so viel aus. Ich war einfach zu müde, um mich darum zu kümmern.

Es war nun der 18. Januar, im Morgengrauen machten wir uns auf den Weg. Schnee begann wieder zu fallen und die Landstraße, die bislang relativ frei von Verkehr gewesen war, war plötzlich von einer langen Kolonne Flüchtlinge verstopft, die sich in die gleiche Richtung bewegte wie wir. Ob es uns nun gefiel oder nicht, wir mussten uns dem Schneckentempo der Kolonne anpassen und gelangten bis mittags an keine richtige Straße. Soviel Verkehr wie hier hatte ich noch nie gesehen – Flüchtlingstrecks, die westwärts unterwegs waren und Militärtransporte, die versuchten, nach Osten zur Front voranzukommen – wenn es denn überhaupt noch eine richtige Front gab. All die Wagen, Pferde und das Vieh der Flüchtlinge, dann die Wehrmachtsfahrzeuge verschiedenster Art – bewaffnete Mannschaftswagen, merkwürdige Panzer, sogar ein paar 88-Kaliber Waffen – das Wirrwarr war wirklich kaum zu glauben. Mein Freund Yakiv sagte in seinem gebrochenen Deutsch, dass Napoleons Rückzug aus Moskau ungefähr genauso chaotisch gewesen sein müsse. Dazu äußerte ein älterer Deutscher, dass im Vergleich zu dem, was wir hier gerade erlebten, Napoleons Rückzug sicher nichts weiter als ein Picknick gewesen sei. Bemerkungen dieser Art wurden natürlich nur gemacht, wenn unsere Mini-Naziführer gerade außer Hörweite waren.

Während ich die Kavalkade der Niederlage so betrachtete, kam mir plötzlich ein Bild aus Poznańs neu gegründeter deutschsprachiger Tageszeitung von Ende Oktober oder Anfang November 1939 in den Sinn. Es zeigte eine Kolonne polnischer Soldaten, nun entwaffnet und finster-verzweifelt dreinschauend, wie sie von grinsenden Deutschen, die Gewehre mit aufgesetzten Bajonetten trugen, in ein Kriegsgefangenenlager geführt wurden. Mit allerlei Grauen und der Blutspur des Krieges im Hintergrund war das Bild mit einer triumphierenden Bildunterschrift versehen: »Mit Mann und Ross und Wagen hat sie der Herr geschlagen.« Selbst heute noch denke ich manchmal zurück an diesen Spruch, der so zutreffend das Chaos und die Schwere der Niederlage abbildete. Niemand weiß, ob es ihr Los war oder eine göttliche Fügung, die die Deutschen nun das gleiche Schicksal erleiden ließ wie jenes, was ihre Machthaber zu einem früheren Zeitpunkt den Polen zugefügt hatten. Es gibt jedoch auch noch einen anderen Spruch, der sich mit einem derartigen Verlauf der Ereignisse befasst: »Man erntet, was man sät.«

Es ging schon voran auf der Straße, wenn auch nur Meter für Meter. Irgendwann sah ich ein Verkehrsschild mit dem Hinweis, dass wir uns in der Nähe eines großen Ortes namens

Hundsfeld befanden. Niemals hätte ich damit gerechnet, dass das Schicksal mich an diesen Ort verschlagen würde! Als ich noch in der Schule war, hatte ich von der Schlacht erfahren, die hier im 12. Jahrhundert zwischen einer Armee des deutschen Kaiserreichs und Streitkräften des Königs von Polen ausgetragen worden war. Diese Schlacht war so entscheidend von den Polen gewonnen worden, dass ganze Scharen deutscher Ritter dabei getötet wurden. Ihre Leichen wurden auf dem Schlachtfeld zurückgelassen und von ausgehungerten Hunden verschlungen. Der Name Hund's Feld hat sowohl im Deutschen als auch im Polnischen Jahrhunderte überdauert. Auf Deutsch hieß der Ort Hundsfeld, auf Polnisch Psie Pole. Jetzt gab es natürlich nichts Bemerkenswertes mehr an dem Ort, und wir zogen in stetig lahmem Kriechen durch ihn hindurch.

Wir kamen immer mehr in die Nähe von Breslau, eine Stadt, die in der Geschichte meiner Familie eine wichtige Rolle gespielt hatte. Die Beamtenlaufbahn meines Großvaters, Maximilian Antoni Dołęga-Kamieński, hatte ihn dorthin geführt, wo er und seine erste Frau Angela (gestorben 1886) und seine zweite Frau Martha (geborene Wesierska) in ihrer Familie drei Söhne und eine Tochter aufgezogen hatten. Mein Großvater und seine Geschwister wurden gezwungen, deutsche Schulen zu besuchen, doch ihr häusliches Umfeld hatte ihnen die polnische Sprache vermittelt und eine tiefgehende Wertschätzung für polnische Geschichte, Kultur und Traditionen nahegebracht. Aus einem der Brüder meines Vaters, Czesław, wurde später ein Geschäftsmann in Winnipeg. Ein anderer, Jędrzej (Andrew), wurde Jesuitenpriester. Seine Schwester Helena trat in jungen Jahren in ein Ursulinenkloster ein. Als mein Großvater Maximilian 1910 starb, nur kurze Zeit später gefolgt von seiner Frau Martha, waren die Kinder auf beiden Beerdigungen und hatten die beiden Grabsteine gemäß der Familientradition mit polnischen Inschriften anfertigen lassen. 1935 reisten meine Eltern nach Breslau, um die Gräber meiner Großeltern zu besuchen und fanden diese praktisch zerstört und geschändet vor, die Namen auf den Grabsteinen bis zur Unkenntlichkeit ausgemeißelt und die Steine selbst beschmiert mit Flüchen wie »Sei verdammt, Du Polack!« Symbole des christlichen Kreuzes hatte man versucht in Hakenkreuze umzuformen. Breslau hatte über Jahrhunderte stets einen hohen Bevölkerungsanteil polnischer Herkunft und mit polnischen Namen gehabt. Folglich waren sehr viele, wenn nicht die meisten der Gräber auf diese traditionelle Naziart entweiht worden. Die Nachforschungen meines Vaters ergaben, dass es die Nazipartei war, die die Hitlerjugend dafür herangezogen und alle nötigen Mittel zur Verfügung gestellt hatte, um diesen Akt der Barbarei auszuführen. »Können wir diese Grabsteine nicht wieder instandsetzen?«, hatte ich meinen Vater gefragt. Doch der hatte nur mit den Schultern gezuckt und gesagt, er wolle sie lieber zukünftigen Generationen als finsteres Andenken hinterlassen.

Und nun, zehn Jahre später, näherte ich mich dieser Stadt, die für meine Familie so eine tiefe Bedeutung hatte. Hier erwartete mich eine weitere Überraschung. Es wurde schon dunkel, als unsere Gruppe sich einem großen Komplex gothischer Gebäude aus rotem Backstein näherte. An der Vorderseite waren ein großes Tor und ein Schild, auf dem das Gebäude als höhere Bildungseinrichtung der Ursulinenschwestern für junge Frauen ausgewiesen wurde. Ich wusste, dass meine Tante Helena, die als Nonne in Maria Bronisława umbenannt worden war, jahrelang in einer Ursulinenschule für Mädchen gelebt und unterrichtet hatte, die sich im Breslauer Vorort Karlowitz (auf Polnisch Karłowice) befand. Mir wurde klar, dass der Komplex, an dem wir gerade vorbeizogen, nur genau dieses Kloster sein konnte, in dem sie lebte. Ich löste mich schnell aus der sich nur langsam bewegenden Kolonne, gab dabei acht, nicht von den beiden Nazis gesehen zu werden und rannte durch das Tor, in der Hoffnung, irgendetwas über meine Tante in Erfahrung zu bringen.

Ich begegnete einem Mann, vermutlich ein Pförtner, und fragte ihn völlig außer Atem nach Mater Maria Bronisława. Er informierte mich darüber, dass das gesamte Konvent am Vortag evakuiert worden sei, konnte mir aber nicht sagen wohin. Später fand ich heraus, dass es Lubomierz war, eine Stadt im südwestlichen Polen. Eilig dankte ich ihm und rannte zurück zur Straße, um die Gruppe einzuholen, die inzwischen weitergezogen war.

Etwa eine Stunde später kamen wir in Breslau an und gerieten auf eine Art Platz, der bereits voll war mit Menschen – alles Männer. Die Geräusche ihrer Stimmen schufen zusammen mit der nun vollständig hereingebrochenen Dunkelheit und der zusätzlichen Verdunkelung eine ziemlich unwirkliche und unheimliche Stimmung. Was wir jedoch erfuhren, während wir dort standen, war noch wesentlich beängstigender: Yakiv und ich hörten, wie ein paar neben uns stehende Männer darüber sprachen, dass Breslau nun zu einer »befestigten Stadt« erklärt worden war und deshalb gegen die Rote Armee verteidigt werden würde. Die Männer waren offenbar entsetzt. Nachdem sich die Nachricht in der Gruppe verbreitet hatte, waren es viele andere auch. Ich weiß noch, wie ich mich zu Yakiv drehte und

flüsterte: »Ich bleibe hier nicht. Du?« Seine Antwort werde ich nie vergessen: »Ich werde mit Dir gehen!« Viel mehr gab es nicht zu sagen. Ich spürte, wie er meinen Arm berührte und nach meiner Hand griff. Auch dieser Handschlag bleibt für mich unvergesslich.

Wir wussten, dass unsere Gruppe aus Nordosten in die Stadt gekommen war und wir uns Richtung Westen bewegen sollten. In der allgegenwärtigen Dunkelheit konnten wir nur raten und hoffen, dass wir in die richtige Richtung gingen. Vorsichtig und langsam hoben wir unser Gepäck auf und begannen, uns langsam von der Menschenmenge zu entfernen, zunächst seitwärts im Krebsgang, dann mit kleinen Schritten, bereit, augenblicklich stehen zu bleiben, sollte der unerwartete Lichtstrahl einer Taschenlampe auf uns treffen und uns zwingen, zur Gruppe zurückzukehren. Wir konnten solche Lichter hier und dort im Dunkeln flackern sehen und hörten die lauten Kommandorufe der Aufpasser, die versuchten, zu verhindern, dass sich die große Menschenmenge über den ganzen Platz zerstreute. Doch das Glück war mit uns, wenn auch nur vorübergehend. Es gelang uns, von der Menge wegzukommen und in einer engen Seitenstraße zu verschwinden, die vom Platz wegführte. Wir sahen die Silhouetten hoher Gebäude – offenbar Wohnhäuser – auf beiden Seiten der Straße vor dem nun sternenklaren Himmel. Sie schienen verlassen, zweifellos waren die Bewohner evakuiert worden. Der Schnee, der tagsüber gefallen war, war inzwischen zu Matsch geworden. Jeder Schritt, den wir machten, war nun klar und laut zu hören. Es war eine ziemlich lange Straße, und wir mussten ungefähr eine halbe Stunde vorsichtig gelaufen sein, als plötzlich einige Taschenlampen in unsere Augen gehalten wurden und wir das Kommando »Halt!« hörten. Wir stellten fest, dass vier oder fünf SS-Männer in Felduniformen vor uns standen, ihre Maschinengewehre auf uns gerichtet hielten und verlangten, unsere Papiere zu sehen. Sie prüften sie oberflächlich, sagten, wir sollten mitkommen und schoben uns in eine Gruppe mit ungefähr zehn anderen Zivilisten. Unter vorgehaltener Waffe

Martha Wesierska-Kamieriska und Maximilian Dolega-Kamieński mit ihren drei Söhnen, von links nach rechts: mein Vater Lucjan, Jedrzej und Czesław.

wurden wir durch ein Labyrinth aus weiteren engen Straßen getrieben und flüsterten mit den anderen Männern. Auch sie, so erfuhren wir, hatten versucht, die Stadt zu verlassen und waren von SS-Truppen und der Polizei aufgehalten worden, die einen äußeren Ring um ganz Breslau bewachten. Nur Frauen und Kinder und all jene, die nicht in der Lage waren, Waffen zu tragen und die Stadt zu verteidigen, durften gehen. Alle Männer, die körperlich unversehrt und älter als 14 Jahre alt waren, mussten bleiben und gegen die Rote Armee kämpfen.

Wir saßen in der Falle. Yakiv fing an zu verzweifeln, und ich war natürlich auch alles andere als glücklich über unsere Lage. Und dennoch, so meine ich mich zu erinnern, tauschten Yakiv und ich, selbst als wir von der SS abgeführt wurden, noch ein paar geflüsterte Bemerkungen darüber aus, dass wir jede Gelegenheit zur Flucht nutzen wollten. Auf keinen Fall hatten wir uns unserem Schicksal ergeben. Nachdem man uns durch mehrere Straßen und über Kreuzungen geführt hatte, erreichten wir ein altes, ziemlich verfallenes zweistöckiges Gebäude, das einer der Männer in unserer Gruppe als das Breslauer Nachtasyl identifizierte, eine Unterkunft für obdachlose Männer oder (um es ganz offen zu sagen) eine Absteige. Die SS-Männer schoben uns kurzerhand durch die Eingangstür. Wir konnten hören, wie hinter uns von außen abgeschlossen wurde.

Was ich sah, erinnerte mich an das Stück *Nachtasyl* von Maxim Gorki, das ich vor dem Krieg auf der Bühne gesehen hatte. Hier, in dieser angeblich wohlhabenden deutschen Stadt, sah ich den Abschaum der Menschheit in der Ecke eines geräumigen Zimmers hocken, an schmutzigen Wänden lehnen, auf Treppenstufen einer Treppe sitzend, die in den zweiten Stock führte, manche rauchend, manche etwas essend, das nach trockenem Brot aussah. Der alte, abgewetzte Linoleumboden war mit Matsch und Schlamm bedeckt, der von unseresgleichen von draußen mit hereingebracht worden war. Die abgestandene Luft stank nach Ersatztabak, Schweiß und Blähungen. Einige der Männer waren wahrscheinlich, so wie wir, von einer SS-Patrouille aufgegriffen und hier eingeschlossen worden, bis sie gebraucht würden, um mit veralteten Waffen auf sowjetische Panzer zu schießen. Sie alle sahen verloren und sehr verängstigt aus.

Yakiv murmelte, wir müssten einen Schlafplatz finden, auch wenn es auf dem Boden sei. Wir schoben uns vor bis zur Treppe, stiegen über ein paar Körper. Dann fand Yakiv einen winzigen Platz zwischen zwei Männern, die auf Treppenstufen saßen. Sie beschwerten sich lautstark, als er versuchte, sich zwischen sie zu quetschen, gaben dann aber widerwillig nach. Ich bahnte mir den Weg nach oben ins zweite Stockwerk und fand dort etwas Platz an der Wand. Der Boden war matschig, sodass ich nach einer Unterlage Ausschau hielt. Glücklicherweise fand ich ein langes Brett, ungefähr 30 Zentimeter breit. Es war nicht viel zum drauf Schlafen, aber besser als nichts. Noch während ich meinen kleinen Koffer mit beiden Armen umklammerte, war ich fast augenblicklich schon eingeschlafen.

1 Im Englischen lautet der gängige Begriff für den Ersten Weltkrieg »Great War«, im Deutschen ist dieser Begriff jedoch nicht geläufig.

Noch eine Flucht

Als ich aufwachte, war der Morgen des 19. Januar angebrochen. Yakiv saß immer noch aufrecht, hellwach und nicht mehr von irgendwem eingeklemmt. Er erzählte mir im Flüsterton, dass viele der Männer von der SS weggebracht worden seien, vermutlich, um Kampfeinheiten zugeteilt zu werden. Die SS-Männer würden bald zurückkommen, um den Rest derjenigen zu holen, die in der Lage seien, Waffen zu tragen. Dazu gehörten auch wir, so wurde uns schnell klar; wir mussten versuchten, aus Breslau rauszukommen. Durch den Vordereingang war kein Entkommen, der bewaffnete Posten dort würde uns aufhalten. Yakiv ging runter ins Erdgeschoss, um nachzusehen, ob es einen Hinterausgang gab. Zwar gab es eine Tür nach hinten raus, sie war aber aus irgendwelchen Gründen mit Brettern zugenagelt. Ich erkundete den zweiten Stock und stellte fest, dass der Treppenabsatz, auf dem ich geschlafen hatte, in einen engen Korridor führte, der ein staubbedecktes, lange nicht geputztes Fenster hatte, das in einen Innenhof führte. Das Fenster ließ sich zudem weit genug öffnen, um auf das schräge Dach eines Schuppens gelangen zu können, der dort stand. Da dieses Dach mit einer dicken Schneeschicht bedeckt war, schien dies ein geeigneter Weg nach draußen zu sein. Uns durch das offene Fenster zu quetschen, eine durch den Schnee abgefederte Landung auf dem Schrägdach und schließlich ein vielleicht zwei Meter hoher Sprung vom Dach auf den Boden – das alles stellte für uns keine Schwierigkeit dar. Wir warteten so lange, bis wir sicher waren, dass niemand in der Nähe war, der unsere Flucht hätte beobachten können, und waren in weniger als einer Minute bereits draußen.

Nun mussten wir wieder spekulieren, in welche Richtung wir gehen sollten, und – wieder einmal – war das Glück auf unserer Seite. Beim Blick in den morgendlichen Himmel konnten wir an der sehr viel helleren Wolkenschicht in der einen Richtung feststellen, wo Osten lag. Das bedeutete natürlich wiederum, dass wir uns in die entgegengesetzte Richtung bewegen mussten. Wir wussten, dass wir am Vorabend die Oder überquert hatten, bevor wir zu dem Platz gelangten, von dem wir unseren ersten Fluchtversuch unternommen hatten. Doch nun waren wir gefangen in einem wahren Labyrinth aus kleinen Straßen, die in alle möglichen Richtungen verliefen, sodass uns nichts als reines Rätselraten übrigblieb, um herauszufinden, wohin wir steuern mussten. Wir kamen nur sehr langsam voran, da wir uns vorsichtig fortbewegten und immer nah an den Häuserfassaden blieben. Der Himmel war aufgeklart und die Sonne zum Vorschein gekommen. Das kam uns zugute, denn so konnten wir auf der schattigen Seite der Straße nicht so gut gesehen werden. Drei- oder viermal gelang es uns, nicht geschnappt zu werden, indem wir schnell in den Eingängen von Mietshäusern verschwanden. Manche dieser Häuser waren noch altmodischer Bauart und hatten große Durchfahrten für Pferdekutschen in Innenhöfe, wo es zu früheren Zeiten einmal Wagenschuppen und Pferdeställe gegeben hatte. Diese Innenhöfe waren auf der anderen Seite oft mit den Rückseiten anderer Häuser verbunden, sodass man gut durch diese Gebäude fliehen konnte und an einer anderen Straße wieder rauskam. Der Schnee dämpfte jetzt unsere Fußstapfen, und wir konnten deutlich die Stimmen von Patrouillen hören, die sich aus anderen Ecken näherten. Das gab uns die Zeit, in den nächstgelegenen Hauseingang zu rauschen. Abgesehen davon aber fühlte sich die absolute Stille, die dieses vormals so gut bevölkerte Wohnviertel erfüllte, geradezu unwirklich an.

Wir hatten noch etwas von dem Brot, das wir den ganzen Weg von Katzberg bis hierher mitgeschleppt hatten, und aßen ein paar Bissen davon. Nur zu trinken hatten wir nichts. Wir hatten inzwischen fruchtbaren Durst und es dauerte eine Weile, bis wir im Innenhof eines der Gebäude einen funktionierenden Wasserhahn gefunden hatten. Nachdem ich genug getrunken hatte und wartete, bis auch Yakiv seinen Durst gestillt hatte, schaute ich hinauf zu einigen der Fenster. Ich einem davon sah ich einen Mann in Uniform, konnte aber nicht sagen, ob es Wehrmacht, Polizei oder SS war. Es konnte auch jemand sein, der sich versteckt hielt, es war aber auch egal – wir mussten schnell weg. Erst kurz zuvor hatten wir Schreie gehört, gefolgt von Schüssen, die von einer kreuzenden Straße kamen – das eindeutige Zeichen, dass eine SS- oder Militärpolizeipatrouille hinter jemandem her war, der versuchte, die Stadt zu verlassen. Das reichte aus, um uns doppelt vorsichtig zu machen.

Der Blick auf meine Uhr sagte mir, dass es nun über drei Stunden her war, dass wir aus der Absteige geflohen waren. Unser Fortkommen wurde durch die vielen Zwischenstopps aufgehalten, die wir einlegen mussten, um den bewaffneten Patrouillen zu entgehen. Es war fast Mittag, als wir einen kleinen Park am Straßenrand erreichten und eine Vielzahl offenbar privater Villen, gefolgt von einer Ansammlung kleiner Einfamilienhäuser, deren Baujahr und Standort vermuten ließ, dass wir uns nun an der äußersten Peripherie der Stadt befanden. So war es auch. Vor uns lag eine schneebedeckte Ebene, mit ein paar kleinen Bäumen und wenigen Büschen hier und dort und – in weiter Ferne – einigen Gebäuden, die nach einem Hof aussahen. All die Villen und Häuser, an denen wir vorbeigekommen waren, waren eindeutig verlassen; die Anzeichen panikartiger Flucht waren dort unübersehbar.

Yakiv und ich waren sicher aus der Stadt gekommen, doch nun befanden wir uns in einer neuen Gefahr. Wenn wir uns ohne jede Deckung über diese flache, sonnenüberflutete, blendend weiße Landschaft bewegten, waren wir aus allen Richtungen ziemlich gut zu sehen. Wir kauerten uns hinter einen kleinen Busch, um zu überlegen, wie wir am besten weitergehen sollten. Wir konnten nicht zurücklaufen, um uns in einem der verlassenen Häuser zu verstecken, denn man würde uns dort in Nullkommanix aufspüren und als Fahnenflüchtige erschießen.

Das Einzige, das wir tun konnten, war, weiterhin in Richtung Westen zu rennen. Idealerweise würden wir dies erst nach Einsetzen der Dunkelheit tun, doch das dauerte noch Stunden. Außerdem würde weiteres Warten bis nach Sonnenuntergang bedeuten, dass wir noch stundenlang in 60 Zentimeter tiefem Schnee sitzen müssten. Doch unter diesen Umständen bewegungslos dazusitzen, war ausgeschlossen, wollten wir nicht den Erfrierungstod sterben. Ungefähr 50 bis 75 Meter vor uns lag ein kleines Wäldchen mit ein paar heruntergeschnittenen Weidenbäumen und etwas Unterholz. Wir beschlossen, uns auf den Weg dorthin zu machen, nicht nur, um weniger sichtbar zu sein, sondern auch, um dort etwas Schutz vor dem eisigen Wind zu finden. Natürlich konnten wir durch den Schnee nicht rennen, aber wir stapften so schnell wir konnten voran und beugten uns dabei nach vorne, um unsere Umrisse zu verkleinern. Was wir bei dem Wäldchen angekommen vorfanden, traf uns völlig unvorbereitet. Ich erlebte eine halbe Sekunde einen herzklopfenden Schrecken, dann sogleich Erleichterung. Im Schatten der Weidenbäume versteckt hockte ein Soldat der Luftwaffe, der seinem Gesichtsausdruck nach zu urteilen genau das gleiche

Wechselbad der Gefühle durchlebte, als er merkte, dass wir keine Gefahr darstellten. Niemand von uns sagte etwas, als der Soldat ein großes Bündel Lumpen aufhob, uns wortlos zunickte, und ein leichtes Gefälle hinunterrannte. Unsere Augen folgten ihm, und wir beobachteten zweierlei Dinge gleichzeitig: wie der junge Soldat die Lumpen hektisch um sein Bein wickelte und in der Ferne die dunkel glitzernde Oberfläche eines Baches. Der Soldat watete hindurch und war innerhalb einer halben Minute am anderen Ufer angelangt. Dort kletterte er aus dem Wasser, band die Lumpen los, warf sie weg und rannte davon in den tiefen Schnee, indem er irgendwann nicht mehr zu sehen war.

Uns war sofort klar, dass er ein Deserteur war und nicht bereit, seinen Kopf für »Führer und Vaterland« hinzuhalten, indem er die Festung Breslau verteidigte. Aber er hatte auch uns gezeigt, an welcher Stelle man diesen seichten, doch schnell fließenden Bach durchqueren konnte, damit wir uns eiligst in Sicherheit bringen konnten. Wir hatten keine Lumpen, die wir uns um die Beine hätten wickeln können, doch in unserer Situation war das nicht wichtig. Wir stiegen ohne Zögern ins Wasser und strebten nach dem anderen Ufer, äußerst gut zu sehen, da wir unser Gepäck über Kopf trugen. Das stellte sich als Fehler heraus, denn in unserer Eile, den Bach zu durchqueren, hatten wir vorher weder nach rechts noch nach links geschaut. Hätten wir das getan, so hätten wir zwei einen guten Kilometer voneinander entfernt gelegene Brücken gesehen, von denen die zu unserer Linken etwas näher war. Jetzt nahmen wir sie allerdings wahr, denn Uniformierte gestikulierten wild von dort, und Kugeln pfiffen uns um die Ohren – zunächst einzelne Schüsse von rechts, dann – von links kommend – eine ganze Reihe von Schüssen, die eindeutig von einem Schnellfeuergewehr abgegeben wurden.

Yakiv schrie etwas auf Ukrainisch, ich bin sicher, ich schrie irgendetwas auf Polnisch. Ich erinnere mich lebhaft daran, wie ich versuchte, schnellstmöglich vorwärtszukommen, verzweifelt dabei das Wasser auf die andere Uferseite pflügend, als mir der kleine Koffer, den ich über meinem Kopf hielt, beinahe wegrutschte. Doch ich hielt ihn fest, obwohl ich durch das plötzlich einsetzende Chaos um uns herum, den starken, eiskalten Wind und das eisige Wasser, das inzwischen durch meine Kleidung drang, kurzzeitig völlig die Orientierung verloren hatte. Die Kugeln rauschten vorbei oder plumpsten ins Wasser neben uns. All das neben dem überwältigenden Verlangen auf die andere Seite zu kommen und im Schnee zu verschwinden. Es muss wohl eine Mischung aus Angst und einem ordentlichen Schuss Adrenalin gewesen sein, die uns vorwärtstrieb. Ich kann nicht sagen, wie lange wir brauchten, um durch diesen Bach zu waten, doch zur anderen Seite gelangten wir und kamen in etwa an der gleichen Stelle raus wie der Luftwaffendeserteur. Die Schießerei hielt noch kurz an, doch hörte dann auf, zweifelsohne nur, weil wir in den dichten Schneeverwehungen nicht mehr zu sehen waren.

Wir krochen vorwärts, schoben und zogen unser Gepäck dabei mit uns, Yakiv war nur einige Meter hinter mir. Seltsamerweise war das Bedürfnis vorwärtszukommen so stark, dass wir nicht einmal kurz darüber nachdachten, dass unsere Kleidung nass und die Kälte dabei war, sich in unserem ganzen Körper auszubreiten. Wir waren ohne jede Orientierung, der weiche Schnee kam uns in die Augen, wir schoben uns blind, aber beständig Zentimeter um Zentimeter voran, im verzweifelten Versuch, so weit wie möglich von dem Bach wegzukommen, um uns irgendwo in Sicherheit zu bringen. Alle paar Minuten drehte ich mich um zu Yakiv und fragte ihn, ob er in Ordnung sei, worauf er jedes Mal mit einem Lächeln »Izz gutt, ja!« erwiderte. Er war genauso froh wie ich, dass wir entkommen waren.

Es dauerte ungefähr eine halbe Stunde, bevor wir zu einer kleinen Anhöhe in der Landschaft kamen. Erst jetzt traute ich mich, den Kopf zu heben und zu gucken, wo wir waren. Das unebene Gelände und das Vorhandensein einiger Hecken schützten uns vor erneutem Beschuss. Wir waren nicht sehr weit gekommen, jedoch weit genug, um zu erkennen, dass wir in der Nähe einiger Gebäude waren, die ich schon vom anderen Ufer des Baches aus gesehen hatte. Dem Stand der Sonne nach zu urteilen, lagen sie von uns aus gesehen nordwestlich, und da eines der drei Gebäude wie eine Scheune aussah, gingen wir davon aus, dass es sich um einen Hof handelte. Wir konnten keinerlei Bewegungen rund um die Gebäude beobachten und mussten annehmen, dass der Hof wie alle, an denen wir unterwegs vorbeigekommen waren, von seinen Besitzern zurückgelassen worden war. Nachdem wir eine weitere halbe Stunde durch den Schnee gestapft waren, erreichten wir das erste Gebäude, das eindeutig als Pferde- und Kuhstall genutzt worden war. Überall, wo wir hinschauten, wieder Zeichen von hektischer Abreise vor nicht sehr langer Zeit. Die Spuren von Pferdehufen und Traktorreifen zeigten westwärts, vermutlich hin zu der Straße, die wir von Weitem sehen konnten und die durch die in regelmäßigen Abständen aufgestellten Strommasten als solche erkennbar war.

Es gab also nichts, was uns daran hindern konnte, die übrigen Gebäude, vor allem das Wohnhaus, in Augenschein zu nehmen. Wie alle anderen war auch dieses aus rotem Backstein. Obwohl es nicht groß war, war es doch für eine durchschnittlich große Familie ausreichend. Die Eingangstür war verschlossen, und wir überlegten schon, ein Fenster einzuschlagen, als wir feststellten, dass die Gartentür unverschlossen war. Auch in den Innenräumen fanden wir die Spuren der übereilten Abreise, doch die zurückgelassenen Familienandenken interessierten uns wenig. Seit Katzberg hatten wir unsere Kleidung nicht mehr ausgezogen, geschweige denn richtig gewaschen. Ich war mir sicher, dass Yakiv sich so wie ich – schmutzig, nass und schmuddelig – fühlte. Hier gab es nun eine Möglichkeit, die kleine Unterbrechung unserer Flucht zu nutzen. Obwohl das Haus kein Badezimmer hatte – ein Plumpsklo vor der Tür diente dazu –, fanden wir einen Waschzuber, den wir benutzen konnten. Wasser kam von einer Außenpumpe, doch wir konnten nicht riskieren, es auf dem Küchenofen zu wärmen. Rauch aus dem Schornstein könnte Ärger bedeuten. Erstaunlicherweise funktionierte jedoch der elektrische Strom, so konnten wir auf einer einigermaßen großen, heißen Platte genug Wasser für eine gründliche Wäsche erhitzen. Wie zuvor bei anderen Gelegenheiten fanden wir auch hier Vorräte in der Speisekammer vor und konnten uns eine deftige Mahlzeit aus Kartoffeln und Blutwurst kochen. In Laken gewickelt saßen wir da, während unsere Kleidung neben der heißen Platte trocknete, die nach und nach auch eines der Schlafzimmer des Hauses etwas erwärmte. Neben einem Babybettchen gab es zwei Betten, die so bequeme Daunenbettdecken hatten, dass ich nur noch ein paar Sätze mit Yakiv wechseln konnte, ehe ich einschlief und er das Wachehalten übernahm.

Wir waren uns einig, dass wir nicht ewig weiterlaufen konnten, sondern irgendein Transportmittel finden mussten, das uns weiter nach Westen brachte. Uns einem Flüchtlingstreck anzuschließen, das wäre riskant. Diese endlosen Schlangen von Wagen, die von Pferden oder Traktoren gezogen wurden, manchmal sogar Autos voll mit Flüchtlingen, wurden stets von Nazifunktionären begleitet, vorgeblich, um für Ordnung zu sorgen, in Wahrheit aber, um nach Deserteuren wie uns Ausschau zu halten. Es machte mehr Sinn, so beschlossen wir, an Bord eines Zuges zu gelangen, am besten an Bord eines Güterzuges, bei dem die Kontrollen nicht so streng waren wie entlang der Straßen mit den Flüchtlingen und ihren Habseligkeiten. Wir entschieden, in nordwestliche Richtung aufzubrechen in der Annahme, dort auf eine Zugstrecke zu treffen, den Gleisen zu folgen und uns in einem unbeobachteten Moment in einen Zug zu schmuggeln, in dem gerade Platz war.

Yakiv weckte mich früh am Morgen. Es war nun der 20. Januar, der Himmel war bedeckt, doch es war wärmer, es fiel auch kein Schnee. Yakiv machte ein improvisiertes Frühstück und mit nunmehr fast getrockneter Kleidung waren wir bereit zum Aufbruch, bis auf die Tatsache, dass sich die Sohle meines rechten Stiefels abgelöst hatte und dringend repariert werden musste. Ich hatte diese Stiefel von jemandem gebraucht gekauft und wusste, dass sie aus deutscher Kriegsproduktion stammten, die zum Ende des Krieges hin immer mehr nachgelassen hatte. Ich wusste mir keinen Rat, doch Yakiv kramte sich durch alle Ecken und Ritzen des Hauses und fand ein Paar zwar gut getragene, jedoch noch sehr gut brauchbare Stiefel, die wohl für die Arbeit auf dem Hof genutzt worden waren – denn es hafteten noch hier und da etwas Stroh und Dung an den Sohlen. Ich probierte sie an, und abgesehen davon, dass sie mir in der Breite ein bisschen zu weit waren, passten sie perfekt.

Als wir loskamen, waren einige der Wolken abgezogen. Wir gelangten gut auf die schmale Landstraße, die ich zuvor entlang der Strommasten entdeckt hatte. Kilometerlang begegnete uns keinerlei Verkehr in beide Richtungen, es war windstill, das Laufen fiel uns zur Abwechslung mal leicht. Wir unterhielten uns über den Krieg und darüber, was er für unsere jeweiligen Völker angerichtet hatte, und während wir so sprachen, spürte ich in mir ein Gefühl der Nähe zu Yakiv. Er war ein ganz anderer Ukrainer als diejenigen, die in diesem Krieg mit dem Segen der Sowjets oder der Deutschen tausende Polen massakriert hatten, in Tarnopol, Luck oder anderen Städten Ostpolens. In meinen Augen war er, was die Juden »einen Mensch« nannten. Es stimmt, dass der hässliche Krieg uns zusammengeführt hatte, aber ich bin sicher, dass Yakiv und ich uns auch unter ganz anderen und friedlichen Umständen, frei vom boshaften Hass zwischen unseren beiden Nationen, so nahe gekommen wären wie jetzt. Wir hatten beide Unterdrückung und Elend erlebt, Hunger und Kälte; das Band zwischen uns wurde umso stärker durch jeden Schritt, den wir unternahmen, um dem Irrsinn, der uns umgab, zu entkommen. Bis heute denke ich über die seltsame Logik nach, die uns dazu veranlasste, Richtung Deutschland zu fliehen, in Richtung eines Feindes, der ganz klar dabei war, den Krieg zu verlieren. Doch Yakiv sagte mir, was ihm drohen könnte, falls er in die Ukraine zurückkehrte, die jetzt wieder unter sowjetischer

Herrschaft war. Er hätte sehr gut sofort erschossen oder zumindest zum Sterben in ein Arbeitslager nach Sibirien geschickt werden können, als Strafe dafür, dass er als Freiwilliger in Deutschland gearbeitet hatte. Mich wiederum zog es zurück nach Dresden, weil ich an einen Ort zurückkehren wollte, von dem aus ich nach dem Krieg wieder nach Poznań und zu meinen Eltern gehen könnte, um endlich wieder ein normales Leben zu führen. Yakiv hoffte, dass seiner Frau und seinem Sohn das Schicksal erspart bleiben würde, das ihn möglicherweise bei einer Rückkehr erwartete und dass auch er eines Tages in seine kleine Heimatstadt Razdol in der Ukraine würde zurückkehren können.

Ich erinnere mich nicht mehr daran, wie weit wir liefen. Um die Mittagszeit ruhten wir uns in einer Art Hütte am Wegesrand aus und gingen danach weiter, mieden aber die größere Straße, auf der ein Flüchtlingstreck war, der sich langsam in die gleiche Richtung bewegte. Wir kamen unterwegs an noch mehr verlassenen Höfen und kleinen Dörfern vorbei, mit verwaisten Verwaltungsgebäuden, Postämtern, Schulen und den allgegenwärtigen Quartieren der Nazipartei. Spät am Abend jenes Tages fanden wir abseits der Hauptstraße einen Hof, in dem nichts mehr war außer zwei Kühe im Stall, die unruhig waren und anklagend muhten. Sie waren ganz offensichtlich nicht gemolken worden, bevor ihre Besitzer sie ihrem Schicksal überlassen hatten. Doch Yakiv wusste, wie man Kühe molk und erlöste sie von ihrem Elend. Wir machten unser Lager auf einer Art Betongang zurecht, der entlang der gesamten Scheune verlief. Die Wärme, die die Körper der Kühe produzierten, hielt die Scheune und uns beide die ganze Nacht über warm. Wir schliefen nicht.

Rückkehr nach Dresden

Wie viele Kilometer wir inzwischen zurückgelegt hatten, weiß ich nicht und werde ich wohl auch niemals wissen. Aber es war nicht wichtig. Wir kamen voran, auch wenn die ständige Notwendigkeit, wachsam bleiben zu müssen und die gelegentlichen Stopps, um mögliche Problemquellen auszumachen, unser Fortkommen verlangsamten. Wir versuchten mit Bedacht, die breiteren, stärker frequentierten Straßen zu meiden und hielten uns an die schmaleren, zerfurchten Feldwege, deren weit verzweigtes Netz Höfe miteinander verband und nur manchmal auf die breiteren, sekundären Arterien stieß, die gerade überfüllt waren mit Flüchtlingskolonnen. Hier und da mussten wir diese überfüllten Straßen kreuzen und warteten dabei immer erst hinter einem großen Busch oder einem großen Haufen Schnee, ehe wir die Straße überquerten und dabei so taten, als gehörten wir zu der Masse von Flüchtlingen. Natürlich taten wir dies nur, nachdem wir uns vergewissert hatten, dass keine bewaffneten SS-Wachen oder Naziparteischergen zu sehen waren, da wir sonst sicher deren Aufmerksamkeit auf uns gezogen hätten – zwei verwahrlost aussehende Männer, einer, der Deutsch mit einem starken slawischen Akzent sprach, der andere, der das Deutsche etwas flüssiger beherrschte und aussah, als könne er ein Deserteur sein. Angesichts der angespannten Atmosphäre dieser Zeit und des unberechenbaren, leicht reizbaren Temperaments der Naziwachen, die jetzt mit MP38-Gewehren der Marke Schmeisser ausgestattet waren, hätten wir auf der Stelle als Spione oder Saboteure hinter den Frontlinien erschossen werden können.

Nichtsdestotrotz und obwohl wir all diese Vorsichtsmaßnahmen treffen mussten, bewegten wir uns weiter fort in der Zuversicht, irgendwann die Zugstrecke und irgendeine Art von Bahnhof zu erreichen, um in einen Zug Richtung Westen zu kommen. Unterwegs fanden wir einen Kinderschlitten, auf den wir unser Gepäck schnallten, sodass wir es nun ziehen konnten und nicht mehr tragen mussten.

Am frühen Nachmittag folgten wir einem Trampelpfad und kamen in einen großen Hain aus Pappeln, die aus dichtem Unterholz herauswuchsen. Der schmale Pfad, über den wir dorthin gelangten, endete in einer zerfurchten Straße, die wir hätten überqueren können – wäre uns dort nicht ein Kübelwagen (dieses offene Fahrzeug, das die Wehrmacht einsetzte) mit drei Männern an Bord entgegengekommen. Hinter dem behelmten, uniformierten Fahrer, der die Rangabzeichen der Militärpolizei trug, saß ein junger Mann in Offiziersuniform, der einen auffälligen Schulteraufnäher mit den großen Buchstaben »NSFO« darauf trug. Neben ihm auf dem Rücksitz saß eine Person in ziviler Kleidung, ohne Hut und mit blutverschmiertem Gesicht. Während wir uns hinter einige Büschel immergrüner Sträucher duckten, fuhr der Wagen an uns vorbei und hielt ungefähr zehn Schritte weiter vorne an. Der Motor lief, sodass klar war, dass der Halt nur von kurzer Dauer sein würde. Die beiden Uniformierten zogen den Zivilisten aus dem Wagen. Es war offensichtlich, dass dieser nicht in der Lage war zu protestieren, geschweige denn sich gegen die Tritte und Schläge des Offiziers zur Wehr zu setzen, die dieser ihm, begleitet von einem Schwall kasernentypischer Obszönitäten, beibrachte. Der Mann wurde schließlich zur Straßenseite geschleift und fallen gelassen. Dort kassierte er noch weitere Tritte, diesmal von Offizier und Fahrer gleichzeitig. Augenblicke später fasste der Offizier an sein Holster, zog seine Pistole, wich einen Schritt zurück, zielte auf den Kopf des Mannes und drückte ab. Der Kopf explodierte.

Es ist für mich emotional schwierig, diesen grässlichen Moment zu beschreiben. Solche Dinge kann man in vielen Filmen sehen, die von Gewalt und Zerstörung handeln. Ich möchte lieber nur daran denken, wie Yakiv »Bozhe pomyluy« (»Gott sei gnädig«) sagte, während er den Atem anhielt und sich für den Mann, der gerade vor unseren Augen getötet worden war, wie bei einem Sterberitual bekreuzigte.

Die zwei Deutschen fuhren ab. Wir wussten, dass wir keine Möglichkeit hatten, den Körper des Mannes zu begraben. Deshalb überquerten wir die Straße und gingen schweigend unseres Weges. Erst einige Zeit später waren wir in der Lage, über das zu sprechen, was wir hatten mitansehen müssen. Yakiv wunderte sich unter anderem über die Uniform des jungen Offiziers und den NSFO-Schulteraufnäher. Ich erklärte ihm, dass diese Buchstaben den Mann als Nationalsozialistischen Führungsoffizier identifizierten, einen der neu geschaffenen Offiziersränge, die als politische Führer und Aufseher der Nazipartei jeder Kampfeinheit der Wehrmacht zugeordnet würden. »Oh«, sagte er, »ist das so etwas wie ein sowjetischer Polizeikommissar?« »Ja«, erwiderte ich. »Ist das nicht die Ironie des Schicksals, dass die Nazis nun schon ihre eigenen Feinde nachahmen …«

Kurz darauf kamen wir, nachdem wir ein großes, schneebedecktes Feld überquert hatten, an eine Landstraße, die von dürrem Bewuchs gesäumt war. Es handelte sich tatsächlich mehr um einen Pfad, der zu schmal war, als dass der Flüchtlings- oder Militärverkehr, der uns zuvor begegnet war, darauf hätte Platz finden können. Dieser Pfad wäre für uns natürlich ohne Mühe zu überqueren gewesen, wäre nicht von dort eine undefinierbare, große Menschengruppe langsam aus südöstlicher Richtung auf uns zugekommen. Wir konnten einige Rufe hören, offenbar scharfe Kommandos, aber ansonsten, nichts. Diese Menschenmenge bewegte sich in völligem Schweigen fort. Wir beschlossen, ein Überqueren der Straße besser nicht zu riskieren, sondern lieber einigermaßen versteckt in einem Straßengraben auszuharren, bis das, was da auf uns zukam, vorbeigezogen war. Yakiv bestand darauf, dass wir uns zur angemessenen Tarnung mit Schnee bedeckten, und so warfen wir schnell gegenseitig so viel davon auf uns wie wir konnten und hofften, dass uns das nahezu unaufspürbar machte. Die undefinierbare Menschenmasse, die auf uns zukam, war noch immer etwa 100 Meter entfernt, doch je näher sie kam, desto mehr konnten wir erkennen, dass sie nichts mit den Flüchtlingen gemein hatte, die uns bisher begegnet waren. Dies hier war ein gespenstischer Treck fast lebloser Menschen, die sich nicht aus eigener Kraft vorwärtsschleppten, sondern durch die schnarrenden Befehle der SS-Wachen, die entlang dieser makabren Zurschaustellung menschlicher Agonie marschierten, getrieben wurden. Gekleidet mit etwas, das nur als Lumpen bezeichnet werden konnte – schmutzig und mit dunklen, breiten Streifen gekennzeichnet –, an skelettartigen Körpern hängend, schob sich der düstere Umzug langsam und schleppend an uns vorbei in bleiernem Schweigen, das nur von den Schreien der Wachen durchbrochen wurde, die ihre Gefangenen aufforderten, schneller zu gehen, immer schneller. Einige der Elendigen machten einen jämmerlichen Versuch, schneller voranzukommen, fielen aber beinahe sofort zurück in den Schnee, da keine mechanische Vorwärtsbewegung möglich war. Als die Menschenmenge kaum einen Meter von uns entfernt vorbeilief, konnten wir sehen, dass nur wenige etwas an den Füßen hatten, wofür man die Bezeichnung »Schuhe« hätte gelten lassen können, wenn auch abgetragen und kurz vor dem Auseinanderfallen; andere hatten ihre Füße in Stoffreste oder -fetzen gewickelt. Und dann gab es einige, nicht wenige, deren geschwollene und blutende Füße fast nackt waren. Manche hatten Holzclogs an. Wie viele Gefangene waren wohl in diesem erschütternden Marsch? Möglicherweise 75 oder gar 100. Doch wie kann man solchem Leid überhaupt Zahlen zuordnen? Die gesamte Kolonne verschwand nach und nach in einem dicht bewaldeten Gebiet, und als Yakiv und ich gerade aufstanden und den Schnee von uns schüttelten, hörten wir den unverkennbaren Lärm von Maschinengewehrsalven und ein paar Schreie, gefolgt von Pistolenschüssen. Ich erinnere mich, dass wir uns nicht fragen mussten, was das zu bedeuten hatte. Wir wussten es.

Erst nach dem Krieg erfuhr ich, dass wir Zeugen dessen gewesen waren, was unter der Bezeichnung »Todesmärsche« bekannt geworden war, die von der SS befohlen wurden. Noch lebende Insassen von Konzentrationslagern wurden von Auschwitz, Theresienstadt und anderen Orten des Grauens in Osteuropa in Marsch gesetzt, um in Todeslager im eigentlichen Deutschland, weit weg von der in Richtung Westen vorrückenden sowjetischen Armee, umgesiedelt zu werden. Nur ein sehr kleiner Prozentsatz der Gefangenen überlebte die Todesmärsche.

Wir mussten einige Höfe umgehen, da sie zu nah an Straßen lagen, die bereits mit Flüchtlingen und deren Wagentrecks überfüllt waren. Es wurde schon dunkel, als wir zu ein paar schlichten Häusern kamen, die in einiger Entfernung zur nächsten Straße lagen und eindeutig zu einem sehr kleinen Landwirtschaftsbetrieb gehörten. Eines der Gebäude war ein Wohnhaus mit einer Küche und zwei Zimmern, das andere eine Garage, die jetzt leer stand. Wir hatten Hunger und fingen an, nach Lebensmitteln zu suchen. In der Speisekammer fanden wir einiges Eingemachtes und einen Laib selbst gebackenes Brot, inzwischen trocken geworden. In dem Moment hatte ich die Idee, in die Öffnung des Küchenkamins zu greifen, da ich wusste, dass dort die meisten, wenn nicht alle Landbewohner geräuchertes Fleisch wie Schinken und hausgemachte Würste lagerten.

Was ich fand, war ein Schatz – ein Bündel von vier Würsten, jede war ungefähr 18 Zentimeter lang und hatte einen Durchmesser von sechs Zentimetern, mit einem geschlungenen Stück Schnur an einem Ende. Zweifellos waren die Bewohner hastig aufgebrochen und hatten vergessen oder sich nichts draus gemacht, das mitzunehmen, was für uns jetzt ein kostbarer Fund war. Wir beschlossen, die jeweils halbierten Würste zur Hälfte zwischen uns aufzuteilen und sie als eine Art eiserne Reserve für später aufzuheben, anstatt sie sofort zu essen. Stattdessen nahmen wir etwas von dem Brot und dem Eingemachten und tranken dazu kaltes Wasser aus der Pumpe in der Küche. Als Vorsichtsmaßnahme schliefen wir nur jeder abwechselnd in Drei-Stunden-Intervallen. Der eine schlief, während der andere Wache hielt, bereit, den jeweils anderen zu wecken, falls Gefahr drohte. Diesmal war ich dran mit Wachehalten und schaute dabei aufmerksam aus dem Fenster, wahrscheinlich geplagt von den verschiedensten Gedanken, die es so an sich hatten, immer ineinander überzugehen. Sicher dachte ich an meine Eltern. Es gab jedoch auch noch so viele andere Dinge, die mich beschäftigten, die meisten davon waren Ängste, vielleicht gemischt mit dem Bewusstsein für das Maß des Glücks, das mir in den vergangenen fünf Jahren schon aus so vielen schwierigen Lagen herausgeholfen hatte. Ich dachte aber auch noch an das zurück, was ich wenige Stunden zuvor erlebt hatte – an die Ermordung eines Mannes und an das Elend dieser sich dahinschleppenden Masse an Menschen. Ich erinnere mich, dass ich den Ärmel meines Mantels in mein Gesicht presste, um irgendwie die Emotionen zu unterdrücken, die mich zu überwältigen drohten. Dann ging ich hinaus in die Kälte. Der nächtliche Himmel hatte sich aufgeklart. Ich habe noch eine Erinnerung daran, wie das Mondlicht die verschneite Ebene zum Glänzen brachte. Irgendwann beruhigte ich mich und nahm meinen Wachdienst wieder auf.

Es war der Morgen des 22. Januar, als wir in die gewählte Richtung aufbrachen. Wir kamen jedoch nur langsam voran, hauptsächlich aufgrund des verstärkten Aufkommens verschiedener Transporte militärischer Einheiten sowohl nach Osten als auch nach Westen, gemischt mit den scheinbar allgegenwärtigen Flüchtlingswagen, die sich im Gänsemarsch fortbewegten. Diese stark frequentierten Straßen zu überqueren, war schwierig, nicht nur, weil es kaum Unterbrechungen in der unregelmäßigen, langen Fahrzeugschlange gab, sondern auch, weil die Präsenz von Militärpolizei und bewaffneter SS inzwischen geradezu fortwährend war. Es gelang uns jedoch, zweimal durchzukommen. Jedes

Mal, während es zu Verkehrsstaus kam. Einer dieser Staus wurde durch einen Panzer verursacht, der in ein Pferdegespann hineingepoltert war, das einen Lastwagen zog, in dem sich eine ganze Familie befand. Das Durcheinander war so groß, dass niemand auf die zwei verwahrlosten Zivilisten achtete, die sich durch die Trümmer hindurch auf die andere Seite der Straße schlängelten und zwischen den Birkenbäumen verschwanden. Dennoch konnten wir uns nur mühsam fortbewegen, da der morgendliche Schneefall sich noch auf die ohnehin schon dicke Schneedecke gelegt hatte und wir nur mit noch mehr Vorsicht als ohnehin über das tückisch unebene Gelände kamen. Wir wurden jedoch von der ziemlichen Gewissheit angespornt, dass der Rauch, den wir am Horizont sahen, von menschlichen Behausungen, vielleicht einer Stadt und – hoffentlich – einer dazugehörigen Eisenbahnstrecke stammte. Der Rauch war dicht und rußhaltig, was laut Yakiv ein Hinweis auf Schwachbrandkohle war, wie sie zu der Zeit von der Deutschen Reichsbahn verwendet wurde. Ich sagte, es könne genauso gut von brennenden Gebäuden stammen, aber Yakiv war sich sicher, dass er von Lokomotiven kam. Das hatte er oft genug zuhause in der Ukraine gesehen.

Es stellte sich heraus, dass er recht hatte. Eine Stunde später erreichten wir das Ende des Birkenhains und kamen bald an eine Lichtung, durch die eine Eisenbahnlinie verlief. Dieser folgten wir für vielleicht einen Kilometer und dann, kurz nach einer Kurve, stand da ein Zug – eine lange Reihung aus Güterwaggons und Personenwagen, alle durcheinander und offenbar in größter Eile zusammengestellt. Der Zug stand mit seiner Lokomotive in der Nähe eines hohen Wasserturms, zweifelsohne, um seinen Wasservorrat aufzufüllen. Ein paar Menschen standen neben dem Zug. Wir näherten uns ihnen und fragten, ob und wo Platz für uns beide in einem der Güter- oder Personenwaggons sei. Doch alle Antworten, die wir bekamen, waren negativ und ausgesprochen feindselig. Wir gingen den gesamten Zug entlang; uns begegnete nur diese ablehnende Haltung, obwohl wir sahen, dass in einigen Wagen reichlich Platz für zwei zusätzliche Passagiere war.

Inzwischen ziemlich entmutigt, überlegten wir sogar, auf das Dach eines Güterwaggons zu klettern und uns dort flach hinzulegen, wenn der Zug sich in Bewegung setzte. Doch nachdem wir an etwa 20 Waggons vorbeigelaufen waren, blieben wir stehen und hatten beide die gleiche Idee. Hier, an einem Ende eines Güterwaggons, war ein winziger Stand für den Bremser, zu jener Zeit ein allgemeines Merkmal aller europäischen Güterzüge. Wir beschlossen, es auszuprobieren. Der Unterstand war ungefähr einen viertel Quadratmeter breit und einen halben hoch und beherbergte eine kleine Sitzbank für den Bremser und natürlich das Bremsrad. Es gelang, uns in dieses kleine Kabäuschen hineinzuquetschen. Wir einigten uns darauf, nach dem gleichen System zu verfahren, wie wir es im Zug Richtung Osten getan hatten: Einer saß auf der winzigen Bank, während der andere stand, nach zwei Stunden tauschten wir die Plätze. Neben zwei kleinen Fenstern vorne und hinten hatte das Kabäuschen auch auf jeder Seite Türen. Natürlich war es nicht beheizt, aber zumindest waren wir vor Schnee und Wind geschützt. Der Güterwaggon, zu dem dieser Bremserstand gehörte, war ziemlich in der Mitte des Zuges und zweifellos in größter Eile dort positioniert worden, um noch weitere 50 Flüchtlinge oder mehr mit ihren Kindern und dem ganzen Gepäck befördern zu können.

Es war spät am Abend, als wir endlich ein Ruckeln spürten und das Klirren der Zugpuffer hörten, während der Zug sich in Bewegung setzte. Ich hatte schon ungefähr eine Stunde geschlafen. Nun war ich an der Reihe, die nächsten zwei Stunden zu stehen, während Yakiv seine wohlverdiente Pause hatte. Während der Zug durch die schneebedeckte Landschaft kroch, war nichts zu sehen, abgesehen von den Funken, die die Lokomotive erzeugte. Es war kalt, auch wenn wir vor dem Wind geschützt waren; meine Hände und Füße waren eisig. Doch das spielte keine Rolle – wir waren relativ frei und bewegten uns aus der Gefahrenzone. Während meiner zweistündigen Ruhepause war ich hellwach, doch auch das war nicht wichtig. Der Zug kroch vorwärts, ohne an einem der Bahnhöfe, die wir durchfuhren, anzuhalten. Verzweifelte Menschenmengen, die auf irgendeine Art von Transportmöglichkeit warteten, selbst wenn es nur Flachwagen waren, blieben auf den Bahnsteigen zurück. Der winzige Fleck, auf dem ich stand, während Yakiv döste, ließ nur ein Minimum an Bewegung zu, aber gelegentlich gelang es mir, meine Handgelenke und Ellbogen zu beugen und meinen Körper etwas zu verdrehen, um den Blutkreislauf in Gang zu halten. Irgendwo entlang des Weges hielten wir, um neue Kohle an Bord zu nehmen und schnappten dabei die Nachricht auf, dass Breslau bereits unter Belagerung stand. Die Rote Armee kam schneller in Richtung Westen voran, als man erwartet hatte. Ich fragte mich, ob die Russen auch schon Poznań erreicht hatten, und der Gedanke an meine Heimatstadt unter Belagerung, mit meinen Eltern mittendrin, verdrängte alles andere aus meinem Kopf.

Am folgenden Tag, dem 23. Januar, waren wir noch immer unterwegs. Wir waren die ganze Nacht durchgefahren. Yakiv und ich hatten bis zu fünf- oder sechsmal Plätze getauscht. Es war gegen zehn Uhr morgens, als wir einen Ort erreichten, der so etwas wie ein Vorort einer größeren Stadt zu sein schien. Es stellte sich heraus, dass wir in Görlitz waren, einer Provinzhauptstadt, deren schleunigste Evakuierung gerade in Gang war.

Mein Vater mit seiner Schwester, Helena Kamieńska (Mater Maria Bronisława), im Juli 1957 in Lubomierz, wo sie seit ihrer Evakuierung aus Breslau im Januar 1945 geblieben war.

Unser Zug hielt auf der Ostseite des Bahnsteigs, und wir krochen aus unserem Bremser-Kabäuschen, nur um uns mitten in einem Hexenkessel wiederzufinden. Ein Personenzug, der vor unserem stand, schien gerade mit Einladen beschäftigt zu sein. Wir sprinteten schnell hin. Eine Masse an Menschen, ein schreiender Mob von Männern, Frauen, weinenden Kindern und Soldaten – unter ihnen viele verwundete – schob und drängelte und bewegte sich wie eine Welle auf den Personenzug zu. Dort angekommen, entbrannte der Kampf, an Bord zu kommen, bei dem geschlagen und geschrien und durch Türen und offene Fenster hineingeklettert wurde. Ich verlor Yakiv aus den Augen und sah mich verzweifelt nach ihm um, rief seinen Namen, doch vergeblich. Meine Stimme konnte unmöglich dieses höllische Getöse übertönen. Als ich versuchte, die Stufen eines Personenwaggons hinaufzusteigen, der bereits völlig überfüllt war, bemerkte ich, dass mir mein Gepäck aus der Hand gefallen war. Unter diesen Umständen schien dieser Verlust auch kaum mehr eine Rolle zu spielen. Worauf es jetzt ankam, war, an Bord dieses Zuges zu kommen. Das zumindest gelang mir, gerade noch als Vorletzter vor einem offensichtlich wohlgenährten Nazifunktionär in Parteiuniform. Ich befand mich zwischen ihm und ein paar anderen Leuten eingeklemmt. Wir alle standen eng aneinander gequetscht und waren nicht in der Lage, uns zu bewegen. Der Fleck, wo wir standen, befand sich unmittelbar neben der Toilette, in die sich ebenfalls zwei bis drei Leute drängelten, vermutlich auch noch mit ihrem Gepäck. Jeder, der diese Toilettenanlage benutzen wollte, hatte nun wirklich Pech. Aus ungeklärtem Grund stand der Zug, obwohl er rappelvoll war, noch weitere zwei Stunden im Bahnhof. Doch dann setzte er sich endlich in Bewegung und nahm langsam Fahrt auf, bis er schließlich nur wenig schneller fuhr als der Zug, in dem Yakiv und ich gewesen waren.

Wir erreichten Dresden am späten Nachmittag. Da ich so nah an der Tür des Personenwagens stand, war ich einer der ersten, der auf den noch verhältnismäßig leeren Bahnsteig unter dem großen Glasdach des Hauptbahnhofs hinaustrat. Während der Zug sich nach und nach auf den Bahnsteig entleerte, hielt ich nach Yakiv Ausschau, in der Hoffnung, dass auch er genug Glück gehabt hatte, einen Zentimeter Platz im Zug zu ergattern und jetzt in der Lage wäre, nach Pillnitz zurückzukehren, wo er Arbeit hatte. Doch Yakiv war nirgendwo zu sehen. Wahrscheinlich war es ihm doch nicht gelungen, in diesen Zug zu kommen, dachte ich, und er würde auf andere Art versuchen, zurück nach Dresden zu kommen. Ich rannte förmlich aus dem Bahnhofsausgang, der zu meiner Verwunderung unbewacht war, und erwischte eine Straßenbahn, die mich nach Hellerau brachte. Ich hatte Yakiv meine dortige Adresse gegeben, doch ich habe nie mehr etwas von ihm gehört. Ich habe nur ein Bild von ihm in meiner Erinnerung und frage mich manchmal, ob er es je geschafft hat, zurück in die Ukraine zu seiner Frau und seinem Sohn zu kommen.

DAS REICH BRICHT ZUSAM-MEN

Teil 4

Warten auf das Ende

Die alte Frau Heinich hatte Tränen in den Augen, als sie mich wiedersah und weinte, als ich ihr eine Wursthälfte überreichte. Ich hatte zwei davon – mein Anteil des Schatzes, den ich im Kaminabzug des Bauernhauses gefunden hatte – am Gürtel meiner altmodischen Knickerbocker-Kniebundhose festgebunden transportiert, auch wenn dadurch das Laufen etwas behindert wurde. Ich behielt die andere Hälfte und brachte die noch übrige Wurst zu Ulichs. Dort erfuhr ich von einem Bombenangriff auf Dresden, der Mitte Januar stattgefunden hatte, ungefähr zu der Zeit, als ich gerade Katzberg verließ. Doch nun bewegte ich mich nur noch mit meinen letzten Energiereserven vom Fleck. Nach dem herzlichen Empfang bei den Ulichs schleppte ich mich nach Hause, legte irgendwie noch meine Kleidung ab, fiel ins Bett und schlief bis zum Abend des nächsten Tages, nur mit einer kurzen Unterbrechung für eine gründliche Wäsche.

Ich erfuhr von Franziska, dass trotz der äußerst angespannten Lage an der nahenden Front die Boehner-Filmstudios weiterhin gut damit beschäftigt waren, Schulungsfilme für die Marine und die Luftwaffe zu produzieren. Das war, obwohl lachhaft, doch sehr gut in Einklang mit der Richtlinie der Partei, die nur den einen allumfassenden Glauben an den »Endsieg« zuließ. Franziska war jedoch auch überzeugt, dass sich der Inhaber der Studios, obwohl er ein Parteimitglied war, des kommenden Debakels bewusst war und diese nun nutzlos gewordenen Filme nur weiterhin stur produzierte, weil sie offiziell immer noch als kriegswichtig galten. Die, die mit der Herstellung beschäftigt waren, galten daher als unabkömmlich und wurden nicht zum Militärdienst eingezogen. Zwei Tage später, am 26. Januar, ging ich noch einmal zu den Ulichs nach Hause. Beim Hören der BBC-Sendungen, deren Signale jetzt nur noch ab und zu von Störungen unterbrochen waren, fing ich schnell an, besser zu verstehen, in welch hoffnungsloser Lage sich Nazideutschland befand. Ich konnte nun mit Gewissheit Mutmaßungen über das bevorstehende Ende des Dritten Reichs anstellen. Hamburg, Köln, Berlin und viele Industriestandorte in Deutschland waren von den Alliierten bereits in Schutt und Asche gelegt worden. Doch Dresden blieb auf naive Weise gelassen in der Annahme, dass seine Schönheit und Geschichte es vor den Schicksalsschlägen des Krieges bewahren würde, ungeachtet der Tatsache, dass es neben dem Goehle-Werk noch andere wichtige Industriebetriebe gab, die die Aufmerksamkeit der Alliierten verdienten. Die Bevölkerungszahlen waren durch den Zustrom der Menschen, die entweder aus den bombardierten Gebieten im Westen Deutschlands geflohen oder vor dem Ansturm der Roten Armee im Osten auf der Flucht waren, gestiegen. Konventionelle Luftverteidigungsmaßnahmen, wie sie in großen deutschen Städten zum Einsatz kamen, hatten sich angesichts der Übermacht der Alliierten in der Luft als ungeeignet erwiesen. In Dresden wurde diese Lektion jedoch durch die NSDAP, die unter Führung ihres Gauleiters Martin Mutschmann für die zivile Luftverteidigung der Stadt zuständig war, unbekümmert ignoriert. Nur eine Maßnahme wurde ergriffen. Ein großes Betonbecken, vielleicht zehn Quadratmeter groß und fünf Meter tief, mit nach innen hin abgeschrägten Wänden, wurde auf dem Dresdner Altmarkt aufgestellt und mit Wasser befüllt, welches die Feuerwehr zum Löschen möglicher Großbrände verwenden konnte – allerdings nur für solche, die in unmittelbarer Nähe des Beckens entstanden. Im Stadtzentrum wurden Keller von Wohngebäuden als Luftschutzkeller deklariert, nur um während der kommenden Angriffe der Alliierten später für tausende Opfer zu tödlichen Fallen zu werden.

Bei der Arbeit war die Atmosphäre nun geradezu grotesk geworden. Ich glaube, in der Abteilung Filmanimation waren rund 14 Mitarbeiter, ein Kameramann und der Direktor eingeschlossen. Unter ihnen waren zwei glühende Nazis, die fest an den deutschen Endsieg zu glauben schienen, während die anderen nur schweigend angebliche Zustimmung suggerierten. Inzwischen war den beiden Nazis ihre ganze Angeberei verlorengegangen; sie sprachen kaum noch mit jemandem, geschweige denn miteinander. Die anderen dagegen tauschten sich nun fieberhaft flüsternd permanent aus, und von dem, was ich dabei aufschnappte, zu urteilen, war ich bei weitem nicht der Einzige, der die BBC oder Schweizer Radio hörte, die neutrale Analysen des Kriegsgeschehens sendeten. Die Ruinen von Warschau waren endlich von der Roten Armee »befreit« worden, aber ich fragte mich, wie es Polen ergehen würde, nun, da es erneut von den Russen eingenommen worden war. Ich war entsetzt, zu hören, dass Poznań, so wie Breslau, zur »Festung« ernannt worden war und bis auf den letzten Mann verteidigt werden sollte. Diesmal dachte ich an meine Eltern. Ich hoffte inständig, dass sie irgendeinen Ort finden würden, der sicherer war als unser Zuhause in der Stadt, vielleicht einen kleineren Ort oder ein Dorf draußen auf dem Land. Der Ring der Roten Armee um Poznań schloss sich am 26. Januar, die Kämpfe hielten bis Anfang Februar an. Sowjetische Luftangriffe und schwerer Artilleriebeschuss sowohl von sowjetischer als auch von deutscher Seite zerstörten die schöne Altstadt nahezu vollständig, und der Verlust an zivilen

»Verteidigt bis zur letzten Kugel« lag Poznań 1945 in Trümmern.

und soldatischen Menschenleben war immens. Meine Eltern überlebten, jedoch nur, um im darauffolgenden Jahr eine weitere persönliche Tragödie zu erleben.

Im Kriegsgefangenenlager neben dem Gelände der Filmstudios trugen die gefangenen britischen und neuseeländischen Soldaten, auch ein paar Amerikaner, die erst kürzlich dazugekommen waren, alle ein Lächeln im Gesicht. Kein Wunder: Von den kleinen Fetzen Papier, die einige von uns über den Zaun warfen, erfuhren sie von den rasanten Fortschritten der Alliierten auf ihrem Weg nach Deutschland und einem bevorstehenden Ende des Krieges.

Gegen Ende Januar oder Anfang Februar war ich zufällig gerade bei den Ulichs, als das Telefon klingelte und Franziska den Hörer abnahm. Sie hörte eine kleine Weile zu und sagt dann mit einem seltsamen Ton in der Stimme: »Oh Gott!« Sie reichte mir wortlos den Hörer. Die Mutter unseres lieben Freundes Jochen Arenhold war am Apparat und hatte angerufen, um uns zu sagen, dass er im Kampf an der Ostfront, in der Nähe der kleinen Stadt Stoczek, gefallen sei. Während ich zuhörte, wie sie mit dieser seltsamen, offensichtlich selbstbeherrschten Stimme sprach, hatte ich ein Gefühl, als ob mich etwas Hartes so getroffen hätte, dass ich zunächst gar nichts zu sagen wusste. Doch dann reagierte ich auf eine Weise, die ich selbst heute noch schwer nachzuvollziehen finde. Ein heftiger, unaufhaltbarer Ausbruch hysterischen Kicherns überkam mich. Ich glaube, es hielt nur kurz an, vielleicht nur ein paar Sekunden, aber bis heute, über 60 Jahre danach noch, schäme ich mich dafür, auf diese merkwürdige und unerwartete Weise damals zusammengebrochen zu sein. Frau Arenhold sagte mir, dass Jochen ein Testament hinterlassen habe, in dem ich und Franziska zu den Begünstigten gehörten, und lud uns ein, sie zu besuchen, um unsere Erbschaft entgegenzunehmen. Wir fuhren am nächsten Tag zu ihr, und ich entschuldigte mich für meinen schwer zu erklärenden Ausfall am Abend zuvor. Sie war anmutig und verständnisvoll und hielt ganz offensichtlich ihre Trauer über den Verlust ihres einzigen Kindes zurück.

Viel später, nach dem Ende des Krieges, sprach ich mit einem Freund, der Psychologe war, über diesen seltsamen und beschämenden Lachanfall. Er sagte, wenn man Nachrichten erhalte, die schwerwiegend genug sind, um einen Schock zu verursachen (ungeachtet dessen, ob die Nachricht gut oder schlecht ist), entscheidet das Gehirn des Empfängers über eine unmittelbare Reaktion. Der Empfänger erleidet dabei einen derartigen

momentanen Stress, dass es passieren kann, dass schlechte Nachrichten mit hysterischem Lachen aufgenommen werden (wie in meinem Fall), oder umgekehrt, eine gute Nachricht zu einem unerwünschten Heulkrampf führt.

Für Franziska und mich war Jochen mehr gewesen als ein Freund: Er war für uns wie ein Bruder. Obwohl erst 18 Jahre alt, war er ein unheimlich begabter Künstler, uns weit voraus und glänzend in seiner Art, Farben zu verwenden, besonders bei Porträts. Ich habe vergessen, was er Franziska vererbt hat, aber mir hatte er all seinen Künstlerbedarf hinterlassen und zwei Bücher mit Schriften von Gauguin. Bis heute haben zwei seiner Pinsel, die ich nie benutzt habe, einen Platz zwischen meinen Erinnerungsstücken und werden so lange dort bleiben, bis ich nicht mehr da bin.

Als ich bei den Boehner-Filmstudios anfing, war Günther Nitzsche bereits seit über einem Jahr dort. Durch Kinderlähmung in jungen Jahren war er schwer beeinträchtigt, zog ein Bein nach und konnte sich nur mithilfe eines Stocks fortbewegen. Er war ein Intellektueller, ein Kenner klassischer Musik, ein Amateurmaler und, wie ich erst erfuhr, nachdem unsere Freundschaft sich vertieft hatte, erfüllt vom Hass auf die Nazis. Seine Frau Anni entstammte einer Mormonenfamilie, übte diese Religion jedoch nicht aus. Sie hatten eine kleine Tochter namens Bärbel, die zu der Zeit noch ein Baby war. Franziska und ich wurden enge Freunde der Nitzsches und besuchten sie oft in ihrer winzigen Wohnung im alten, dicht bebauten Stadtzentrum. So geschah es auch, dass wir uns an einem Sonntag, am Abend des 11. Februar 1945, bei ihnen aufhielten, um ein paar Stunden bei einer Tasse Ersatzkaffee über den immer schneller heranrückenden Untergang des Dritten Reichs zu debattieren. Ich erinnere mich an diesen Anlass besonders genau, da er einem darauffolgenden vorausging, der in der Geschichte des Zweiten Weltkriegs einen prominenten Platz erhalten sollte. Dresden hatte schon oft Fehlalarm vor Luftangriffen erlebt und ein paar kleinere Angriffe, doch bisher war die Stadt dem Schicksal vieler anderer, weitaus stärker besiedelter Städte überall in Deutschland entkommen. Ich erinnere mich, dass wir über eine

Mein Freund Jochen Arenhold, ein junger und äußerst begabter Künstler, wurde im Kampf an der Ostfront 1945 getötet.

Evakuierung der Kunstwerke aus Dresdens weltbekannten Kunstsammlungen sprachen, die von unschätzbarem Wert waren: Malereien wie die Sixtinische Madonna und viele andere von Tizian, Rembrandt, Rubens, Botticelli und nahezu allen großen Künstlern der Vergangenheit. Obwohl auch ich halb überzeugt war von der Immunität Dresdens gegen die Verwerfungen des Krieges, so war ich doch erleichtert, zu erfahren, dass Kunstwerke, die wahrlich der ganzen Welt gehörten, an einen sicheren Ort gebracht worden waren – in tiefgelegene Sandsteinhöhlen in der Nähe der kleinen Stadt Meißen, einige Kilometer nordwestlich von Dresden. Ich erinnere mich auch, dass wir über einen sehr engen Freund der beiden sprachen, einen begabten Musiker und Komponisten, der von der Polizei abgeholt worden und spurlos verschwunden war, weil sein Vater jüdisch war. Später gingen uns die Worte aus. Wir saßen einfach schweigend zusammen, Anni mit Tränen in den Augen, Franziska, die Annis Hand hielt, und Günther und ich, wie wir in die Flamme einer Kerze starrten, die auf einem kleinen Tisch zwischen uns stand. Es ist eine Erinnerung der Art, die man nicht verliert. Ich trage sie noch immer mit mir.

Am Montag und Dienstag gingen wir zur Arbeit, mehr, um unsere Anwesenheit zu demonstrieren, als um das zu tun, wofür das Studio uns bezahlte. Der starke Zustrom von Flüchtlingen aus dem Osten hatte einige Tage zuvor eingesetzt. Die Straße und Plätze waren inzwischen voll mit müden, verwirrt aussehenden Menschen jeden Alters und jeder Couleur und Pferdewagen mit hoch aufgetürmten Haushaltswaren, ein Anblick, der mir von wenigen Wochen zuvor noch vertraut war, als ich mit Yakiv durch den Schnee gestapft war, um der nahenden Front zu entrinnen.

Inzwischen war die Front keine 100 Kilometer mehr von Dresden entfernt, und die Zahl der Flüchtlinge mit all ihrem Hab und Gut musste in die Zehntausenden gestiegen sein. Die Stimmung in der Bevölkerung der Stadt hinsichtlich ihres Schicksals war plötzlich von leichtem Optimismus in Angst und beinahe spürbare Panik umgeschlagen. Die Nachricht vom Wüten der Roten Armee in den bereits eroberten deutschen Gebieten erreichte Dresden nicht nur durch Mundpropaganda, sondern auch über Goebbels Propagandamaschinerie, die von Vergewaltigungen und Ermordungen in Ostpreußen berichtete.

Am Abend dieses Dienstags, des 13. Februars, kam Frau Troll, eine unmittelbare Nachbarin der Ulichs, an deren Tür, um sie und mich zu sich nach Hause zu einem ruhigen Abend mit

guter Musik einzuladen. Sie war eine außergewöhnlich schöne und kultivierte Frau, eine vertraute Freundin des berühmten Dirigenten Joseph Keilberth und besaß eine umfassende Sammlung von Musikaufnahmen, von denen viele in die von den Nazis verbotene Kategorie fielen: Mendelssohn, Bruch, Ravel, Chopin und russische Komponisten bis hin zu Schostakowitsch. Zu diesem Anlass wählte sie für uns die sechste Sinfonie von Tschaikowski aus, bekannt als die *Pathétique*, ein Werk, das bis heute unauslöschlich in mein Gedächtnis eingebrannt ist und das grauenhafteste Ereignis markiert, das ich je erlebt habe.

Hades

Wir alle kannten die *Pathétique* noch aus der Zeit auswendig, als sie Standardwerk im Repertoire jedes Sinfonieorchesters war. Doch nun lauschten wir ihr in verbotenem Vergnügen, schön, doch potenziell tödlich. Schließlich war sie von den Nazis verboten worden, die jeden, der beim Abspielen oder Hören erwischt wurde, strengstens bestraften.

Mitten im *Allegro molto vivace* der Sinfonie kam Frau Trolls Mutter ins Zimmer, um uns mitzuteilen, dass die Luftalarmsirenen Alarm meldeten und es sicher am besten wäre, wenn Frau Ulich, ich und Franziska jeweils zu uns nach Hause gingen, um dort im Keller das abzuwarten, was passieren würde oder auch nicht. Doch wir blieben noch so lange, bis unsere Gastgeberin den Tonarm von der Schallplatte hob und die Musik an der Stelle anhielt, an der gerade die ersten Klänge des *Adagio lamentoso* ertönten. Als die Musik abrupt endete, konnten wir das stetige Auf und Ab im Heulen der Sirenen hören. Wir gingen raus und vermuteten einen Fehlalarm. Doch das Heulen der Sirenen ging über in einen anderen Ton, das mächtige, anschwellende Dröhnen einer nahenden Flugzeugstaffel, die auf die Stadt zukam, über der nun schon Lichtkaskaden vor dem schwarzen, sternenlosen Nachthimmel funkelten – Vorboten dessen, was noch kommen sollte. Ich weiß noch, wie Franziska rief: »Oh, *Christbäume*!«, denn so nannten die Deutschen die Magnesium-Kaskaden, die von den alliierten Bombern abgeworfen wurden, um ihre Ziele auszuleuchten und zu markieren. Und dann sagte sie: »Oh Gott, vielleicht ist das wirklich ernst.« Und das war es in der Tat.

Für mich wurde das plötzliche Ende der *Pathétique* genau am Anfang des letzten *Lamentoso*-Satzes nicht nur emblematisch für das brennende Dresden, sondern für alle Kriegskatastrophen und die Endlichkeit des Lebens.

Franziska und ich rannten zu einer Anhöhe ein paar Häuser weiter, von wo aus wir ins Elbtal und auf die unverteidigte Stadt blicken konnten, in der jetzt vereinzelt Explosionen zu beobachten waren, viele von ihnen so grell wie die Kaskaden, die durch die Luft flogen. Kurz darauf erreichte uns eine enorme Lärmwelle, verursacht durch das Anschwellen von Explosionen, die größer und zahlreicher wurden. Wir standen da, nicht in der Lage, etwas zu sagen oder auch nur zu glauben, dass das gerade wirklich passierte. Ich bin nicht sicher, was mir in diesem Moment durch den Kopf ging. Möglicherweise war es der Gedanke, dass das Schicksal nun Rache nahm an den Deutschen für all das, was sie Polen, Russland, England und so vielen anderen Nationen angetan hatten.

Ich glaube, es war Franziska, die als erste etwas über die Leute »da unten« in der brennenden Stadt sagte. Ich dachte sofort an unsere Freunde, Anni und Günther und an Yakiv Hnizdovsky, ein talentierter Künstler, mit dem wir uns an der Akademie angefreundet hatten. Ich zweifle nicht daran, dass Franziskas Worte bei mir den Gedanken reifen ließen, etwas für diese Leute zu tun, ihnen zu helfen, aus der Stadt zu kommen und hier im entfernten Vorort Hellerau einen Unterschlupf zu finden. Erst viel später wurde mir klar, dass dieser Gedanke jeder Vernunft entbehrte und wie verblendet ich war, zu glauben, ich könnte dort helfen. Franziska war sehr pragmatisch veranlagt und hätte mir diesen emotionalen Impuls ohnehin ausgeredet, aber ich erzählte ihr gar nicht erst von meinem Gedanken. Geschockt und kaum in der Lage, etwas zu sagen, gingen wir zurück nach Hause. Wir trennten uns ohne ein Wort, da wir beide zweifelsohne das Gefühl hatten, dass es auf tragische Weise grotesk gewesen wäre, uns eine gute Nacht zu wünschen, während unten in der Stadt Armageddon wütete.

Nach erfüllter Mission drehte die Bomber-Armada ab. Der Luftangriff hatte nicht länger als 20 oder 30 Minuten gedauert. Inzwischen war aus meiner Idee, meinen Freunden zu helfen, der feste Entschluss geworden, so schnell wie möglich nach Dresden zu kommen. Wenn ich Franziskas Fahrrad benutzte, zu dem ich uneingeschränkten Zugang hatte (und das im Gartenschuppen von Frau Heinich stand), konnte ich die sieben Kilometer von Hellerau bis in die Außenbezirke der Stadt sicherlich in einer halben Stunde bewältigen. Die Nacht war kühl, und ich war froh, dass ich noch einen Pullover unter meiner Jacke, eine Mütze und ein paar etwas abgetragene Handschuhe trug. Mit der Strecke, die hinunter ins Elbtal führte, war ich schon recht vertraut und kam irgendwann auf die Königsbrücker Straße, die südwestlich in die Stadt führte. Doch es war keine einfache Fahrt. Auf der Straße wimmelte es nur so von Fahrzeugen, die alle in die gleiche

Oben: Anni Nitzsche,
unten: Günther Nitzsche.

Richtung fuhren – Feuerwehrwagen aus den nahegelegenen Vor- und Nachbarorten, Rotkreuzwagen, Militärfahrzeuge jeder Art, manche mit Rettungsausrüstung und Helfern beladen. Alle rasten sie in die brennende Stadt und fuhren mit halsbrecherischer Geschwindigkeit an mir vorbei, sodass ich auf den Bürgersteig ausweichen musste, wo wiederum Militär- und Polizeimotorräder mich abdrängten und ausbremsten. Zu dem Zeitpunkt, als ich an dem großen Industriegebiet auf der anderen Straßenseite vorbeikam und eine Ansammlung von Militärkasernen erreichte, hatten sich Soldatenformationen den Fahrzeugmassen auf der Straße angeschlossen. Es war für mich nahezu unmöglich geworden, mit dem Fahrrad noch weiter in die Stadt vorzudringen. Ich stellte es hinter einer Straßenbahnhaltestelle ab, wo man es nicht sehen konnte, bahnte mir den Weg durch das Chaos und sprang auf das Trittbrett eines riesigen Armeelastwagens.

Ich kann mich nicht mehr gut an meine Gefühle in diesem ganzen Chaos um mich herum erinnern. In diesem verrückten Gedränge von Fahrzeugen, an deren Steuer Männer saßen, die irre wirkten in ihrer Verzweiflung, so schnell wie möglich in die Stadt zu kommen, um Hilfe zu bringen, waren meine Sinne wie vernebelt, und mein Verstand drehte sich wie ein höllisches Karussell. Erst als der Lastwagen, an dem ich hing, in der Nähe des Albertplatzes anhielt, begann ich, den starken, scharfen Rauch zu riechen, der von überall her zu kommen schien.

Während wir in die Neustadt Dresdens fuhren, den Teil, der durch die Elbe von der Altstadt getrennt ist, wurde deutlich, dass die meisten, wenn nicht sogar alle Feuerherde, die brannten, in der Altstadt waren, während die Neustadt nur leichten Schaden genommen hatte. Trotzdem wurde das Atmen hier aufgrund des säurehaltigen Rauchs, der aus der Altstadt herüberwehte, immer schwieriger. Je näher wir zum Neustädter Marktplatz kamen und von dort zur Augustusbrücke, die über die Elbe in die Altstadt führte, desto schwerer war auch die Hitze auszuhalten, die die Brände erzeugten. Vor der Brücke wurden alle Fahrzeuge angehalten, und selbst Rettungskräfte mussten die Brücke zu Fuß überqueren. Man befürchtete, dass die Brücke, auch wenn sie noch passierbar war, durch die Bombardierungen destabilisiert worden sein könnte und das Gewicht der Fahrzeuge sie vielleicht zum Einsturz bringen könnte. Ich zog meinen Pullover aus, tauchte einen Ärmel in das eisige Wasser eines Brunnens vor dem Albert-Theater und hielt ihn auf mein Gesicht. Vorsichtig bewegte ich mich zusammen mit dem Mob von

Soldaten und Feuerwehrleuten über die Brücke. Viele trugen Gasmasken, andere bedeckten ihre Gesichter so gut wie möglich mit allem, was sie gerade zur Hand hatten. Doch je näher wir dem anderen Ufer kamen, desto größer wurde die Hitze – die nicht nur von den Brandherden und dem Rauch kam, sondern vom Pflaster selbst abstrahlte. Die Rauchsäulen waren hoch, und aus dem Rauch loderten Flammen. Ich konnte deutlich sehen, dass sowohl das Residenzschloss als auch seine schöne Barockkirche in Flammen standen und dass die großen, dunklen Gebilde, die durch den feuerroten Qualm flogen, schwere Bleche der Kupferbedachung der Kirche waren. Durch diesen wilden Tumult aus knisternden Feuern und Funkenfontänen, aus aufbrechendem und herabstürzendem Mauerwerk konnte ich Schreie hören, laute Schreie, die jedoch durch den dichten Rauch erstickt wurden. Der ganze Krach war jedoch mehr nur Teil eines alles durchdringenden, gigantischen, massiven Brüllens – aus Schmerz, Zorn, Wahnsinn und Verzweiflung. Vielleicht war es das Todesrasseln einer großartigen und schönen Stadt.

Von diesem Moment an, als ich vom Chaos aus Feuer und Rauch in der Stadt eingesogen wurde, kapitulierte mein Verstand, und ich ließ den Instinkt die Oberhand gewinnen. Vielleicht ist das der Grund, warum ich mich 60 Jahre nach der Bombardierung von Dresden an viele Details nicht mehr erinnern kann und nur die wichtigsten Fakten hängengeblieben sind. Als ich über die Augustusbrücke kam und sah, wie das sächsische Landtagsgebäude zu meiner Linken auch schon zu brennen anfing, orientierte ich mich nach rechts in eine etwas weniger rauchige Gegend zwischen der Kirche und einer Reihe kleinerer Restaurants mit Blick auf die Elbe. Viele andere liefen in die gleiche Richtung, um in die Innenstadt zu gelangen. Eine Vielzahl kleinerer Feuer brannte auf dem großen Platz vor dem Opernhaus, zweifellos von Brandbomben entfacht. Einige Brände waren auch auf dem Dach des Opernhauses zu sehen. Durch den Rauch konnte ich die große Kunstgalerie kaum sehen, doch das Coselpalais und das Taschenbergpalais brannten lichterloh auf der Seite links von mir. Einige Leute rannten mit mir in Richtung des Zentrums der Altstadt. Ein Feuerwehrmann, der aus der anderen Richtung kam, blieb stehen und teilte uns atemlos mit, dass um den Postplatz herum alles völlig hoffnungslos sei, dass das große Post- und Telegrafengebäude in Flammen stand, genau wie alle Häuser in den Straßen, die vom Platz wegführten. Nichts könne man dort mehr retten, sagte er uns unter ständigem Husten – seine Lungen hatten offenbar viel Rauch eingeatmet –, die Bomben hätten auch die Wasserversorgung außer Betrieb gesetzt. Er taumelte zurück Richtung Brücke, und ich machte mich auf den Weg zum Postplatz.

Es war nicht einfach, dorthin zu kommen. Ich kämpfte mich durch immer dichteren Rauch und musste dabei den Flammen ausweichen, die aus dem inzwischen von der Hitze kochenden Pflaster emporschossen. Ich fiel in einen nicht sehr tiefen Bombenkrater und konnte wieder herausklettern, doch im nächsten Moment stolperte ich über einen halb mit Trümmern bedeckten Körper, woraufhin ich wieder stürzte und zurückzuckte, als meine behandschuhten Hände in Berührung mit den brutzelnd heißen Pflastersteinen kamen. Ich konnte nicht weit nach vorne schauen, konnte mich dann jedoch orientieren, als ich zu meiner Rechten einen der Pavillons des wunderschönen Zwingers schaurig von den Flammen beleuchtet sah, die gerade dabei waren, das großartige Taschenbergpalais auf der anderen Straßenseite zu verschlingen. In einem Moment wurde die Hitze so intensiv, dass ich das Gefühl hatte, meine Kleidung finge auf meinem Rücken an zu brennen. Ich trug die Stiefel, die mein Freund Yakiv für mich aufgetrieben hatte. Sie hatten sehr schwere, doppelt dicke Sohlen, doch selbst durch die konnte ich die Hitze spüren, die vom Boden aufstieg.

Ich hatte noch einen flüchtigen Eindruck der dunklen Silhouette der St. Sophienkirche zu meiner Linken, bevor die kleine Gruppe aus Feuerwehrleuten, ein paar Helfern vom Roten Kreuz und ein, zwei Soldaten, mit der ich lief, mitten auf die Weite des Postplatzes hinausstürmte und in den Ring von Gebäuden hinein, die ihn umgaben. Einige der Gebäude brannten bereits. Auf den Dächern der anderen fingen die Flammen gerade an, sich auszubreiten. Es war tatsächlich unmöglich, in eine der Straßen zu gelangen, die vom Platz wegführten. Wenn ich dorthin schaute, sah ich nichts als ganze Straßenzüge mit vier- oder fünfstöckigen Wohnhäusern lichterloh in Flammen stehen. Dass ich »schaute«, ist jedoch nicht die richtige Beschreibung: Ich war permanent in Bewegung, und meine Augen konnten nur für Bruchteile von Sekunden das aufnehmen, was durch den Rauch und die Feuersbrunst erkennbar war. Irgendwie machte sich die bunte Gruppe, in deren Mitte ich mich befand, auf den Weg zur Mitte des Platzes. Sie rannten, stolperten, fielen, schrien dabei Unzusammenhängendes und bewegten sich dennoch wie von einer unsichtbaren Kraft angetrieben auf den großen Kiosk zu, der sich mitten auf dem Postplatz befand. Dort angelangt, zertrampelten sie sich beinahe gegenseitig und purzelten die Stufen hinunter, die zu einer unterirdisch gelegenen öffentlichen Toilette führten, die bereits voll mit Menschen war, die sich in jede Ecke quetschten – schluchzende Mütter mit ihren Babys im Arm, alte Männer, die versuchten, tapfer zu sein, doch von Panik geweitete Augen hatten, und verwundete Soldaten, die ihre Angst offenbar unter dem Deckmantel des Gleichmuts verbargen.

Ich wusste wenig davon, dass zu diesem Zeitpunkt auf dem Altmarkt bereits Menschen, die von explodierenden Brandsätzen selbst in Brand geraten waren, versuchten, die Flammen zu ersticken, indem sie in das große Wasserbecken sprangen, das im Jahr zuvor dort errichtet worden war. Es gelang ihnen, doch sobald sie aus dem Becken kamen, waren ihre Haare und ihre Haut durch die extrem heiße Luft sofort wieder trocken (an manchen Stellen erreichte die Temperatur Berichten zufolge an die 2000 Grad Celsius), und der Phosphor, der sie in Brand gesteckt hatte, flammte wieder auf und ließ sie zu lebendigen Fackeln werden.

Ich war praktisch der letzte, der die Stufen erreichte, die in diese öffentliche Toilettenanlage führten, die nun in einen Bunker umgewandelt worden war, und kauerte mich auf die obersten Stufen. Wenn ich den Kopf rausstreckte, konnte ich das Post- und Telegrafengebäude auf der linken Seite sehen, die Schweriner Straße geradeaus und den Anfang der Ostra-Allee auf der rechten Seite. Mitten auf dem Platz brannte eine Straßenbahn. So wie vor der Oper brannten auch hier mehrere kleinere Feuer über den Platz verteilt, offenbar verursacht durch feuerspuckende Brandbomben. Bisher schienen dem Kiosk über uns diese erspart geblieben zu sein. Doch alles war in Rauchschwaden eingehüllt, manchmal nah am Boden, manchmal in den Himmel aufsteigend oder aus den Straßen kommend, die auf den Postplatz zuliefen. Ich hatte den unteren Teil meines Gesichts mit einem Taschentuch bedeckt und hielt noch meinen Pullover darüber, doch durch den Rauch tränten meine Augen, ich musste immer wieder blinzeln. Währenddessen versuchte ich, meine Situation einzuschätzen. Es gab keine Möglichkeit, zu Anni und Günther Nitzsche zu gelangen; sie wohnten in der Kleinen Plauenschen Gasse, einer schmalen Straße im ältesten Teil von Dresden, der so dicht bebaut war, dass sowohl die Vorstellung dorthin zu kommen als auch die Vorstellung dort wieder lebendig wegzukommen jetzt praktisch unmöglich erschien. Bis heute frage ich mich, welcher quichotische Gedanke mich veranlasste, zu versuchen, meinen Freunden zu helfen. Es hätte sich als Selbstmord erweisen können. Würde ich heute noch das Gleiche tun? Ich weiß es nicht, und es ist unmöglich, diese Frage zu beantworten.

Zu jener Zeit jedoch flackerten mir derartige Zweifel nur kurz durch den Kopf und wurden sogleich von der schieren Hölle verdrängt, die mich anstarrte, wohin auch immer ich schaute – Menschen, die sich auf den Boden schmissen und versuchten, die Flammen zu ersticken, die ihre Kleidung verschlang; Frauen, Kinder, alte Männer, die versuchten, dem Feuerring zu entkommen, indem sie ziellos umherrannten, stolperten, fielen, aufstanden, nur um wieder hinzufallen und in einem karnevalsartigen Funkenregen, der aus den Brandherden sprühte,

Dresden in Trümmern, 2003 aus der Erinnerung gemalt.

zugrunde zu gehen; Menschen, die aufgegeben hatten, sich auf den brennend heißen Boden knieten und beteten und jene, die vor Verzweiflung schrien und dann ihre Stimme verloren und dastanden, mit noch geöffnetem Mund wie in einem stummen Schrei. Diejenigen, die bereits tot waren, lagen in grotesken Posen da, während noch kleine Flämmchen von ihrer Kleidung aufloderten.

Ich würde in wütende Feuer rennen müssen, um meinen Freunden zu helfen, und würde bei dem Versuch sicherlich umkommen oder sie zurücklassen müssen, um selbst am Leben zu bleiben. Es war und ist noch immer eine schreckliche moralische Frage von Quidproquo, die mich umtreibt, auch wenn es den Nitzsches letztendlich gelungen war, aus ihrer Wohnung und dem Viertel zu fliehen, bevor sich dieses in ein feuerspeiendes Inferno verwandelt hatte.

Da war ich nun: Gezwungen, diese schreckliche Entscheidung zu fällen, und nachdem ich dies getan hatte, einen Weg zu suchen, wie ich aus der Falle kam, in die ich mich hineinmanövriert hatte. Es gab zwei Richtungen, in die ich fliehen konnte. Die eine war, die Ostra-Allee entlangzurennen, in der weniger Feuer zu brennen schienen als anderswo. Die andere war, den Weg zurückzuverfolgen, auf dem ich in diesen außergewöhnlichen unterirdischen Toiletten-Bunker geraten war. Mit der Ostra-Allee war ich überhaupt nicht vertraut und wusste nicht, was mich in deren weiterem Verlauf erwartete. Ich wusste jedoch, wie ich zurück zur Augustusbrücke kam und über die Elbe zurück in die Neustadt, wo, wie ich mich erinnerte, weniger Feuer waren als im Zentrum Dresdens. Ich beschloss, diesen Rückweg zu nehmen.

Als ich aus dem ungewöhnlichen Schutzraum klettern und mich auf den Weg zur Brücke machen wollte, sah ich mich um. Die Straßenbahn auf der Mitte des Platzes war nun komplett von Flammen umhüllt, die Wohnhäuser überall um den Platz brannten noch wütender, und Menschen flohen vor den Flammen und gerieten in andere Brandherde oder dicke Rauchschwaden. Ich finde keine Worte, wenn ich versuche, die Geräusche dieses dermaßen alles verschlingenden Feuers zu beschreiben, dieses Feuers, das Dresden zerstörte. Ich weiß nur noch, dass diese Geräusche etwas Menschliches in sich trugen, eine Art *vox humana*, die stöhnte, schrie, jammerte, zischte und schluchzte – all dies und mehr noch verschmolz zu einem außerirdischen höllischen Geheul. Ich blickte nach links und sah eine Frau, die an dem jetzt lichterloh brennenden Post- und Telegrafengebäude vorbeirannte. Sie stand in Flammen. Während sie am großen Haupteingang vorbeirannte, verschwand sie plötzlich darin und wurde von den Flammen verschlungen.

Ich nehme an, es war vorherbestimmt, dass ich in dem verhältnismäßig kleinen Zeitfenster zwischen dem ersten Bombenangriff um 22 Uhr und dem zweiten, der um ein Uhr morgens folgte, überlebte. Es muss einfach Schicksal gewesen sein, dass ich den Unterschlupf am Postplatz genau zu jenem Zeitpunkt verließ und zurück zur Augustusbrücke rannte. So wurde ich von dem Feuersturm verschont, der sich kurz darauf entfaltete und den größeren Teil der Altstadt verschlang, mit allem, was darin noch am Leben war. Da meine Uhr den Geist aufgegeben hatte, ziemlich sicher aufgrund der extremen Hitze, kann ich nicht genau sagen, wann der Feuersturm begann und die Flammen sich langsam über die Stadt ausbreiteten – es muss kurz nach dem Ende der ersten Bombenwelle gewesen sein, vermutlich kurz, nachdem ich vom Postplatz zurück zur Brücke gerannt war. Der wütende Sturm legte nicht nur alles, was auf seinem Weg lag, in Asche: Er speiste auch das Leuchtfeuer, das für die nächste Bombenwelle eine Stunde nach Mitternacht das Ziel hell beleuchtete und Dresdens Hinrichtung vollkommen machte.

Als ich gerade aus dem Treppenabgang kletterte, stand eine Frau mit Baby im Arm vor mir, ihr Gesicht bedeckt von Ruß und Blut. Irgendwie konnte ich ihr noch helfen, meinen Platz einzunehmen, bevor ich mich zur Augustusbrücke aufmachte. Obwohl der Weg durch die Feuer am Cosel- und Taschenbergpalais gut beleuchtet war, war es dennoch schwieriger geworden, über die Straße zu kommen, nicht nur, weil inzwischen Krater und Risse im Pflaster waren, sondern auch wegen der Brandherde, die überall verteilt waren und immer noch Flammen und Funken ausspuckten. Außerdem war man gerade dabei, das Taschenbergpalais, das Wochen zuvor in ein Militärkrankenhaus umgewandelt worden war, zu evakuieren, und diejenigen Patienten, die noch nicht in der Feuersbrunst umgekommen waren, humpelten nun in dieselbe Richtung wie ich oder wurden von Krankenschwestern und Ärzten auf Bahren getragen. Diese schaurige Prozession und ich bewegten uns nur im Schneckentempo vorwärts und versuchten dabei, die Fallgruben zu umgehen, die vor allem weiter vorne auf der Strecke lagen, näher bei der Kirche des Residenzschlosses, einem alten ehrwürdigen Gebäude von deren oberen Lagen riesige Stücke Mauerwerk herausgebrochen waren. Ich schaffte es, zur Brücke zu kommen, währen der finstere Umzug weiter zu den Kais des Elbufers lief, vermutlich in der Annahme, dass sie dort sicherer seien als im dicht bebauten Zentrum der Stadt – ein tragischer Irrtum, wie die Ereignisse des folgenden Tages zeigen sollten.

Auf der Augustusbrücke war ich nicht allein. Was zuvor nur mehr ein Rinnsal gewesen war, war jetzt zu einer verängstigten, fassungslosen Masse an Menschen angeschwollen, die noch immer nicht glauben, geschweige denn verstehen oder realisieren konnte, was ihnen gerade widerfuhr – schluchzende Frauen, die Kinderwagen schoben oder die Spielwagen ihrer Kinder hinter sich herzogen, voll beladen mit was auch immer noch zu retten war, alte Männer auf wackligen Beinen, manche auf Krücken, vergeblich bemüht, tapfer auszusehen. Ich erinnere mich genau, wie ich an ihnen vorbeilief und den deutlichen Geruch von beißendem Rauch wahrnahm, den sie jedes Mal ausdünsteten, wenn eine kühle Brise vom Wasser der Elbe heraufwehte. Meine Kleidung muss auch danach gerochen haben, vielleicht sogar mehr noch als ihre. Kein Wunder, kamen diese armen Kerle doch geradewegs aus dem Herzen einer Feuerhölle. Viele dieser Flüchtlinge, so sollte ich später erfahren, verloren durch das Einatmen des Rauchs ihre Stimme, manche dauerhaft. Auch ich hatte Probleme mit meiner Stimme und konnte nur heiser flüstern, doch dies verging schon nach ein paar Tagen wieder.

In der Neustadt auf der anderen Seite der Elbe angekommen, sah ich, dass einige der Gebäude, die zuvor nicht viel abbekommen zu haben schienen, nun in Flammen loderten. Dennoch war es möglich, über den Boulevard in der Mitte der breiten Straße, die durch die Neustadt führte, zur Königsbrücker Straße zu gelangen. Das war die Straße, über die ich zuvor in die Stadt gekommen war und auf der nun auch eine Masse von Flüchtlingen unterwegs war, die sich langsam, aber stetig fortbewegte, auf der Suche nach Sicherheit, wo immer diese sein mochte. Ich ging mit der Menge, so lange, bis ich vor Erschöpfung fast zusammenbrach. Feuer brannten auf beiden Seiten der breiten Straße, jedoch nicht so dicht konzentriert wie in der Altstadt. Dort hatte der Feuersturm apokalyptische Ausmaße angenommen, und das schauerliche Heulen übertönte die krachenden Geräusche einstürzender Gebäude auf beiden Seiten der breiten Neustädter Allee. So wie die anderen Flüchtlinge, die aus Dresdens Innenstadt flohen, lief auch ich in der Mitte der Straße. An einer Stelle, nur kurz hinter der schwelenden Ruine eines mehrstöckigen Gebäudes, sah ich auf der rechten Seite einen außergewöhnlich großen Brandherd und wusste sofort, dass es das große Gelände war, auf dem sich der berühmte Zirkus Sarrasani befand. Er brannte wie eine Fackel, und vermutlich befanden sich hunderte Menschen darin und viele exotische Tiere, die nicht aus ihren Käfigen kamen. Ich sah weg und ging weiter in dem Gefühl äußerster Hilflosigkeit angesichts solch einer Katastrophe mit all ihrem Grauen und letztendlich mit ihrem alles verschlingenden Tod.

Glücklicherweise gelang es mir, zu der Straßenbahnhaltestelle zu kommen, hinter der ich Franziskas Fahrrad abgestellt hatte. Zu meinem Erstaunen fand ich das Fahrrad noch dort vor, wo ich es abgestellt hatte, doch ich war zu müde, um den Weg zurück nach Hellerau mit dem Rad zu fahren. Stattdessen schob ich es in den Unterstand, legte ein Bein auf das Gestell und ruhte mich auf einer Bank aus. Eine Weile betrachtete ich den steten Strom an Flüchtlingen, doch dann döste ich weg. Ich wurde aus meinem tiefen Schlaf von einem allzu vertrauten, furchteinflößenden, wellenartigen Geräusch einer offensichtlich sehr großen Formation schwerer Flugzeuge aufgeschreckt. Das Geräusch war noch entfernt, wurde jedoch sehr schnell lauter, je näher es der brennenden Stadt kam. Nach kaum mehr als einer Minute sahen wir das erste Flugzeug der Armada bereits hoch über unseren Köpfen. Wie ein Blitz schoss mir der Gedanke durch den Kopf, dass Bomben auf den großen Flugplatz der Luftwaffe in Klotzsche abgeworfen werden würden und die polnischen Arbeiter in dem nahegelegenen Lager in Todesgefahr waren. Die riesige Formation warf jedoch keine einzige Bombe ab, bevor sie die unglückselige Stadt erreicht hatte, die nur sieben Kilometer entfernt war. Es schien so, als ob das letzte Flugzeug dieser Streitkräfte sich nun genau über der Straße befand, über die sich die Flüchtlinge versuchten in Sicherheit zu bringen. Doch nur einige wenige von ihnen bemühten sich, so wie ich von der Straße zu rennen und sich auf den Boden zu werfen, um instinktiv auf diese verzweifelte, obgleich sinnlose Art Schutz zu suchen. Als ich schließlich wieder auf die Beine kam, sah ich, dass die lange Kolonne von Flüchtlingen sich immer noch vorwärts schob. Zittrig vor Angst konnte ich kaum glauben, dass nun ein weiterer Tod bringender Bombenangriff stattfand, nur wenige Stunden nachdem der vorherige die ganze Stadt in Brand gesetzt hatte. Es war, als ob ein Monster nur eine kurze Pause eingelegt hätte, nur um nun wieder Flammen auf den Hexensabbat dort unten zu spucken.

Nun, da ich mich an das grausige Bild von Hunderten und Aberhunderten von Menschen erinnere, die sich – schwach beleuchtet von den Feuern Dresdens – wie schlafwandelnd ins Ungewisse dahinschleppten, sehe ich eine Szene vor mir, die Hieronymus Bosch in seiner Vision der Apokalypse hätte geschaffen haben können. Mag sein, dass sie ihre Angst in der brennenden Stadt zurückgelassen hatten und nun nichts mehr zu verlieren hatten. Sie schienen wie betäubt, ein grausiger, schweigender Marsch von Beinahe-Toten.

Was mich betraf, so ging es mir auch nicht schlechter als vorher. Meine Augen brannten, mein Hals schmerzte, und Brandlöcher waren in meiner Kleidung. Sie waren an verschiedenen Stellen durch Brandfunken entstanden, die ich mit meinen Handschuhen jedes Mal sofort erstickt hatte. Am günstigsten war jedoch, dass ich mich fortbewegen konnte. Das Fahrrad war in Ordnung, und ich beschloss, so schnell wie möglich damit

Kollateralschaden Dresden, 1945.

nach Hause zu kommen. Ich war noch immer erschöpft, doch Hellerau war nun nur noch wenige Kilometer, vielleicht zwei oder höchstens drei, entfernt, und ich war sicher, dass ich innerhalb von Minuten dorthin kommen könnte, wenn es mir gelang, über den asphaltierten Seitenstreifen der Straße zu fahren, ohne dabei von der kriechenden Kolonne der Flüchtlinge behindert zu werden.

Ich trat wie verrückt in die Pedale, pures Adrenalin schoss durch meine Adern, und ich dachte überhaupt nicht mehr darüber nach, müde zu sein, bis ich schließlich auf einer Anhöhe der Straße angelangt war. Ich hielt an, um mich umzudrehen, und da war es wieder, unten im Elbtal: ein Meer aus Flammen und Rauch und enormen Explosionen von Blockbuster-Bomben, die sich wieder und wieder durch eine Stadt pflügten, die sich bereits im Todeskampf befand. Die Geräusche von Bombenexplosionen erreichten mich nur wenige Sekunden später, so wie der Donner auf einen Blitz folgt. Ich dachte an meine Freunde dort unten und schämte mich zutiefst, ihrem wahrscheinlichen Schicksal selbst entronnen zu sein. Als ich nach Hause kam, empfing mich eine verweinte Frau Heinich. Sie ergriff meine Hand und klagte mit ihrer alten Reibeisenstimme: »Oh Gott … mein Gott …« und stieß ein heulendes »das Ende« aus, was auch immer sie damit meinte. Ich beruhigte sie etwas und stieg hinauf in mein Zimmer. Zufällig sah ich kurz auf meinen Wecker. Es war drei Uhr morgens. Ich war beinahe fünf Stunden weg gewesen. Plötzlich schwand all die Energie, die ich hatte aufwenden müssen, um dem Grauen von Dresden zu entkommen. Ich schaffte es gerade noch, einige meiner Kleider abzulegen, bevor ich auf dem Bett zusammenbrach und meine Augen schloss, um die Wirklichkeit auszublenden.

Nachwehen

Ich weiß nicht mehr, wie viel Uhr es war, als ich aufwachte. Franziska stand neben meinem Bett und sah mich wütend an, während sie mir die kurze, schwere Jacke hinhielt, die ich in der Nacht davor getragen hatte. Unser Austausch beschränkte sich auf glühenden Zorn auf ihrer Seite und kläglichen, wenn auch ehrlichen, mit kratziger Stimme vorgetragenen, Erklärungen und Entschuldigungen auf meiner Seite. Sie zeigte auf die Jacke, insbesondere auf die Brandlöcher in den Ärmeln und auf dem Rücken. »Du bist da hingefahren, stimmt's?«, kreischte sie und fuchtelte mit dem Arm, als wolle sie zeigen, wo »da« sei. Dann beschimpfte sie mich mit verschiedenen Ausdrücken, von denen »Idiot« nur einer war. Sie beruhigte sich kurz darauf zumindest so weit, dass sie meinen Entschuldigungen zuhörte, auch wenn sie mir immer noch ein gepfeffertes Schimpfwort an den Kopf warf, bevor sie ging und die Tür hinter sich zuknallte.

Erst da fiel mir auf, wie dringend ich eine Wäsche brauchte. Der Blick in den Spiegel präsentierte mir ein Gesicht, das schwarz war vom Rauch, mit Haaren schmutzig von dunkler Asche und Staub und Händen, die aussahen, als hätte ich sie in Teer getunkt. Ich sah aus wie ein Ausreißer aus einem brennenden Hades, was ich ja irgendwie auch war. Es dauerte eine ganze Weile, bis ich mich so gewaschen hatte, dass ich wieder einem menschlichen Wesen glich. Die ganze Zeit musste ich dabei an die vielen Tausenden denken, die in den Flammen umgekommen waren und die elenden Überlebenden, die sich aus der brennenden Stadt schleppten. Selbst heute noch, so viele Jahre später, frage ich mich, wie es kam, dass ich mich schuldig fühlte, weil ich selbst dieser Hölle entronnen war und überlebt hatte.

Vielleicht war es eine morbide Neugierde oder vielleicht auch das Bedürfnis, das, was ich in der Nacht zuvor durchlebt hatte, mir selbst noch einmal zu bestätigen. Um die Mittagszeit herum ging ich zu der Anhöhe, von der aus Franziska und ich den ersten Bombenangriff beobachtet hatten. Ich stand in

Ehrfurcht vor dem entsetzlichen Panorama, das sich dort darbot, wo zuvor Dresden gewesen war. Eine dicke, schmutzige graue Rauchwolke lag über dem Elbtal. Feuer flackerten durch sie hindurch, immer wieder schossen Flammenfinger himmelwärts, dort, wo die anmutigen Türme der Stadt, gekrönt mit lieblichem Grünspan, zuvor die Landschaft gestaltet hatten. Mancherorts reichten die Rauchsäulen bis hoch in den Himmel hinein. Ein starker Wind blies sie durchs Tal und seine Abhänge hinauf. Wieder konnte ich den Rauch spüren, der in meine Lungen gelangt war und meine Kleidung zuvor durchdrungen hatte, aber diesmal lag noch etwas anderes darin ... ein Geruch, den ich aus der Kindheit kannte, als ich einmal mit einem Spielkameraden zusammen einen Haufen Haare und Fingernagelverschnitt angezündet hatte. Die Erkenntnis, dass es offenbar der Geruch von menschlichem Fleisch war, traf mich wie ein Schlag. Mit dem Rauch kam auch die Asche aus der noch immer glühend brennenden Stadt – Papier, Fragmente verbrannten Holzes und Vegetation –, und mit all dem kam mir der plötzliche Gedanke, dass dies hier Aschermittwoch war und das Inferno der zurückliegenden Nacht demnach der letzte makabre Witz einer wahrhaft ultimativen Fastnacht.

Und doch war diese Fastnacht noch nicht ganz vorbei. Der Leichnam der Stadt sollte noch einen letzten Tritt bekommen, um sicherzustellen, dass er auch wirklich tot war. Während ich so dastand und der Wind den Geruch von Rauch und den Gestank des Todes herauf ins beschauliche Hellerau wehte, brach der ohrenbetäubende Lärm massenhafter tieffliegender Flugzeuge in einer höllischen Kakophonie über mich herein. Das gleichmäßige, schnell anschwellende Brummen der Flugzeuge kam mir vor wie ein Echo der vergangenen Nacht, als die Bomber schnell die Stadt einnahmen. Mir fiel auf, dass ich fast genau auf ihrer Flugstrecke stand und so kauerte ich mich aus Angst auf den Boden, als sie über mich flogen. Doch die bewaldeten Hänge von Hellerau waren für die Bombenschützen nicht von Interesse. Innerhalb von Minuten, die mir wie eine Ewigkeit vorkamen, waren sie vorbeigeflogen und über der Stadt. Der Angriff selbst war erstaunlich kurz und dauerte nicht länger als zehn oder 15 Minuten. Dann drehte die ganze Formation Richtung Norden ab und verschwand nach und nach außer Sicht- und Hörweite. Einen dritten Luftangriff zu fliegen, wie eine Art letzten Vorhang für eine Tragödie, die sich vor nur wenigen Stunden bereits zweimal abgespielt hatte, entbehrte ganz offensichtlich jedem Sinn und Verstand. Der erste Angriff hatte die Feuer ent-

217

facht, sodass der zweite besser seine tödliche Arbeit verrichten konnte. Der dritte Bombenangriff walzte nur noch durch die Ruinen.

Ich lief so schnell ich konnte nach Hause, um mich noch einmal zu waschen, diesmal etwas gründlicher. Die Wasserversorgung in Frau Heinichs Haus sah nur Kaltwasser vor; es gab auch kein richtiges Bad. Wenn man sich mit warmem Wasser waschen wollte, musste man es erst entweder auf dem Kohle- oder auf dem Holzofen erhitzen. Ein Klumpen ziemlich nutzloser Kriegsseife reichte kaum für eine Wäsche. Danach hatte man nur noch eine Bürste mit harten Borsten und heißes Wasser. Danach fühlte ich mich jedoch wieder etwas mehr wie ein Mensch und ging hinüber zum Haus der Ulichs, wo mich ein gemischter Empfang erwartete. Franziska hatte ihren Ärger überwunden, Frau Ulich legte ihre Arme um mich, küsste mich auf beide Wangen und nannte mich einen »törichten jungen Mann«, und Herr Ulich schüttelte nur ungläubig den Kopf, wollte dann aber wissen, was ich an Schäden in der Stadt gesehen hatte. Ich wusste, dass diese anständigen, stolzen und zivilisierten Menschen ihren Kummer für sich behielten. Sie trauerten um ihr geliebtes Dresden, so wie wir Polen um unser Land trauerten. Dennoch bedeutete es mir viel, Dr. Ulich mit ruhiger und trauriger Stimme sagen zu hören: »Wir bezahlen für das, was wir anderen angetan haben.«

Dr. Ulichs Voraussicht, ein paar Radiobatterien auf Vorrat zu besorgen, stellte sich als sehr weise heraus: Wir konnten die Radionachrichten verfolgen, obwohl das Stromnetz der Stadt längst außer Betrieb war. Die BBC lieferte einen leidenschaftslosen Faktenbericht und teilte seiner Zuhörerschaft lediglich mit, dass die Royal Air Force industrielle Ziele und Eisenbahnanlagen in der deutschen Stadt Dresden angegriffen hätte. Aus Wehrmachtsberichten erfuhren wir, dass die ersten beiden Angriffe von der Royal Air Force verübt worden waren, der dritte jedoch von der American Air Force. Die deutschen Berichte waren seltsam zurückhaltend, erwähnten zwar den üblichen (und tatsächlichen) Terror gegen die Zivilbevölkerung, schienen jedoch nicht bereit, die ganze, schreckliche Wahrheit auszubreiten. Nachfolgende deutsche Berichte äußerten sich empört über die Zerstörung einer der schönsten Städte der Welt, schreckte jedoch davor zurück, eine Schätzung der Opferzahlen vorzunehmen, offenbar im Bestreben, den Rest einer ohnehin schon demoralisierten Bevölkerung nicht noch weiter in Panik zu versetzen. In späteren sporadischen Berichten hörte man, dass unter den tausenden Opfern auch viele Flüchtlinge aus den Ostgebieten waren, die sich mit ihren Pferdewagen und Habseligkeiten auf den weitläufigen Elbwiesen niedergelassen hatten. Als ich das hörte, musste ich schmerzlich an die finstere Prozession der Evakuierten aus dem Militärkrankenhaus denken, die sich auch zum Elbeufer hinuntergeschleppt hatten. Weitere Meldungen befassten sich mit Notverordnungen. Darunter stach besonders das Verbot, die Stadt zu betreten, hervor, das nur durch eine besondere Erlaubnis der Behörden umgangen werden konnte. In diesen ersten Tagen nach dem Angriff brannten weite Teile der Innenstadt noch immer, und wenige hätten es gewagt, diese Gegend zu betreten. Es dauerte über eine Woche, ehe alle Feuer runtergebrannt waren. Doch noch immer wurde es niemandem gestattet, die Sicherheitsabsperrungen zu durchbrechen, die den Zugang zur Stadt überwachten, nicht einmal denen, die verzweifelt nach ihren Familien suchten und wissen wollten, welches Schicksal sie erlitten hatten. Die Zahl der Toten wurde inzwischen von Funktionären der NSDAP und von Goebbels Propagandaministerium mit über 300 000 beziffert, doch niemand konnte mit Gewissheit eine endgültige Zahl nennen. Erst ein paar Jahre später wurde die endgültige, offizielle Zahl der Opfer der Bombenangriffe mit knapp unter 35 000 bekannt gegeben. Die gruselige Aufgabe, die Körper der Opfer zu identifizieren und zu beseitigen, wurde schnellstmöglich absolviert, und der Rauch brennender Gebäude wurde durch das ersetzt, was von tausenden identifizierten Leichen emporstieg, die, wie Schichtholz gestapelt, mit Benzin übergossen auf dem Dresdner Altmarkt verbrannt wurden. Unidentifizierte Leichen oder deren Überreste wurden in Massengräbern außerhalb der Stadt begraben.

Diejenigen, die nach den Angriffen auf Dresden behauptet hatten, dass die Stadt praktisch unverteidigt gewesen sei, hatten nur teilweise recht. Mit den massiven Luftangriffen der Alliierten auf größere deutsche Städte und Industriezentren im Westen und der Roten Armee im Osten, die die Ostfront unaufhörlich Richtung Westen schob, versuchten die deutschen Militärbehörden, die Verteidigungsfähigkeit am Boden und aus der Luft in denjenigen Gegenden des Reichs zu verstärken, von denen sie annahmen, dass sie am ehesten angegriffen würden. Zu diesem Zweck – und möglicherweise auch durch den weit verbreiteten, wenn auch unbegründeten Glauben an Dresdens Immunität gegenüber Luftangriffen – hatten sie ihre »Acht-Acht«-Flugabwehrsysteme aus Dresden abgezogen. Ohne schwere Flak wurde Dresden nun durch ein schwaches System kleinkalibriger

Flak-Artillerie geschützt, oft nur mit Teenagern besetzt, die man aus den Reihen der Hitlerjugend rekrutiert hatte. Neben diesem wenig effektiven Schutzschild war ein Geschwader aus 18 Messerschmitt-Kampfflugzeugen auf dem Flugfeld in Klotzsche stationiert, vollgetankt und startbereit für den Fall, dass ein wirklich massiver Luftangriff Dresden bedrohen sollte. Doch als dieser Angriff kam, blieb das Geschwader am Boden, und erst eine ganze Zeit nach Kriegsende erfuhr ich den Grund für diesen bizarren Umstand. Die zuständige Behörde des Dresdner Kampfflugzeugkommandos war kurz zuvor in die Zentrale der Kampfführung nahe Berlin umgezogen. Das bedeutete, dass das Messerschmitt-Kampfgeschwader in Dresden nur durch das Kommando aus Berlin instruiert werden konnte aufzusteigen, um Dresden zu verteidigen. Doch da die Kommunikationswege zwischen Berlin und dem Flugplatz in Klotzsche zerstört worden waren, erreichte der Befehl nie seinen Bestimmungsort, und die Piloten der Luftwaffe saßen tatenlos in ihren Maschinen und mussten aus der Ferne dem furchtbaren Ende einer sterbenden Stadt beiwohnen.

Und doch kam nicht ganz Dresden um in jener tragischen Nacht. Dadurch, dass bei der Bombardierung die Hauptaufmerksamkeit auf dem dichtbevölkerten Stadtzentrum Dresdens lag, kamen die umliegenden Gebiete weit weniger zu Schaden oder wurden sogar ganz verschont. Dresdens Industriestandorte befanden sich weitgehend in der Peripherie. Größere Komplexe wie das Goehle-Werk, Seidel & Neumann oder die Industriegelände blieben von der Bombardierung unberührt. Andererseits wurden viele kleinere Fabriken – die ebenso kriegsrelevante Waren produzierten, jedoch näher an der Innenstadt gelegen waren – praktisch ausgelöscht. Eisenbahnlinien, die nach Dresden hinein oder aus Dresden heraus führten, wurden ebenfalls zerstört, doch deutsche Ingenieurstruppen setzten das ganze System bereits innerhalb von Tagen wieder instand, um den Transport von Truppen und Waffen Richtung Osten zu erleichtern und eine beinahe kollabierende Front zu stabilisieren, die nur noch wenige 100 Kilometer entfernt war.

Nachvollziehbarerweise konnte ich es kaum erwarten, herauszufinden, was aus den polnischen Zwangsarbeitern und ihren Lagern geworden war. Gerüchten zufolge hatte sogar das ländliche Bad Schandau ein paar Streubomben abbekommen, doch ich war ziemlich sicher, dass das Lager in Klotzsche unbeschadet davongekommen war. Ich machte mir jedoch Sorgen, dass einige der Insassen Nachtschichten in der Innenstadt hatten verrichten müssen und bei den beiden ersten Bombenangriffen ums Leben gekommen sein könnten. Inzwischen war der 17. Februar herangebrochen. Ich versuchte herauszufinden, was ihnen zugestoßen war. Das Lager in Klotzsche war nur fußläufig entfernt, und ich stellte fest, dass es komplett verlassen war. Das Haupttor war offen und ebenso die Türen zu den nun leeren Barracken. Vorläufig war meine Neugierde befriedigt. Wie ich später erfuhr, waren die Insassen des Lagers lediglich zum Industriegelände geflohen wo sich ihr Arbeitsplatz befand. Manche kehrten später nach Klotzsche zurück.

Es fühlte sich nun seltsam an, zu realisieren, dass die Aufgabe, mit der ich 1941 beauftragt worden war, nämlich meine unglücklichen Landleute in ihren Arbeitslagern aufrecht zu halten, von den Ereignissen überrollt worden und nicht länger relevant war. Ich konnte nicht wissen, ob meine Bemühungen irgendeine positive Wirkung auf diese Gefangenen des Dritten Reichs gehabt hatten. Ich fühlte mich jetzt so, als würde ich sie zurücklassen, so wie ich mich gefühlt hatte, als ich meine Freunde Anni und Günther ihrem Schicksal in der Hölle von Dresden überlassen musste.

Franziska und ich fragten uns zu der Zeit auch, ob die Boehner-Filmstudios von den Bombardierungen betroffen waren und wie es um unsere Beschäftigung dort bestellt war. Telefonische Nachfragen kamen aus offensichtlichen Gründen nicht infrage: die Zentralvermittlungsstelle war zerstört. Der öffentliche Verkehr war nahezu zum Erliegen gekommen, die Innenstadt war noch immer nicht zugänglich. Es gab jedoch eine reale Chance, dass die Filmstudios, die im Stadtteil Gorbitz lagen, einem fast ländlichen Vorort sieben Kilometer vom Stadtzentrum entfernt, dem Armageddon entgangen waren, und wir vereinbarten, dass ich versuchen würde, mit dem Fahrrad dorthin zu gelangen, indem ich eine Umgehungsstraße nutzte. Über sie käme ich zur unversehrt gebliebenen Autobahn über die Elbe und weiter nach Gorbitz.

Am nächsten Tag brach ich früh auf und brauchte ungefähr drei Stunden bis zu den Studios, die, so wie von uns angenommen, keinen Schaden erlitten hatten. Doch als ich erst einmal drinnen war, traf ich auf eine deprimierende Gruppe von Studiomitarbeitern. Fast alle waren ausgebombt worden und trugen nun abgetragene, von Brandlöchern durchsetzte Kleidung, hatten blasse Gesichter und entzündete, noch immer angsterfüllte Augen. Einige waren verschollen. Herr Best hatte seine Stimme durch eine Rauchvergiftung verloren und beantwortete meine

Fragen, indem er etwas auf ein Stück Papier schrieb – fast unleserlich: »Ich habe alles verloren.« Andere waren ins Studio gekommen, weil sie hier ein Dach über dem Kopf hatten. Und wieder andere waren, so wie ich, gekommen, um nachzusehen, ob das Studio ihnen noch eine Zukunft bieten konnte, ein Leben nach all dem Tod um sie herum. Die Antwort war: »Nicht jetzt« und »Nicht hier«, denn das gesamte Studioequipment – Kameras, Lampen, Kilometer von Kabeln, Schneidegeräte, Rohfilmmaterial und Filmarchive und vor allem die ganze kostbare Stereo-Optik – sollte mit zwei großen Lastwagen nach Westen gebracht werden, bevor die Wehrmacht oder das, was noch von ihr übrig war, kapitulierte und die Russen einmarschierten. Das Flüstern beinhaltete nun keine Zweifel mehr am Kriegsausgang; eine äußerste und vollständige Niederlage wurde inzwischen für sicher gehalten. Dennoch wurden alle Unterhaltungen noch mit Vorsicht geführt, da jeder wusste, dass ein achtloses, laut ausgesprochenes Wort von einem unverdächtig wirkenden Spitzel belauscht werden und zu einer Verhaftung führen konnte. Nachdem sich die Nazipartei vom Schock der Bombardierung erholt hatte, funktionierte sie wieder. Genauso die Dresdner Rundfunkstation, die sogleich triumphierende Nachrichten von der West- wie von der Ostfront sendete, in denen eindeutig fiktive Siege vermeldet wurden, auch jetzt noch, wo die Frontlinien das Reich Tag für Tag immer mehr in die Mangel nahmen. Das Radio berichtete jedoch auch über Plünderer, die in den Ruinen Dresdens aufgespürt und auf der Stelle erschossen wurden und von Defätisten, jenen, die Angst vor Deutschlands unmittelbar bevorstehendem Untergang verbreiteten und ebenso schnell hingerichtet wurden. Viele Überläufer wurden an Laternenpfählen in den Straßen erhängt.

Die Zerstörung Dresdens hatte den Großteil der überlebenden Bevölkerung der Stadt in eine Art Zustand innerer Lähmung versetzt. Ihre Welt war unwiederbringlich verloren und ihre Stadt eine große klaffende Wunde. Sie wanderten ab in die Vororte oder noch darüber hinaus in Dörfer und weiter draußen gelegene Kleinstädte – überall dorthin, wo man ein Dach über dem Kopf finden konnte. Sie überlebten irgendwie und begannen erst nach und nach, über eine Zukunft nachzudenken. Der Krieg war noch im Gange, jedoch nur anderswo, und die Erinnerungen an die Katastrophe wurden von der Angst vor den siegreichen Russen überlagert. Als der Frühling kam, fingen Wildblumen und andere Kräuter und Gewächse an, aus den Trümmern und Ruinen zu sprießen, die die Bombenangriffe hinterlassen hatten.

Das Kriegsgefangenenlager neben den Boehner-Studios war verlassen. Mir wurde erzählt, dass man die Gefangenen auf einen Marsch geschickt hätte, um die verwesenden Leichen der bei den Angriffen der Alliierten Getöteten zu finden und einzusammeln. Heimlich fotografierten Zeugnissen nach zu urteilen, die ich erst später sah, muss das eine der grässlichsten, entsetzlichsten Arten von Arbeit gewesen sein, zu der man einen Menschen zwingen konnte.

Gegen Mitte März hoben die Behörden das Verbot auf, die Innenstadt von Dresden zu betreten. Franziska wollte nicht mit mir kommen, um mit eigenen Augen zu sehen, wie eine tote Stadt aussah. Wie durch ein Wunder waren einige der öffentlichen Verkehrsmittel wieder instandgesetzt worden. Obwohl sie nur sporadisch in Betrieb waren, gelang es mir immerhin, mit einem mit Kohle und Gas betriebenen Bus bis zum Albertplatz zu kommen und von dort zu Fuß über die nur leicht beschädigte Augustusbrücke. Die Dresdner Neustadt sah jetzt doch stärker beschädigt aus, als ich sie zuletzt nach dem ersten Angriff gesehen hatte. Jedoch war sie, anders als der Großteil der Altstadt, nicht vollkommen zerstört.

Ich erinnere mich daran, dass es ein herrlicher, sonniger Frühlingstag war, ohne eine einzige Wolke am Himmel. Abgesehen von den seltsam gedämpften Stimmen der Passanten herrschte eine gespenstische Stille. Als ich über die Brücke lief, begegneten mir vielleicht höchstens fünf oder sechs Menschen, die entweder aus der Stadt kamen oder unterwegs dorthin waren. Links von mir sah ich das große, scheinbar unbeschädigte Gebäude, in der die Kunstakademie untergebracht war, unmittelbar daneben jedoch die Ruine des Brühlschen Palais. Helle Sonnenstrahlen durchfluteten die verwüstete Kirche des Residenzschlosses. Ich lief dieselbe Strecke entlang wie bei meiner verrückten Flucht am 13. Februar. Das Taschenbergpalais und das Coselpalais, die damals beide in Flammen gestanden hatten, waren nun riesige Schutthaufen. Vor einer Ruine sah ich eine leere Bahre stehen, mit dunklen Flecken verschmutzt, offenbar von Blut. Sie musste wohl da stehen, seitdem das Militärkrankenhaus aus dem Taschenbergpalais evakuiert worden war. Ich konnte nur erraten, welche Geschichte dieses stumme blutbefleckte Zeugnis zu erzählen hatte. Ein paar Schritte weiter auf der rechten Seite standen die Überreste des einst so eleganten Glockenspielpavillons, ein Teil des Zwinger-Komplexes aus dem frühen 18. Jahrhundert. Einst ein Exempel für Schönheit und Anmut war es zu einem Zeugnis der schrecklichen Gegenwart geworden. Ich kam zum Postplatz und war dort mit fast vollständiger Zerstörung konfrontiert. Nur die ausgebrannte Ruine des Post- und Telegrafengebäudes stand noch da, die Fenster wie blinde Augen und die Uhr geschwärzt vom Rauch und ohne Zeiger. Die übrigen Gebäude rund um den Platz waren in sich zusammengefallen, nur ein paar ihrer Schornsteine zeigten noch wie schmutzige, rußige Finger in den klaren blauen Himmel. Der runde Kiosk oberhalb der öffentlichen Toilettenanlage war vom Feuer beschädigt, welches zweifellos von Phosphorbrandsätzen und dem Feuersturm verursacht worden war. Zusammengeschoben stand er jedoch noch an Ort und Stelle. Ich schaute die Treppen hinunter, die zur Toilette führten, ging jedoch wieder weg, da mir bewusst war, dass ich nicht erwarten konnte, dort irgendetwas zu sehen oder zu finden. Die ausgebrannte Straßenbahn stand noch immer dort, wo ich sie vor Wochen hatte stehen sehen. Zwei Menschen, ein Mann und eine Frau überquerten den Platz und vermieden dabei vorsichtig jeden Bombenkrater und Sandsteinbrocken. Mit gesenkten Köpfen liefen sie schweigend nebeneinander und hielten sich an den Händen, um sich gegenseitig zu stützen. Das einzige Geräusch, das ich hören konnte, waren ihre Tritte auf der gefährlich unebenen Oberfläche. Dann verschwanden sie zwischen den Ruinen, und ich stand allein da. Ich versuchte, einem anderen Geräusch nachzuspüren, irgendeinem Geräusch, aber da war nur vollkommene Stille. Nichts rührte sich. Es war, als hätte die Stille eine eigene Stimme. An so einem schönen, warmen Tag. Ich erinnere mich, dass ich in Richtung der Kleinen Plauenschen Gasse lief. Bis heute frage ich mich, was mich veranlasste, dorthin zu gehen, wo es doch keine Hoffnung gab, dass meine Freunde, die Nitzsches, 15 Stunden gnadenloses Bombardement überlebt hatten. Doch ich ging dorthin. Ich kletterte über große Haufen Schutt. Ein paar Mal fiel ich hin, doch ging immer weiter, bis ich den Türeingang des Hauses sehen konnte, in dem sie gewohnt hatten. Es war noch in einiger Entfernung – und der einzige Teil des Gebäudes, der noch übrig war. Die gesamte schmale Gasse war durch herabgestürzte Mauern unpassierbar geworden, und an manchen Stellen waren die Schutthaufen über zwei Meter hoch.

Ich begann langsam, so zurückzuklettern, wie ich gekommen war. Nach einer Weile entschied ich, eine Pause zu machen, um zu verschnaufen, und setzte mich auf einen sehr großen schwarz eingerußten Sandsteinbrocken. Als ich mich umsah, konnte ich in eine Art Spalt sehen zwischen dem, was von zwei schmalen Gebäuden übriggeblieben war. In diesem Zwischenraum lagen keine heruntergefallenen Ziegel oder Steine, doch ich konnte dort vier komplett verbrannte und verformte kurze Holzstücke erkennen. Dies war auch recht naheliegend in diesem Viertel, da die alten Gebäude hier mit viel Bauholz konstruiert worden waren. Aber an diesen Holzblöcken war etwas Seltsames – Teile, die wie Äste aussahen, stachen aus ihnen heraus, konnten aber kaum zu Baumaterial gehören. Ich kletterte von dem Stein, auf dem ich gehockt hatte, um mir die Sache aus der Nähe anzuschauen. Doch dann starrte ich entsetzt zu Boden. Was ich für verbrannte und verformte Holzblöcke gehalten hatte, waren vollständig verbrannte menschliche Körper, und das, was ich als Äste wahrgenommen hatte, waren in Wirklichkeit die grotesk verdrehten Arme und Beine von offenbar drei Erwachsenen und einem kleinen Kind. Vor Jahren hatte ich Männer gesehen, die verwundet waren, einige, die im Sterben lagen und nicht wenige, die tot waren. Erst vor wenigen Monaten hatte ich gesehen, wie ein Mann erschossen wurde. Doch ich hatte nie zuvor menschliche Körper gesehen, die so bis aufs Äußerste durch Feuer entstellt worden waren. Das, was ich sah, war so abstoßend, aber ich wollte nicht krank davon werden. Ich drehte mich weg und begann hastig damit, über die steinigen Schuttberge den Weg zurück nach Hause zu finden.

Als ich den Postplatz erreichte, hielten mich zwei Polizisten an und wollten wissen, was ich da in den Ruinen herumzuklettern hatte. Ich antwortete wahrheitsgemäß, dass ich versucht hatte herauszufinden, was wohl mit meinen Freunden passiert sein könnte, die in der Kleinen Plauenschen Gasse gewohnt hatten, jedoch nichts als völlige Zerstörung vorgefunden hatte und daher davon ausgehen musste, dass sie mit ihrer kleinen Tochter ums Leben gekommen waren. »Wie war der Name der Bekannten?«, wollte der ältere Polizist wissen, und ich sagte: »Günther und Anni Nitzsche. Und der Name ihrer kleinen Tochter war Bärbel.« Er wollte meinen Ausweis sehen. Ich gab ihm meinen Staatenlosen-Pass. Er sah ihn sich gründlich an und gab ihn mir zurück, offensichtlich zufrieden mit dem, was er gesehen hatte. Dann brüllte er zu meiner Überraschung plötzlich: »Hände hoch!« Ich nahm die Arme hoch und fragte: »Warum? Ich habe nichts Verbotenes getan!« Daraufhin sagte er: »Das werden wir sehen!« Und während er sich zu dem jüngeren Polizisten umdrehte, sagte er: »Absuchen!« Ich wurde durchsucht und abgetastet, doch die Prozedur brachte lediglich ein Foto meiner Eltern zum Vorschein und, ich glaube, einen Bleistiftstummel sowie den Schlüssel zu Frau Heinichs Haus in Hellerau. Ich fragte erneut, warum man mich durchsuchte und bekam zu hören, dass Diebstahl aus ausgebombten Häusern zu sofortiger Erschießung führte.

Das wusste ich natürlich längst, hatte jedoch nicht angenommen, dass dies nach all der Zeit, die seit den Bombenangriffen im Februar vergangen war, noch immer galt. Dann fiel mir ein, dass ich die vier verkohlten Leichen erwähnen könnte, die ich kurze Zeit zuvor gesehen hatte. Konnte es sein, dass man sie bei der Suche nach den Bombenopfern und bei deren Entsorgung vergessen hatte? »Oh«, sagte der Polizist nur, »wir finden diese verbrannten Leichen ab und zu noch. Sie werden irgendwann noch eingesammelt. Die verwesenden Leichen müssen zuerst eingesammelt werden wegen der Seuchengefahr. Die Verkohlten können ja nicht mehr gefährlich werden.« Er hob die Achseln und drehte sich auf seinem Absatz um.

Intermezzo

Ich brauchte sehr lange, bis ich wieder zurück in Hellerau war. Es gab keinen Bus. Die schwer beschädigte Straßenbahnlinie verkehrte nur auf einem Teil der Strecke, die übrigen Kilometer musste ich laufen. Am Abend hörte ich bei den Ulichs, dass Käthe Kollwitz, eine große Künstlerin und Verfechterin der Unterdrückten, jetzt in Moritzburg lebte, nur eine Stunde Fußmarsch von Hellerau entfernt. Entweder an jenem Abend oder etwas später beschlossen Franziska und ich, der berühmten Künstlerin die Ehre zu erweisen, deren Arbeiten vom Naziregime verboten und aus öffentlichen Sammlungen entfernt und zerstört worden waren. Die Versuchung, wenigstens einmal ein paar Worte mit der Grande Dame der Künste zu wechseln, war unwiderstehlich. Darüber hinaus noch dachte ich als forscher junger Künstler, es wäre aufregend, ihr eine meiner eigenen Holzschnitte zu präsentieren und vielleicht irgendeine Art Beurteilung meines künstlerischen Potenzials dafür zu bekommen. Franziska hatte Vorbehalte gegenüber diesem Vorschlag, sagte aber schließlich: »Na gut, wer wagt, gewinnt!« Am nächsten Tag machten wir uns auf den Weg nach Moritzburg.

Käthe Kollwitz bewohnte zusammen mit einer Freundin ein zweistöckiges Haus, eines der wenigen im Dorf. Ich erinnere mich nicht, wie Franziska die richtige Adresse herausgefunden hatte (beziehungsweise, woher sie eigentlich überhaupt von der Anwesenheit der Künstlerin in der Gegend erfahren hatte), doch da waren wir nun und klopften an die Tür. Wir wurden etwas misstrauisch von einer älteren Dame empfangen, der gegenüber wir unseren Wunsch zum Ausdruck brachten, ein paar Worte mit Frau Kollwitz zu wechseln. Dass die ältere Dame misstrauisch war, war nur allzu verständlich – wir hätten ja auch unfreundliche Nazis sein können mit schändlichen Absichten im Sinn. Ich entrollte meinen Holzschnitt, um ihn ihr zu zeigen, und sagte, dass ich ihn sehr gerne Frau Kollwitz geben wolle, als Geschenk eines sie bewundernden jungen Künstlers. Sie bat uns, draußen zu warten, während sie nachsehen wollte, ob ihre

Freundin bereit war, uns zu empfangen und kam nach einer Weile wieder, um uns einzulassen und uns in einen kleinen Salon zu führen. In der Nähe des Fensters und mit einem Buch auf dem Schoß saß eine weißhaarige alte Frau, die uns ernst ansah und fragte, wer wir seien. Natürlich erkannten wir sie aufgrund der verschiedenen Selbstporträts aus Veröffentlichungen in der Zeit vor den Nazis. Ich nahm all meinen Mut zusammen, stellte uns beide vor und fragte sie, wobei ich mich immer wieder verhaspelte, ob sie einen Holzschnitt als Geschenk von mir annehmen würde. Daraufhin zeigte ihr Gesichtsausdruck Interesse, und sie sagte: »Lassen Sie mich erst einmal sehen.« Ich reichte ihr den Druck, und sie setzte ihre Brille auf und hielt ihn nah vor sich, um besser sehen zu können.

Den Holzschnitt hatte ich in die sehr grobe Oberfläche eines Holzstücks geritzt und keinen Versuch unternommen, die Linien oder die Textur zu verfeinern. Er zeigte nur ein Gesicht mit Händen, die den Mund und die weit geöffneten Augen bedeckten, so als seien sie Zeugen von etwas unaussprechlich Schrecklichem. Aus meiner Wahrnehmung betrachtete sie es für eine gefühlte Ewigkeit. Ich wartete auf irgendeinen Kommentar, gut oder schlecht, aber nichts dergleichen kam. Schließlich legte sie den Druck beiseite, winkte ihre Freundin heran und flüsterte ihr etwas ins Ohr; die Dame verließ daraufhin den Raum. Käthe Kollwitz fragte uns nach unserem Alter, nach unseren Studien an der Dresdner Akademie und fragte speziell mich, ob ich grafische Arbeiten der Malerei vorzog. Ich weiß nicht mehr, was ich antwortete, doch dann kam ihre Freundin zurück und hatte ein Bündel von Blättern in der Hand, die nach Grafiken aussahen, und übergab sie vorsichtig in die Hände der alten Dame. Wir sahen dabei zu, wie sie durch das Bündel blätterte und an einer Stelle innehielt, um uns mitzuteilen, dass diese Drucke ein kleiner Teil dessen waren, was vor ein paar Monaten aus ihrer ausgebombten Atelierwohnung in Berlin gerettet worden war. Schließlich nahm sie einen der Drucke vom Stapel, legte ihn oben auf die anderen und bat ihre Freundin um einen Bleistift. Dann signierte sie den Druck und gab ihn mir. »Danke für ihren Holzschnitt«, sagte sie mit einem kleinen Lächeln, »und hier ist eine kleine Erwiderung.«

Was auch immer meine Antwort war, es muss ein Wirrwarr aus Worten der Dankbarkeit für solch ein Privileg und solch eine Ehre gewesen sein. Ich hätte am liebsten ihre Hand geküsst, scheute jedoch dann solch ein Übermaß an Bewunderung. Ich war von der größten lebenden Künstlerin der Epoche beurteilt

Das Grauen – 1941 – der Holzschnitt, den ich Käthe Kollwitz gab, als Franziska und ich sie besuchten.

und nicht für unzulänglich befunden worden. Ihr Geschenk an mich trägt den Titel *Hunger* – eine schlichte Darstellung einer Mutter, die den Körper ihres toten Kindes betrauert, ein Motiv, das Kollwitz weite Strecken ihres künstlerischen Schaffens begleitete. Ihr Sohn, das einzige Kind, war im Ersten Weltkrieg in Flandern getötet worden. Wir rannten nach Hause, und das Nächste, woran ich mich erinnere, ist, wie ich Franziskas Eltern stolz meine Beute präsentierte und von beiden begeisterte Beglückwünschungen dafür erhielt.

Käthe Kollwitz starb am 22. April, ungefähr fünf Wochen, nachdem Franziska und ich sie besucht hatten. Ein paar Tage später gingen wir zu ihrer Beerdigung auf einem kleinen Friedhof in Moritzburg. Es war ein grauer, wolkenverhangener Tag, und nicht mehr als zwölf Trauergäste waren bei der Beisetzung anwesend. Ein junger Mann hielt eine kurze Grabrede und versuchte dabei vorsichtig, ihren Kampf für soziale Gerechtigkeit und gegen den Krieg auszulassen. Es gab keinerlei religiöse Zeremonie, als der schlichte, sehr bescheidene Sarg in der Erde versenkt wurde. Franziska und ich kehrten schweigend nach Hellerau zurück.

Die endgültige sowjetische Offensive begann am 16. April 1945, und der deutsche Rundfunk änderte seine Weise vom sicheren »Endsieg« in die vom »Durchhalten bis zur letzten Kugel, bis zum letzten Blutstropfen«. Zu allem Überfluss wurde ein geradezu lächerlicher Nachsatz der Behauptung zugefügt, dass die Kurland Armee, ein paar wenige Wehrmacht-Divisionen, die in Lettland festgesetzt und völlig vom Deutschen Reich abgeschnitten waren, bereit und in der Lage seien, dem Vaterland in der Stunde der Not zu Hilfe zu eilen. Es schien die Propaganda-Redenschreiber von Goebbels nicht zu interessieren, dass diese Divisionen sich dazu ihren Weg durch mehrere 100 Kilometer Territorium hätten erkämpfen müssen, das längst in sowjetischer Hand war und bei diesem Versuch schlichtweg vernichtet worden wären.

Der letzte Brief von meinen Eltern hatte mich Anfang Januar 1945 erreicht. Inmitten anderer Mitteilungen und auf eine Art, die mir erlaubte, zwischen den Zeilen zu lesen, schrieb mein Vater, dass eine ziemlich große Anzahl deutscher Funktionäre und ihre Familien zurück ins Reich beordert worden seien und viele Behörden, die von ihnen seit 1939 in Poznań eingerichtet worden waren, nun auf unbestimmte Zeit geschlossen wurden. Das sagte mir natürlich, dass die Deutschen endlich auf der Flucht waren und versuchten, ihre Haut zu retten. Die wenigen Sätze, die meine Mutter dem Brief beifügte, waren voller Sorge und tiefster Liebe. Ich schrieb sofort zurück, erfuhr jedoch nie, ob diese Antwort meine Eltern erreicht hatte. Es ging nun bereits auf Ende April zu. Die Rote Armee hatte die Wehrmacht aus Polen und Ostpreußen zurückgedrängt und stand nun an der Oder. Nach fünfeinhalb Jahren brutaler Besatzung war Poznań wieder frei, doch der Krieg war noch nicht zu Ende; meine Gedanken waren ständig bei meinen Eltern. Dabei wurde mir auch klar, dass ich erst wieder würde bei ihnen sein können, wenn das Töten ein für alle Mal beendet worden war.

Nach Käthe Kollwitz' Tod fertigte ich einen Holzschnitt an in dem Versuch, sie in meiner Erinnerung zu verewigen und als Künstlerin und Menschen zu ehren.

Die Arbeit an dem Vorhaben erinnerte mich an die Akademie, und ich nahm mir vor, zurück in die Stadt zu gehen, um nachzusehen, wie sehr dieses prächtige, wenn auch eklektische Gebäude unter den Bombenangriffen der Alliierten gelitten hatte. Von Weitem hatte ich es bereits gesehen, als ich mich nach Dresden gewagt hatte, um etwas über das Schicksal der Nitzsches herauszufinden. Aus der Entfernung sah das Akademiegebäude beinahe wie von den Feuern unversehrt aus, nur in den großen Ateliersfenstern klaffte dunkle Leere. Das Glas darin musste entweder durch die Druckwelle in Folge der Bombenexplosionen geborsten sein oder war durch die große Hitze der Brände geschmolzen.

Der teilweise wiederhergestellte Straßenbahnbetrieb funktionierte immer noch sehr unzuverlässig, ich ging den größten Teil der Strecke zu Fuß. Als ich die Elbe überquert hatte, kletterte ich die ausgedehnten Stufen zur Brühlschen Terrasse herauf, auf der sich die Akademie befand. Einst nach Graf Brühl benannt, einem königlichen Minister aus dem 18. Jahrhundert, stand hier das Brühlsche Palais. Doch dieses einst erlesene Palais war nun nichts mehr als ein Haufen Schutt. Die Terrasse selbst war eine sehr weitläufige, breite Fläche hoch über dem Fluss mit einer herrlichen Aussicht, die ihr die grandiose Bezeichnung »Balkon Europas« einbrachte.

Jetzt war die Oberfläche löchrig, wo Bombensplitter eingeschlagen waren. An vielen Stellen war der Asphalt geschmolzen oder hatte sich von der Hitze der Brandbomben verzogen, von denen manche noch herumlagen – ausgebrannte achteckige Metallrohre, die ungefähr einen halben Meter lang waren. Das massive Akademiegebäude wachte über diesen traurigen Anblick, doch als ich mich dem Haupteingang näherte, sah ich, dass einige der riesigen Fenster mit Platten aus Sperrholz und Pappe ausgefüllt waren. Solche verzweifelten Maßnahmen wurden natürlich ergriffen, um das Innere des Gebäudes vor den Elementen zu schützen. Die große Eingangstür stand offen, und

Hunger von Käthe Kollwitz – der Holzschnitt, den Frau Kollwitz mir gab.

ich ging ungehindert hinein. Wie erwartet, hatte das Gebäude im Inneren Schaden genommen: Risse in den Wänden und in den Marmorböden und eine spürbare Verschiebung der Treppe, die in die Klassenzimmer-Ateliers führte, waren zu sehen. Doch es gab auch noch Leben dort. Als ich einen langen Korridor entlangging, begegnete ich Herrn Lehmann, der Professor Sauersteins Assistent im Fach Anatomie gewesen war. Herr Lehmann war nun dafür zuständig, das Gebäude zu sichern, und da er aus seinem Zuhause ausgebombt war, hatte er sich im Keller der Akademie niedergelassen. Er war nicht der Einzige, der dort Zuflucht fand. Herr Eckhardt, der Druckgrafiker, der mir das Druckerzubehör für meine Bulletins gegeben hatte, wohnte ebenfalls in der unterirdischen Druckerei. Keiner der beiden wusste, was aus Professor Dietze, meinem früheren Lehrer, geworden war. Lehmann hatte nichts dagegen, dass ich durch das Gebäude streunte. »Nur zu«, sagte er, »es gibt aber nichts Interessantes mehr zu sehen.« Damit hatte er nur zum Teil recht. Als ich von Atelier zu Atelier ging, begegnete mir hauptsächlich Verwüstung – Scherbenhaufen auf den Böden, einige hoffnungslos beschädigte Gemälde und ein ganzer Haufen Zeichnungen von Schülern, die nun alle triefend nass waren vom Regen, der durch die geborstenen Fenster gekommen war. In einem der Ateliers der Meisterschüler, dem meines äußerst begabten Freundes Yakiv (später Jacques) Hnizdovsky, sah ich inmitten der ganzen Trümmer ein Regal, auf dem mehrere Blätter lagen, die offenbar trocken geblieben waren. Sie stellten sich als signierte Drucke seiner Holzschnitte heraus, erstklassige Exempel der Arbeit dieses talentierten Künstlers, die nicht einfach sich selbst überlassen werden konnten, bis sie zerfielen oder sie jemand wegschmiss, der keine Ahnung von ihrem wahren Wert hatte. Ich sammelte sie ein und nahm sie an mich. Lehmann war auch der Meinung, dass dies der beste Weg sei, sie zu retten. Jahrelang wussten weder Yakiv noch ich voneinander, ob der jeweils andere noch am Leben war und wo um alles in der Welt er lebte. Es stellte sich später heraus, dass Yakiv sich in New York niedergelassen hatte, wo aus ihm ein erfolgreicher freischaffender Künstler und Buchillustrator geworden war, und dabei, wie immer schon, seinem auserwählten Medium – dem Holzschnitt – die Treue hielt. 30 Jahre nach der Bombardierung Dresdens, als Yakiv eine Ausstellung in Winnipeg hatte, konnte ich ihm endlich seine Drucke wiedergeben. Voller Dankbarkeit überließ er mir ein paar davon.

Die letzten Tage

Am 30. April gab der deutsche Rundfunk zu einem düsteren Klagelied von Wagner bekannt, der Führer und Oberbefehlshaber der Deutschen Wehrmacht sei den Heldentod gestorben, »während er dabei war, seine Truppen gegen die barbarischen Feinde anzuführen«.[1]

Die Meldung fügte hinzu, dass Admiral Dönitz zum Nachfolger Hitlers ernannt worden war und der Kampf weiterginge. Erst einen Tag später wurde bekannt, dass der Führer in Wahrheit Selbstmord begangen hatte.

Am nächsten Tag konnte man das Rumpeln von Panzern hören, was einige Bürger von Hellerau dazu veranlasste, zu glauben, die Sowjets seien da. Die Panik wuchs deutlich, als sich herumsprach, dass die Panzer zu einem kleinen, kampfmüden Abkommando einer SS-Panzerdivision gehörten. Vier Tiger-Panzer waren neben einem Abschnitt der Moritzburger Autobahn eingegraben, direkt neben einer Ansammlung attraktiver und gut gepflegter Einfamilienhäuser. Bald wurde klar, dass die SS ihre Panzer dort nicht für ein Picknick geparkt hatte, sondern um zu schießen, falls es der Feind wagen sollte, sich Dresden oder dem, was davon noch übrig war, zu nähern und dass dabei dann auch Hellerau in Stücke zerlegt werden würde.

In der Zwischenzeit übertrug die BBC die Nachricht, dass sich alle deutschen Truppen in Italien ergeben hätten. Vier Tage lang war die Lage sehr angespannt, dann nahm die SS zu jedermanns Erleichterung mitten in der Nacht ihre Panzer und zog ab. Ein weiterer – friedlicherer – Akt des Verschwindens in Hellerau fand in der früheren, einst weltberühmten Jacques-Dalcroze-Tanzschule statt, die später in eine Art Sozialwissenschaftliches Institut umgewandelt wurde. In den letzten Monaten des Krieges wurde aus ihr eine Kaserne für kaukasische, usbekische und kasachische Truppen gemacht – alle sowjetische Deserteure, die von den Deutschen aus lauter Verzweiflung gemustert worden waren, um einen allerletzten Widerstand gegen die Rote Armee zu leisten. Das Gebäude lag in Sichtweise der Ulichs und war nur ein paar Minuten zu Fuß entfernt. Ich war in meinem Zimmer in Frau Heinichs Haus, als Franziska mit der Nachricht die Treppe heraufgestürzt kam, dass die Osttruppen weg seien und sich nun ziemlich viele Zivilisten, wahrscheinlich Bürger von Hellerau, in dem verlassenen Gebäude versammelt hätten. Sie lud mich ein, mit ihr mitzukommen, um zu gucken, was die Ausreißer möglicherweise zurückgelassen hätten, und so machten wir uns gleich auf den Weg.

In dem Gebäude fanden wir eine unbeschreiblich chaotische und bizarre Szenerie vor. Der große zentrale Raum war fast ausschließlich gefüllt mit unüberschaubar großen Mengen Militärausrüstung deutscher Art, die nach Kategorien getrennt waren. Nichts davon war auf ordentliche Weise gestapelt, sondern offenbar in großer Hast auf Haufen geworfen worden, von denen manche über 1,80 Meter hoch waren. Sie bestanden aus Uniformjacken, Mänteln, Hosen und Unterwäsche, Gürteln und Rucksäcken, noch verpackten Gasmasken, Küchenutensilien, Schuhen, Socken, Schiffchen-Kappen und Barrett-Kappen, Drillich-Arbeitsanzügen, Stiefeln, Stahlhelmen – alles außer Waffen und Munition. Ganz offenbar waren die Osttruppen in Panik geflüchtet, höchstwahrscheinlich Richtung Westen. Vom zentralen Raum wegführend war die übliche Kasernenausstattung – eine große Küche und ein sehr großer Speiseraum, Waschräume, Toiletten, Duschen, ein paar Diensträume mit noch intakter Einrichtung (abgesehen von den offenen Türen der Safes) und große Wachbecken voll mit Asche, vermutlich von eiligst verbrannten Dokumenten. Überall – auf, inmitten und um dieses Chaos herum – kroch und kletterte eine Horde normalerweise stets so vornehmer Einwohner von Hellerau, die meisten von ihnen Frauen, aber auch ein paar Männer, die in den Sachen herumwühlten, welche aussuchten, anprobierten, wieder wegwarfen, sie anderen aus den Händen rissen und triumphierend aufschrien, fluchten, sich anschrien und so einen höllischen Krach veranstalteten.

Franziska verschwand in die Küche, ich wollte mir den Berg Stiefel näher ansehen. Mein Schuhwerk, das mein ukrainischer Freund Yakiv vor so vielen Wochen für mich aufgetrieben hatte, hatte – so traurig das war – in seiner Brauchbarkeit ausgedient und musste dringlichst ersetzt werden. Wonach ich Ausschau hielt, waren nicht so sehr die typischen deutschen Infanterie-Stampfer mit Hakennägeln, sondern diese gut verarbeiteten, kniehohen Offiziersreitstiefel, die ich schon in dem großen Haufen mit verschiedenem militärischem Schuhwerk entdeckt hatte. Leider lagen diese hübschen Stiefel nicht paarweise herum. Wenn man also zum Beispiel einen linken Stiefel erwischt hatte, musste man so lange herumkramen, bis man das rechte Gegenstück dazu gefunden hatte. Es war jedoch nichts dabei, und ich musste weitersuchen, bis ich ein Paar gefunden haben würde, das passte. Angesichts Dutzender von Stiefeln, die ich absuchen musste, war diese Aufgabe schwierig und wurde immer entmutigender, je mehr Zeit verging. Irgendwann war ich frustriert und fluchte auf Polnisch: »Psiakrew!« (»Hundsblut!«), woraufhin ein Mann, der neben mir stand, auflachte und fragte, ob ich Pole sei. Ich bejahte und wir unterhielten uns daraufhin ein paar Minuten auf Polnisch, bis es mir endlich gelang, ein zusammengehörendes Paar Stiefel zu finden, das noch wie neu war. Der Mann hatte bereits gefunden, was er wollte, und sagte im Gehen, dass er hoffte, wir würden uns mal wieder irgendwo begegnen. Franziska schien noch an anderer Stelle beschäftigt, und so nahm ich meinen »unbezahlbaren« Fund und ging los, um mir noch andere Teile des Gebäudes anzusehen.

Nachdem ich in ein paar Diensträume geschaut hatte, die die üblichen Standardschreibtische, Stühle und Aktenschränke hatten, genauso wie die übliche große standardmäßige Fotografie des verstorbenen Führers, kam ich in einen Raum, der als Konferenzraum genutzt worden sein musste. Ein langer Tisch mit mehreren Stühlen auf jeder Seite füllte den größten Teil des Raumes aus. Über dem Tisch wachte ein riesiges, in Massenproduktion gefertigtes, goldgerahmtes, lebensgroßes Farbporträt Hitlers. So viele Gedanken gingen mir durch den Kopf, als ich jetzt auf dieses Porträt starrte. Ich ging zurück in einen Korridor, indem ich einiges an Feuerwehrausrüstung gesehen hatte, fand dort eine Axt, ging zurück zum Konferenzraum und rammte mit einem einzigen wütenden Schlag die Klinge der Axt in dieses verhasste Gesicht. Dann warf ich die Axt auf den Konferenztisch und ging, während ich darüber nachdachte, wie seltsam es sich anfühlte, etwas tun zu können, wofür ich ein paar Tage zuvor noch unter die Guillotine gekommen wäre.

Die vielen Jahre, die ich in einem Zustand beinahe ständiger Angst und Befürchtungen gelebt hatte, in denen ich meine Gedanken und Gefühle verstecken und in der Dunkelheit umherschleichen musste, in denen ich zwei voneinander getrennte und doch parallele Leben führen musste und deshalb sogar meine Freunde belog – all das war plötzlich vorbei, vergangen, zu Ende. Keine Autorität bedrohte mich mehr. Deutschland war besiegt, selbst wenn der Krieg noch andauerte. Dies war ein Interregnum im wahrsten Sinne des Wortes. Und eindeutig auch eine Art Anarchie.

Natürlich war es nicht möglich, meinen Freunden oder Unterstützern wie den Ulichs zu erzählen, dass ich jahrelang aktiv im polnischen Widerstand gewesen war, und zwar im vollen Bewusstsein, dass eine Enttarnung meiner Aktivitäten auch ihr Leben in Gefahr gebracht hätte. Ja, der Nazialbtraum war zu Ende, schon bald würde niemand mehr die Gestapo fürchten müssen. Doch von einem der letzten Kuriere, die im November 1944 durch Dresden gekommen waren, hatte ich erfahren, dass die Sowjets, die zu dem Zeitpunkt schon die Hälfte Polens besetzt hatten, genauso gnadenlos mit dem ehemaligen polnischen Untergrund umgingen wie zuvor die Deutschen. Deshalb war es für mich oberstes Gebot, meinen Mund zu halten und darauf zu achten, mit wem ich sprach, ob es nun Deutsche waren oder (in naher Zukunft) Russen. Selbst jetzt, wo ich dies schreibe, verspüre ich noch einen Hauch von Schuldgefühlen gegenüber all den anständigen Menschen, die mir so sehr geholfen hatten, ohne zu wissen, wie fruchtbar gefährlich es für sie war, mit mir befreundet zu sein.

Franziska und ich kehrten triumphierend nach Hause zurück, sie mit einer großen Ladung Lebensmitteln, vor allem Dosenfleisch, in einer improvisierten Tasche aus einem militärischen Waffenrock, und ich mit meinen neu »befreiten« Stiefeln. Ich erinnere mich, dass ich die alten Treter, die mir so treu gedient hatten, behalten hatte. Vielleicht dachte ich, ich würde sie noch einmal reparieren lassen oder sie vielleicht angemessen bestatten? In jenen Tagen schätzte man solche banalen und doch wichtigen Dinge und hing an ihnen.

Es war nun der 5. Mai. Berlin hatte sich drei Tage zuvor ergeben. Der deutsche Rundfunk hatte das Senden eingestellt, doch über die BBC-Berichte, die jetzt völlig störungsfrei zu empfangen waren, erfuhren wir, dass es der Roten Armee gelungen war, die Schlinge um Berlin zuzuziehen und dass der deutsche Widerstand schnell zusammengebrochen war. Ein anderer BBC-Bericht gab die offizielle Anerkennung der neu gebildeten polnischen Regierung in Lublin vonseiten der britischen Regierung bekannt. Ich hörte das, sprachlos und konfus, doch Dr. Ulich verstand sofort, was diese Meldung bedeutete. »Die Briten haben der polnischen Regierung in London die Anerkennung entzogen«, sagte er und beließ es dabei. Ich konnte nur zustimmend nicken und dabei versuchen, meine Verzweiflung zu verbergen. Es reichte Großbritannien und besonders den Vereinigten Staaten nicht, Polen in Teheran zu hintergehen und mein Land der Sowjetunion zu übergeben; nun gaben sie ihrem Verrat auch noch eine endgültige, offizielle Bestätigung! Dies hieß, dass Polen, der erste und treueste aller Verbündeten des Westens im Kampf gegen Hitlerdeutschland, das Blut von Zigtausenden seiner jungen Männer umsonst in den Schlachten zu Land, in der Luft und auf dem Wasser vergossen hatte. Die Polen hatten Großbritannien verteidigt, und das war es nun, was Großbritannien ihnen dafür gab. Jetzt verstand ich die Bedeutung des Ausdrucks »perfides Albion« (»niederträchtiges England«).

Am Tag nach dieser tragischen Nachricht klopfte Frau Heinich an meiner Tür und sagte, ein Mann wolle mich besuchen. In den Tagen, die nun vergangen waren, wäre ich auf einen unangekündigten Besuch gefasst gewesen, vielleicht von der Polizei oder sogar von der Gestapo. Doch diese ganze Angst war nun weg. Ich ging hinunter, um nachzusehen, wer dieser Besucher wohl sein mochte. Es stellte sich heraus, dass es der Mann war, mit dem ich Polnisch gesprochen hatte, während ich in dem Haufen Stiefel herumwühlte. Ich bat ihn herein, wir schüttelten uns die Hände, und er stellte sich als Konstanty Baum vor. Er sagte, er kenne meinen Namen bereits, sodass es nicht mehr nötig sei, dass ich mich vorstellte. Obwohl darüber etwas erstaunt, akzeptierte ich seine Erklärung und nahm an, dass er die Information von einer »unserer« Quellen (des Widerstands) hatte. Er machte einen vertrauenswürdigen Eindruck und sprach einwandfreies Polnisch, doch eingedenk der strengen Regeln des Untergrunds bewahrte ich Stillschweigen und überließ ihm das Reden, so lange, bis ich mir seiner Glaubwürdigkeit sicher war. Seine Geschichte war bunt und spannend.

Konstanty Baum (»Nenn' mich Kostek«, sagte er) war lange vor dem Ersten Weltkrieg in Łódź zur Welt gekommen, einem wichtigen Zentrum der textilverarbeitenden Industrie, damals noch unter der Regentschaft des russischen Zaren. Sein Vater, ein Textilwarenhändler, war in die russische Stadt Charkow versetzt worden, wo Kostek seine höhere Schulbildung erhielt. Nach dem Ersten Weltkrieg war die Familie ins gerade befreite Polen zurückgekehrt, und auch er stieg als Handelsvertreter in den Textilhandel ein. In den frühen 1930er Jahren hatte er an der

Baumwollbörse in Alexandria gearbeitet und großen Erfolg gehabt, was auch daran lag, dass er fließend Polnisch, Russisch und Deutsch sprach und zudem auch noch etwas Französisch konnte. Seine Handelsbemühungen wurden durch seine Geschäftstüchtigkeit und seinen persönlichen Charme begünstigt, der, wie ich später herausfand, ihn auch bei den jungen Damen erfolgreich sein ließ.

Nach der Niederlage Polens 1939 und unter der Herrschaft der Deutschen in der Folge schloss er sich der Widerstandsbewegung an, während er gleichzeitig den Kontakt zum Textilhandel in Łódź, der jetzt von den deutschen Besatzern kontrolliert wurde, aufrechterhielt. Seine Kenntnisse vom Textilgeschäft und seine Kompetenz, kombiniert mit seinen sprachlichen Fähigkeiten, machten ihn zum idealen Kandidaten, um den Handelserfolg in den deutschlandfreundlichen Ländern, Vichy Frankreich eingeschlossen, und den angeblich neutralen wie Portugal und Spanien aufrecht zu erhalten. Er agierte als Handelsvertreter und fungierte gleichzeitig als Kontakt zwischen dem polnischen Untergrund und dem Westen. Ausgestattet mit echten Ausweispapieren und Dokumenten, die ihn als Vertreter der Textilindustrie in Łódź auswiesen, reiste er mehrere Male nach Schweden, ein paar Mal nach Italien, ins Frankreich der Vichy-Regierung und nach Spanien. Im Frühjahr 1943 war er auf seinem Weg in die Schweiz, als die Beziehungen zwischen der britischen Regierung und der polnischen Exilregierung vor eine Zerreißprobe gestellt wurden, nachdem man in Katyń auf die Massengräber mehrerer tausend polnischer Offiziere gestoßen war. Der Kurierverkehr kam praktisch zum Erliegen und wurde vor dem Warschauer Aufstand, der von August bis Oktober 1944 dauerte, nur teilweise wieder aufgenommen. Das tragische Ende dieses Aufstands erwischte Kostek in der Stadt Cottbus, auf dem Weg nach Dresden, von wo aus er in den Westen, Richtung Frankreich oder Holland, weiterreisen sollte.

In der Zwischenzeit hatten sich jedoch die Fronten so schnell auf Deutschland zubewegt und waren sogar nach Deutschland selbst vorgedrungen, dass sich alle Versuche, das Ziel seiner Reise noch zu erreichen, als vergeblich erwiesen. Er kam jedoch noch in die Nähe von Dresden und erreichte den Ort Wilschdorf, der nur einen kurzen Fußweg entfernt von Hellerau liegt. Da er einen guten Vorrat Reichsmark bei sich hatte, mietete er ein Zimmer, in dem er auf das große Finale des Krieges warten wollte, das zu dem Zeitpunkt schon ziemlich sicher mit einer vollständigen Niederlage der Deutschen enden würde. Er befreundete sich mit seiner Vermieterin und deren Tochter und festigte diese Freundschaft durch eine beträchtliche Anzahl an Lebensmittelgutscheinen und anderen persönlichen Gefälligkeiten. Er wurde aus der Ferne Zeuge der Zerstörung Dresdens, zog es aber vor, die Stadt nicht zu besuchen, nachdem diese tödlich verwundet worden war. Irgendwann im März zog er von Wilschdorf nach Hellerau, um dort bei einer Dame zu wohnen, die er frisch kennengelernt hatte, eine geschiedene Frau, die aussah, als sei sie so um die Ende 40 oder 50 und eine ziemlich nette Villa besaß. Er wohnte also jetzt in der Nähe und hatte, unternehmerisch wie er war, angefangen, Verbindungen zum Schwarzmarkt aufzunehmen. Er besuchte mich nicht nur, um meine Bekanntschaft zu machen, sondern auch, um mir in dieser Zeit des Hungers Hilfe anzubieten. Irgendwann wurden wir sehr enge Freunde.

Der 6. Mai war ein warmer und sonniger Frühlingstag. Es war für mich schwer zu glauben, dass der Krieg noch immer andauerte und die Rote Armee noch immer nicht nach Dresden, oder was dies einmal gewesen war, und in sein scheinbar noch intaktes Umland einmarschiert war. Ab und zu konnte man in der Ferne das polternde Geräusch von Artillerie hören, doch die angstvoll erwarteten sowjetischen Truppen hatten sich noch nicht blicken lassen. Wenn ich durch mein Fenster schaute, konnte ich sehen, dass die meisten der Häuser entlang der Straße selbstgemachte weiße Fahnen draußen hängen hatten: Bettlaken, Kopfkissenbezüge, Tischservietten, alles außer weißer Unterwäsche. Diese Manifestation wehrloser Unschuld schien besonders bei jenen Häusern hervorzustechen, die in der eben erst vergangenen Zeit ihre Fahnenstangen, Häuserwände und Fenster mit Hakenkreuzfahnen geschmückt hatten.

Sogar meine Vermieterin Frau Heinich, der jede Art von Politik fern zu sein schien, fühlte sich jetzt veranlasst, eine Tischserviette an die Haustür zu nageln, um sich so als Nichtkombattantin zu deklarieren. Um die Aufrichtigkeit ihrer Kapitulation zu unterstreichen, opferte sie sogar ein Stück ihrer Aussteuer, Tischwäsche aus feinem Damast mit einem Rand aus feiner Spitze. Interessanterweise machten sich weder die Ulichs noch Frau Troll die Mühe, eine weiße Fahne rauszuhängen. Vielleicht hielten sie es nicht für nötig und dachten, dass dies die Russen ohnehin nicht beeindrucken würde. Und da es eine weiße Fahne noch nie geschafft hatte, eine Bevölkerung vor der Barbarei des Krieges zu beschützen, machte es kaum einen Unterschied, ob man eine raushing oder nicht.

Im weiteren Tagesverlauf wurde die Anspannung fast spürbar, obwohl das Plündern der verlassenen Kaserne weiterging. Franziska und ich machten noch einmal einen kleinen Abstecher in das Gebäude und stellten fest, dass die meisten der Uniformen, Stiefel, Feldmützen und dergleichen weg waren, aber ein paar Reste noch herumlagen. Darunter entdeckte ich ein paar nagelneue Offiziersreithosen mit Lederbesatz am Gesäß, die aussahen, als könnten sie mir passen. Ich eignete mir zwei davon aus grauem Stoff an, fand noch passende Hosenträger dazu und ging damit nach Hause, um das Ganze anzuprobieren. Zusammen mit den zuvor dort schon gefundenen Stiefeln passten sie perfekt. Leider fügte meine zivile Jacke, die von kratzigem Material aus Kriegsproduktion war und auch schon sehr abgetragen wirkte, meiner neuen modischen Kombination eine gewisse Beliebigkeit bei.

In jener Zeit dachte man jedoch nicht viel, wenn überhaupt, über elegante Garderobe nach. Es war eine Zeit der Tragödien, des Todes, der triumphierenden Siege. Überall in Europa ergaben sich die Deutschen massenweise, und auch mein Land war endlich von ihnen befreit. Die Familie Ulich feierte mit Kräutertee anstelle von Wein und hörte jetzt abends die BBC-Sendungen, ohne ein Tuch über das Wohnzimmerfenster zu hängen. Elektrizität gab es nur sporadisch, doch niemand kümmerte sich mehr um die Verdunkelung am Abend. Dennoch war die Anspannung noch da, auch wenn die Geräusche der sowjetischen Artillerie etwas abgeflaut waren. Die Erwartung eines barbarischen Verhaltens vonseiten der »mongolischen« sowjetischen Truppen, wie die Deutschen sie inzwischen nannten, war nervenaufreibend und ließ die Bevölkerung vor Angst erzittern. Diese, wahrscheinlich gerechtfertigten, Ängste wurden durch einen ständigen Strom von Horrorgeschichten verstärkt, die im Laufe des vorherigen Jahres von Goebbels' Propagandamaschine verbreitet worden waren und immer noch geglaubt wurden. Viele davon stellten sich als wahr heraus.

Mitten an einem Nachmittag konnte man das inzwischen vertraut gewordene Geräusch einer sich schnell nähernden Flugzeugformation hören. Ich stand zufällig gerade mit Dr. Ulich auf den Eingangsstufen seines Hauses, als wir fünf oder sechs mit roten Sternen gekennzeichnete Bomber sahen, die mit großer Geschwindigkeit aus Osten herankamen. Sie waren weniger als einen Kilometer nördlich von Hellerau entfernt, als sie in Richtung des Flugplatzes in Klotzsche steuerten und dort ihre Bomben abwarfen, vermutlich auf die noch immer dort geparkten, zurückgelassenen und nun nutzlos gewordenen deutschen Kampfflugzeuge. Das Ganze dauerte kaum mehr als eine halbe Minute. Danach drehten die Bomber in einer weiten Kurve ab und flogen zurück Richtung Osten. Sie hinterließen eine riesige schwarze Rauchsäule, doch für uns bestand keine Notwendigkeit, in Deckung zu gehen.

Später an diesem Nachmittag, als wir BBC-Berichte über die letzten Atemzüge Nazideutschlands verfolgten, hörten wir auch einen kurzen Beitrag über die Präsenz polnischer Truppen ungefähr 20 Kilometer nordwestlich von Dresden. Sie hatten sich am Elbeufer eingegraben und griffen die alte, historische Stadt Meißen an. Das interessierte mich naturgemäß, obwohl ich es mit gemischten Gefühlen verfolgte. Ich erklärte den Ulichs, dass diese polnische Formation zweifelsohne Teil einer Division aus polnischen Soldaten war, die von den Sowjets 1939 gefangen genommen worden waren. Viele von ihnen waren im Sommer 1943 freigelassen worden, jedoch nur, wenn sie zustimmten, in einer neu gebildeten polnischen Division unter sowjetischem Kommando zu dienen. Der Nachrichtenbeitrag der BBC erwähnte auch eine aktive polnische Beteiligung bei der Schlacht um Berlin. Dies, so erinnere ich mich, veranlasste Frau Ulich dazu, zu sagen, dass sie hoffte, die Polen brächten so viele Nazis um wie möglich – seltsame Worte aus dem Munde einer deutschen Dame, doch sogleich Ausdruck des ehrlichen Gefühls einer Sozialistin, die den Krieg hasste.

Am 7. Mai war keine Wolke am Himmel. Es war sehr warm, und Frau Heinich werkelte in ihrem winzigen Gartenbeet. Die Straße rauf und runter proklamierten weiße Bettlaken und Kissenbezüge Frieden und politische Unschuld, obwohl kein einziger Russe in Sicht war. Noch immer konnte man in weiter Ferne etwas Artilleriefeuer hören – eher unregelmäßige kurze Knallgeräusche, vermutlich, damit jeder wusste, dass der Krieg noch nicht vorbei war. Ganz gleich in welche Richtung ich aus meinem Fenster blickte, nicht ein Mensch war auf der Straße zu sehen. Offenbar fühlten sich die meisten Leute in ihren Häusern sicherer. Das war natürlich eine völlige Illusion, da – wie jeder weiß – ein Soldatenstiefel mit etwas Gewalt jede durchschnittliche Tür eintreten kann.

Ich ging hinunter und dann nach draußen, um mich mit Frau Heinich zu unterhalten, bevor ich zu den Ulichs rüberging. Unterwegs schon aber traf ich Franziska, die mir gerade entgegenkam. Wir schlenderten die Straße entlang und sprachen darüber, was wohl passieren würde, wenn die Russen erst einmal

da wären. Sie sagte, dass sie sich darauf freute, sie als Befreier zu begrüßen. Alle Deutschen, sagte sie, sollten sie mit Blumen und als Freunde begrüßen. Ich traute kaum meinen Ohren und war sicher, dass es ein Witz sein sollte – doch dann wurde mir klar, dass sie genau das meinte, was sie sagte. Es war also wirklich an der Zeit, sie darüber aufzuklären, was die Truppen an der Frontlinie und die, die ihnen folgen würden, der Zivilbevölkerung ihres Feindes antun könnten und möglicherweise auch würden. Das, so versuchte ich ihr klarzumachen, galt insbesondere für Soldaten, die auf Rache für die Zerstörung ihres Landes und für die Millionen von Toten aus waren, für die der Nazifeind verantwortlich war. Es tat mir leid, ihre idealistischen Illusionen zerstören zu müssen. Sie betrachtete die Russen (eine allgemeine Bezeichnung, die die Deutschen den Sowjets und der Roten Armee gegeben hatten) wie Helden, die direkt Tolstois *Krieg und Frieden* oder den Gedichten von Puschkin, Lermontow und Nekrassow entstiegen waren. Durch die Musik von Tschaikowski oder Borodin stellte sie sich die Russen als romantische Idealisten vor, die nun kamen, um das militaristische Nazimonster zu schlachten. In meiner Argumentation erwähnte ich nichts von all dem, sondern führte Beispiele für die übliche Brutalität der Russen im polnisch-bolschewistischen Krieg 1920 und während der Besetzung Ostpolens 1939 an. Um nicht all ihre Ideale zu zerstören, fügte ich hinzu, dass es natürlich von jeder Regel immer auch Ausnahmen gäbe und sicher viele Russen sich wie gute und anständige Menschen benähmen.

Am späten Nachmittag wurde es sehr heiß, und wir saßen im Wohnzimmer der Ulichs, dessen großes Fenster im Schatten eines Apfelbaumes lag. Wir unterhielten uns, wahrscheinlich über die Russen, mit deren Einmarsch man minütlich rechnete. Worüber auch immer wir redeten, unser Gespräch wurde abrupt beendet. Ich hatte Geräusche von Artilleriefeuer gehört, das Aufheulen von Stuka-Bombern, das Pfeifen fallender Bomben und von Kugeln, die an mir vorbeizischten, aber noch nie zuvor hatte ich so einen hohen, kläglichen Heulton gehört, ähnlich dem vorbeifliegender und vor herannahendem Tod warnender Banshees. Er begann so unerwartet und hatte eine derart lähmende Wirkung, dass keine Reaktion oder Antwort möglich war. Das Geräusch war ohrenbetäubend, doch es gelang mir, noch ein Fünkchen meiner Sinneswahrnehmung zu bewahren. Ich hatte das Gefühl, dass das ganze Haus schwankte, und als ein kleines Stück des Fensterglases sprang und herausfiel, hatte ich dieses seltsame Gefühl, dass die Luft in diesem Moment immer dichter wurde und sich um mich schloss. Wir saßen dicht zusammengedrängt, und doch war jeder für sich selbst und versuchte, nicht an das Undenkbare zu denken.

Doch plötzlich war alles vorbei und nur der Heulton hallte noch in unseren Ohren nach. Wir spekulierten darüber, dass die Tatsache, dass wir keine Explosionen in der Nähe hatten hören können, bedeuten musste, dass das, was auch immer diesen Höllenlärm gemacht hatte, uns einfach nur überflogen hatte und wahrscheinlich ein weiter entferntes Ziel ansteuerte. »Nicht mal in Verdun habe ich etwas so furchteinflößendes gehört«, sagte Dr. Ulich und fügte hinzu: »Das müssen ihre Katjuschas gewesen sein.« Er war im Ersten Weltkrieg ein deutscher Offizier gewesen und hatte in der Schlacht von Verdun gedient, einer der blutigsten in den Annalen der Kriegsführung. Nun, im Zweiten Weltkrieg, war in Deutschland allgemein bekannt, dass die Rote Armee die Katjuschas besaß, Mehrfach-Raketenwerfer, die Salven mehrerer Raketen gleichzeitig abfeuern konnten und so ungefähr einen Quadratkilometer Feindesland mit einem Schlag verwüsteten. Die Deutschen nannten sie treffend »Stalinorgeln«. Unsere Erfahrung beschränkte sich auf den kreischenden Ton, den diese Waffe machen konnte und der kaum länger als Sekunden gedauert hatte. Doch nach dem Luftangriff auf den Flugplatz in Klotzsche war dies ein weiterer Hinweis der Roten Armee darauf, dass sie bereit war, das nun völlig unverteidigte Gebiet rund um Dresden einzunehmen, zu besetzen und auch von dem Besitz zu ergreifen, was von der überwiegend in Trümmern liegenden Stadt noch übrig war. Wie ich nach dem Krieg herausfand, waren die Katjuschas das Pendant zu den deutschen Nebelwerfern. Beide waren in der Lage, ganze Raketenbündel von bis zu 48 Raketen auf einmal abzufeuern, die durch Festbrennstoffe angetrieben wurden und alles bis auf eine Entfernung von acht Kilometern auslöschen konnten.

Die Sonne ging gerade unter, als ich nach einem mageren Abendessen bei den Ulichs nach Hause ging. Auf meinem Weg hielt ein Nachbar, den ich nur vom Sehen kannte, an, um mir zu sagen, dass er gerade auf einem kleinen Spaziergang unterwegs gewesen sei. »Sie werden nicht erraten, was ich gerade gesehen habe, als ich an der Gemeindeverwaltung von Hellerau vorbeikam.« »Was denn?«, fragte ich. »Ein Bursche war gerade dabei, die Hakenkreuzfahne herunterzunehmen und sie durch ein rotes Stück Stoff zu ersetzen. Was sagen Sie dazu?«, sagte er. Ich gluckste angesichts dieser Nachricht. »Das überrascht mich nicht«, sagte ich. »Ich habe den Eindruck, dass zur Zeit gerade sehr viele Leute ihre Parteiabzeichen verlieren, denn ich sehe in letzter Zeit ständig welche auf dem Boden herumliegen. Komisch, oder?« »Oh ja!«, sagte er mit einem Schnauben. »Auf einmal hatte niemand hier je etwas mit den Nazis zu tun, stimmt's?« Wir tauschten noch ein paar Bemerkungen über die stets sich so schnell ändernden Zeiten aus und gingen dann unserer Wege.

Erst dann hörte ich Franziska meinen Namen rufen, drehte mich um und sah, wie sie schnell auf mich zu gerannt kam. Atemlos triumphierend erzählte sie mir, dass laut den BBC-Nachrichten, die sie soeben gehört hatte, die Wehrmacht offiziell gegenüber den Alliierten kapituliert habe und Deutschlands Kapitulation schon in der Nacht zuvor irgendwo in Frankreich unterzeichnet worden sei. Vor lauter Aufregung hatte sie den Namen des Ortes nicht gehört (es war Reims), doch das war nicht mehr wichtig. Was jetzt zählte, war die ultimative Niederlage der schlimmsten Geißel, unter der Europa seit dem Dreißigjährigen Krieg (1618–1648) gelitten hatte.

Mir war natürlich klar, dass dies ein großer, historischer Moment war und ich das Glück hatte, ihn mit vielen Millionen anderer Menschen zu erleben. Was mir aber auch durch den Kopf ging, war das Schicksal meiner vielen Kameraden, die gestorben waren, entweder, weil sie eine polnische Nationalität hatten oder den jüdischen Glauben. Die Bilder all dessen, was ich gesehen hatte, als ich noch in Poznań war, sind tief in mein Gedächtnis eingegraben. Sie waren Menschen, die mit ihrem Leben für das bezahlt haben, was sie waren, doch ich hatte überlebt und habe seitdem sowohl das Gefühl, Glück gehabt zu haben als auch ein Gefühl des Unbehagens deswegen. Mussten sie sterben, damit ich am Leben bleiben konnte? Es ist eine Frage, die mich noch immer verfolgt.

Heute, wenn ich an den Moment zurückdenke, in dem Franziska mir vom Ende des Dritten Reichs berichtete, erinnere ich mich, dass ich ihre Nachricht nur auf so eine ungefähre, fast routinehafte Art zur Kenntnis nahm, vielleicht mit einem Nicken oder einem gebrummten »Hmmmm …« Sie war überrascht von meiner Reaktion und sagte, dass es doch schließlich ein weltbewegendes Ereignis sei und sie gedacht hätte, dass ich vor Freude anfangen würde zu tanzen, wenn sie mir diese Nachricht überbrächte. Ich sagte dazu, dass das Ereignis schon lange vorhersehbar gewesen und jetzt enttäuschend sei. Das stimmte natürlich. Die Stunde hatte doch bereits im Herbst und Winter 1941 mit der Niederlage der Wehrmacht in Schnee und Eis nur wenige Kilometer vor Moskaus Toren geschlagen. Von da an hatte die Wehrmacht trotz einiger beachtlicher deutscher Siege begonnen, endlose Debakel an Land, in der Luft und auf dem Wasser zu erleben. Mit Amerikas Eintritt in den Krieg und der deutschen Katastrophe in Stalingrad hatte die Stunde noch mehr geschlagen; nach der Landung der Alliierten in der Normandie hätte es im Grunde jedem klar sein müssen. Das Ende des Dritten Reichs war unabwendbar. Ein weiteres Imperium hatte aufgehört zu existieren. Wir schauten in den Sonnenuntergang, und ich weiß noch, wie ich zu Franziska sagte, dass mich alles, was an diesem Tag passiert war, an Wagners *Götterdämmerung* erinnerte. Sie lachte auf und sagte: »Das hätte den Nazis gefallen.« Wir wünschten uns eine gute Nacht und kehrten in unser jeweiliges Zuhause zurück.

Die Ereignisse am Morgen des 8. Mai 1945 sind mit außergewöhnlicher Klarheit in mein Gedächtnis eingebrannt. Ich wachte kurz nach sechs Uhr auf. Die Sonne schien, und die nächtliche Luft hatte das Zimmer durch das offene Fenster angenehm kühl gemacht. Ein paar Tage zuvor hatte mir Kostek, der sich bereits gut auf dem Schwarzmarkt etabliert hatte, einen Teil eines Brotlaibes überlassen, den er aus einer seiner mysteriösen Quellen hatte, und von dem frühstückte ich eine Scheibe. Der flüssige Teil dieses morgendlichen Mahls bestand wie immer aus Wasser. Auf meinem kleinen Tisch lag eine noch unfertige Arbeit: ein Druckstock, den ich im Verlaufe des Tages noch fertigstellen und von dem ich Probedrucke machen wollte. Ich zog mich an. Ich trödelte herum. Ich dachte darüber nach, das Fenster zu schließen, um die Kühle im Raum zu halten. Doch gerade, als ich das tun wollte, hörte ich Geräusche von draußen, die nicht sehr weit weg waren. Obwohl sie vertraut klangen, konnte ich nicht richtig erkennen, woher sie kamen. Plötzlich wurde es mir klar: Was ich hörte, war das Krächzen von schlecht geölten Bauernwagenrädern zusammen mit dem Klackern von Hufeisen auf hartem Grund. Die Geräusche wurden von lauten Stimmen begleitet, doch deren Sprache war nicht Deutsch. Es waren eine Menge Wagen, eine Menge Pferde und eine Menge Stimmen. Und dann wusste ich es: Die siegreiche Rote Armee war da. Sie war nicht mit T-34-Panzern gekommen, sondern mit klapprigen Bauernwagen, die von müden Pferden gezogen wurden!

Ich rannte hinunter und stand draußen auf den Eingangsstufen, als ein Soldat in einer seltsamen, staubbedeckten, khakifarbenen Uniform und mit einer merkwürdigen Feldmütze auf dem Hinterkopf zu Frau Heinichs Zaun kam, grinste und sagte: »Eh! Vodka yest?« (»Hey! Haben Sie etwas Wodka?«) Ich verstand die Worte sofort und erinnerte mich an das russische Wort »Nyet«. Es war das Wort, was ihn noch breiter grinsen ließ, dann zuckte er mit den Schultern und fragte, ob ich Russe sei. Das verstand ich auch und antwortete ihm, ich sei »Polack«, woraufhin er nickte und mir seine Hand reichte. Ich griff sie, und wir schüttelten uns die Hände. »Druzya«, sagte er. »Freunde.«

Der Krieg war vorbei.

1 Der Tod Hitlers wurde erst am Abend des 1. Mai bekanntgegeben, ohne den Suizid zu erwähnen.

Teil 5

DIE RUSSISCHE BESATZUNG

Teil 5

Neubeginn

Der Name dieses ersten russischen Soldaten war Wanja. Er sah aus, als sei er um die Mitte 40 oder sogar älter, doch später teilte er mir mithilfe von Zeichensprache mit, dass er erst Anfang 30 war. Alles an ihm schien mit Staub bedeckt zu sein: seine etwas zerschlissene Uniform, die abgetragenen Stiefel, sein Gesicht, selbst das Trommelmagazingewehr, das er über seinen Rücken geschnallt hatte. Er war unrasiert, und seine mit roten Sternen versehene Feldmütze saß liederlich auf seinem Hinterkopf und bedeckte so nur teilweise einen üppigen, natürlich ebenfalls staubbedeckten Büschel dunkelblonden Haares. Zwei Medaillen baumelten über den Taschen seiner Uniform, und er hatte auch noch eine Art Tornister über der Schulter hängen.

Die lange Schlange von Pferdewagen und -karren mit Truppen und Waffen, die sich die Moritzburger Straße in Richtung Dresden entlangschob, beachtete er gar nicht. Lässig griff er in den Tornister und nahm ein Stück Zeitungspapier heraus sowie ein kleines Päckchen von etwas, das nach gehackten Getreidehalmen aussah. Er rollte beides dann zu einer groben Art Zigarette zusammen, zündete sie mit einem Streichholz an, atmete ein und blies den Rauch anschließend in meine Richtung. Ich wich zurück. Er hatte den Übelkeit erregenden Geruch von Karbid und war meine allererste Bekanntschaft mit der Duftwolke einer Zigarette russischer Soldaten: einem Nebenprodukt von Tabak namens Machorka, bestehend aus zerkleinerten Stängeln, Mittelrippen und Adern der Pflanze, eingerollt in ein Stück *Prawda* oder *Iswestija* und stark genug, um die Lunge jedes Nicht-Russen förmlich explodieren zu lassen.

Wanja und ich machten uns gemeinsam auf zu einem kleinen Spaziergang entlang der Straße, er darauf bedacht, die Gegend nach Wodka, Wein oder auch Eau de Cologne zu durchkämmen – im Grunde nach irgendetwas, um das Ende des Krieges zu feiern – und ich darauf aus, zu verhindern, dass er dergleichen irgendwo entdeckte. Dass ich ihn vom Haus der Ulichs wegführte, war nur selbstverständlich. Meine kurze Freundschaft mit Wanja endete abrupt, als wir auf eine Patrouille der Roten Armee stießen, die bereits eine Handvoll Marodeure eingesammelt hatte und ihn nun noch hinzufügte. Ich blieb allein zurück und war offensichtlich der einzige Nicht-Russe, der es wagte, sich draußen auf der Straße zu zeigen.

Irgendwann stellten auch noch andere Zivilisten ihre Courage auf die Probe und wagten sich vor die Tür, aus welchen Gründen auch immer. Manche beklagten sich bitterlich darüber, dass sie von russischen Soldaten ihrer Ringe oder Uhren beraubt worden seien. Andere erinnerten die klagenden Opfer jedoch an die weitaus gemeineren Taten der Deutschen in jenen Teilen Europas, die das Dritte Reich besetzt hatte. Nun war es Deutschland, das sich unter Besatzung befand! Es war bisher wenig darüber bekannt, was sich in den Besatzungszonen der Briten, Amerikaner und Franzosen abspielte, doch es wurde klar, dass die neu eingerichtete sowjetische Militärverwaltung nicht vorhatte, der deutschen Bevölkerung als Ganzes zu schaden, sondern ihre Besatzungszone eher in einen sozialistischen (sprich: kommunistischen) Staat und in einen Teil des Sowjetblocks zu verwandeln. All das wurde innerhalb weniger Tage deutlich. Die deutsche Sprache, Kultur und Gebräuche sollten bestehen bleiben, außer solche, die faschistische oder kapitalistische Konnotationen hatten. Plakatwände stellten Stalins Erklärung aus, der zufolge die deutsche Nation alle Hitlers, die da kommen und gehen mochten, doch stets überdauern würde. Die Geschichte sollte neu geschrieben werden, ehemalige NSDAP-Mitglieder wurden aus ihren Ämtern entlassen und Straßen umbenannt. Was auch immer noch von der Industrie übrig war, wurde als Kriegsbeute eingezogen und mit allen Maschinenanlagen in die Sowjetunion abtransportiert oder verstaatlicht. Züge fuhren nicht mehr regelmäßig und in beide Richtungen. Überall dort, wo ein herkömmliches, zweigleisiges Schienennetz bestand, blieb nur ein eingleisiges zurück, das andere wurde abgebaut und in die UDSSR verschickt.

Es gab jedoch nicht mehr viel zu plündern für die Russen, als sie in das eigentliche Deutschland vorstießen. Hitlers Idiotie, jeden Zentimeter des Reichsgebiets noch verteidigen zu wollen, das schon von den Alliierten untergepflügt worden war, hatte den Großteil des Landes in Trümmer gelegt. Der industrielle Westen war durch Bombardierungen platt gemacht worden, und größere Städte und Zentren der Kultur und Zivilisation wie Hamburg, Köln, München und Berlin – nicht zu vergessen Dresden – waren verwüstet worden, oft bis zur Unkenntlichkeit.

Für die Russen war diese Verwüstung ein vertrauter Anblick: Sie hatten sie in Leningrad, Stalingrad, Charkiw, Kiew und so vielen anderen Städten und Dörfern gesehen, die die Invasoren in Trümmer gelegt hatten.

Bei all der Zerstörung der Städte blieben aber doch in einigen Randgebieten, die teilweise oder sogar ganz vom Wüten des Krieges verschont geblieben waren, noch ein paar Zeugnisse der Kultur und Zivilisation bestehen. In verlassenen Häusern, Wohnungen und Höfen bestaunten die Russen Eistruhen und Kühlschränke, edle Möbel und feines Geschirr und bedienten sich fröhlich an allem von Wert, was die Eigentümer zurückgelassen hatten. Doch Bewunderung hatten die Russen nicht für das, was sie im Nachkriegsdeutschland vorfanden; stattdessen war da Neid und, um es schlicht und einfach zu sagen, die Genugtuung der Rache.

Es stimmt, dass einige betrunkene Russen entsetzliche Vergewaltigungen verübten[1] und dies ein Teil des Krieges war, so wie das Feuerlegen, wie Plünderungen oder der Tod durch Verhungern. Doch wenn es herauskam, wurde ein Vergewaltiger von seinen Vorgesetzten streng bestraft – oder so in etwa, post factum, wurde es der deutschen Bevölkerung zumindest vermittelt. Wie oft schon nachgewiesen wurde, waren es im Großen und Ganzen nicht die Fronttruppen, die diese Verbrechen begingen. Sie hatten solch schweren Gefechte erlebt, dass sie oft nur darauf aus waren, die Gewalt mit ihrem ganzen Blut und Blutvergießen so schnell wie möglich hinter sich zu lassen. Die Gewalttätigkeiten gingen hauptsächlich von den Truppen des zweiten Ranges aus, die als Reservisten das Glück gehabt hatten, das Blutvergießen nicht miterleben zu müssen.

Es ist nicht so, dass ich für die sowjetischen Besatzer in Ostdeutschland Partei ergreifen möchte, doch in aller Fairness muss ich sagen, dass ich später viele Russen fast aller Dienstgrade traf, die anständige und ehrliche Menschen waren. Es stimmt, dass die meisten von ihnen nach ihrer eigenen Vorstellung von wildem Laisser-faire lebten. Mit einem Nicht-Russen wie mir sprachen sie nie über Politik. Und ja, sie liebten ihren Wodka, doch ich habe kaum jemals einen russischen Soldaten gesehen, der stockbetrunken umgekippt wäre; dabei aufrecht zu bleiben, war für sie offenbar Ehrensache. Sie brachten mir bei, den Wodka in ihrer Sto Gramm Einheit zu trinken (100 Gramm, entsprechend dem Inhalt eines durchschnittlichen Wasserglases), die sie mit nur einem einzigen Zug leerten. Man zog es sich in den offenen Rachen, so wie man aus einem Weinschlauch trinkt.

Doch beim Anblick kleiner Kinder wurden diese trinkfesten, Trophäen jagenden russischen Krieger sentimental und gefühlsduselig. Als ich einmal an ehemaligen deutschen Kasernen vorbeilief, sah ich einen Soldaten der Roten Armee, der offenbar als Wachposten am Tor Dienst hatte. Er saß auf einer alten Holzkiste und hatte seine Thompson-Maschinenpistole gegen einen Pfosten gelehnt. Ein kleines deutsches Mädchen saß auf seinen Knien, beide lachten herzhaft, während die Mutter des Mädchens dabei stand und ebenfalls strahlte.

Kurz nachdem die Russen in Dresden einmarschiert waren, hatte die Frau meines Freundes und Kunstlehrers, des Bildhauers Walter Flemming, ihr erstes Kind zur Welt gebracht, einen Jungen.[2] Eines nachmittags, als das Baby friedlich in seiner Wiege lag, hörte man polternde Geräusche auf der Treppe, die zur Wohnung der Flemmings im zweiten Stock führte. Augenblicke später stürmte ein russischer Soldat herein, bewaffnet und mit schweren Stiefeln – offenbar ein Plünderer auf der Suche nach Beute. Versteinert vor Angst, trauten sich Walter und seine Frau kaum hinzusehen, als der Mann die Wohnung durchsuchte. Irgendwann entdeckte er die Wiege, beugte sich über das Baby und betrachtete es. Ein Lächeln breitete sich auf seinem Gesicht aus, und er legte einen Finger auf die Lippen, während er dabei leise ein »Schhh« hauchte. Dann verließ er in seinen dicken Stiefeln die Wohnung. Draußen auf der Treppe hörte man, wie die schweren Schritte des Soldaten sich langsam entfernten, bis sich die Haustür hinter ihm schloss.

Dies waren nur ein paar von vielen Situationen, die ich erlebte oder von denen ich hörte, die den Sanftmut der durchschnittlichen russischen Soldaten im Umgang mit den Kindern ihrer Feinde zeigte. Dieser stand im direkten Kontrast zu der Unmenschlichkeit, mit der die Deutschen die Kinder ihrer Feinde behandelt hatten. Mit gefangenen Naziparteifunktionären allerdings, die oft von ihren Nachbarn oder sogar von der eigenen Familie denunziert worden waren, gingen sie nicht zimperlich um, oft sogar ziemlich brutal.

Wenn ich in die freundlichen, lächelnden Gesichter dieser jungen russischen und ukrainischen Soldaten schaute, war es für mich schwer zu glauben, dass sie aus dem gleichen Stall kamen wie ihre Vorgänger aus der Roten Armee und der paramilitärischen NKWD, die im Einvernehmen mit der Wehrmacht nach Ostpolen einmarschiert waren und dort unaussprechliche Verbrechen durch Völkermord, Unterdrückung, Raub und mutwillige Zerstörung verübt hatten. Sie waren es auch, die die Zwangsdeportationen von über einer Million polnischer Zivilisten – Männer, Frauen und Kinder – in Arbeitslager in Sibirien durchführten. Während ich mich hier in Gesellschaft dieser für gewöhnlich liebenswerten Krieger befand, kam ich deshalb nicht umhin, daran zu denken, dass vielleicht ihre Väter oder Brüder am Abzug der Maschinengewehre gestanden hatten, die tausende polnische Armeeoffiziere in Katyń oder anderswo getötet hatten. Dennoch war für jemanden wie mich, der während des Krieges miterlebt und erfahren hatte, wie die Deutschen die polnische Bevölkerung behandelt hatten, das Benehmen der sowjetischen Besatzer in Ostdeutschland – natürlich mit Ausnahme der sehr hässlichen Fälle von Vergewaltigung und Raub – fast so etwas wie höflich. Die Russen waren absolut keine Rassisten. Der Begriff der Nazis vom »Übermenschen gegenüber dem Untermenschen« schien ihnen vollkommen unverständlich.

Da die Deutschen sich den Polen oder Russen gegenüber für unendlich überlegen hielten, bezeichneten sie sie offen als »kulturloses Gesindel« oder »Polacken Dreckschweine«, während die Adressaten diese Beleidigungen trotz ihrer Rachegedanken still über sich ergehen lassen mussten. Als die deutschen Eroberer 1941 siegreich nach Russland einritten, verwendeten sie sicher ähnliche Bezeichnungen zur Beschreibung ihrer Feinde. Doch vier Jahre später zeigte die Bevölkerung des geschlagenen Dritten Reichs eine erstaunliche, nahezu Stiefel leckende Folgsamkeit gegenüber der russischen Siegermacht, die überraschenderweise wiederum nur eine scherzhafte Bezeichnung für ihre früheren Feinde hatte: Sie nannte sie »Fritzes«. Es war wahrscheinlich irgendwann im Sommer 1947, als ich auf der hinteren Plattform einer vollbesetzten Straßenbahn stand, als zwei russische Soldaten zustiegen, die damit rechneten, Sitzplätze in der Bahn zu bekommen. Als sie feststellten, dass alles besetzt war, sagte einer der beiden: »Tam wsio Fritzi« (»Voll mit Fritzes«), was heißen sollte, dass da wohl kein Platz mehr für sie war. Ich hatte inzwischen genug russisch gelernt, um auch die Antwort des anderen zu verstehen: »Scht! Es ist unhöflich, sie Fritzes zu nennen,« sagte er, »Sie heißen jetzt Germantsy!«

Neben vielen anderen brachte mir auch diese kleine Episode wieder etwas mehr über den Unterschied zwischen Deutschen und Russen bei. Man muss natürlich an dieser Stelle hinzufügen, dass aus rein linguistischer Sicht die Kraft russischer Schimpfwörter und Flüche die jeder anderen Nation übertrifft. Sie sind sowohl grob als auch raffiniert, farbenprächtig, malerisch, realistisch veranschaulichend und fähig zu ausschmückenden Varianten eines einzigen Motivs allein zur Beleidigung eines Gegners und dessen Familie, möglichst noch bis auf viele Generationen zurück. Zum Vergleich sind Beleidigungen in der deutschen Sprache einfach nur primitiv und transportieren einen unverkennbaren Scheunengeruch.

Einige Tage nach Ende des Krieges lief ich hinüber zum Lager in Klotzsche, das ich nach den Bombenangriffen im Februar verlassen vorgefunden hatte. Die Wachen waren weg, und ich konnte mir ein Bild von den miserablen Bedingungen machen, unter denen meine Landsleute hier untergebracht gewesen waren. Eine Handvoll früherer Insassen – nun befreit – stand herum und diskutierte darüber, wie sie wieder zurück nach Polen kommen konnten. Von ihnen erfuhr ich, dass das Lager in der Bombennacht vorübergehend geräumt worden war. Von dem kleinen Hügel, auf dem Klotzsche gelegen war, hatten die Lagerinsassen eine klare Sicht auf den ersten Angriff auf Dresden gehabt. Entsetzt vom Anblick der Stadt in Flammen und in Panik, dass das Herannahen einer weiteren Bombardierungstruppe einen Angriff auf den nahegelegenen Luftwaffenstützpunkt bedeuten könnte, waren die Insassen geflohen und hatten sich auf eine beschwerliche Reise zum Industriegelände begeben, einem Fabrikkomplex, in dem sich auch die Fabrik befand, in der ich gearbeitet hatte. Dort hatten sie einige Zeit in ghettoähnlichen Zuständen verharrt, bis sie ins Lager zurückkehrten. Der Stützpunkt war wie gesagt bis zum 6. Mai gar nicht bombardiert worden, am Ende waren es weder die Briten noch die Amerikaner, sondern die Russen, die hier kurzen Prozess machten. Endlich erfuhr ich auch mehr über die SS-Razzia im Lager, die ich im Sommer zuvor beobachtet hatte. Es war nur eine von vielen einer allgemeinen »Aktion«, so wurde mir gesagt, die in allen Arbeits- und Kriegsgefangenenlagern durchgeführt wurde. Zwar wurde in diesem Lager niemand verhaftet oder mitgenommen, in anderen hatten jedoch Exekutionen stattgefunden, insbesondere in Freital. Doch niemand konnte mir sagen warum.

Ein paar Tage später lieh ich mir Franziskas Fahrrad, radelte damit nach Radebeul und ging durch das nun weit offenstehende und unbewachte Eingangstor des Lagers in der Hoffnung, Halina dort zu finden. Die Situation in diesem Lager war vergleichbar mit der in Klotzsche, jedoch hatten sich viele der befreiten Polen hier bereits auf den Weg zurück in ihre Heimat gemacht. Ich fand Halina in einer Gruppe ukrainischer Mädchen, ihrer Freundinnen und Lagergenossinnen. Wir waren beide froh, uns wiederzusehen und sprachen über die SS-Razzia des Lagers im Vorjahr. Sie erzählte mir, dass sie – sehr zum Verdruss der SS-Männer – im Lager in Radebeul nichts außer ein paar eingeschmuggelten Schachteln Zigaretten gefunden hätten, was nicht ausreichte, um Verhaftungen zu rechtfertigen. Doch die enttäuschten SS-Männer brauchten irgendeine Art Befriedigung, und so wurden einige der Lagerinsassen, sowohl männliche als auch weibliche, brutal zusammengeschlagen. Halina selbst wurden ein paar Zähne ausgeschlagen, doch sie war nicht allzu besorgt deswegen und der Meinung, es hätte schlimmer kommen können. Ich fragte sie nach den Bulletins, ob sie gelesen worden seien und was mit ihnen danach geschehen sei. »Ja«, sagte sie, sie seien gelesen worden und danach in dem kleinen Ofen, der in jeder Hütte zum Kochen und zum Heizen im Winter stand, verbrannt worden. Nachdem der gefährliche Lesestoff vernichtet war, seien die darin enthaltenen Nachrichten noch mündlich von Insasse zu Insasse weitergegeben worden.

Nur ab und zu mal sei es vorgekommen, dass eines der Bulletins in der Gegend herumgelegen habe, jedoch nur so lange, bis jemand die Gefahr erkannte und es schnell verbrannte oder in Schnipsel zerriss, die dann in den Latrinen entsorgt wurden.

Obwohl noch umfassende Reparaturarbeiten nötig waren, öffnete die Akademie im Sommer oder Herbst 1945 ihre Türen, wenn auch inoffiziell. Das 51 Jahre alte Gebäude hatte wie durch ein Wunder alle der drei aufeinanderfolgenden Bombenangriffe der Alliierten überlebt, und die strukturellen Schäden stammten hauptsächlich von den Erschütterungen durch Blockbuster-Bomben, deren Explosionen oft auch noch aus weiterer Entfernung zu spüren waren. Durch die so verursachten Risse im Mauerwerk drang in der Folge Feuchtigkeit ein. Materialien wie Bauholz, Glas und Zement waren rar. Es gab aber doch einige Freiwillige, die bei den Reparaturen helfen wollten, denn diese Arbeit berechtigte sie zu einem bescheidenen Gehaltsscheck und ein paar Gramm mehr bei der Lebensmittelzuteilung.

Ich war einer der ersten, der sich als Student in der Klasse von Professor Wilhelm Rudolph einschrieb. Auf Grundlage der Arbeiten, die ich einreichte, wurde ich für ausreichend begabt und technisch fortgeschritten befunden, um als Meisterschüler eingestuft zu werden und bekam ein eigenes Atelier im Akademiegebäude. Nicht lange danach erhielt ich zu meiner endlosen Freude und Erleichterung Grüße von den Nitzsches, und zwar durch einen gemeinsamen Freund, Otto Griebel, einen älteren Künstlerkollegen. Er konnte mir berichten, dass die Nitzsches nur wenige Stunden, bevor am 13. Februar der Sirenenalarm einsetzte, ihre Wohnung verlassen hatten, um Bekannte in Kaditz, einem Vorort mehrere Kilometer vom Stadtzentrum entfernt, zu besuchen. Während des ersten Bombenangriffs, der das so dicht besiedelte Zentrum Dresdens so vollständig verwüstet hatte,

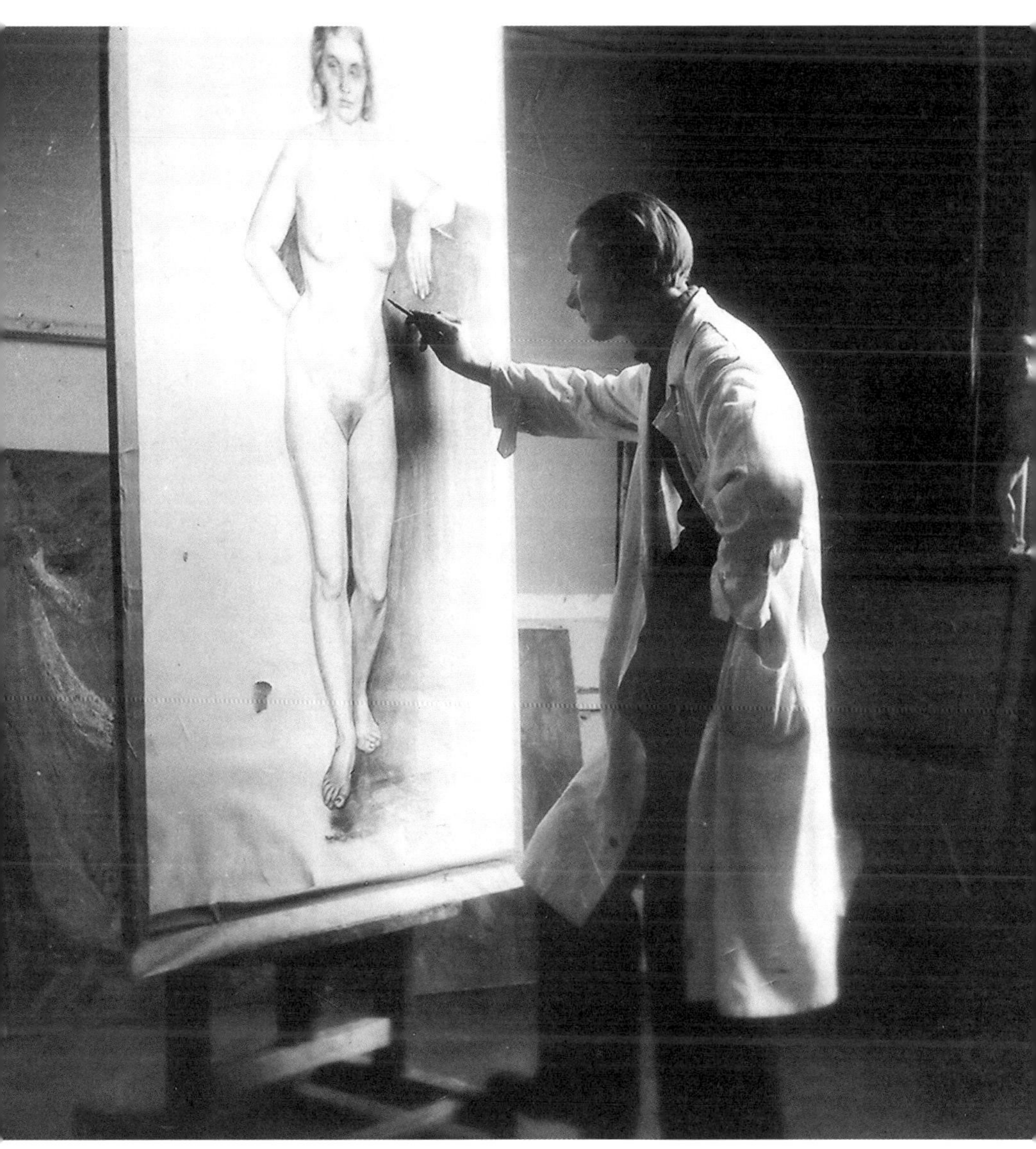

In meinem Meisterschüler-Atelier um 1946.

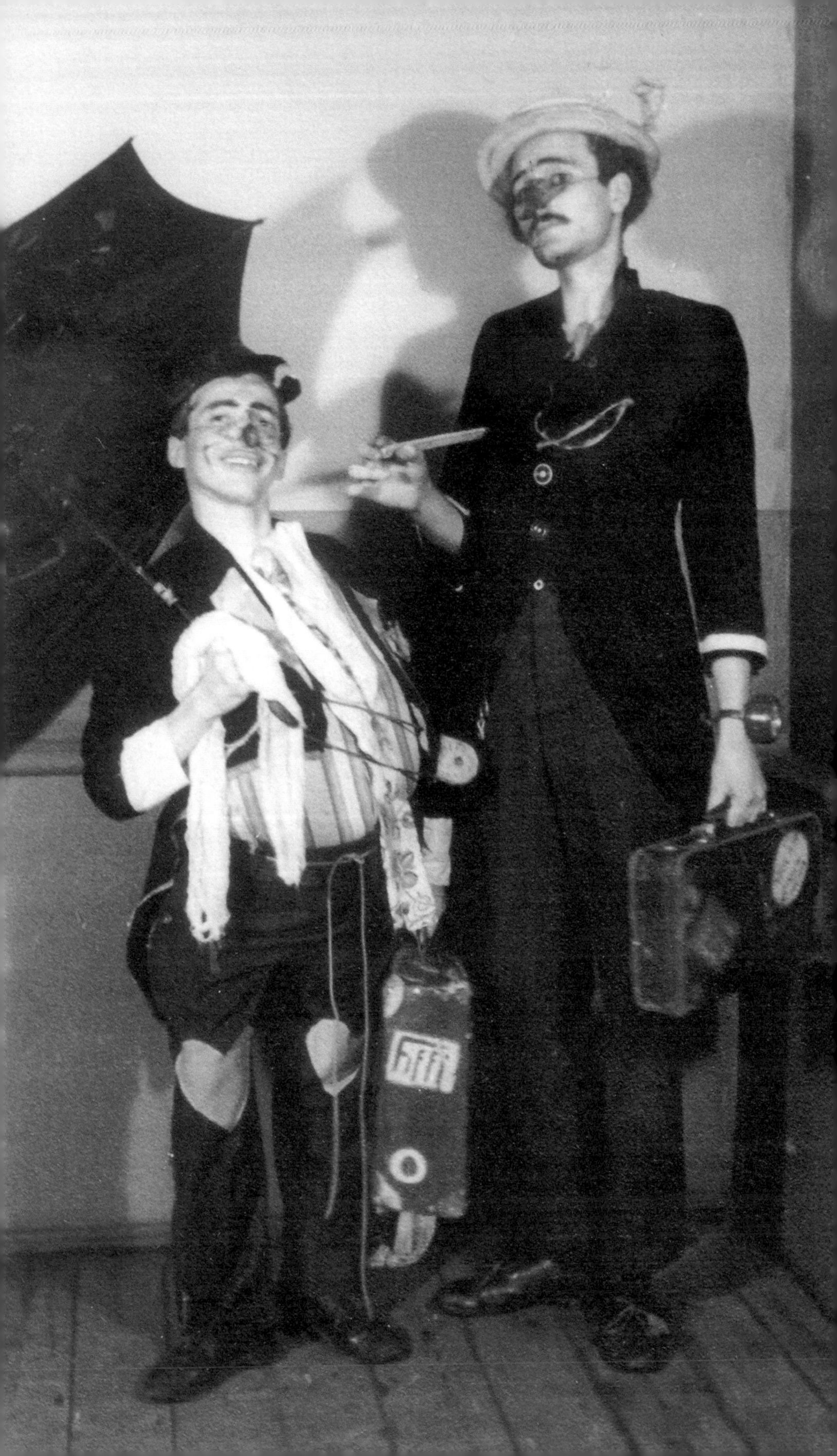

waren sie daher bereits unterwegs ins verhältnismäßig sichere Kaditz. Als Anni von Griebel erfuhr, dass ich an der Akademie war, kam sie mich mit der kleinen Bärbel in meinem Atelier besuchen. Da wir uns seit kurz vor den Bombenangriffen nicht mehr gesehen hatten, war dieses Wiedersehen verständlicherweise ein sehr emotionales. Und mit offensichtlicher Besorgnis fragte ich sie nach Günther. Anni zögerte einen Moment, bevor sie antwortete. Er war zu seiner Familie nach Chemnitz zurückgezogen, erzählte mir Anni, und hatte Bärbel bei ihr gelassen. Was die Entscheidung betraf, Dresden zu verlassen und nach Kaditz zu fahren, so war dies schon länger geplant gewesen und dann abrupt in die Tat umgesetzt worden, nachdem die Bombenangriffe der Alliierten immer näher in die östlichen und südlichen Teile dessen, was von Deutschland noch übrig war, vorrückten. Anni glaubte, dass die Entscheidung, Dresden zu verlassen, vom Allmächtigen gekommen war; trotz ihres Bekenntnisses zum Agnostizismus half ihr die Kinderstube bei den Mormonen, wenn sie es brauchte. Das letzte, was ich von Anni hörte, war eine kurze Mitteilung, die, zusammen mit einem Foto von ihr und Bärbel, aus irgendeiner kleinen Stadt in Bayern abgeschickt worden war. Ich schrieb zurück, doch erhielt darauf nie eine Antwort.

An der Akademie widmete ich meine Zeit der Malerei und den Grafiken. Bei Letzteren waren mein gewählter Mentor Professor Rudolph und ich uns einig. Er war nicht nur ein recht renommierter Maler, sondern auch der Schöpfer einer unvergesslichen Serie von Holzschnitten, die ein zerstörtes Dresden zeigten, wahrscheinlich die eindrucksvollste grafische Arbeit im Europa der Nachkriegszeit. Was ich ihm jedoch übelnahm, war seine Art, die Arbeiten seiner Schüler zu kommentieren. Anstatt uns mündlich seine Meinung mitzuteilen, griff er nach Palette und Pinsel und »korrigierte« unsere Arbeiten, indem er in seinem Stil mitten in sie hineinmalte. Er war natürlich ein wundervoller Maler aus der Schule des Realismus, doch der allgegenwärtige Zwang in seiner Lehrmethode brachte nur lauter kleine

Beim Musentümpel-Kostümball im März 1946. Ein Kommilitone (links) und ich hatten uns als Pat und Patachon, ein beliebtes dänisches Comedy-Duo, verkleidet.

Mini-Rudolphs hervor, anstelle von eigenständigen Künstlern mit einer eigenen Sicht auf die Welt. Er hatte Anfang der 1930er Jahre eine Professur an der Akademie gehabt, wurde dann aber von den Nazis entlassen, weil er sich weigerte, in ihre Partei einzutreten. Wie Käthe Kollwitz und so vielen anderen wurde ihm verboten, seine Arbeiten auszustellen, und er war weiteren Schikanen der Nazis ausgesetzt. Nachdem er 1945 wieder als Akademieprofessor angestellt worden war, wurde er 1949 erneut entlassen, diesmal vom kommunistischen Regime aufgrund seines politischen Nonkonformismus. Ich besitze einen seiner Holzschnitte als Teil meiner kleinen, doch vielfältigen Sammlung.

Der März 1946 war sonnig, aber kalt. Die schlimmsten Wunden der Akademie waren mehr oder weniger verheilt, obwohl die Reparaturarbeiten noch unvermindert in Gang waren. Der Unterricht fand regelmäßig statt, und manche von uns dachten bereits an ganz andere, sehr wichtige Dinge wie zum Beispiel eine Kostümparty zum Frühlingsbeginn. Allerdings nicht draußen, denn im großen, schattigen Innenhof der Akademie lag noch immer eine ordentliche Schneedecke. Stattdessen planten wir, die Party in einigen Klassenzimmern zu veranstalten. Wir dekorierten sie mit Ansichten von fernen Städten, vielleicht als diskrete Anspielung auf unsere westliche Orientierung in einem sowjetisch besetzten Land: Der Eiffelturm war genauso unverwechselbar wie der schiefe Turm von Pisa und eine wilde Interpretation der Wolkenkratzer von New York. Und schließlich wurde ein Klassenzimmer zu einer Unterwasser-Szenerie mit blauem und grünem Licht (Elektrizität gab es wieder) und fantastischer Unterwasserfauna wie Haifischen, Oktopussen und anderen Seemonstern, die, aus Pappe ausgeschnitten und dick bemalt, von der Decke baumelten.

Wein, so wie er erhältlich war, war auf dem Schwarzmarkt beschafft und von den Eintrittsgeldern der Gäste bezahlt worden. Musik kam von verkratzten Schallplatten, die auf einem uralten Grammophon abgespielt wurden. Die Veranstaltung nannte sich *Musentümpel,* ein Wortwitz in Anspielung auf das Wort »Musentempel«, und es gab Einladungen, auf denen die neun Musen gezeichnet waren, die nackt bis zu den Knien im Wasser standen.

Wie Partys so sind, wurde auch aus dieser eine Orgie, überall wurde getanzt: in den Klassenräumen, auf den Korridoren und im Treppenhaus und am Ende auch im Innenhof, wo ein Schneeballwettkampf stattfand. Daran nahm auch unser bestes Aktmodell Else Hoffmann teil, die, zweifelsohne animiert durch den Weinkonsum, in ihrem ganz eigenen Kostüm kam, mit anderen Worten: ohne eine einzige Naht. Sie warf munter mit Schneebällen und wurde ihrerseits zurück beworfen, doch die Kälte schien ihr dabei nichts auszumachen; zwei Tage später erschien sie wieder zum Unterricht und berichtete der Klasse, dass sie trotz des ganzen Schnees nicht mal einen Schnupfen gehabt habe.

Walter Flemming, der diese Ereignisse von der Seitenlinie aus beobachtete, fragte sich, ob wir, die Jungen, nach so vielen Jahren der Finsternis dabei waren, wieder ein Tor zum Licht aufzustoßen. Dann korrigierte er sich, um zu sagen, dass es sich überhaupt nicht um Licht handle, sondern nur um die Abwesenheit von Dunkelheit – mit anderen Worten, nur um Schatten. Er meinte damit natürlich, dass der Krieg uns von der einen Diktatur in die Fänge der nächsten verschoben hatte. »Und dennoch«, sagte er, während er auf ein Mädchen mit einer Blume im Haar deutete, das fröhlich vor sich hin tanzte, »gibt es da Euer Bild der Hoffnung.« Einige Wochen später begann er mit Restaurierungsarbeiten an den Prachtskulpturen von Putten, Amouren und den ganzen üppigen Verzierungen, die einst die edlen Pavillons des barocken Zwingers geschmückt hatten, der vor so kurzer Zeit erst durch die Bomben in Trümmer gelegt worden war. Flemming war natürlich nur einer von vielen, die daran arbeiteten, die Schönheit der Stadt wiederherzustellen; der Wiederaufbau von Dresden forderte tausende bereitwillige Hände und dauerte viele Jahrzehnte. Heute kann man Zeugnisse von der Katastrophe des 13. Februars 1945 und ihrer tödlichen Ausbeute nur noch in den Geschichtsbüchern finden.

1 Nach Schätzungen der Historikerin Miriam Gebhardt (in: *Wir Kinder der Gewalt*) gab es ca. 900 000 Vergewaltigungen durch alliierte Soldaten, die meisten davon verübt von Rotarmisten.

2 Hier muss der Autor einen anderen Künstler gemeint haben, denn Walter Flemming hatte keinen Sohn.

Die Trophäen-Brigade

A

Als Meisterschüler mit eigenem Atelier war ich nicht verpflichtet, den Unterricht zu besuchen und konnte kommen und gehen, wann ich wollte. Dadurch hatte ich die Möglichkeit, mir eine Beschäftigung zu suchen, mit der ich mir meinen Lebensunterhalt verdienen konnte, und bald schon gelang es mir, eine Stelle als Übersetzer zu finden. Ich hatte meine Ohren für die russische Sprache, die man jetzt überall auf der Straße hören konnte, stets offengehalten und entschieden, die Sprache noch besser kennenzulernen. Die gewisse Affinität zwischen dem Russischen und dem Polnischen, besonders die Ähnlichkeit vieler Wörter, erleichterte mir die Sache natürlich. Die Grammatik stellte keine Schwierigkeit dar, ebenso wenig wie der für gewöhnlich sehr melodische Tonfall des Russischen. Mein Ohr war in der Lage, alle Nuancen des gesprochenen Russisch aufzunehmen, und mit der Hilfe von Kostek Baum, mit dem ich inzwischen eng befreundet war, konnte ich sogar bald Texte flüssig lesen, die im kyrillischen russischen Alphabet gedruckt waren. An dieser Stelle muss ich aber hinzufügen, dass es zum Teil auch Kosteks Drängen geschuldet war, dass ich die Sprache gelernt habe. Er selbst sprach sie mühelos, und nachdem die Rote Armee einmarschiert war, wurde seine Fähigkeit zur Mehrsprachigkeit ein heiß begehrtes Gut. Er wurde Übersetzer, zwar inoffiziell, jedoch wurden ihm seine Dienste ziemlich gut bezahlt.

Nach mehr als einem Monat konzentrierten Lernens, zum Teil unter Kosteks Anleitung, wurde ich, obwohl ich noch etwas Übung brauchte, Leutnant Agashvili vorgestellt, einem russischen Offiziersanwärter, der das Kommando über eine Einheit hatte, die sich großspurig die »Trophäen-Brigade« nannte und den Auftrag hatte, alles ausfindig zu machen und zu beschlagnahmen, was mit Autos zu tun hatte und in deutschem Besitz war, angefangen von neuen und alten Ersatzteilen bis zu Autos, Lastwagen, Motorrädern und sogar Schmierölen. Ich wurde ihr Übersetzer und arbeitete zwei oder drei Tage die Woche, je nachdem wie weit weg wir uns bewegen mussten. Die Viermann-Einheit bestand aus dem Leutnant, einem Fahrer namens Piotr (den aber alle als Pietja kannten), einem angeworbenen Mann namens Dmitri (bekannt als Dima) und dem etwas verträumten Wladimir (bekannt als Wolodia), der auch ganz passable Gedichte schrieb und mich auch mal zuhause und in der Akademie besuchte.

Sie alle waren Kriegsveteranen, stolz auf ihre Medaillen und sehr darauf aus, wieder nach Hause zu kommen. Als sie die Ruinen von Dresden sahen, zuckten sie nur mit den Achseln und sagten: »Du solltest Leningrad oder Stalingrad sehen und *unsere* Toten zählen.« Praktischerweise war die Brigade in dem Gebäude untergebracht, das zuvor von der sonst so gesetzestreuen Bevölkerung von Hellerau – Franziska und mich eingeschlossen – geplündert worden war. Die Nähe des Gebäudes zu Frau Heinichs kleinem Haus ermöglichte es meinen russischen Freunden, mich zu besuchen, entweder als Überbringer sehr begehrter Lebensmittel wie Grießmehl oder Kartoffeln oder hin und wieder einer Flasche Wodka (oder zwei), die wir leerten, während wir über das Leben und den Tod und das Schicksal im Allgemeinen diskutierten. Bei einer dieser Gelegenheiten beschrieb der Dichter Wolodia, wie er sich in der zweiten Welle einer Infanterieattacke befand und mitansehen musste, wie die erste Welle von deutschen Maschinengewehren niedergemäht wurde, sodass die getöteten Russen übereinander fielen und dabei eine Barriere aus Leichen bildeten, durch die er und die anderen ihre Waffen auf die Gegner richten und das Feuer erwidern konnten. Während er dies langsam sprechend erzählte, zeichnete er für mich ein Bild, das ich auf der Leinwand kaum hätte reproduzieren können. Er hob auch die Tatsache hervor, dass auf die angreifende Infanterie NKWD-Truppen folgten, die bereit waren, aus dem Hinterhalt alle Nachzügler zu erschießen, die Angst hatten, sich dem Feind zu stellen oder von der Angriffslinie flüchteten. Jede Darstellung eines solchen Angriffs konnte sich in meiner Vorstellung nur in eine statische Illustration verwandeln, die eine schnelle und rasante Aktion bewegungslos in Zeit und Ort einfror, ohne das, was den tödlichen Kampf ausmacht: das Grauen. Wolodias Beschreibung war die eines feinfühligen Zeugen, der diesen mörderischen Angriff überlebt hatte und ihn mir mit den Worten eines angehenden Dichters ausmalte.

Wie durch eine unausgesprochene Vereinbarung vermieden wir es, über Politik zu reden. Das war nicht leicht für mich, da ich gerne über das Schicksal Polens diskutieren wollte, das sich erneut unter russischer Ägide und kommunistischer Herrschaft befand.

Wenn ich mit diesen verhältnismäßig jungen Veteranen sprach, begegneten mir Anzeichen echter Heldenverehrung – überraschenderweise nicht so sehr des »großen Führers« Stalin, sondern von Lenin, inzwischen lange tot und einbalsamiert. Nur einmal, glaube ich, hörte ich das Wort »Apparat« beiläufig erwähnt und auf die hochrangigen Vertreter der Kommunistischen Partei bezogen, die offiziell auch als WKP (B), die Kommunistische Allunionspartei (Bolschewiki), bezeichnet wurde. Aber ansonsten bewegten sich unsere Gespräche eher auf den hohen Ebenen der Musik und Literatur. Mit den Werken von Dostojewski, Tolstoi und Scholochow waren sie – wenig überraschend – natürlich wohl vertraut, von Shakespeare hatten sie nur gehört. Wolodia glänzte natürlich mit seinem Wissen über Puschkin, über Gorkis Geschichte und die stürmische Poesie von Majakowski. Es erübrigt sich auch zu sagen, dass Musik, schon immer ein wichtiger Teil der russischen Kultur, eine große Rolle im Leben all dieser Soldaten spielte. Ich erinnere mich, dass ich einen von ihnen fragte, ob es einen Unterschied für sie machte, dass eine in der Sowjetunion so weitverbreitete Komposition wie die *Träumerei* von Robert Schumann – einem Deutschen – komponiert wurde. Er hob die Schultern und sagte: »Die Musik war's nicht, die den Krieg in mein Land gebracht hat.«

Meine Gespräche mit Offizieren und Unteroffizieren der Roten Armee wurden natürlich auf Russisch geführt. Das beinhaltete eine Form der Anrede, bei der der Familienname des Adressaten, selbst wenn er einem bekannt war, ausgelassen und die sogenannte patronymische Form angewendet wurde, bei der man den Vornamen einer Person in Verbindung mit dem Vornamen ihres Vaters verwendete. Da mein Vorname Jan ist (oder »Ivan« auf Russisch) und der Vorname meines Vaters Lucjan (auf Russisch »Lukian«), wurde ich meistens als Ivan Lukianovitch angesprochen, was so viel hieß wie »Ivan, Sohn von Lukian«.

War man enger befreundet, so wie ich und der Soldat und Dichter Wolodia, wurde der Name Ivan durch »Wanja« verniedlicht. Die alte russische Anrede »Gospodin« (»Herr«) war während der Oktoberrevolution 1917 abgeschafft und durch »Towarischtsch« (»Genosse«) ersetzt worden, was dann überall verwendet wurde.

In meiner Rolle als Übersetzer war es unvermeidbar, dass ich mit allen möglichen Russen zusammenkam, auch jenseits der wenigen, aus denen die Trophäen-Brigade bestand. Darunter war ein Hauptmann, der offenbar ein Auge auf sämtliche Bereiche der größeren Einheit, einem Panzerregiment, hatte, zu dem die Trophäen-Brigade gehörte. Mir wurde gesagt, dass er außerhalb seines Ranges als Zampolit fungierte, also als ein Offizier, der für das politische Bewusstsein innerhalb der Einheit verantwortlich war. Tatsächlich war er ein Stellvertreter des Regimentskommandanten und sogar bevollmächtigt, bei allen Entscheidungen dieses Vorgesetzten sein Veto einzulegen. In vergangenen Zeiten wurde solch ein Vertreter »Kommissar« genannt, doch irgendwann um 1942 oder 1943 wurde von hochrangigen Vertretern des Sowjetkommandos entschieden, den Titel Kommissar in »zuständiger Stellvertreter für politische Angelegenheiten«, abgekürzt mit dem Akronym »Zampolit«, umzuwandeln.

Es gab auch andere Veränderungen, manche waren offensichtlich, andere stellten eine politische Kehrtwende gegenüber Russlands geschichtlicher Vergangenheit dar und dekorierten die kommunistische Ideologie mit sehr vielen Insignien des russischen Patriotismus. Die vernichtende Niederlage der Roten Armee 1941 gegenüber der deutschen Wehrmacht, die hauptsächlich durch Stalins totale Dezimierung hochrangiger Armeeangehöriger zwischen 1931 und 1938 verschuldet worden war, hatte dazu geführt, dass man neu darüber nachdachte, wie die Verteidigungskraft der Sowjetunion gestärkt werden konnte. Reparaturen waren dringend erforderlich. Der Patriotismus eines Russen liegt immer nah an der Oberfläche seiner Psyche – das hatte 1812 hervorragend gegen Napoleon funktioniert und sollte mit dieser Begründung ebenso gut gegen die deutschen Invasoren funktionieren. Dementsprechend verbot das Politbüro (also Stalin) das Spielen und Singen der *Internationale* und ersetzte sie durch eine neue, rein russische patriotische Hymne. Dies diente auch noch dem zusätzlichen Zweck, die Ängste der neuen westlichen Verbündeten der Sowjetunion vor dem Kommunismus zu beschwichtigen. Einige russisch-orthodoxen Kirchen wurden wieder geöffnet, wenn auch nicht alle, und alte russische Helden wurden wieder öffentlich gefeiert. Der Patriotismus verbreitete sich sogar über die Popmusik (*Katyusha, Kalinka* etc.), über Spielfilme, öffentliche Massenveranstaltungen, über Literatur und über Massenmedien wie zum Beispiel das Radio.

Auch innerhalb der Roten Armee kam es zu Veränderungen. Sie hatte ihre Stärke hauptsächlich im strengen Winter 1941 bis 1942 wiedererlangt, als der Marsch der Wehrmacht auf Moskau im tiefen Schnee und endlosen Eis völlig zusammenbrach. Der Übergang der Roten Armee zu einem Nachfolger der zaristischen Militärmacht vollzog sich schlichtweg durch ein Wiederaufleben der Rangunterschiede im alten Stil. Offizierssterne, die einmal an Uniformkragen im alten Sowjetstil prangten, wurden jetzt auf ebenso altmodische Schulterklappen genäht. Die Streifen aus der Zarenzeit, die geringere Dienstgrade und Untergebene trugen, kamen ebenso wieder zum Einsatz. Die einst demoralisierte Rote Armee schien die Gestalt und den Geist des früheren russischen Militärs zurückgewonnen zu haben, ungeachtet der Prügel, die sie 1941 von den Deutschen bezogen hatte.

Die russischen Soldaten, denen ich begegnet bin, waren fast alle durchdrungen von einem Patriotismus, der an Chauvinismus grenzte. Nur mein Freund Wolodia, der Dichter, schien zu realisieren, dass diese Emotionen das Resultat cleverer Manipulationen durch sowjetische Führer waren. Am Ende gewann Stalin diesen Krieg und bestätigte damit vielleicht das berühmte Zitat von Dr. Johnson: »Patriotismus ist die letzte Zuflucht eines jeden Schurken.«

Finanziell war die Arbeit als Übersetzer nicht sehr lohnend, aber einmal in der Woche bekam ich eine Kiste mit Essen, hauptsächlich mit den Dingen, aus denen sich die Ernährung russischer Soldaten zusammensetzte: vor allem Gerste, Kasha und auch ein paar Kilo Kartoffeln. Immerhin war ich in der Lage, diese bescheidene Goldgrube mit Frau Heinich und der Familie Ulich zu teilen. Dennoch waren wir nur wenig besser dran als der Rest der Bevölkerung, unter der Hunger als Todesursache immer häufiger wurde. Immer wenn das Essen von den Russen alle war, ernährte ich mich an diesem gelegentlichen Tag von ein oder zwei meiner zurückgelegten Kartoffeln. Ein paar Mal schlich ich mich nachts im Dunkeln auf einen Kartoffelacker und grub dort mit bloßen Händen nach dem kostbaren Gut, füllte hastig meine Manteltaschen damit und huschte schnell wieder nach Hause. Nahrungsmittel zu stehlen, wurde streng bestraft, ebenso wie das Abholzen von Bäumen zum Heizen oder Kochen auf dem Ofen – etwas, was ein Nachbar und ich auch manchmal nachts machten, immer in der Gefahr, sich einen sehr langen Aufenthalt im Arbeitslager oder – schlimmer noch – im Strafvollzug einzuhandeln.

Ungefähr zu der Zeit lösten sich beide Paar Strümpfe, die ich besaß, in Fetzen auf. Sie hatten schon auf der Flucht aus Breslau angefangen, sich aufzulösen und mussten nun dringend ersetzt werden. Ich erwähnte das zufällig in Wolodias Gegenwart, der mir erklärte, dass viele Soldaten der Roten Armee gar keine Strümpfe trugen, sondern ihre Füße mit etwas schützten, das man »laptye« nannte, Baumwollstreifen, jeder davon vielleicht 90 Zentimeter lang und knapp neun Zentimeter breit, die man auf eine spezielle Art um den Fuß wickelte, sodass sie die Zehen nur zum Teil bedeckten. Diese Methode, die ich daraufhin übernahm, funktionierte recht gut, und ihr Mangel an Eleganz wurde von meinen neu erworbenen Reitstiefeln perfekt kaschiert.

Zum Schaden meiner Gesundheit hatte ich im Alter von 15 Jahren angefangen zu rauchen, und diese Gewohnheit begleitete mich von da an mehr Jahre als ich gewillt bin zu zählen. Dankbarerweise kam der Krieg dieser Sucht in die Quere. Zigaretten waren rationiert und nach dem Krieg nur auf dem Schwarzmarkt zu horrenden Preisen erhältlich. Doch als ich meinen Dichterfreund Wolodia seine Zigaretten drehen und rauchen sah, während er von den endlosen Birkenwäldern seines Mutterlandes oder der Pracht der großartigen Flüsse Russlands schwärmte, kam die alte Sehnsucht nach dem gelegentlichen Paffen zurück. Wie Wanja, der russische Soldat, den ich am Tag des Kriegsendes getroffen hatte, rauchte er Makhorka. Jeder russische Soldat erhielt eine Tagesration davon in einem kleinen Päckchen, ob er nun Raucher war oder nicht. Was das Zigarettenpapier betraf, mussten sich die Soldaten mit verfügbarem Zeitungspapier aus Zeitschriften wie *Iswestija* oder *Prawda* behelfen, vermutlich – so stellte es Wolodia dar – damit sich wenigstens mit jedem Zigarettenzug eine winzige Menge Marxismus-Leninismus verbreitete. Deshalb war es nur allzu passend, dass Wolodia als engagierter Lyriker unter diesen Umständen seine Zigaretten in Schnipsel der weniger politischen *Liternaturnaya Gazeta* drehte. Es gelang mir, meine Aversion gegen diese widerliche Art von Rauch zu überwinden, und ich staune noch immer, dass meine Lungen sich nach wie vor (auf Holz klopfen!) eines recht annehmbaren Zustands erfreuen.

Wolodia war ein begabter Geschichtenerzähler mit einem scharfen Blick für das Absurde und erzählte mir von einer offenbar wahren Begebenheit, bei der mehrere tausend Soldaten der Roten Armee aus der sowjetisch besetzten Zone Deutschlands abgezogen wurden, um durch frische Truppen der UDSSR ersetzt zu werden. Die Soldaten, die nach Hause geschickt wurden, waren die Veteranen der letzten Phase eines langen Krieges und befolgten als Sieger die bewährte Tradition, so viele Trophäen mit nach Hause zu nehmen, wie sie tragen konnten. Uhren, Ringe und anderer Schmuck wurden aus der Mitte der Zivilbevölkerung Ostdeutschlands »befreit« so wie auch andere tragbare Wertgegenstände wie Musikinstrumente, Tafelsilber, Haushaltswaren, Kleidung – kurzum, all das, was das Auge des Eroberers als attraktiv erachtete. Unter diesen Trophäensammlern waren auch welche, die ihren Blick in die Zukunft richteten. In der Menge der heimkehrenden Kämpfer, die an der Grenzstation in Brest Litowsk ihr Heimatland betraten, verlor ein junger, jedoch schon dekorierter Soldat sein Gepäck aus den Augen, das lediglich aus einer durchschnittlichen Aktentasche bestand. Er meldete dies der zuständigen Militärbehörde, die die Truppentransporte in die Sowjetunion regelte und wurde über den Inhalt seiner Tasche befragt. Er erklärte dies kurz und knapp mit nur einem Wort: »Nadeln.« Daraufhin brach zwar schallendes Gelächter aus, die Angabe wurde aber offenbar als wahrheitsgetreu akzeptiert. Es scheint so, als ob die Grenzbehörden nicht mal bei den seltsamsten Dingen, die die heimkehrenden Helden aus dem eroberten Deutschland mitbrachten, mit der Wimper zuckten. Die Aktentasche des Soldaten wurde wieder gefunden und erwies sich als außergewöhnlich schwer – kein Wunder, da sie tatsächlich bis zum Rand mit Nähnadeln gefüllt war. Da in der Sowjetunion zu Kriegszeiten alles Stahl für die Herstellung von Panzern, Artilleriegeschützen und anderem Kriegsmaterial verwendet worden war, waren Nähnadeln zu einem Schwarzmarktartikel geworden. Jede einzelne davon erzielte einen überhöhten bis horrenden Preis. Als Wolodia dieses verbale Gemälde vom cleveren Besitzer eines Aktenkoffers mit einem ganzen Vermögen darin ausmalte, lag ein Staunen in seinen Augen. Dann jedoch bezweifelte er, ob »die« – gemeint war der sowjetische Staat – dem Glückspilz seine Trophäe wirklich überlassen würden. »Bei denen weiß man nie,« sagte Wolodia.

Wie viele Russen erfreute sich Wolodia an satirischen Anekdoten, die sich über die legendäre sowjetische Ineffizienz lustig machten. Eine davon befasste sich mit dem Nachkriegschaos in der UDSSR, als unzählige Lieferungen mit abgebauten ostdeutschen Industrieanlagen als Trophäen auf russischem Boden landeten. Drei auseinandergebaute Flugzeughallen der deutschen Luftwaffe sollten geliefert und wieder aufgestellt werden, um den siegreichen sowjetischen Luftstreitkräften zu dienen. Ihre Lieferung und volle Einsatzbereitschaft sollten dem Oberkommando der Streitkräfte in Moskau gemeldet werden. Bedauerlicherweise kamen nur zwei der Hangars an, was für große Irritation bei den Empfängern sorgte. Da jedoch der Befehl von oben drei solcher Anlagen gefordert hatte, musste man sich schnell etwas einfallen lassen, um die mächtigen Autoritäten in Moskau zufriedenzustellen. Zwei Hangars waren angeblich in Betrieb, am dritten war zuvor noch ein kleines bisschen Arbeit nötig. Dann aber wurde einer der bereits bestehenden Hangars wieder abgebaut, in den Bereich verbracht, wo sich der zugewiesene Platz befand, wieder zusammengebaut und mit einer großen »3« bemalt. Die Geschichte machte bei der Roten Armee die Runde, aber es rollten keine Köpfe, weil jeder nur darüber lachte. Auch der brave Soldat Schwejk hätte sich wahrscheinlich darüber amüsiert.

Die Lebensmittelrationierung aus der Kriegszeit wurde nun vom neuen deutschen Regime übernommen, doch was während der Naziära strenge Sparsamkeit gewesen war, wurde nun zu einem Zustand des Halb-Verhungertseins, und der betraf den Großteil der städtischen Bevölkerung in der sowjetisch besetzten Zone Deutschlands. Über die Lebensmittelgutscheine bekam man pro Person nur geringste Rationen. Ich erinnere mich zum Beispiel daran, dass es eine Zuteilung von Brot höchst fragwürdigen Inhalts in einer Menge von 1 200 Gramm pro Monat gab und vielleicht 50 Gramm von etwas, das lächerlicherweise als »Marmelade« bezeichnet wurde. Diese setzte sich aus mysteriösen Zutaten zusammen und war mit einem Hauch von Saccharin gesüßt. Kartoffeln wurden jährlich mit spärlichen 50 Kilo pro Person rationiert so wie die Kohle, die zum Heizen und Kochen gebraucht wurde. Einige Leute, die in Vororten wohnten und vielleicht einen kleinen Garten hatten, waren in der Lage, die lächerlich geringen Mengen der offiziellen Rationen durch selbst angebautes Gemüse etwas aufzubessern. Oft durchkämmten jedoch hungrige Plünderer nachts diese Kleingärten und schnappten ihnen die Ernte weg. Der Hauptgrund für die verzweifelte Ernährungslage war zweifelsohne die Präsenz der sowjetischen Besatzungsmacht, die gemäß den Bedingungen der deutschen Kapitulation vom besiegten Staat beherbergt und versorgt werden musste. Die Nahrungsmittel, die unter normalen Bedingungen der deutschen Bevölkerung zur Verfügung gestanden hätten, wurde jetzt an erster Stelle dazu verwendet, die sehr große Garnison der Roten Armee zu ernähren. Wenn danach noch etwas übrig war, wurde es in winzigen Mengen auf die deutsche Zivilbevölkerung verteilt. Die Lage wäre wohl noch viel schlimmer gewesen, hätten nicht die Einwohner Dresdens die Stadt nach ihrer Zerstörung zu Tausenden verlassen.

Am 16. Mai 1945 verteilte die Rote Armee 30 000 Tonnen Kartoffeln, 95 000 Tonnen Getreide, 1 100 Tonnen Fleisch und andere Vorräte aus ihrem »eigenen« Bestand. Möglicherweise war das als Entschuldigung für die von der Truppe verübten Vergewaltigungen und Diebstähle gedacht, wahrscheinlicher aber ist, dass das Kalkül dabei war, die Rote Armee als die menschliche Kraft darzustellen, die der hungernden Bevölkerung Dresdens zu Hilfe eilte, im Gegensatz zu den westlichen Verbündeten, die die Stadt gnadenlos zerstört hatten. Ich weiß nicht mehr, nach welchen Kriterien die Nahrungsmittel vergeben wurden, erinnere mich aber noch daran, dass die Allgemeinheit davon ausging, dass diejenigen, die am stärksten von der Katastrophe betroffen waren, auch am ehesten berechtigt waren, Hilfe vom vormals gefürchteten Feind zu bekommen.

Ich hatte meinen Eltern im Sommer und im Herbst 1945 geschrieben, doch keine Antwort erhalten. Auch auf zwei Briefe, die ich Anfang 1946 aufgegeben hatte, kam keine Reaktion. Ich war kurz davor, ein paar Sachen zusammenzupacken und nach Poznań zu fahren, um herauszufinden, was mit meinen Eltern geschehen war, doch ein Freund von Kostek, der gerade aus Polen zurückkam, riet mir strengstens ab und sagte, es sei besser, noch ein paar Monate zu warten, bis sich die Umstände in Polen normalisiert hätten. Das Chaos in Deutschland bezeichnete er im Vergleich dazu als Kindergarten und das geradezu anarchistische Durcheinander in Polen als eine wahrhaftige Lehranstalt der totalen Konfusion.

Ich bedauerte es, mitansehen zu müssen, wie die Trophäen-Brigade in ein anderes, wahrscheinlich profitableres, Gebiet der Sowjetzone versetzt wurde. Ihre Mitglieder waren immer freundlich zu mir gewesen, die meiste Zeit des Tages zwar betrunken, unbekümmert und schlampig bei der Erfüllung ihrer Pflichten, geradezu verzückt, in einem prächtigen Maybach-Cabriolet unterwegs zu sein – schwarz glänzend mit roten Lederpolstern und einem Zwei-Wege-Funksprechgerät. Leutnant Agashvili höchstpersönlich »befreite« dieses Auto, das, so sagte er, einmal Joseph Goebbels persönlich gehört hätte.

Verheerende Nachrichten

Nachdem die Trophäen-Brigade abgezogen war, sah meine Zukunft trostlos aus. Ich war pleite, und der Abzug der Brigade bedeutete, dass ich nicht länger ihre Hilfe in Form von Kasha und Kartoffeln bekam. Es war Kostek, dieser findige Schwarzmarkt-Vermittler, der mir zu Hilfe kam, indem er ein paar meiner Landschaftsbilder gegen ein paar Kilo Getreide eintauschte, welches er von Bauern bekam, die oft etwas außerhalb der Reichweite der Sowjets und jetzt auch der neuen ostdeutschen Behörden lagen und denen es daher oft gelang, einen Teil ihrer Ernte zu verstecken, um ihn zu tauschen oder privat zu verkaufen.

In dieser Zeit malte ich auch einige Porträts, unter anderem auch eins von Kostek. Das besitze ich noch immer. Ich hatte sehr viel freie Zeit, sodass Franziska und ich oft stundenlang durch die Landschaft rund um Dresden wanderten, durch Gegenden, die vom Krieg völlig unberührt geblieben waren, wie zum Beispiel das riesige Waldschutzgebiet Dresdner Heide, den reizvollen Vorort Loschwitz und den königlichen Sommerpalast in Pillnitz aus dem 18. Jahrhundert. Dieser Palast zeigte eine Sammlung zeitgenössischer Kunst, die zusammen mit den unschätzbaren Besitztümern der großen Dresdner Kunstgalerie vorsorglich vor der Zerstörung aus der Stadt gebracht worden war. Nach dem Ende des Krieges erklärte die sowjetische Verwaltung die wichtigsten Werke der staatlichen Kunstgalerie zu Kriegstrophäen und verschickte Gemälde von Raffael, Tizian, Rembrandt, Rubens und eine Vielzahl anderer alter Meister nach Moskau und Leningrad. Was die Sowjets übrig ließen, waren hauptsächlich deutsche Kunst aus dem 19. und einige Werke aus dem 20. Jahrhundert. Diese eher bescheidene Sammlung war es, die Franziska und ich besuchten.

Bei einer Gelegenheit fuhr ich einmal alleine nach Pillnitz und als ich langsam von Bild zu Bild wanderte und ab und zu vor einem stehenblieb, das ich besonders mochte, sah ich einen Unteroffizier der Roten Armee, der vor einem Männerporträt stand, das Oskar Kokoschka in seiner freilaufenden Technik und seinem wilden Stil auf Rohsäcke gemalt hatte. Der Soldat betrachtete es näher, um, so dachte ich, die Signatur besser erkennen zu können; aus Neugierde näherte ich mich. Wir standen nebeneinander und betrachteten Kokoschkas typische gekrakelte »OK«-Signatur. Doch es war noch etwas anderes, was darunter stand: Es war das russische Wort »Khaltura« (Müll oder Abfall) das dort in kyrillischen Buchstaben mit einem sogenannten chemischen und unauslöschlichen Stift hineingekritzelt war. Wir sahen uns an, und der Soldat, dem das ganz offensichtlich peinlich war, zeigte auf das beleidigende Gekritzel und sagte: »Otchen nyekulturno«, was im Russischen Ausdruck für zutiefst empfundene Ablehnung ist (wörtlich übersetzt bedeutet es »sehr unkultiviert«). Ich nickte und sagte auf Russisch, dass ich völlig seiner Meinung sei. Er war natürlich sehr überrascht, von einem offensichtlichen Nicht-Russen in seiner Sprache angesprochen zu werden, und wir begannen ein Gespräch, in dem wir uns über unsere Namen, Herkunft und dergleichen austauschten. Wir plauderten noch ein bisschen und kamen dabei auch auf das Thema Kunst, sodass ich kaum vermeiden konnte, zu erzählen, dass ich selbst Künstler war. Er wollte wissen, ob ich ein Atelier hätte und ich bejahte. Daraufhin brachte er den Wunsch zum Ausdruck, mich dort zu besuchen und sich ein paar meiner Arbeiten anzusehen. Ich war einverstanden und so begann ungefähr eine Stunde später, mehr oder weniger, eine der erstaunlichsten und amüsantesten Episoden meiner künstlerischen Karriere.

Der Kunstgeschmack meiner neuen Bekanntschaft war noch eher unentschieden, doch seine Begeisterungsfähigkeit war unverkennbar. Während ich ihm meine Bilder zeigte, eins nach dem anderen, zog er aus seiner Schultertasche eine Flasche Wodka und bot mir einen Drink an. Das Angebot abzulehnen, hätte ihn beleidigt, also nahm ich einen kräftigen Schluck. Danach ging die Flasche zwischen uns hin und her, so lange bis ich ausreichend animiert war, vorzuschlagen, ein Porträt von ihm zu malen. Wann? Sofort an Ort und Stelle, da ich spürte, wie die kreativen Geister mich anfeuerten. Mein Besucher, der sich sichtlich geschmeichelt fühlte, platzierte sich in den klapprigen Sessel meines Ateliers. Ich spannte eine Leinwand auf die Staffelei, nahm Farbpalette und Pinsel zur Hand und legte gleich los. Ich kann nicht beschreiben, was es war, was meine Hand bewegte, während ich Strich für Strich ununterbrochen malte. Tatsächlich habe ich überhaupt keine genaue Erinnerung an diese ganze Stunde – oder länger –, die ich an dem Porträt malte. Die vielen Schlucke russischen Wodkas hatten das besorgt. Ich war sturzbetrunken, und diese kreativen Geister aus der Flasche beseitigten alle Hemmungen, die ich zuvor gehabt haben könnte. Das Ergebnis war ein Erfolg auf ganzer Linie, und der Porträtierte war über alle Maßen glücklich. Er hatte eine Leica- Kamera (wahrscheinlich eine »befreite«), nichts Geringeres, und machte ein paar Aufnahmen von dem Bild. Er versprach, den Film entwickeln zu lassen und mir ein paar Abzüge der Bilder zu geben, was er wenige Tage später auch tat. Neben anderen Werken musste ich bedauerlicherweise auch dieses zurücklassen, als ich Dresden im Juni 1948 für immer verließ. Die Erinnerung an dieses Ereignis habe ich jedoch behalten und einige Zeit später das Porträt von jemand anderem gemalt, nachdem ich zuvor absichtlich eine beträchtliche Menge Moselwein getrunken hatte. Das Ergebnis war … nun ja, ungeeignet, um darüber zu berichten, und mein Modell fühlte sich ebenfalls beleidigt.

Ich entschied mich, in Dresden zu bleiben und schrieb einen Brief an das Internationale Rote Kreuz in Genf, in der Hoffnung, darüber Hilfe bei der Kontaktaufnahme mit meinen Eltern zu bekommen. Wieder bekam ich keine Antwort. Weitere Briefe, die ich meinen Eltern über die Sommermonate des Jahres 1946 schrieb, blieben ebenfalls unbeantwortet. Im Dezember, als ich kurz davor war aufzugeben, bekam ich eine kurze Nachricht aus Poznań an meine Adresse in Hellerau, die von der Tochter einer ehemaligen Köchin von uns, Jadwiga Jakubowska, geschrieben war. Ich erfuhr, dass meine Eltern Anfang Februar des Jahres inhaftiert worden waren und meine Mutter im Juli im Gefängnis gestorben war. Mein Vater war entlassen worden, aber war unlängst bei einem Autounfall verletzt worden und befand sich nun nach einer Operation im Krankenhaus. Das waren schreckliche Nachrichten, aber wenigstens hatte ich die Absenderadresse der jungen Frau und konnte endlich mehr darüber in Erfahrung bringen, was mit meinen Eltern passiert war.

Die Nachricht enthielt auch die Adresse des Krankenhauses, in dem mein Vater lag. Natürlich war ich außer mir vor Freude, endlich etwas über ihn zu erfahren – er lebte, auch wenn er gerade handlungsunfähig war und nicht in der Lage, mir selbst zu schreiben. Aber dann waren da auch diese wenigen knappen Worte über den Tod meiner Mutter. Wie, unter welchen

Umständen sie gestorben war, hatte die Verfasserin des Briefes nicht preisgegeben. Meine Gefühle waren wie ein Handgemenge meiner Gedanken über Tod und Überleben, ich war wie in einem Schockzustand und tagelang nicht in der Lage, meinem Vater zu schreiben. Doch schließlich schrieb ich ihm dann endlich, und der Brief erreichte ihn einige Wochen später. Mein Vater antwortete mir sofort, und in seinem Brief fand ich die Antworten auf all die Fragen, die mir Sorgen bereitet hatten, seitdem ich im Januar 1945 den Kontakt zu meinen Eltern verloren hatte.

Zwar kannte ich nun schon die grundlegenden Fakten ihrer Tragödie, doch erst jetzt erfuhr ich den ganzen Hintergrund und die ganze Wahrheit.

Am 25. Januar 1946 hatte das Büro des Sonderstaatsanwalts in Poznań eine Denunziation von Lucjan und Linda Kamieński erhalten, die von einem Dr. Felix Marian Nowowiejski verfasst war, einem früheren Studenten meines Vaters. Darin sagte der Informant aus, dass Lucjan Kamieński während der deutschen Besatzung gegen Polen gearbeitet hätte, dass er auch vor dem Krieg schon die Germanisierung der polnischen Gebiete aktiv unterstützt hätte, die das Dritte Reich von Ostpreußen trennten, dass er seinen Sohn zum Hitleristen erzogen hätte, dass er als Übersetzer für die Gestapo gearbeitet hätte, dass er mit Dr. Kurt Lück zusammengearbeitet und dass er seinen Namen in die Volksliste eingetragen hätte. Von all diesen Anschuldigungen basierten lediglich die zwei letzten auf Fakten. Es stimmte zwar, dass mein Vater im Februar 1940 Forschungsarbeit für Dr. Lück leistete, doch war dies nichts Ungewöhnliches. Die Zusammenarbeit der Akademien untereinander verlief häufig über die von den Nazis künstlich aufgestellten Grenzen ethnischer Zugehörigkeit hinweg. Was die Eintragung meines Vaters in die Volksliste betraf, so muss dazu ergänzt werden, dass dies unter Drohungen, unter gewaltsamem Druck und Folter stattgefunden hatte, die die linke Hand meines Vaters nahezu verkrüppelt hatte. Das Gericht gab dem Argument der Verteidigung statt, dass mein Vater kein Einzelfall war, da beinahe 150 000 polnische Familien auf ähnliche Weise gezwungen worden waren, sich in das Register einzutragen.

Kreative Geister aus der Flasche halfen mir dabei, dieses Porträt eines russischen Soldaten zu malen.

Der Rest von Nowowiejskis Denunziation fußte auf unbelegten Berichten aus zweiter oder dritter Hand – für die interessanterweise auch keine Zeugen gefunden werden konnten – und aus völlig absurden Lügen, die so lächerlich waren, dass die Anklage im darauffolgenden Schauprozess es nicht mal wagte, sie als Beweise zu präsentieren. Es überraschte daher wenig, dass der Denunziant Nowowiejski sich scheute, vor Gericht zu erscheinen und in den Zeugenstand zu treten. Der Grund für Nowowiejskis denunziatorische Verleumdungen war rein persönlicher Natur. Sein Vater, der auch Felix hieß, war ein langjähriger Kollege und Bekannter meines Vaters und Komponist. Als solcher hatte er unter anderem eine Oper mit dem Titel *Baltische Legende* komponiert, die 1924 im großen Opernhaus von Poznań ihre Premiere feierte. Mein Vater hatte das Werk in der Zeitschrift *MUZYKA* rezensiert und eine ebenso vernichtende wie zutreffende Kritik dazu verfasst, die es als Fehlschlag bezeichnete. Diese Kritik war es, die den Sohn des Komponisten 23 Jahre später dazu veranlasste, Rache zu üben, nicht nur an meinem Vater, sondern auch an meiner Mutter, indem er ihr zu Unrecht anti-polnische Aktivitäten vor dem Krieg vorwarf, obwohl eine umfangreiche Dokumentation genau das Gegenteil bewies.

Abgesehen von den musikalischen Aspekten der Oper und ihrem etwas vagen Handlungsablauf brachte die Rezension meines Vaters auch die Tatsache ans Licht, dass dieses Werk, das nun als polnische Nationaloper angepriesen wurde, in Wirklichkeit die Neuauflage einer früheren deutscher Oper des Komponisten war, die den Titel *Der Kompass* trug und weit vor dem Ersten Weltkrieg geschrieben worden war, als sich das ganze westliche Polen noch unter verhasster deutscher Herrschaft befand. Nach der deutschen Niederlage 1918 und der zeitgleichen Geburt des polnischen Staates erschien es dem Komponisten zweckmäßig, dem Zeitgeist zu folgen und das, was einst mit Stolz als Deutsch präsentiert worden war, nun in etwas feurig Polnisches zu verwandeln.

Ich komme nun zu einem sehr schwierigen Teil dieser Erzählung. Es ist eine tragische Geschichte, die nur zu dieser ganz bestimmten Zeit, an diesem speziellen Ort und unter diesen außergewöhnlichen Umständen so geschehen konnte. Auf der Grundlage von Nowowiejskis Denunziation wurden meine Eltern am 5. Februar 1946 verhaftet und waren bis zum 22. Februar beim Amt für Staatssicherheit inhaftiert, von wo sie dann ins Gefängnis in der Mlynska Straße in Poznań verlegt wurden. Meine Mutter starb am 27. Juli an einer Tuberkulose der Lungen, der Knochen und inneren Organe, verschlimmert durch Mangelernährung und Misshandlung durch das Gefängnispersonal. Mein Vater, der in einem anderen Teil des Gefängnisses war, erfuhr erst vom Tod meiner Mutter, als Wachen ihn zu der Zelle führten, in der ihr Körper bereits in einer schlichten Holzkiste lag.

Der Prozess meines Vaters begann am 27. September 1946 und endete am nächsten Tag. Das Gericht sprach ihn vom Vorwurf der Kollaboration mit den deutschen Besatzern frei, ebenso vom Vorwurf, zum Schaden des polnischen Staates gehandelt zu haben. Jedoch wurde er trotzdem zu drei Jahren Haft verurteilt und sein gesamtes Vermögen konfisziert dafür, dass er sich in die Volksliste eingetragen hatte. Gleichzeitig sprach sich das Gericht für die Gewährung einer Begnadigung aus. Dieser Meinung folgend, unterzeichnete der Präsident der Republik das entsprechende Dokument nur wenige Tage später.

Am 23. Oktober 1946 wurde mein Vater aus dem Gefängnis entlassen, als einsamer, obdachloser, gebrochener Mann, ohne Mittel zum Überleben und ohne jeden Besitz außer seiner abgetragenen Kleidung. Am 3. Dezember stolperte er, geschwächt von der Misshandlung, die er sowohl körperlich als auch seelisch erlitten hatte, und stürzte auf einen unebenen Bürgersteig. Dabei brach er sich den Oberschenkelhalsknochen an der entscheidenden Stelle, die in die Hüfte mündet. Glücklicherweise wurde er von ein paar wohlgesonnenen Passanten aufgefunden und ins städtische Krankenhaus gebracht, wo er von einem alten Freund und früheren Universitätskollegen operiert wurde. Leider musste sein Bein um ein paar Zentimeter gekürzt werden. Als sich diese Misere herumsprach, taten viele seiner früheren Studenten, was sie nur konnten, um ihrem ehemaligen Lehrer und Mentor zu helfen, sodass er nach seiner Entlassung aus dem Krankenhaus wieder einen Platz zum Wohnen fand. In der Zwischenzeit war der Kontakt zwischen meinem Vater und mir hergestellt worden und auch mit seinem Bruder, Czesław Kamieński in Kanada. Später bündelten mein Onkel und ich unsere Kräfte und fingen an, ihm ein monatliches Einkommen zukommen zu lassen und schickten in regelmäßigen Abständen Pakete mit allen möglichen notwendigen Dingen. Als seine Gesundheit sich besserte, fing er wieder an zu komponieren, und 1957 kam er nach Winnipeg, um mich und seinen Bruder zu besuchen. Doch obwohl er Trost darin fand, bei seiner Familie zu sein, fühlte er sich im vorrangig englischsprachigen kanadischen Umfeld zunehmend unwohl. Er beherrschte einige Sprachen fließend – Polnisch, Deutsch,

Französisch, Latein und sogar Altgriechisch – doch zu dieser polyglotten Sammlung nun auch noch Englisch hinzuzufügen, das erschien ihm im Alter von 72 Jahren beinahe unmöglich. Bedauerlicherweise verließ er Winnipeg 1958 daher wieder. Ein alter Baum könne nicht mehr entwurzelt, geschweige denn verpflanzt werden, sagte er. Zurück in Polen komponierte und unterrichtete er wieder. Unsere Korrespondenz wurde umgehend wieder aufgenommen. Wir schrieben uns häufig und regelmäßig bis zu seinem Tod 1964. 1960 hatte das Amtsgericht Poznań den Fall meines Vaters erneut geprüft und angeordnet, sowohl den Fall als auch das Urteil aus den Gerichtsakten zu löschen, was bedeutete, dass beides in jeder Hinsicht so zu betrachten war, als hätte es nie existiert. Mein Vater war von jeder Schuld freigesprochen, seine Ehre und Würde wurden ihm endlich wiedergegeben – so wie auch seine Bücher und Manuskripte.

1993 reiste ich nach Poznań, vor allem um das Grab meiner Mutter zu besuchen, doch Erkundigungen beim Gericht und in den Gefängnisakten sowie auch meine Recherchen in den Bestattungsunterlagen verschiedener Friedhöfe ergaben keinerlei Informationen darüber, wo sie bestattet worden sein könnte. Schließlich erfuhr ich von einem Beamten des Standesamts der Stadt, dass in jenen stürmischen Nachkriegsjahren Gefangene, deren sterbliche Überreste nicht von Familienangehörigen angefordert wurden, üblicherweise entweder in Massengräbern oder in ungekennzeichneten Gräbern in Friedhöfen außerhalb der Stadt bestattet wurden. Selbst über den ungefähren Standort dieser Gräber gab es keine Aufzeichnungen. Der Mann hob dazu nur die Schultern und fügte hinzu, dass sie womöglich eingeebnet worden seien, vielleicht um Platz für ein Wohnungsbauprojekt zu machen.

Kunst für die Russen

Die Freundschaft mit Franziska zerbrach im Sommer 1946. Es passierte ganz plötzlich, und es war schmerzhaft und unwiderruflich. Glücklicherweise berührte unser Auseinandergehen nicht meine enge und freundschaftliche Beziehung zum Rest der Familie Ulich, die die Distanz, die zwischen mir und Franziska entstanden war, zu respektieren schien.

Die Rote Armee und die sowjetische Militärverwaltung, die sich ihrer Rolle in der Besetzung dessen, was sich nun Sowjetzone nannte, zweifelsohne sehr sicher waren, begannen damit, sich für einen längeren Aufenthalt einzurichten. Das, was Ostdeutschland (die Deutsche Demokratische Republik) werden sollte, war zu einem Satelliten-Domizil der Roten Armee geworden. Eine Tatsache, die wie ganz selbstverständlich einen Auswuchs von Häuslichkeit hervorgebracht hatte. Frühere deutsche Militärkasernen und andere Anlagen wurden nun von sowjetischen Staatsorganen übernommen und zu Quartieren für Beamte und deren Familien. Der paramilitärische NKWD (später KGB), das zivile MWD (Ministerium für Inneres) und die GRU (Hauptverwaltung für Aufklärung des Generalstabs der Roten Armee) waren in Gebäuden untergebracht, die eine wirkliche, heimelige Sowjetaura hatten. Dies erreichte man mithilfe auffälliger Plakate, auf denen die sowjetischen Streitkräfte, die Kommunistische Partei und ihre Erfolge, der Fünfjahresplan der Wirtschaft und was sonst noch alles beworben werden musste, glorifiziert wurden. Die meisten dieser Plakate kamen bereits fertig aus der UDSSR, doch es bestand auch Bedarf an weiterer dekorativer Kunst wie zum Beispiel an großen Transparenten mit politischen Slogans, die in großen weißen Buchstaben auf roten Stoff gemalt wurden, um sie an der Außenseite von Gebäuden aufzuhängen oder an einer Serie von Porträts aller zehn oder elf Mitglieder des Politbüros. Einige der Ateliers in der Akademie wurden zu wahren Bienenstöcken und produzierten Gemälde von Kalinin, Chruschtschow, Mikojan, Beria, Kaganowitsch und wie sie alle hießen, die, abhängig von der Größe, jeweils um die 50 bis 100 Mark pro Bild einbrachten. Porträts von Lenin, Marx und Engels wurden ebenfalls haufenweise angefertigt, doch wohl keines lief so häufig vom Band wie Abbilder von Stalin selbst. Ich erinnere mich, wie ich in der Straßenbahn an einem großen, prächtigen Gebäude vorbeifuhr, das sich Albrechtschloss nannte und an dessen Fassade zur Straße hin ein enormes, vier Stockwerke umspannendes Porträt von Stalin angebracht war. Es war in Brauntönen auf eine Art beigen Textilstoff gemalt, und der Kopf des Mannes allein maß dabei fast fünf Meter vom Kinn bis zum Haaransatz. Im Laufe des Tages wurde das Transparent abgehängt, da starker und anhaltender Wind das monumentale Kunstwerk umherflattern ließ, wobei es sich faltete und ausbeulte, sodass das Gesicht des Oberhaupts sich verzog, grinste, zuckte und grimassierte, während Passanten vorbeiliefen. Mir wurde erzählt, dass niemand sich traute zu lachen. Die Gegenwart bewaffneter Soldaten vor dem Gebäude schloss jeden Ausdruck von Erheiterung aus.

Einmal brachte mir ein sowjetischer Unteroffizier ein sehr langes Stück gelbe Fallschirmseide und beauftragte mich, eine Schlachtfeldszene darauf zu malen, die die Eroberung des Berliner Reichstagsgebäudes durch die Truppen der Roten Armee darstellte. Das Reichstagsgebäude wurde von den Russen irrtümlicherweise für das Zentrum des deutschen Staates gehalten. Das war eine große Aufgabe, da ich dutzende Protagonisten in Aktion würde malen müssen und dies auf einer Fläche von drei Metern Höhe und neun Metern Länge. Ich erläuterte, dass ein mehrfarbiges Gemälde auf Seide ausgeschlossen war und dass das Beste, was man machen könne, ein monumentales einfarbiges Gemälde wäre. Das Problem, die Farbe und die entsprechend nötige Menge davon aufzutreiben, um dieses Gemälde herzustellen, war schnell gelöst: Kurze Zeit später brachte mir der junge Offizier mehrere große Dosen rötlich-brauner Bodenfarbe, die, wie sich herausstellte, auch noch perfekt die leuchtende Farbgebung des Seidenstoffes ergänzte. Hätte ich alleine daran gearbeitet, wäre ich wohl länger als einen Monat rund um die Uhr damit beschäftigt gewesen, und so suchte ich mir einen Kollegen, Werner Hänel, der mir half. Auch er brauchte Geld und war froh, mir bei dem Vorhaben helfen zu können. Kein Atelier der Akademie war groß genug für dieses battalistische Projekt, und so erhielten wir die Erlaubnis, in einem der langen

Flure zu arbeiten. Nach ungefähr zwei Wochen waren wir fertig. Als der Offizier kam, um das Meisterwerk zu begutachten, erzählte er uns, dass es in einem Dresdner Vorort die Wand eines Offizierskasinos schmücken sollte, das von den Bombenangriffen 1945 verschont geblieben war. Ich könnte mir niemals vorstellen, wie es sein musste, im Angesicht einer riesigen Schlachtfeldszene mit all dem dazugehörigen Blut genussvoll ein üppiges Abendessen zu mir zu nehmen. Wie auch immer – wir wurden ziemlich gut bezahlt, auch wenn das Geld nicht mehr so viel wert war wie noch kurze Zeit zuvor. Ein Laib Brot von fragwürdiger Qualität aufgrund unklarer Zutaten war nun bis zu 57 Prozent teurer als bei Kriegsende auf dem Schwarzmarkt.

So war es auch in allen anderen Bereichen des täglichen Lebens, wobei ich sagen muss, dass es für mich eine Art persönliche Kompensation gab. Meine eigene »echte« Kunst fand Anerkennung, und ich wurde zu einer ersten Einzelausstellung in der kleinen, doch namhaften Eisner-Bellak-Galerie eingeladen, die sich in einem der weniger zerstörten äußeren Wohnviertel Dresdens befand. Bei der Eröffnung dieser Ausstellung hatte ich meine erste persönliche Begegnung mit Kunstzensur. Ein sowjetischer »Kultur«-Beamter, der die Eröffnung besuchte, ordnete an, dass eine Bleistift- und Tuschezeichnung von mir abgehängt werden solle, auf der eine männliche Person in einem Militärmantel zu sehen war (ohne jeden Bezug zu nationalen Besonderheiten), die mit gesenktem Kopf und nur einem Bein an einem Kreuz hing, die Hände am Querbalken befestigt. Die geladenen Gäste und ich – und erst recht der Galerist – waren zutiefst erschüttert von diesem Akt der Intoleranz, der an die Naziära erinnerte, die gerade erst geendet hatte. Die Zeichnung war Ausdruck meines Antimilitarismus, doch der wahre Grund dafür, dass sie abgehängt werden sollte, erschloss sich mir erst ein Jahr später, als das Moskau-gesteuerte Ostdeutschland als Antwort auf westdeutsche Aufrüstung unter der Ägide der Vereinigten Staaten die Volksarmee ins Leben rief.

Weitere Ausstellungen folgten, einige Einzelausstellungen, einige mit anderen Künstlern zusammen. Ein, zwei Auszeichnungen waren auch dabei, doch zu Verkäufen kam es nur selten und in großen Abständen, sodass ich wie viele andere Künstler meinen Lebensunterhalt mit dem schnell und routiniert angefertigten, unsignierten Kram verdienen musste, den es überall auf der Welt zu kaufen gab, und der nur gekauft wurde, weil er zur Farbe der Tapete passte oder der Chenille-Decke auf dem Sofa. Völlig der Fantasie entsprungene, herrlich glückselige

Vor einem der vielen blutrünstigen Meisterwerke für das Museum der Roten Armee in Kamenz, an deren Entstehung ich im Sommer 1947 beteiligt war.

Landschaften der Schweizer Alpen, des sonnigen Italiens und der sonnendurchtränkten Riviera kamen von unseren Staffeleien, um die dunklen Erinnerungen der Menschen an die jüngste Vergangenheit zu vertreiben. Inzwischen fingen die Leute wieder an, etwas Geld zu verdienen, doch gab es wenig, was man davon kaufen konnte, und die Preise auf dem Schwarzmarkt stiegen täglich. Sonnige Bilder lenkten die Gedanken der Menschen ab von ihrem düsteren Alltag und konnten legal als Waren außerhalb des allumfassenden staatlichen Gutscheinsystems erworben werden.

Es war naheliegend, dass einige selbstgefällige und selbstgerechte Kritiker solche Versuche, inmitten einer allgemeinen Hungersnot überleben zu wollen, als »Kunstprostitution« abstempelten. Sie hatten recht und hätten auch heute noch recht angesichts der Menge an zweitklassiger Kunst, die derzeit weltweit produziert wird, um einen gleichermaßen fragwürdigen Geschmack der Öffentlichkeit zu befriedigen. Außer den Bauern war im Ostdeutschland der Nachkriegszeit eigentlich jeder fast permanent hungrig, auch die Kunstkritiker, und jeder versuchte, so gut es ging zu überleben. Künstler mussten vermarktbaren Schrott produzieren, und Kritiker mussten darüber ihre Bewertungen schreiben.

Irgendwann im Jahr 1946 hatte ich das Glück, einen etwas größeren Auftrag an Land zu ziehen: Ich handelte die hübsche Summe von 1 000 Mark aus, dafür, dass ich alle Mitglieder des sowjetischen Politbüros porträtierte. Die Porträts mussten alle die gleiche Größe haben, um eventuell alle nebeneinander entlang einer Wand im großen Konferenzraum eines Gebäudes ausgestellt zu werden, in dem eine neu eingerichtete Abteilung der sowjetischen Militärverwaltung untergebracht war. Mir wurde gestattet, den Raum zu inspizieren, um die letztendliche Breite der geplanten Porträtausstellung festzulegen, die sich, glaube ich, auf ungefähr so etwas wie einen dreiviertel Meter pro Bild belief, bei einem Zwischenraum von je 30 Zentimetern. Als ich fertig war mit dem Ausmessen, gab mir ein junger Offizier eine Reihe von schwarz-weißen Porträtfotos sowjetischer Machthaber, die ich in Farbe malen sollte. Ich betrachtete die Fotos eins nach dem anderen, drehte sie automatisch um, und da ich mich schon ein bisschen mit dem kyrillischen Alphabet auskannte, las ich die Namen laut. Es waren die üblichen Persönlichkeiten: Stalin, Mikojan, Molotow, Kaganowitsch, Beria, Chruschtschow, Malenkow, Woroschilow, Schdanow und ein paar andere. Doch als ich zum Foto von Woznesenski kam, riss der Offizier es mir buchstäblich aus der Hand und sagte: »Nein! Dieses nicht, das muss ein Fehler sein, dieser Mann ist nicht mehr im Politbüro!« Ich zuckte mit den Schultern und nahm es einfach als eine notwendige Information über das anstehende Projekt. Später erfuhr ich, dass Woznesenski und andere Kommunistenführer aus Leningrad auf Stalins Befehl verhaftet und kurz nach dem Krieg hingerichtet worden waren, angeblich wegen Hochverrats (so die offizielle Verlautbarung).

Im Sommer 1947 bekam ich in meinem Atelier unerwartet Besuch von einem Hauptmann der Roten Armee. Er stellte sich mir nicht mit Namen vor, sondern schaute kurz auf meine Bilder und fragte mich, ob ich bei der Ausstattung eines kleinen Museums behilflich sein könnte, das sich der Dokumentation und Ehrung der Kriegsgeschichte seiner Einheit widmete. Ich fragte ihn, wieso gerade ich für diese Art von Arbeit infrage kam. Er hätte von einem polnischen Künstler gehört, der ganz passabel Russisch spräche, sagte er, und ein paar Erkundigungen hätten gereicht, um mich ausfindig zu machen. Da ich schon ein bisschen etwas über russische Geheimniskrämerei und Misstrauen gegenüber denen, die zu viele Fragen stellten, gelernt hatte, war ich schlau genug, nicht nach seiner Informationsquelle zu fragen. Ich hielt mich an eine andere Frage: Welche Art Ausstattung schwebte ihm vor? Er sagte mir, dass er an Landkarten dachte, die die vielen Orte in der Sowjetunion, in Polen und Deutschland zeigten, an denen seine Panzerdivision gekämpft hatte, und an Gemälde, die die verschiedenen wichtigen Schlachten abbildeten, aus denen seine Division siegreich hervorgegangen war. Er stellte sich auch einen verkleinerten Nachbau des T-34, des Haupt-Kampfpanzers seiner Einheit vor, der an prominenter Stelle mitten in der Halle platziert werden sollte. Dieses geplante Museum, so sagte er mir, sollte in einer kleinen stillgelegten Schulaula in der Stadt Kamenz eingerichtet werden, 40 Kilometer nordöstlich von Dresden und leicht mit dem Zug zu erreichen. Ich sagte, ich könne es machen, aber ich bräuchte bei so einem großen Projekt Unterstützung – einen Bildhauer für die Panzerreplik und einen weiteren Maler, der mir bei den Bildern der Panzerschlachten helfen könne. Der Hauptmann war sofort einverstanden und versprach, dass wir separate Zimmer im örtlichen Hotel und drei Mahlzeiten aus der Abteilungsküche bekommen würden sowie jeder 1 000 Mark bei Fertigstellung der Arbeit zur Zufriedenheit des Divisionskommandanten. Die nötigen Materialien wurden selbstverständlich von der Kommandoeinheit zur Verfügung gestellt. Beim Versuch, meinen

Eifer angesichts dieses für mich und meine Kollegen lebensrettenden Auftrags zu verbergen, stimmte ich allen Punkten seines Angebots zu. Wir besprachen noch ein paar letzte Einzelheiten. Als er weg war, kontaktierte ich sofort einen begabten Kunststudenten namens Manfred Grünert und einen jungen Bildhauer, dessen Namen ich vergessen habe. Auch sie lebten wie ich von der Hand in den Mund – ein solcher Auftrag war wie ein Geschenk des Himmels.

Wenige Tage später meldeten wir uns zur Arbeit bei der Kommendatura in Kamenz und derselbe Offizier, der uns engagiert hatte, um das Museum auszustatten, zeigte uns nun den von ihm dafür vorgesehenen Standort. Die Schulaula war abgesetzt vom Hauptgebäude, in dem sich die Klassenräume befanden, und war aufgrund ihrer Größe und der Proportionen des Innenraums eine gute Wahl. Obwohl sie relativ klein war, würde dennoch eine große Anzahl von Exponaten darin Platz finden, auch die Panzerreplik und unsere Gemälde. Die nötigen Materialien wie Bauholz, Leinwand, Farbe, Pinsel und Terpentin waren vor Ort, und das Einzige, was fehlte, war ein ausreichender Vorrat Ton für den Bildhauer zur Anfertigung des T-34-Panzernachbaus. Ein Schreiner aus dem Ort sollte einen Schaukasten für die vielen Orden und Auszeichnungen der Division anfertigen.

Unsere Hotelzimmer waren winzig, mit hohen Decken, dunkel und muffig, aber die Betten waren beinahe bequem und das Bettzeug sauber. Mit dem Essen aus der Küche der Roten Armee war ich schon vertraut und sagte meinen Künstlerfreunden gleich, sie sollten keine Gourmetspeisen erwarten. Aber niemanden von uns kümmerte die Eintönigkeit der Speisekarte, solange das Essen mehr oder weniger schmackhaft war – und auf jeden Fall war es reichlich. Wir hatten wirklich lange gehungert, es machte nichts, wenn wir dreimal am Tag Graupensuppe aßen. Diese war zudem mit ordentlich großen Fleischbrocken angereichert; dazu gab es frisch gebackenes Brot, dunkel, gehaltvoll und von himmlischem Geschmack.

Als die Lieferung Ton eintraf, begann unser Bildhauer mit der Arbeit an der Panzerreplik, während Manfred und ich uns an eine riesige Landkarte machten, die chronologisch den Fortschritt der Division nachvollzog, die 1942 an einem Ort namens Staraya Russa in die Schlacht gezogen war. Nach Kämpfen an der ständig wechselnden Front und schweren Verlusten in der berühmten Schlacht von Kursk wurde die Division rekonstituiert und in die sogenannte Erste Ukrainische Front von Marschall

Konev integriert, die 1945 nach Deutschland stürmte und gemeinsam mit Schukows Armeen Berlin einnahm und unterwegs auch Dresden. Ich fragte Manfred und den Bildhauer, wie sie es fanden, für die Eroberer zu arbeiten. Schließlich waren sie in der Wehrmacht gewesen und im Einsatz – sie mussten doch sicherlich irgendwelche Gefühle haben, was das anging. Doch sie hoben beide nur die Schultern und gaben mir jeweils die gleiche pragmatische Antwort: »Der Krieg ist vorbei, wir haben überlebt. Warum sollten wir uns sorgen, für wen wir arbeiten, solange es Arbeit gibt?«

Um uns die Arbeit zu erleichtern, wurde uns ein Helfer zur Seite gestellt, ein einfacher Rekrut mit dem Namen Mischa. Wie »unser« Hauptmann erklärte, sollte uns dies von Aufgaben entlasten, die genauso gut andere übernehmen konnten, damit wir mehr Zeit für unsere eigentliche Arbeit hatten. Tatsächlich stellte sich Mischa als sehr hilfreich heraus. Er half beim Aufstellen von Konstruktionen und beim Sachenholen, er brachte uns unsere Mahlzeiten aus der Heeresküche und erledigte unzählige andere kleine Arbeiten. Obwohl uns diese Aufgaben nun also nicht mehr ausbremsten, versuchten wir dennoch, nicht *zu* schnell zu arbeiten, da wir nicht vorschnell fertig werden wollten, um unsere gemütliche Lage nicht allzu schnell aufgeben zu müssen. Es war eine Freude, Mischa um uns zu haben. Er war ein kleiner, starker Kerl, gebürtig aus Sibirien, etwas pausbäckig und mit strohblondem Haar, einem offenen, lachenden Gesicht und zwinkernden blauen Augen. Er beherrschte ein Repertoire aus mehreren Liedern, die er auf die echte russische Art darbot, fast schluchzend, während er nostalgische Lieder sang und voller Schwung, wenn er die fröhlichen, manchmal heiter-obszönen, Lieder aus der Heimat trällerte. Wie alle sowjetischen Soldaten trug auch Mischa seine Kampagnenmedaillen permanent an seinem Waffenrock befestigt. Es müssen sechs oder acht in allen Farben des Regenbogens gewesen sein, und jedes Mal, wenn er sich bewegte, klimperten sie fröhlich.

Wir mussten zehn reichlich große Bilder malen, jedes zweieinhalb Meter hoch und eineinhalb Meter breit. Manfred und ich teilten uns die Arbeit so auf, dass ich die gesamte Szene grob entwarf und die Infanteriefiguren malte, die entweder Panzer angriffen oder auf Panzern fuhren (es mussten natürlich T-34er sein). Manfred malte den Hintergrund, Ruinen, Rauch und Feuer, Explosionen und so weiter. Dieses System funktionierte sehr gut und bei seinen häufigen Inspektionsvisiten, die manchmal in der Gegenwart anderer Offiziere stattfanden, sprach »unser« Hauptmann ganz begeistert von unserer malerischen Arbeit, obwohl er gelegentlich unseren Kollegen, den Bildhauer, kritisierte, weil er scheinbar unwichtige Details des T-34 bei der Replik weggelassen hatte. Doch unser Freund hatte eine gute Entschuldigung, denn er hatte nur ein paar amateurhafte Fotografien, mit denen er arbeiten konnte. Im Großen und Ganzen waren unsere Beziehungen zum Kapitän jedoch recht angenehm. Ein einziger disharmonischer Missklang trübte die angenehme Arbeitsatmosphäre: Zu einem bestimmten Zeitpunkt bat mich unser Mentor, der Hauptmann, in einem bestimmten Zimmer im Divisionshauptquartier Bericht zu erstatten. Wie so oft war er geheimnistuerisch und gab den Grund für die Vorladung nicht bekannt, und ich fragte natürlich auch nicht.

Problemlos fand ich die richtige Tür und, da ich sah, dass auf einem sehr kleinen Schild dort nur der Rang zu lesen war – Leytyenant –, jedoch kein Name, klopfte ich an. Eine männliche Stimme bat mich herein, und ich stand vor einem dunkelhäutigen Offizier mit dunklen Augen und dunklen Haaren von unverkennbar kaukasischer Herkunft. Hinter seinem Schreibtisch sitzend wies er mich an, ihm gegenüber Platz zu nehmen und verhörte mich, ohne jedes Lächeln im Gesicht, über meine Vergangenheit, meine Eltern, meine Schulbildung und, was am allerwichtigsten war, darüber, wie, wann und wo ich Russisch gelernt hatte. Ich hatte nichts zu verbergen, und fast zwei Stunden später ließ er mich laufen. Zurück bei der Arbeit erzählte ich Mischa von dieser Erfahrung; er zuckte nur mit den Achseln und sagte: »Smersh.« Dieses Wort hatte ich noch nie zuvor gehört, erfuhr dann aber später, dass es eine Abkürzung für »Smert Shpionam« (»Tod den Spionen«) war. Der Leutnant war ein Ermittler dieser Spionageabwehrorganisation und muss mir meine Geschichte wohl abgenommen haben, denn nach unserer gemeinsamen Sitzung hörte ich nie wieder etwas von ihm.

Ich verbuchte diese Episode unter der Kategorie »noch mal davongekommen«. Die Erklärung für mein relativ flüssiges Russisch war einfach. Als gebürtiger Pole stellte ich eine große Ähnlichkeit zwischen den beiden Sprachen fest, und da ich aus einer Musikerfamilie kam, bereitete es mir keine Schwierigkeiten, mich an den besonderen Klang der russischen Sprache anzupassen. Der Smersh-Offizier schien das ohne weiteren Kommentar zu akzeptieren. Er nahm auch die Geschichte von meiner früheren Anstellung bei den Boehner-Filmstudios hin und machte sich dazu ausführliche Notizen – wobei ich ihm erklären musste, ganz allgemein gehalten, was die wesentlichen

Merkmale der Stereo-Filmtechnik waren. Diese Geschichte machte auch meine Anwesenheit in Dresden glaubwürdig und plausibel und verschleierte ganz nebenbei den anderen, eigentlichen Grund, aus dem ich hier in Dresden und nicht in Polen war. Jede noch so andeutungsweise Erwähnung der polnischen Widerstandsbewegung hätte mich in weit größere Gefahr gebracht als nur in heißes Wasser getaucht zu werden. Die Sowjets gingen mit Mitgliedern des polnischen Widerstands unerbittlich um.

Nun, da ich nach 60 Jahren auf diese Zeiten zurückblicke, merke ich, dass ich doch anhaltende Zweifel an einigen der Menschen hege, denen ich begegnet bin. Mit Wolodia habe ich meine Russischkenntnisse verfeinert und habe in langen, aufschlussreichen Debatten von Mischa die Mundart gelernt. Doch bald wurde mir bewusst, dass unsere Gespräche über Kunst, Literatur und – ganz bestimmt – Politik auch gewisse Gefahren bargen. Wenn Mischa beispielsweise mit einer unschuldigen Bemerkung Soschtschenkos satirische Schriften pries, hielt ich den Mund, da ich von Wolodia schon wusste, dass dieser Schriftsteller von der Kommunistischen Partei heftig kritisiert worden war. War Mischa, der angeblich bei der Einrichtung eines kleinen Museums der Division helfen sollte, in Wirklichkeit ein Agent, ein Lockspitzel, den der Smersh eingesetzt hatte, um ein offenes Ohr für jede noch so kleine Bemerkung – sei sie noch so beiläufig – zu haben, die sich gegen die Politik des sowjetischen Staates richtete? Wenn dem so gewesen sein sollte, dürften seine Berichte an den Smersh-Leutnant sehr enttäuschend gewesen sein, denn ich habe einfach nicht angebissen. Ich hatte natürlich keinen Beweis dafür, dass sowohl Mischa als auch Wolodia Informanten waren. Doch das ungute Gefühl blieb: Warum, so fragte ich mich, ließ ein Offizier des so gefürchteten Geheimdienstes mich nach so kurzer Zeit wieder frei?

Wenn wir nach der Arbeit zurück in unserem Hotel waren, verbrachten wir manchmal die Zeit damit, uns mit anderen Bewohnern des Etablissements zusammenzusetzen, vor allem aber mit einem Unteroffizier namens Anatol (abgekürzt: Tolja) Müller, der trotz seines deutschen Namens der Inbegriff einer russischen Seele war. Seine militärischen Orden hatte er sich als Panzerfahrer verdient, war jedoch auch ein professioneller Musiker, und als virtuoser Akkordeonspieler unterhielt er nun die Offiziere der Division bei ihren häufigen Gelagen. Eigentlich aber war die klassische Musik seine wahre Liebe, und für uns spielte er oft seine eigenen Transkriptionen von Werken Mozarts, Schuhmanns, Chopins, Brahms’ oder Dvořáks.

Ein Porträt von Kostek Baum, um 1947.

Unweigerlich neigte sich unsere Arbeit jedoch dem Ende zu. Der Divisionskommandant, General Babadjinian, kam, um das »Muzey«, was er in Auftrag gegeben hatte, zu begutachten. Er war ein dunkelhäutiger Armenier, schlank und elegant in langem Mantel. Er betrat den Saal lächelnd und strahlte dabei gleichzeitig Autorität aus. Nachdem er seinem Adjutanten seinen Mantel und die Kappe mit goldgeflochtener Borte gereicht hatte, wurden wir drei ihm vorgestellt. Wir schüttelten die Hände, und da ich Russisch sprach, war es selbstverständlich, dass ich ihn herumführte und ihm erläuterte, auf welche Art wie uns bemüht hatten, seiner Division die gebührende Ehre zu erweisen. Er bewunderte alles ausgiebig, verlangte jedoch nach einer Änderung: Die Rahmen der zehn Porträtgemälde, die alle aus hellem Naturholz waren, sollten auf Wunsch des Generals alle einen goldenen Anstrich erhalten. Glücklicherweise hatten wir noch etwas Goldimitatpulver bei unseren Malerutensilien, und nachdem der General gegangen war, verbrachten wir den Rest des Tages damit, die Rahmen zu streichen, nicht, ohne dabei die ganze Zeit vor uns hin zu murmeln, wie hoffnungslos bourgeoise doch der Geschmack dieses Generals war. Am Ende erhielt aber jeder von uns die versprochenen 1 000 Mark, und wir nahmen den Abendzug zurück nach Dresden.

Es schien, als ob sich meine Fähigkeiten als Porträtist herumgesprochen hatten. Ein oder zwei Tage nachdem ich in mein Atelier in der Akademie zurückgekehrt war, suchte mich dort ein russischer »Polkovnik« (»Oberst«) auf, der mich bat, ein Porträt von ihm zu malen. Bevor ich eine Antwort geben konnte, zog er ein Schwarz-Weiß-Foto von sich in einer mit Orden geschmückten Gala-Uniform aus der Tasche und hielt es mir vor die Nase. »Können Sie das als Vorlage benutzen?«, fragte er; natürlich bejahte ich. Wir verhandelten über den Preis so lange, bis ich mich durchsetzte. »Es wird in einer Woche fertig sein«, sagte ich ihm, »aber es muss noch einen Monat lang trocknen«. Er seufzte enttäuscht und fragte, ob es schneller trocknen würde, wenn man es in die Nähe einer Heizquelle stellen würde. »Njet«, antwortete ich, woraufhin er mit den Schultern zuckte und versprach, in »tchetiri nedjeli« (»vier Sonntagen«) wiederzukommen. Ich machte mich an die Arbeit, die mir nicht schwerfiel. Da ich schon das ganze Politbüro gemalt hatte, machte dieses eine Porträt wirklich keine große Mühe – so dachte ich jedenfalls. Als der Oberst einen Monat später wieder auftauchte, warf er nur einen Blick auf sein Porträt und schleuderte wutentbrannt einen Schwall von Beschimpfungen durch die Gegend. Ich hatte eine

schwere Sünde begangen, indem ich einen blauen Streifen auf das seidenartige Band, das die Medaille an der Uniform befestigte, gemalt hatte statt eines grünen. »Aber es ist unmöglich, Farbunterschiede auf einem Schwarzweißfoto zu erkennen«, erklärte ich ihm, und schließlich zeigte er etwas Verständnis für die Begründung. »Ich werde den Schaden beheben«, versprach ich. Irgendwann später kam er wieder, um sein Porträt abzuholen und zahlte mir, da jetzt zufrieden, den vereinbarten Lohn. Er murrte aber immer noch vor sich hin, als er mein Atelier verließ.

Gefälschte Kunst

Mit der Zeit schrumpften auch die Kunstaufträge für die Russen gegen Null, Ausstellungen wurden zu einer Übung in Hoffnungslosigkeit. Daher nahm ich mit einigem Eifer auch den Vorschlag an, von einem sehr alten Foto abzumalen. Ein vermögender Mann, ehemaliger Besitzer einer riesigen Getreidemühle, die mit ihm als stellvertretendem Generaldirektor in staatlichen Besitz übergehen sollte, kam zu mir ins Atelier in der Akademie und fragte mich, ob ich ein Bildnis seines Vaters malen würde. Er zeigte mir ein altes sepiafarbenes Foto eines streng dreinblickenden schnauzbärtigen Mannes in dunklem Anzug, mit einem steifen, hohen Kragen und dunkler Krawatte. Das Foto war in den späten 1870er Jahren gemacht worden, und das darauf Abgebildete würde sich leicht auf die Leinwand übertragen lassen. Ich bot sofort an, den Auftrag zu übernehmen und nannte einen Preis. Wir reichten uns die Hände, der Mann ging und ich begann umgehend damit, eine Leinwand vorzubereiten und mit dem Malen des Porträts anzufangen. Ich brauchte nur ein paar Tage, um mit dem Bild fertig zu werden, doch die Farbe war immer noch nass und musste erst trocknen, ehe ich das Bild zu meinem Kunden nach Hause liefern konnte. Da gerade Hochsommer war und die Tage heiß, stellte ich das Porträt einfach raus in die Sonne, und so waren die Farben schon nach ungefähr einer Woche getrocknet. Ich brachte es dann zu der Adresse, die der Mann mir gegeben hatte, und stand vor einem veritablen, dreistöckigen Herrenhaus. Mein Kunde lebte im obersten Stockwerk, die ersten beiden Stockwerke waren von den Sowjets beschlagnahmt worden, um einige ihrer Behörden der Militärverwaltung dort unterzubringen. Dem Mann gefiel das Gemälde sehr, und er entlohnte mich auf der Stelle. Dann fragte er mich, ob ich Porträts auch von einer Daguerreotypie, einer frühen Form der Fotografie mit einer Darstellung des Bildnisses auf Glas, anfertigen könne. Ich sagte, dass ich das wahrscheinlich könne, vorausgesetzt, das Bild enthielte genügend Kontrast, um damit arbeiten zu können. Er zeigte mir daraufhin das Bild, um das es ging, indem er es ins Licht hielt. Ich fand, dass es klar und schön war. Auf dem Bild waren ein Mann und eine Frau, die beide aussahen, als hätten sie das mittlere Alter bereits überschritten. Sie trugen Kleidung, die nach der Mode aus der Zeit Mitte des 19. Jahrhunderts aussah. Mein Kunde sagte mir, es seien seine Großeltern und dass er ihr Porträt gerne in sein Arbeitszimmer hängen würde, neben das seines Vaters. Von dieser uralten Fotografie auf Glas abzumalen war weitaus schwieriger als von einer Vorlage, die auf Papier gedruckt war. Doch ich gab mein Bestes, und auch dieses Doppelporträt fand die volle Zustimmung des Enkelsohns der Abgebildeten. Ich sah ihn erst ein paar Wochen später wieder, als er noch einmal in mein Atelier kam, um meine Dienste in Anspruch zu nehmen. Diesmal handelte es sich jedoch um ein ganz anderes Projekt, obwohl es auch wieder mit Porträtmalerei zu tun hatte.

Er schien sich schwer damit zu tun, zu erklären, was er wollte, erzählte langatmig von seiner Familie, aus Gegenwart und Vergangenheit, ehe er zum Punkt kam. Er wollte, dass ich mehrere Porträts seiner Vorfahren malte, bis zurück in die zweite Hälfte des 17. Jahrhunderts, als eine dieser Persönlichkeiten, ein Bürger Dresdens, der von Beruf Müller war, zum Mehllieferanten am Hofe Augusts des II., Kurfürst von Sachsen und gewählter König Polens, ernannt worden war. Auf dieses Porträt sollten weitere folgen, die die Abkömmlinge des Müllers darstellten, bis hin zu denen, die ich bereits gemalt hatte. Das letzte Gemälde in der ganzen Sammlung sollte ein Porträt meines Mäzenen selbst sein. Er war peinlich berührt, als ich ihn fragte, ob es irgendwelches Bildmaterial gäbe, welches ich als Vorlage verwenden könne. Er schüttelte den Kopf und sagte, es gäbe nichts, dass er mir jedoch alle Namen und Daten aus seiner Abstammung nennen könne. Ich antwortete ihm, dass das hilfreich sei und dass ich versuchen könne, die Merkmale seines Vaters und seiner Großeltern zu nutzen, um eine Familienähnlichkeit erkennen zu lassen, die diese vielen Generationen zurückreiche. Ich konnte sehen, wie erleichtert er ob meines Entgegenkommens war, obwohl er nicht wissen konnte, was ich tatsächlich von Aufträgen dieser Art hielt. Ich wurde im Grunde gebeten, eine Galerie fiktiver Ahnenporträts zu erschaffen, um diesem älteren, eindeutig intelligenten Mann dabei zu helfen, die ungerechtfertigten Komplexe, die er hinsichtlich seiner sozialen Abstammung hatte, abzubauen oder sogar ganz zu überwinden. Irgendwie tat er mir leid, aber ich war auch froh, die Arbeit angeboten zu bekommen. Ich hatte bereits Arbeitsmaterialien zu Schwarzmarktpreisen erwerben müssen, um das Doppelporträt von der Daguerreotypie zu malen, und war kaum mehr in der Lage, die überteuerten Kartoffeln zu bezahlen, die mich vor dem Verhungern bewahrten. Ich bat den Mann um einen Vorschuss, und er gab mir bereitwillig ein paar Hundert Mark. Er hinterließ mir auch ein Blatt Papier mit einer Zeichnung seines Familienstammbaums mit Namen und Daten. Ich erinnere mich, dass er die Namen aller unterstrichen hatte, deren Porträt ich malen sollte, und es stellte sich heraus, dass es alles Männer waren. Die einzige Frau in der ganzen Sammlung war die Großmutter meines Mäzens, die ich ja bereits von der Daguerreotypie gemalt hatte.

Das Erste, was ich tat, war, mir das Bild vom Vater des Mannes auszuleihen, um mir dessen Gesicht zu merken und in diversen Zeichnungen nachzuvollziehen, sodass ich es aus mehr als nur einem Winkel zeigen konnte. Da ich eine Menge an Material benötigte, ging ein großer Teil des Vorschusses, den ich erhalten hatte, bereits dafür drauf. Der Auftrag erschien mir monumental, was den zeitlichen Aufwand betraf, und so machte ich mich gleich an die Arbeit, nachdem ich meine Erkundigungen über die Vielfalt der Kleidung des 17. und 18. Jahrhunderts abgeschlossen hatte, die ich in der Porträtserie vorstellen wollte. Das war natürlich etwas ganz anderes und wesentlich interessanter, als endlose Porträts von Stalin, Lenin und allen Mitgliedern des sowjetischen Politbüros zu produzieren (und dieses Wort wähle ich hier absichtlich). Es erforderte all meine Fähigkeiten und Aufmerksamkeit fürs Detail. Beim ersten Gemälde folgte ich noch meiner ursprünglichen Absicht, das Subjekt als eleganten Gentleman darzustellen, der nur durch seinen Gesichtsausdruck und durch seine Positionierung im Bild auch eine gewisse Robustheit erahnen ließ. Er sollte ein wohlhabender Geschäftsmann aus der post-napoleonischen Ära sein, obwohl im Bild kein Bezug zum Müllereihandwerk hergestellt wurde. Wie es in jenen Tagen üblich war, trug er schwarz mit einem weißen Kragen. Ich zeigte ihn in einer Pose, in der er sich an einen runden Tisch lehnte, ein gerolltes Stück Papier in den Händen haltend. Der Hintergrund war in der Farbe gehalten, die wir Studenten spöttisch »braune Soße« nannten, ein sehr neutraler, dunkler Farbton, vor dem man jede andere Farbe zum Leuchten bringen konnte. Ich hatte natürlich kein leibhaftiges Modell, aber ich brauchte eigentlich auch keins. Um die Hände zu malen, was ein etwas heikler Teil bei jedem Porträt ist, nahm ich mir die vielen Gipsabdrücke zu Hilfe, die ich in der Skulpturensammlung der Akademie fand. Diese wurden besonders von den Studenten der unteren Semester zum Zeichnen und anatomischen Studium verwendet und bildeten viele nachempfundene Ausdrucksformen ab: zur Faust geballte, gefaltete, mit Zeigefinger zeigende, abwehrende, einladende, winkende, schreibende, greifende, grüßende Hände – kurz, alles, was Hände gewöhnlicherweise so machten.

Für das erste Porträt brauchte ich ungefähr eine Woche, und ich fing direkt mit dem nächsten an. Ich beschloss, in der Zeit immer weiter zurückzureisen, sodass mein nächstes Motiv sein Haar in einem kleinen Zopf am Hinterkopf trug. Sein Gesicht war als Teilprofil abgebildet, und er trug einen hellen Mantel der Art, wie er beim deutschen Adel um 1790 herum Mode war, so zumindest ging es aus meinen Notizen über die Zeit hervor. Der Gentleman lehnte auf einem Gehstock vor rustikalem Hintergrund. Die Stimmung des Bildes war ausgesprochen romantisch. Meine gekritzelten Notizen auf inzwischen leicht vergilbtem, sprödem Papier sagten mir an, wie die übrigen acht Porträts auszusehen hatten. Es genügt zu sagen, dass meine Entscheidung, in der Zeit zurückzureisen, nicht nur mit sich brachte, eine Vielfalt von Modeerscheinungen abzubilden, sondern auch Gesichtszüge, die sich zwar von Bild zu Bild leicht änderten, aber doch immer noch etwas enthalten mussten, das an die vorangegangenen Generationen erinnerte: die Form der Nase, des Kinns, der Wangenknochen oder die Position der Augen. Ich erinnerte mich an die Gene der Habsburger, deren vorgewölbte Unterlippe auf den Porträts fast aller Mitglieder dieser Inzuchtsfamilie, die fünf Jahrhunderte lang die Geschicke Europas und der Überseekolonien bestimmte, stets unübersehbar war.

Zusätzlich zu dem oben Beschriebenen musste ich jedoch jedem Gemälde ein Aussehen verleihen, das das angebliche Entstehungsdatum widerspiegelte. Ich stellte also gefälschte Kunst her – und meinem Auftraggeber war das völlig bewusst. Fälschungen von »alten« Gemälden authentisch erscheinen zu lassen, setzte einen »Alterungsprozess« voraus. Für die ersten paar der insgesamt acht Fälschungen musste ich die getrocknete Oberfläche nur mit etwas mit Ruß vermischtem Pflanzenöl abreiben und ein wenig in die Textur einarbeiten, die zuvor die Pinselstriche erzeugt hatten. Wenn kein Pflanzenöl erhältlich war, funktionierte auch Öl für Kurbelgehäuse ganz gut. Ich wendete diese Methode auch bei den nächsten paar Bildern an, musste aber hier mehr Kraft aufwenden und etwas mehr Ruß auftragen. Mit dem künstlichen Alterungsprozess des letzten gefälschten Porträts gab ich mir jedoch besonders viel Mühe. Es sollte das Älteste und auf 1690 datiert sein. Es zeigte einen Mann mit einem etwas groben Gesicht und durchdringenden Augen, der eine große Perücke à la Ludwig XIV. trug und eine Art dunklen Pelzumhang halb über die Schulter geworfen hatte, wodurch er ein Stück seines Armes enthüllte, das in einer glänzenden Rüstung steckte. Diese sollte auf seine möglichen (aber nur möglichen) Verbindungen zum Adel hinweisen.

Ein Gemälde künstlich älter aussehen zu lassen, erforderte einiges an Geschick. Eine Leinwand, auf die ein Ölgemälde aufgebracht werden soll, wird zunächst immer erst mit einer Grundierung behandelt, die dafür sorgen soll, dass die Farbe nicht vom Untergrund – dem Stoff der Leinwand – aufgesaugt wird. Zu meinen Zeiten als Student an der Dresdner Akademie grundierten wir Studenten unsere Leinwände immer mit einer selbst angefertigten Mischung aus Wasser, Kaolin (fein gemahlener weißer Ton, der verwendet wurde, um Geschirr und Porzellan herzustellen) und Leim aus Kaninchenhaut. Wenn nicht genug Klebstoff in der Mischung enthalten ist, wird die Ölfarbe in die Leinwand einsickern, ist jedoch andererseits zu viel Kleber enthalten, wird die Ölfarbe auf der Leinwand aufliegend haften, wenn sie getrocknet ist allerdings Risse formen. Genau hinter diesem Effekt war ich her, als ich das »älteste« der gefälschten Porträts malte. Wenn die Farbe erst einmal getrocknet war, rieb ich die Rückseite des Bildes mit sanftem, jedoch ausreichendem Druck, um eine Vielzahl kleiner Risse zu erzeugen, die eben genau jener Art waren, wie man sie von alten Gemälden kennt, die nicht gut gepflegt worden waren. Im nächsten Schritt hielt ich das Bild – mit der Vorderseite nach unten – in sicherem Abstand über die Flamme einer Kerze und bewegte es so hin und her, dass die gesamte Oberfläche gleichmäßig mit einer dünnen Schicht Ruß überzogen war. Im letzten Schritt verteilte ich den Ruß mit einem weichen Tuch über das Bild und in den neu entstandenen Rissen. Voilà – meine Antiquität, gerade frisch der Staffelei entsprungen, war nun bereit für einen – ebenso gefälschten – antiken Rahmen.

Mein Kunde war begeistert und ich auch. Er hatte mich fürstlich dafür bezahlt, dass ich einige Generationen Dresdner Müller unsterblich gemacht hatte und andere Leute möglicherweise glauben gemacht, dass es sie wirklich gegeben hatte.

Schließlich malte ich auch sein Porträt. Meine Einkünfte versetzten mich nun in die Lage, meine Schulden zu begleichen, den besten Teil des Jahres 1947 beinahe sorglos zu überleben und in meiner eigenen Kunst einen persönlichen Stil zu entwickeln. Über drei Monate hatte ich mich damit abgerackert, diese Fälschungen zu produzieren, und nun war die Zeit für mich gekommen, wieder ich selbst zu sein.

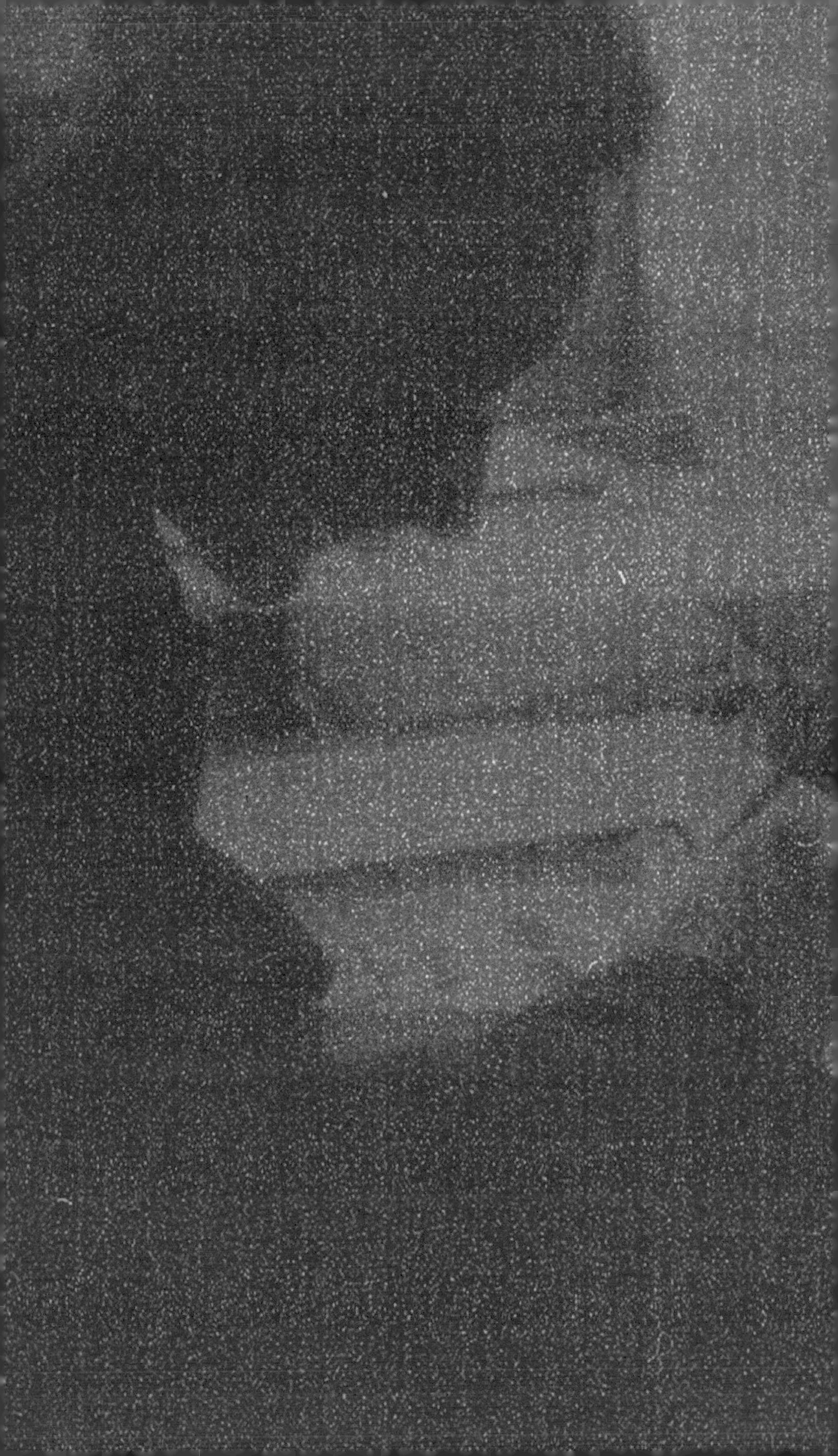

N DEN WESTEN

Teil 6

Flucht in die Freiheit

Etwas später im selben Jahr begegnete ich Christine Bollerhoff, einer jungen und talentierten Künstlerin, die an der Akademie in der Obhut des wohlbekannten Illustrators Josef Hegenbarth studierte. Unsere Freundschaft mündete irgendwann in eine Heirat, unsere Hochzeit fand im März 1948 statt. Fast unmittelbar danach begannen wir mit der Planung, Ostdeutschland zu verlassen und in die britische Besatzungszone umzusiedeln. Wir hatten sehr gute Gründe für unsere Entscheidung wegzugehen. Erstens war da der ständige, unablässige Hunger, der praktisch alles, was man dachte oder tat, dominierte. Und dann war da diese enorme Welle sowjetisch-motivierten politischen Gedankenguts, das anfing, alle neuen künstlerischen Ideen zu unterdrücken und uns praktisch wieder zum Superrealismus zurückzuführen. Dieser war zuvor von den Nazis befohlen und erzwungen worden, und wir Künstler waren so froh gewesen, ihn endlich hinter uns gelassen zu haben. Meine zermürbende Erfahrung mit der Antikriegszeichnung, die einem sowjetischen Zensor zum Opfer fiel und konfisziert wurde, hallte nun in den Klassenräumen der Akademie nach – vielleicht etwas milder, aber dennoch allgegenwärtig. Es gab die Eröffnung einer öffentlich zugänglichen Ausstellung von Bildern, die aus der berühmt-berüchtigten Wanderausstellung der Nazis von 1934 unter dem Titel *Entartete Kunst* gerettet worden waren. Es handelte sich um Werke progressiver Künstler der ersten 30 oder 35 Jahre des 20. Jahrhunderts: Gemälde, Skulpturen und Grafiken, die den Nazis aus ideologischen Gründen missfielen oder aufgrund ihres eigenen kleinbürgerlichen Geschmacks. Unter den geretteten Werken, die nun in zwei großen Räumen der Akademie ausgestellt wurden, befand sich das einst berühmte, große Triptychon von Otto Dix mit dem Titel *Der Graben*, eine meisterhaft ausgeführte, realistische und äußerst schaurige

Arbeit, die einen Schützengraben des Ersten Weltkriegs abbildet, gefüllt mit zerfetzten, verstümmelten toten Körpern, bedeckt mit blutigen Eingeweiden und Maden und weiterer solch schockierender Details. Dieses brillante Kunstwerk und kraftvolle Instrument der Antikriegspropaganda zog Massen an Publikum an, sogar viele Deutsche, die gerade selbst erst Gräuel dieser Art erlebt hatten. Das Gemälde blieb nur zwei Tage lang ausgestellt und wurde dann auf Geheiß der sowjetischen Militärverwaltung an einen unbekannten Ort verbracht, so wie auch der Rest der progressiven Kunst, die die Russen – wie die Nazis vor ihnen – aus ideologischen Gründen ablehnten.

Der Kalte Krieg begleitete uns von nun an auf allen Ebenen, von der Berlin-Blockade bis zur Luftbrücke, und Christine und ich arbeiteten endgültig unseren Fluchtplan nach dem Westen aus. Sie hatte die Ost-West-Grenze bereits vorher überquert und kannte die richtigen Routen und die notwendigen Zwischenstopps unterwegs. Dazu gehörte zum Beispiel eine Übernachtung bei Freunden von ihr in Quedlinburg (was noch in Ostdeutschland lag) und Hannover (was in der britischen Besatzungszone lag). Unser Endziel war natürlich Kanada. Mein Onkel Czesław, mit dem ich seit Ende 1946 in Briefkontakt stand, hatte mich gedrängt, nach Westdeutschland zu gehen und dort zu warten, bis es ihm gelänge, uns die Weiterreise nach Kanada zu erleichtern.

Wir verließen Dresden im Juli mit gemischten Gefühlen, doch im Großen und Ganzen waren wir froh, auf dem Weg woandershin zu sein. Wir nahmen nur ein Minimum am Gepäck mit, was sich als gute Entscheidung herausstellte. In Quedlinburg übernachteten wir bei Christines Freunden und fuhren am nächsten Morgen weiter nach Halberstadt, eine Stadt unweit der Grenze zwischen sowjetischer und britischer Zone. Von dort aus machten wir uns weiter auf den Weg zum bescheidenen Haus eines jüngeren Mannes, der uns von den Quedlinburger Freunden als zuverlässiger Lotse über die Grenze empfohlen worden war – natürlich bei angemessener Bezahlung. Es stellte sich heraus, dass er disponibel war, und wir machten uns zu Fuß auf den Weg durch dichten Wald in nordwestliche Richtung. Wir liefen länger als eine Stunde und gelangten schließlich an den Rand des Waldes, von wo aus eine offene, grasbewachsene Hochebene zu einer Reihe kleiner Büsche an einem kleinen Bach hinunterführte.

Zwischen den Bäumen hindurch deutete unser Lotse auf diese Büsche und sagte: »Da unten, da ist die Grenze.« Während er sich umdrehte, um den Heimweg anzutreten, riet er uns noch, so schnell wie wir könnten, zu den Büschen zu rennen. Die ostdeutschen Grenzkontrolleure, die mit scharfer Munition bewaffnet seien, kämen für gewöhnlich alle zehn bis 20 Minuten vorbei. »Doch was dann ist, kann man nie wissen!«, sagte er noch, ehe er zwischen den Bäumen verschwand. Ich war mir sicher, dass sein Rat jeden Pfennig der 200 Mark wert war, die wir ihm gegeben hatten.

Tatsächlich kam ein paar Minuten später eine Patrouille langsam am Rande des Waldes vorbei und passierte in nur zehn Metern Entfernung das Dickicht, in dem wir warteten. Sobald sie außer Sichtweite war, rannten wir los. Unser Sprint in die Freiheit dauerte nicht länger als vielleicht eine halbe Minute. Wir rannten bis zu der Grenze, die, wie uns gesagt wurde, die Grenze zwischen zwei wichtigen Militärmächten war, die einst Verbündete in einem gemeinsamen Kampf waren und jetzt als Feinde gegeneinander antraten. Es gab kein Schild, das anzeigte, dass es die zerklüfteten Büsche und das kleine, kaum einen Meter breite Rinnsal waren, was die Freiheit von der Unterdrückung trennten. Und dass ein altes Holzbrett, das vielleicht gerade einmal 30 Zentimeter Breite maß, eigentlich eine Brücke zwischen zwei Feinden im Kalten Krieg war. Christine lief auf jeden Fall darüber, während ich die Freiheit mit einem einzigen großen Schritt erreichte und dabei laut »God save the King!« – »Gott schütze den König!« – rief, die passenden Worte, so dachte ich, um die britisch besetzte Zone zu betreten. Abgesehen davon waren es die wenigen Worte Englisch, die ich konnte.

Wir schlugen uns per Anhalter bis nach Braunschweig durch, wo es, wie ich schon wusste, ein polnisches »Displaced Persons Camp«, ein Lager für Vertriebene, gab. Dieses Überbleibsel aus der unmittelbaren Nachkriegszeit war eine Durchgangsstation für polnische Zwangsarbeiter, die zurück nach Polen wollten. Doch nun, da der Krieg inzwischen bereits seit drei Jahren zu Ende war, hielten sich in dieser Einrichtung, die einst von der internationalen UN-Flüchtlingsorganisation geleitet worden war, nur noch eine Handvoll Menschen auf, die aus den verschiedensten Gründen nicht zurück in ihr Heimatland wollten. Der Leiter des Lagers sagte mir, er sei nicht länger befugt, polnische Flüchtlinge aufzunehmen, die aus Polen oder einem der sowjetisch besetzten Länder, zu denen auch Ostdeutschland gehörte, kämen. Um einen Flüchtlingsstatus zu bekommen, müssten wir uns bei einem polnischen Aufnahmelager in Quakenbrück melden, einer kleinen Stadt ungefähr 60 Kilometer östlich der holländischen Grenze. Ich erkundigte mich, warum eine so lange Reise nötig sei, und erhielt als Antwort, es sei zum Zwecke der »Überprüfung« notwendig. Daraufhin konnte ich nur wieder einmal mit den Schultern zucken und dieses typische, unabänderlich erscheinende bürokratische Verdikt hinnehmen. Doch es gab eine Komplikation. Erst wenige Wochen zuvor hatte in allen Besatzungszonen Westdeutschlands eine Währungsreform stattgefunden; die brandneue Deutsche Mark war nun die offizielle Währung. Ich besaß jedoch nur die alte Reichsmark, die im sowjetisch besetzten Deutschland noch in Gebrauch war und die nun offiziell weniger wert war als das neue westdeutsche Geld. Zu meinem Erstaunen bot mir der Mann einen gleichwertigen Umtausch für sein neues Geld gegen mein altes an. Zutiefst dankbar zeigte ich mich ausgiebigst bei ihm erkenntlich. Wir hatten jetzt genug Geld für unsere Fahrscheine nach Quakenbrück und gingen sofort los, um den Bahnhof ausfindig zu machen.

Nachdem wir die komplizierten Fahrpläne der Züge und die Umstiegsmöglichkeiten studiert hatten, mit denen wir an unser Ziel gelangen konnten, mussten wir noch einige Stunden auf einen Zug nach Hannover warten. Wir ließen uns im düsteren Wartesaal des Bahnhofs nieder, wo ich zum ersten Mal britische Soldaten sah, die keine Kriegsgefangenen waren: ein fröhlicher, ausgelassener Haufen, der sein Hab und Gut in großen Taschen verstaut hatte, wahrscheinlich auf dem Weg in den Heimaturlaub. Es war sehr lange her, dass ich gesprochenes Englisch gehört hatte, abgesehen von den gelegentlichen einzelnen Sätzen, die aus dem Kriegsgefangenenlager neben den Boehner-Studios zu uns herübergedrungen waren. Vor dem Krieg hatte ich Englisch in einer Vielzahl amerikanischer und britischer Spielfilme gehört. Ab und zu hatte ich auch meine Mutter mit einer Freundin Englisch parlieren gehört, allerdings kann ich davon weniger das gesprochene Wort, als den Klang der Sprache erinnern. Christines Englischkenntnisse reichten dagegen, um die seltsam klingenden Worte, die diese Soldaten sagten oder riefen, zu übersetzen.

Wir mussten jedoch die Pläne, die wir gemacht hatten, bevor wir Dresden verließen, unter Berücksichtigung unserer derzeitigen Lage noch einmal neu diskutieren und überdenken. In Braunschweig hatte mich der Leiter des Lagers für polnische Flüchtlinge darauf hingewiesen, dass nur ich mich beim Aufnahmelager für polnische Flüchtlinge in Quakenbrück melden müsse, Christine dagegen hingehen könne, wo sie wolle. Dies brachte uns wieder auf unsere ursprüngliche Idee zurück, nämlich eine vorübergehende Unterkunft bei Freunden von Christines Eltern zu suchen. Die Middings hatten einen Bauernhof in Muckum, einem Dorf in der Nähe der westfälischen Stadt Bünde. Christine hatte sie noch vor unserer Abreise aus Dresden angeschrieben, um zu fragen, ob sie uns aufnehmen könnten, und sie hatten geantwortet, dass wir sehr willkommen seien. Wir beschlossen, dass Christine nach Muckum vorausfahren würde, während ich mich zunächst nach Quakenbrück durchschlagen wollte, um dann nach der »Überprüfung« nachzukommen.

Die Zugfahrt nach Hannover war recht kurz. Dort angekommen, fanden wir heraus, dass Christine einige Zeit auf einen Anschlusszug nach Bünde würde warten müssen, ein Bus nach Quakenbrück mit nur einem Umstieg auf der Strecke aber schon innerhalb der nächsten halben Stunde von einem nahe gelegenen Busbahnhof abfahren würde. Wir verabschiedeten uns daher in Hektik und ich sprintete zum Bus. Dann stellte sich heraus, dass noch mehr Passagiere in den Bus einsteigen mussten und sich die Abfahrt verzögerte. Von der Busfahrt erinnere ich wenig. Ich weiß noch, dass ich zwar nicht hungrig war, da wir noch in Braunschweig etwas Brot und Wurst gegessen hatten, jedoch völlig erschöpft und dass mich das sanfte Ruckeln des Busses in den Schlaf schaukelte. Ich wachte erst auf, als der Busfahrer an meiner Schulter rüttelte und mir mitteilte, dass wir an der Haltestelle angekommen waren, an der ich umsteigen musste und dass der Bus nach Quakenbrück bereits wartete. Eine halbe Stunde später stieg ich mit zwei oder drei anderen Leuten aus dem Bus aus. Es war ein heißer Juliabend.

»Überprüfung«

Nachdem ich den Anweisungen eines Fahrgastes gefolgt war, fand ich mich bald im polnischen Auffanglager wieder, einem unauffällig aussehenden kleinen Gebäude in unmittelbarer Nähe der Bushaltestelle. Kaum hatte ich geklingelt, öffnete mir ein kleiner, etwas zerzauster Mann die Tür, den ich auf Polnisch ansprach, meinen Namen nannte und mein Anliegen darlegte. Als Antwort grunzte er nur leicht, führte mich hinein und wies mich an, ihm voraus einen kurzen Gang entlangzugehen.

Dann schob er mich, unerwartet und ohne jede Vorwarnung, durch eine offene Tür in einen Raum. Ich fand mich einem gut gekleideten Mann gegenüber, der hinter einem Schreibtisch saß und mich vollkommen ausdruckslos ansah. Verzweifelt versuchte ich herauszufinden, was los war, und fragte, warum ich, ein Flüchtling, so grob und unzivilisiert behandelt wurde? Darauf erhielt ich keine Antwort. Stattdessen wandte sich der Mann an die Person, die mich in das Gebäude gelassen hatte, zeigte auf die Aktentasche, die ich bei mir trug, und bellte auf Polnisch einen Befehl mit nur einem Wort heraus: »Durchsuchen!« Die Aktentasche war aus schwerem Zeltstoff gefertigt und mit einem leichteren Stoff gefüttert. Darin befanden sich persönliche Dinge, verschiedene Papiere und ein paar polnische Bücher. Der Fiesling riss sie mir aus der Hand und begann, sie buchstäblich zu zerreißen, offensichtlich auf der Suche nach irgendwelcher Schmuggelware. Ich protestierte, aber der Mann hinter dem Schreibtisch starrte mich nur teilnahmslos an. Als er den gesamten Inhalt meiner Aktentasche vor sich liegen hatte, durchwühlte er sie schnell, wandte sich dann an den Fiesling und befahl ihm, mich zu durchsuchen. Inzwischen hatte ich aufgehört zu protestieren und sah hilflos zu, wie mir alles, was ich bei mir trug, genommen und auf den Schreibtisch gelegt wurde. Dazu gehörten die paar Deutsche Mark, die ich in Braunschweig erhalten hatte, mein Reisepass als Staatenloser, ein Brief meines Vaters, ein Ausweis mit meinem Bild, der mich als Student der Dresdner Kunstakademie auswies, und meine

Geburtsurkunde. Während der Mann hinter dem Schreibtisch damit beschäftigt war, diese wenigen Papiere zu prüfen, wurde meine Aufmerksamkeit auf ein kleines Schild mit seinem Namen gelenkt: Dr. R. Gawenda – ein Name, den ich sicher nie mehr vergessen werde, solange ich lebe. Er war der erste der Inquisitoren, denen ich das Pech hatte, begegnen zu dürfen. Obwohl er nicht viel zu mir sagte, fühlte sich jedes Wort wie eine Drohung an. Alle meine Besitztümer würden in seinem Büro aufbewahrt, sagte er mir, und bis auf weiteres würde ich in Quakenbrück bleiben. Ich fing an zu fragen, warum das alles geschehe, aber er winkte ab und befahl seinem Assistenten, mich wegzubringen.

Inzwischen war es dunkel, sodass ich nicht viel von der Umgebung sehen konnte, während wir zu unserem Ziel gingen. Es stellte sich heraus, dass es sich um ein bescheidenes Kleinstadthotel handelte, das zwei Stockwerke hoch war und, wie ich am nächsten Morgen feststellte, einen Blick auf einen Marktplatz bot. Man führte mich nach oben in ein großes Zimmer mit mehreren Betten. Fünf oder sechs junge Männer saßen an einem Tisch in der Nähe eines Fensters und spielten Karten. Der Schlägertyp, der mich hergebracht hatte, ging weg, und ich fand mich in der Gesellschaft junger Polen wieder, die wie ich aus den verschiedensten Gründen aus dem Osten geflohen waren. Einige waren wegen ideologischer Konflikte mit dem polnischen kommunistischen Regime geflohen, andere, um im Westen ein besseres Leben zu führen. Es gab sogar einen, der vor dem Gesetz auf der Flucht war. Er gab freimütig zu, dass er einen kommunistischen Parteifunktionär zu Brei geschlagen, es dann aber geschafft hatte, aus der Arrestzelle einer Polizeistation zu entkommen und zur Grenze zu fliehen. Sie alle warteten auf ihre »Überprüfung«.

Sie waren ein freundlicher Haufen, und wir kamen alle gut miteinander aus, zumal jeder von uns schon einmal vor etwas weggelaufen war und nun ungeduldig darauf wartete, aus dieser Art Inhaftierung oder Quarantäne entlassen zu werden. Ja, wir bekamen drei bescheidene Mahlzeiten pro Tag, wir spielten Bridge und erzählten uns endlos unsere Leidensgeschichten. Aber alles Geld, das wir hatten, und alle Ausweispapiere waren uns abgenommen worden. Ohne letztere, die wichtigsten unserer persönlichen Papiere, existierten wir nicht, zumindest nicht in den Augen des Gesetzes. Wir waren Orwell'sche Nicht-Personen, verdächtigt, vielleicht, dem Feind gedient zu haben, ganz gleich, wie fiktiv dieser Vorwurf war, und nicht berechtigt, ein normales Leben zu führen. Wir durften uns nur in diesem bestimmten

Bereich aufhalten, obwohl wir uns in und um Quakenbrück frei bewegen konnten. An besonders heißen Tagen begaben wir uns an die Ufer des kleinen Flusses Hase vor den Toren der Stadt, um uns im Wasser abzukühlen oder uns zu sonnen.

Trotz all dieser Ablenkungen, die das Leben erträglich machten, wurden wir ständig von der Angst vor den Verhören geplagt, deren Ausgang darüber entscheiden würde, ob wir freigelassen oder zurückgeschickt würden. Noch heute schaudert es mich innerlich, wenn ich an die Zeit denke, als gleich nach dem Frühstück einer oder zwei von uns, manchmal drei in einen Volkswagen gepfercht und mit hoher Geschwindigkeit nach Cloppenburg gefahren wurden, einer kleinen Stadt, die nicht mehr als eine halbe Stunde entfernt lag. Dort, in einer eleganten, requirierten Villa, wurden wir einer nach dem anderen zu dem aufgerufen, was die Vernehmer euphemistisch als »Gespräch« bezeichneten, was aber in Wirklichkeit ein strenges Verhör war, das freundlich oder grob, höflich oder brutal, zivilisiert oder gnadenlos und beleidigend sein konnte. Gelegentlich zwang der Vernehmungsbeamte seine Zielperson in eine körperlich schmerzhafte Position, um ihren Widerstand gegen die Befragung aufzuweichen oder sie dazu zu bringen, noch mehr Details einer bereits gegebenen Information preiszugeben. Es gab drei Vernehmungsbeamte, zwei Polen und einen Engländer, und wir wussten nie, welcher von ihnen uns verhören würde oder wie lange eine solche Sitzung dauern würde. Ich war bereits vorgewarnt worden, als ich zu meinen Mitgefangenen stieß.

Ein paar Tage nach meiner Ankunft fand ich mich in der Cloppenburger Villa wieder und wartete darauf, einem Prüfer vorgeführt zu werden. Es handelte sich um einen Polen mittleren Alters, angenehm und gut erzogen. Seine Fragen waren elementarer Art: Wann und wo ich geboren worden war, wer meine Eltern waren, welche Schulen ich besucht hatte, was ich in Ostdeutschland gemacht hatte und was mich zur Übersiedlung in den Westen veranlasst hatte. Es gab auch einige Fragen zu Christine, aber sie waren nicht so einschneidend wie die zu mir. Während des gesamten Verhörs machte er sich Notizen, auf die er gelegentlich zurückgriff, um mich zur Klärung eines Datums oder eines anderen Details aufzufordern. Diese Sitzung dauerte vielleicht eine Stunde oder anderthalb, danach wurde ich mit einem »Dankeschön« entlassen. Im Gegensatz zu dem, was mir von den anderen Häftlingen erzählt wurde, war diese Erfahrung recht angenehm, und ich sagte dies auch, als ich in das Aufnahmelager in Quakenbrück zurückkehrte. Meine Mitflüchtlinge lachten und sagten mir, ich solle mich darauf einstellen, dass ich in den nächsten Tagen viel härter, vielleicht sogar ziemlich grob, befragt werden würde. Tatsächlich sagte mir nur zwei Tage später ein anderer polnischer Ermittler gleich zu Beginn, dass er keine Unwahrheiten in meiner Aussage dulden würde und dass ich, wenn ich darauf bestehen würde, zu lügen, sofort nach Ostdeutschland zurückgeschickt werden würde. Diesmal dauerte das Verhör über drei Stunden, in denen ich meine Lebensgeschichte zweimal von Anfang bis Ende erzählen musste, diesmal aber sehr detailliert. Es war aber natürlich unmöglich, alles zu wiederholen, ohne dabei den einen oder anderen Punkt aus der vorangegangenen Erzählung zu vergessen. Dies veranlasste den Ermittler, mich der Verdrehung der Wahrheit zu beschuldigen, mir erneut mit der Abschiebung zu drohen und mich zu zwingen, meine Geschichte noch einmal von Anfang an zu erzählen. Nachdem ich aus diesem Verhör entlassen wurde, kehrte ich zitternd, verängstigt und verwirrt in das Hotel in Quakenbrück zurück. Ich wollte mit niemandem sprechen, und meine Mitgefangenen, die selbst schon Opfer solcher Verhöre gewesen waren, ließen mich in Ruhe.

Etwa drei Tage später war ich wieder in Cloppenburg, um von dem freundlichen polnischen Prüfer verhört zu werden, der mich schon beim ersten Mal verhört hatte. Diesmal sollte ich jedoch nicht meine gesamte Lebensgeschichte vortragen, sondern nur bestimmte Abschnitte davon erzählen. Ich schilderte meine erste Begegnung mit Zenek und meinen anschließenden Beitritt zum Widerstand, auch, dass ich in Hellerau gewohnt hatte und eine Zwischenstation für Kuriere auf dem Weg nach Westen gewesen war. Der Mann wollte noch etwas über meine restliche Zeit in Ostdeutschland wissen, und ich erzählte ihm vom Luftangriff auf Dresden, von meiner Arbeit als Übersetzer für die Russen und davon, dass ich meinen Lebensunterhalt mit dem Malen von Porträts des Politbüros und anderer sowjetischer Ruhmesstücke verdient hatte. Auf seine Bitte hin erläuterte ich die Haltung der Russen gegenüber der deutschen Bevölkerung, den Schwarzmarkt und die verzweifelte Lage der Menschen in Bezug auf Lebensmittel und die Lebensmittelverteilung. Ich war mir sicher, dass die westlichen Geheimdienste genau wussten, was ich beschrieb, und dass diese Art der Befragung nur dazu diente, meine Glaubwürdigkeit zu testen. Ich hatte einen kurzen Brief an Christine geschickt, in dem ich ihr mitteilte, dass sich der Prozess der »Überprüfung« hinzog und nicht abzusehen war, wann ich aus dieser Art von Gewahrsam entlassen werden

würde. Briefmarken konnte ich nur dank der Freundlichkeit eines Flüchtlingskollegen kaufen, dem es gelungen war, einige Münzen bei sich zu verstecken.

Das nächste Verhör war nicht so angenehm wie das vorherige. Es wurde von dem Engländer geführt, einem Mann in den 30ern, der zu meinem Erstaunen tadelloses Polnisch sprach, wenn auch mit einer deutlichen Spur eines englischen Akzents. Wie die anderen begann er mit der Warnung, dass ich zurück in den Osten geschickt würde, sobald er mich bei Ausflüchten erwischte. Und wie die anderen begann er, sich in Kurzschrift Notizen zu machen, als ich auf Verlangen die Geschichte meines Lebens erzählte. Vielleicht zehn Minuten später, als ich gerade den deutschen Luftangriff auf Kutno am 10. September 1939 und meine Verwundung beschrieb, lehnte er sich über den Schreibtisch und schrie: »Danke für diese kleine Märchenstunde! Du solltest Dich besser in Acht nehmen, wenn Du nicht wieder im Arbeiterparadies landen willst!« Ich versuchte zu widersprechen und war sogar bereit, ihm die Narbe zu zeigen, die nach der Entfernung des Granatsplitters zurückgeblieben war, aber er schrie mich immer wieder an und benutzte dabei eine Sprache, die nicht nur beleidigend und abfällig war, sondern auch reichlich mit den gröbsten Obszönitäten gespickt war. Wo auch immer er gelernt hatte diese Art von polnischen Kraftausdrücken zu benutzen, es war nicht in Eton oder Harrow. Nachdem er aufgehört hatte zu schreien, forderte er mich ruhig auf, mit meiner Geschichte fortzufahren, dabei noch einmal ganz von vorne anzufangen und diesmal nur die »absolute Wahrheit« zu erzählen.

Ich fuhr fort, aber er unterbrach mich ständig, verwies auf die Notizen seiner Vorgänger und verlangte, dass ich das, was ich zuvor gesagt hatte, änderte oder zurückwies. Er tat dies in einer Art und Weise, die von ironisch über drohend bis hin zu beleidigend reichte und sich allmählich in Feindseligkeit steigerte, bis er mir befahl, von dem Stuhl, auf dem ich saß, aufzustehen und mich mit dem Rücken zu ihm zu stellen, die Arme hoch erhoben und mit dem Gesicht zur Wand der verglasten Veranda, in der das Verhör stattfand. Es war ein brütend heißer Julinachmittag, und die Sonne schien durch die großen Fenster und das Glasdach der Veranda herein. So stand ich nun mit erhobenen Armen im hellen Licht, während der Vernehmungsbeamte im Schatten und außer Sichtweite blieb. Die Befragung ging unvermindert weiter, ebenso wie die Unterbrechungen, mit denen es ihm meist gelang, mich zu verwirren und meine wahrheitsgemäße Aussage in ein Netz von Widersprüchen zu verwandeln. Er setzte auch seine Beschimpfungen fort, aber meine Aufmerksamkeit richtete sich allmählich auf die wachsende Schwierigkeit, in der Hitze der grellen Sonne regungslos stehen zu müssen. Wann immer ich mich bewegte oder meine Arme fallen ließ, schrie er mich an, ich solle mich wie befohlen hinstellen. Das Gleiche geschah, wenn ich mich mit der Stirn gegen die Wand lehnte, um mich zu stabilisieren, oder versuchte, die wachsende Belastung in einem Bein zu lindern, indem ich mein ganzes Gewicht auf das andere legte. Ich erinnere mich lebhaft an die Sonne, die durch das durchsichtige Dach auf die Veranda schien, und daran, dass mein Gesicht und mein Körper nass geschwitzt waren. Darüber hinaus verschwimmen die Erinnerungen – Hitze, körperlicher Schmerz, die Schreie des Mannes, mein verwirrtes Gemurmel –, bevor sie im Nichts verschwinden. Ich wurde ohnmächtig.

Als ich wieder zu mir kam, saß ich auf einem Stuhl im Korridor, wo wir normalerweise darauf warteten, zum Verhör gerufen zu werden. Ein Mithäftling, der bereits seine Aussage gegenüber einem anderen Ermittler beendet und den Auftrag gehabt hatte, mich von der Veranda zu holen und wieder zu Bewusstsein zu bringen, gab mir einen Schluck kaltes Wasser. Kurz darauf wurden wir nach Quakenbrück zurückgebracht, und erst da verstand ich, warum die polnischen Häftlinge meinen letzten Vernehmer »den Basilisken« nannten. Laut einem englisch-polnischen Taschenwörterbuch, das einer von uns besaß, war dies der Name eines mythologischen bösartigen Reptils, das mit seinem giftigen Atem und dem tödlichen Blick in seinen Augen tötet. Als Beschreibung des Polnisch sprechenden Engländers war dies absolut zutreffend.

Es dauerte eine weitere Woche, bis ich erneut zum Verhör vorgeladen wurde. Verständlicherweise war ich ständig beunruhigt, und ich sprach mit Jurek Rudzki, einem Mithäftling, der sich gleich nach meiner Ankunft in Quakenbrück mit mir angefreundet hatte. Er war ein junger Mann etwa in meinem Alter, blond, eher klein und im Gegensatz zu uns anderen ziemlich gut gekleidet. Er erzählte kaum etwas über sich, außer, dass er in der Nähe von Krakau geboren wurde und aus ideologischen Gründen aus Polen geflohen war. Ich hatte ihm bereits meine Geschichte erzählt. Wie die meisten anderen Häftlinge verspürte ich ein natürliches Bedürfnis, mit denjenigen zu reden und zu kommunizieren, mit denen ich das gleiche Schicksal und ähnliche Umstände teilte. Ebenso natürlich war unser Bedürfnis, über unsere eigenen Lebenserfahrungen zu sprechen, über Erinnerungen an die Kindheit, die Jugend, den Krieg mit all seinen Schrecken sowie über das, was uns dazu bewogen hatte, ein besseres Leben im Westen zu suchen. All diese Erinnerungen und Gedanken – im Wesentlichen dieselben, die ich den Ermittlern erzählt hatte – habe ich Jurek Rudzki mitgeteilt. Jetzt, im Nachhinein, bin ich davon überzeugt, dass er ein Spitzel im Auffanglager war, der vom britisch-polnischen Geheimdienst dort platziert wurde, um sicherzustellen, dass die Geschichten, die ihm die Häftlinge aus freien Stücken erzählten, mit denen übereinstimmten, die unter Zwang erzählt wurden.

Der Freund, der mich nach meiner Sitzung mit dem Basilisken wiederbelebt hatte, sagte mir, dass mein Verhör fast vier Stunden gedauert hatte. Es war ein Wunder, dass ich keinen Hitzschlag erlitten hatte. Am folgenden Samstag wurde ich erneut nach Cloppenburg gebracht. Ich befürchtete eine Wiederholung der Art von Verhör durch den Basilisken und war auf das Schlimmste gefasst. Doch als ich mit zwei anderen Häftlingen auf dem Flur saß und darauf wartete, »gegrillt« zu werden, fiel mir ein, dass der 27. Juli war – der Todestag meiner Mutter. Ich dachte an sie und erinnerte mich an meine Kindheit, als ich ihre Hand halten wollte. Die Erinnerung war so stark, dass ich ihre Anwesenheit in meiner Nähe fast spüren konnte. Wahrscheinlich dauerte sie nicht länger als einen Wimpernschlag, sie war schwer fassbar, dennoch ist sie mir bis heute im Gedächtnis geblieben.

Könnte diese seltsame Begebenheit etwas mit dem zu tun haben, was einige Minuten später geschah? Es wäre geradezu unheimlich, wenn es so wäre. Die beiden anderen Häftlinge und ich wurden in einen der Vernehmungsräume geführt. Diesmal verkündete der freundliche Ermittler, der mich bei meiner Ankunft in Quakenbrück zum ersten Mal befragt hatte, uns dreien, dass wir am kommenden Montag aus dem Überprüfungslager entlassen würden und uns innerhalb der britischen Besatzungszone Deutschlands frei bewegen könnten, wohin wir wollten. Unsere Papiere würden vorbereitet, wir würden sie zusammen mit unseren persönlichen Dokumenten und Besitztümern am Tag unserer Entlassung erhalten. Verblüfft und erfreut zugleich murmelten wir unseren Dank, obwohl wir uns im Nachhinein fragten, wofür genau wir uns eigentlich bedankten. Schließlich hatte man uns gegen unseren Willen festgehalten, uns damit bedroht, in die Länder zurückgeschickt zu werden, aus denen wir geflohen waren, und uns wie Kriminelle behandelt, manchmal sogar brutal – die britisch-polnischen Geheimdienste waren nicht gerade ein himmlischer Chor von Engeln!

Der übernatürliche Moment, den ich erlebt hatte, war vorübergehend vergessen, als wir unseren nach wie vor inhaftierten Kameraden von unserer Freiheit erzählten und ihnen versicherten, dass auch sie bald freigelassen werden würden. Doch nun geschahen andere überraschende Dinge. Jeder von uns erhielt ein paar Deutsche Mark, um sich in der Gaststätte des Hotels, dem kleinen, gemütlichen Restaurant im Erdgeschoss, ein oder zwei Bier zu kaufen. Außerdem wurde uns gesagt, dass wir am nächsten Tag die Messe in der katholischen Kirche von Cloppenburg besuchen könnten. Wir wussten nicht recht, was wir von dieser unerwarteten Großzügigkeit halten sollten, aber da auch die Polen das Sprichwort kennen, dass man einem geschenkten Gaul nicht ins Maul schauen soll, beschlossen wir, das, was uns geschenkt wurde, mit Wohlwollen anzunehmen.

Am nächsten Morgen wurden wir alle sieben auf der Ladefläche eines kleinen Lieferwagens nach Cloppenburg gefahren und vor der katholischen Kirche abgesetzt. Ich erinnere mich nicht mehr an das Gebäude oder die Innenausstattung, aber ich weiß noch, dass mein Platz am Mittelgang war. Wir waren die Einzigen, die in einer Gruppe in den Kirchenbänken saßen. Die Messe begann, und der junge Priester, unterstützt von zwei noch jüngeren Messdienern, führte den Gottesdienst in seiner liturgischen Ordnung durch. Alles war so, wie ich es aus der fernen Vergangenheit in Erinnerung hatte. Ich habe vergessen, worum es in der anschließenden Predigt ging, aber ihr Inhalt schien mir nicht so wichtig zu sein wie der bloße Klang und die Musik meiner Muttersprache. Dennoch war es eine reine, ergreifende Ansprache, wie man sie damals nur selten hörte. Ich war völlig vertieft und merkte plötzlich, wie mir Tränen aus den Augen liefen. Ich weinte nicht wirklich, aber ich war tief bewegt, und dieses Gefühl blieb in mir, bis der Priester zum Ende seiner Predigt kam. In diesem Moment konnte ich es nicht mehr unter Kontrolle halten: Ich fing an zu schluchzen. Es war nicht mehr aufzuhalten, und ich kann mich nicht erinnern, dass es mir etwas ausmachte, ob jemand Zeuge dessen war, was mit mir geschah. Selbst als der Gottesdienst zu Ende war, bemerkte ich kaum, wie meine Freunde leise hinausgingen und mich meinem Gefühlsausbruch überließen.

Ich spürte die Hand von jemandem auf meiner Schulter und als ich aufschaute, sah ich den Priester, der im Gang neben mir stand. Ich erinnere mich nicht mehr an seine genauen Worte, aber ich glaube, er fragte mich, ob es mir gut ginge, und bot mir möglicherweise seine Hilfe an. Ich muss dieses Angebot abgelehnt haben, denn ich weiß noch, dass er wegging. Kurz darauf erholte ich mich wieder und ging zu meinen Kameraden, die draußen auf der Ladefläche des Lieferwagens auf mich warteten. Auf der Rückfahrt nach Quakenbrück wurden taktlose Fragen nach meinem Heulkrampf vermieden, und es wurde auch danach niemals mehr darüber gesprochen.

Auf den vorangegangenen Seiten habe ich nur drei typische Verhöre beschrieben, aber in Wirklichkeit muss es mindestens zehn Fälle gegeben haben, in denen ich, wie alle anderen Ostflüchtlinge auch, den Verhören der guten und bösen »Bullen« ausgesetzt war. Von Mal zu Mal wechselte sich die Hoffnung mit der Angst ab, wieder in die Sowjetzone verfrachtet zu werden. Letzteres hätte entweder die Inhaftierung im berüchtigten, ehemals von den Nazis geführten (und jetzt von den Sowjets betriebenen) Konzentrationslager in Bautzen oder eine mehrjährige Zwangsarbeit in den Uranminen von Joachimstal nahe der tschechischen Grenze bedeutet.

Kein Wunder also, dass ich mich an zwei Fälle erinnern kann, in denen Mitinsassen plötzlich völlig irrational wurden, schrien, mit dem Kopf gegen die Wand schlugen und sich wie eingesperrte Tiere benahmen, um dann ebenso plötzlich wieder in mürrisches Schweigen zu verfallen, bevor sie allmählich zur Normalität zurückkehrten. Ich bin fest davon überzeugt, dass ihre Zusammenbrüche, wie auch meine, das Ergebnis einer über lange Zeit angesammelten psychischen Belastung waren. Wir hatten den Krieg mit all seinen Schrecken und seiner Barbarei erlebt, hatten Jahre voller Hass und Angst verbracht und waren oft auf der Flucht gewesen. War es da verwunderlich, dass unser Verstand irgendwann danach verlangte, sich von diesen Belastungen zu befreien, und – offen gesagt – einfach ausrastete?

An einem trüben Montagmorgen verabschiedete ich mich zusammen mit zwei anderen ehemaligen Häftlingen von unseren im Auffanglager zurückgebliebenen Leidensgenossen. Wir sollten unsere Habseligkeiten dort abholen, wo man sie uns abgenommen hatte, in dem kleinen Gebäude in der Nähe des Bahnhofs. Es hatte sich nichts geändert, seitdem ich mich das erste Mal dort gemeldet hatte. Der Mann an der Tür war genauso feindselig wie zuvor, und sein Chef, Dr. Gawenda, wirkte ebenso unwirsch, als er uns unsere Sachen aushändigte. Als ich den Inhalt meiner vandalisierten Aktentasche überprüfte, sah ich, dass alles noch da war. Erst viel später stellte ich fest, dass mein Studentenausweis von der Akademie fehlte. Jedem von uns wurden 20 Deutsche Mark für die Bahnfahrt in einen Ort namens Remagen ausgehändigt, wo, wie man uns sagte, eine zuständige Behörde uns eine gut bezahlte Arbeit verschaffen würde.

Das Fehlen meines Akademieausweises beunruhigte mich nicht. Ich freute mich zu sehr über die Entlassung aus dem Überprüfungslager, als dass ich auf ein so scheinbar unbedeutendes Detail geachtet hätte. Erst später kam mir der Gedanke, dass im Kalten Krieg, der von zwei Weltmächten mit Einschüchterungen, Drohungen und Bespitzelungen geführt wurde, ein vermeintlich harmloser Gegenstand wie ein Studentenausweis jemandem dazu verhelfen konnte, die sich allmählich schließenden Grenzen zwischen der westlichen und östlichen Besatzungszone Deutschlands zu überschreiten. Immerhin hatte er mir bei meiner Ankunft in Quakenbrück als Identitätsnachweis gute Dienste geleistet. Ein einfaches Austauschen des Fotos verschaffte dem Träger Legalität in der sowjetischen Besatzungszone und die Möglichkeit einer reizvollen Geheimdienstarbeit. Aber jetzt, wo ich im Westen und relativ frei war, hatte ich andere Sorgen als die, die ich im Paradies der Arbeiter zurückgelassen hatte.

Wir fuhren los, aber auf dem Weg zum Bahnhof erzählten mir meine Begleiter mit grimmigem Lachen, dass diese »gut bezahlte Arbeit in Remagen« in Wirklichkeit Schwerstarbeit in französischen Kohleminen war. Sie hatten beide mit polnischen Flüchtlingen gesprochen, die aus diesen Bergwerken geflohen waren und nun auf deutschen Bauernhöfen arbeiteten. Da wir nun also etwas klüger waren, machte sich natürlich keiner von uns auf den Weg nach Remagen. Ich trennte mich von ihnen am Bahnhof und stieg in einen Zug, der mich mit einigem Umsteigen nach Bünde brachte. Von dort aus lief ich die wenigen Kilometer nach Muckum und zum Hof der Middings, wo Christine noch wohnte.

Ich kam sowohl geistig als auch körperlich erschöpft von den Strapazen in Quakenbrück, der ständigen Ungewissheit über mein weiteres Schicksal und schließlich von meinem emotionalen Zusammenbruch an. Als ich den Hof erreichte, bedankte ich mich bei den Besitzern für die Unterbringung und schlief dann den Rest des Tages und die folgende Nacht durch.

Abschied von Europa

Es war das erste Mal, dass ich in diesem Teil von Deutschland war. Das Bauernhaus der Middings war im typisch westfälischen Stil gebaut: ein großes U-förmiges Gebäude, alles unter einem gemeinsamen Dach, einschließlich eines gepflasterten Innenhofs, der von Ställen und Pferchen für Vieh und Lagerung umgeben war, mit Wohnräumen – Küche, Schlafzimmer und Wohnzimmer – im unteren Teil des U. Alle Räume waren recht klein, und das etwas muffige Wohnzimmer wurde nur benutzt, wenn besondere Gäste wie der örtliche Pastor zu Besuch kamen. Das übrige gesellschaftliche Leben spielte sich in der sehr geräumigen Küche ab. Es war offensichtlich für mich, dass die Middings, wie die meisten deutschen Bauern, das Glück hatten, nicht unter Hunger und anderem Elend leiden zu müssen, wie ich es in Ostdeutschland gesehen und erlebt hatte. Sie waren wohlgenährt und kräftig, die Frauen lebhaft und fröhlich, die Männer waren wortkarg und strahlten manchmal eine Aura des Misstrauens aus. Ich habe nie erfahren, wie groß der Bauernhof war, aber er ermöglichte seinen Besitzern eindeutig eine vollständige Selbstversorgung und wahrscheinlich auch ein gutes Einkommen aus dem Verkauf der Erzeugnisse. Von Anfang an war klar, dass Christine und ich nicht einfach als nicht zahlende Gäste auf dem Hof der Middings bleiben konnten. Ich musste irgendeine Arbeit finden und genug Deutsche Mark verdienen, damit wir den Flüchtlingsstatus hinter uns lassen konnten. Ich hatte bereits an meinen Onkel in Winnipeg geschrieben, um ihm von unserer erfolgreichen Flucht aus der Sowjetzone zu berichten und von unserer Bereitschaft, Europa in Richtung Kanada zu verlassen. Dies war natürlich der ursprüngliche Plan, den mein Onkel und ich in unseren Briefen vereinbart hatten, als ich noch in Dresden war. Die Suche nach Arbeit gestaltete sich komplizierter, als ich erwartet hatte. Abgesehen davon, dass ich die drei oder vier Kilometer vom Dorf Muckum in die kleine Stadt Bünde laufen musste, wo ich vielleicht eine Arbeit hätte finden können, geriet ich direkt ins Netz der deutschen Bürokratie. Beim örtlichen Arbeitsamt sah ich mich nicht nur mit einer Vielzahl von »vielleicht« und »später wiederkommen« konfrontiert, sondern auch mit der rechtlichen Hürde einer Regelung, die besagte, dass man keine Arbeit bekommen konnte, wenn man keinen festen Wohnsitz hatte. Andererseits konnte man einen dauerhaften Aufenthaltsstatus nur erhalten, wenn man bereits eine Beschäftigung hatte. Und als ob diese Absurdität noch nicht genügte, um die Bürokratie zu befriedigen, wurde dem Arbeitssuchenden noch ein weiteres Hindernis in den Weg gelegt. Er oder sie musste ein polizeiliches Dokument vorlegen, das von einem lokalen Regierungsbeamten, einem Arzt oder einem Geistlichen unterschrieben war und aus dem nach bestem Wissen und Gewissen hervorging, dass die »oben genannte« Person einen guten Charakter hatte und nicht vorbestraft war. Unser Aufenthalt auf dem Hof der Middings war natürlich nur vorübergehend, aber ich überredete das Familienoberhaupt, mir schriftlich zu bestätigen, dass ich nun dauerhaft unter seiner Adresse wohnte. Der nächste Schritt bestand darin, ein Führungszeugnis und eine Bescheinigung über eine untadelige Vergangenheit zu erhalten. Das entsprechende Formular für diesen nächsten Schritt erhielt ich auf der Polizeistation, als ich mich als Einwohner anmeldete. Da ich keine Regierungsbeamten oder Ärzte kannte, die eine Bescheinigung über meinen tadellosen Charakter hätten unterschreiben können, konnte mir nur ein Geistlicher weiterhelfen. Ich machte mich auf den Weg zu der einzigen Kirche in der fast ausschließlich protestantischen Stadt Bünde. Der Pfarrer, ein älterer Mann, wurde sofort misstrauisch gegenüber diesem Flüchtling aus dem Osten und fast stutzig, als ich ihm sagte, dass ich Pole sei. Er befragte mich ausführlich über meine Vergangenheit und verstummte ziemlich plötzlich, als er erfuhr, dass ich katholisch getauft war. Wenn ich mich heute daran erinnere, wie ich ihn in diesem Moment beobachtete, bin ich mir sicher, dass er zwischen seiner eigenen protestantischen Ideologie und dem christlichen Gebot der Nächstenliebe hin und her gerissen gewesen sein musste. Nach einer Weile gewann jedoch letztere die Oberhand. Er wandte sich an mich und sagte, er würde die Bescheinigung unterschreiben, obwohl er über mich nicht mehr wisse als das, was ich ihm erzählt habe, und obwohl ich einem anderen Glauben angehörte. Er unterschrieb, ich bedankte mich herzlich und machte mich schnell aus dem Staub. Am nächsten

Morgen kehrte ich zum Arbeitsamt zurück, wo man mir zu meiner Freude mitteilte, dass in »irgendeinem britischen Büro« ein Grafiker gesucht wurde und für die Stelle nicht einmal englische Sprachkenntnisse erforderlich seien. Glücklicherweise hatte ich aus Dresden ein paar Beispiele meiner grafischen Arbeiten mitgebracht, um sie bei einem solchen Stellenangebot zur Hand zu haben. Ich lief zurück nach Muckum, erzählte allen von meinem Glück, holte meine Arbeitsproben und kehrte nach Bünde zurück, um mich bei meinem zukünftigen Arbeitgeber vorzustellen. Es handelte sich jedoch nicht um ein gewöhnliches Unternehmen, sondern um die »INFORMATION CENTRES SECTION« der »INFORMATION SERVICES DIVISION«, die zur »CONTROL COMMISSION FOR GERMANY (BRITISH ELEMENT)« gehörte und sich in den EXEKUTIVÄMTERN DER ZONEN, BUENDE, 62 HQ. COG. BAOR befand. Ich war verständlicherweise beeindruckt von diesem ganzen Salat aus Namen, Zahlen und Abkürzungen (ich wusste bereits, dass die Abkürzung BAOR für »British Army of the Rhine« stand). Ich hatte damit gerechnet, dass ich auf amtlich aussehende Männer in Uniform treffen würde, die mit wichtigen Papieren herumeilten, und auf viele andere Leute, die an Schreibmaschinen arbeiteten. Aber in dem mittelgroßen, zweistöckigen Gebäude war es ruhig, nur eine Empfangsdame stand im Flur, und ein leises Stimmengemurmel kam aus verschiedenen Richtungen. Nachdem ich mein Anliegen vorgetragen hatte, führte mich die Rezeptionistin in einen Raum im Erdgeschoss, wo mich ein ziviler Herr namens Bradshaw empfing. Man bot mir einen Platz an, ich zeigte ihm meine Arbeitsproben, meinen Ausweis und den Nachweis meines Studiums an der Dresdner Akademie: eine vom damaligen Rektor, Professor Sauerstein, unterzeichnete Aufnahmebescheinigung. Der gesamte Einstellungsprozess dauerte nicht länger als zehn Minuten. Herr Bradshaw informierte mich über mein Gehalt, das recht gut war, sowie über die Arbeitszeiten und nahm mich mit nach oben, um mir meinen Schreibtisch und mein Zeichenbrett zu zeigen und mich meinen Kollegen vorzustellen. Am nächsten Tag begann ich mit der Arbeit und entwarf tragbare Schautafeln für eine Wanderausstellung, die Ansichten verschiedener kolonialer Besitztümer der Briten zeigte. Ich erinnere mich an die Gestaltung von Schautafeln, auf denen das tägliche Leben in Nigeria und Uganda dargestellt wurde, aber es gab natürlich auch andere, zum Beispiel solche, die den Wiederaufbau Europas nach dem Krieg und den Nutzen des Marshallplans zeigten. Ich wählte das leicht verfügbare entsprechende Bildmaterial aus, erstellte Entwürfe und malte, wenn nötig, Landschaftshintergründe dazu. Da die Ausstellungen nur in Westdeutschland gezeigt wurden, wurden alle Beschriftungen von Beschriftungsspezialisten, die Teil der Grafikteams waren, in deutscher Sprache angefertigt.

Bis auf mich waren alle Mitglieder dieses Teams Deutsche und hatten in der Wehrmacht gedient. Wie alle Deutschen waren sie froh, dass der Krieg vorbei war. Ich hatte das Gefühl, dass sie mich, den Polen, der mit ihnen gleichberechtigt zusammenarbeitete, etwas schief ansahen, aber ich kannte diese Art von Einstellung bereits und ignorierte sie einfach.

Es gab jedoch eine Schwierigkeit meinen Weg zur Arbeit und zurück betreffend. Jeden Morgen musste ich bei Wind und Wetter die drei Kilometer von Muckum nach Bünde laufen und

Bei der Arbeit für die British Army of the Rhine (BAOR).

die gleiche Strecke auf dem Rückweg zurücklegen. Es gab keine Busverbindung auf dieser Teilstrecke, und als der Regen von Ende Oktober Anfang November in Schnee überging, beschloss ich, dass wir näher an die Stadt ziehen mussten. Christine wollte jedoch den Hof der Middings nicht verlassen, und so fand ich ein Zimmer bei einer anderen Bauernfamilie, nur zehn Gehminuten von Bünde entfernt. Während des gesamten Winters 1948/49 stand ich in ständigem Briefkontakt mit meinem Onkel in Winnipeg, hauptsächlich wegen unserer Pläne, Europa in Richtung Kanada zu verlassen. Im Laufe der Zeit wurden diese Pläne immer konkreter, vor allem dank der Bemühungen meines Onkels. Er war seit vielen Jahren in der Reisebranche tätig und besaß nun ein Reisebüro in Winnipeg. Er wusste, welche Knöpfe er drücken musste, um uns über den Atlantik zu bringen. Natürlich stand ich auch mit meinem Vater in Polen in regelmäßigem und häufigem Kontakt und war sehr erleichtert, als ich erfuhr, dass er trotz des Todes meiner Mutter und seiner eigenen persönlichen Tragödie langsam seinen Seelenfrieden und sogar etwas von seinem funkelnden, trockenen Humor zurückgewann. Er lebte immer noch in Poznań, bei einer Familie, deren Tochter pianistische Ambitionen hatte, und er unterrichtete die junge Frau gegen Kost und Logis. Er begann wieder zu komponieren, was mir sagte, dass er nicht mehr nur in der Vergangenheit schwelgte, sondern nun auch wieder in die Zukunft blickte.

Weihnachten 1948 kam und ging. Das neue Jahr brach an, und mit ihm kam die Nachricht aus Kanada, dass die Einwanderungsbehörde in Ottawa unseren Antrag auf Einwanderung und Niederlassung in diesem Land prüfte. Doch selbst wenn dieser bewilligt würde, musste nicht nur mein Onkel, sondern auch noch eine offiziell anerkannte Flüchtlingsorganisation als unser Sponsor auftreten. Ich wusste nicht, ob die Internationale Flüchtlingsorganisation der UNO noch aktiv war – schließlich war der Krieg seit mehr als drei Jahren vorbei, und die Millionen von Flüchtlingen, die durch Europa irrten, waren inzwischen sicher nach Hause zurückgekehrt oder hatten sich in viele andere Teile der Welt zerstreut und dort niedergelassen. In Anbetracht der politischen Lage im Nachkriegspolen war die Regierung dieses Landes natürlich nicht nur gegen die Auswanderung der Polen in den Westen, sondern hielt sie durch die Schließung der Grenzen aktiv davon ab. Eine Ausnahme bildeten die älteren Menschen, die der Staat als nicht mehr nützlich ansah. Andererseits förderte die polnische Regierung die Rückkehr polnischer Flüchtlinge in ihr Heimatland, aber weder Christine noch ich waren daran interessiert, diese Einladung anzunehmen. Es war ein strittiger Punkt, da mein Recht auf Rückkehr 1947 widerrufen worden war, wahrscheinlich als Folge meiner Aktivitäten im entschieden antikommunistischen polnischen Widerstand. Nicht, dass ich nicht eine tiefe Sehnsucht nach meinem Heimatland verspürte. Wäre das neue politische System Polens in der Nachkriegszeit auf demokratischen und humanistischen Werten aufgebaut gewesen, wäre ich selbstverständlich in meine Heimat zurückgekehrt. Aber inzwischen hatte ich Kanada schon so lange im Kopf, dass ich es kaum erwarten konnte, dorthin aufzubrechen.

Ende Februar 1949 schickte mir mein Onkel einen Brief, den er von der kanadischen Einwanderungsbehörde erhalten hatte und in dem Christine und ich als potenzielle Einwanderer akzeptiert wurden. Er fügte eine Notiz hinzu, in der er mir mitteilte, dass wir außer von ihm auch vom Canadian Christian Council for the Resettlement of Refugees, einer christlichen Flüchtlingsorganisation, gesponsert wurden. Die Dinge kämen nun wirklich in Bewegung, schrieb er, aber zwei Dinge seien noch zu erledigen, bevor wir an Bord des Schiffes gehen könnten, das uns nach Kanada bringen würde: eine ärztliche Untersuchung und eine Reise nach Hamburg, wo wir unsere Fahrkarten in den Büros der Cunard Line abholen und genaue Informationen über den Einschiffungshafen und das Abfahrtsdatum erhalten könnten. Es war kaum zu glauben, dass all dies wirklich geschah, aber Anfang März kam ein Brief von der kanadischen Einwanderungsbehörde, in dem wir angewiesen wurden, uns mit unserem Gepäck in einem Transitlager in Hannover für die medizinische Untersuchung zu melden. Wir hatten noch ein paar Tage Zeit, um Briefe zu schreiben – Christine an ihre Eltern in Dresden und ich an meinen Vater in Poznań – und sie über unsere bevorstehende Abreise zu informieren. Es blieb auch genügend Zeit, um alle offenen Rechnungen mit unseren Gastgebern zu begleichen und meine Stelle bei den britischen Informationsdiensten zu kündigen, von denen ich ein sehr lobendes Referenzschreiben erhielt. Ich erinnere mich, dass all unsere Verabschiedungen wirklich herzlich waren. Um den 10. März herum checkten wir im Durchgangslager Hannover ein. Es befand sich in einem der Vororte der Stadt und hatte während des Krieges als Unterkunft für Zwangsarbeiter gedient. Nach dem Krieg war es zu einem DP-Lager (für »displaced persons«) für diejenigen geworden, die entweder auf die Rückkehr in ihre Herkunftsländer warteten oder darauf, in verschiedene andere

Länder in Europa oder Übersee einwandern zu können. Es gab noch einige solcher Lager in ganz Deutschland, die alle mehr oder weniger denjenigen ähnelten, die ich aus meiner Zeit in Dresden kannte. Diese Ansammlung heruntergekommener Holzbaracken am Stadtrand von Hannover war jedoch besonders düster. Ich zählte fünf oder sechs dicht nebeneinanderstehende Schuppen, von denen einer die kanadische Verwaltung und einen medizinischen Untersuchungsraum beherbergte, während die anderen durch dünne Sperrholzwände in kleine Räume unterteilt waren, die jeweils zwei Doppelstockbetten und einen mickrigen Holzofen enthielten. Ein kleines Fenster ließ etwas Tageslicht in den uns zugewiesenen Raum, aber die Hälfte des Glases fehlte und war durch ein Stück schwerer Pappe ersetzt worden. In einer Ecke des Lagers stand eine Baracke mit einer Küche, die die Insassen mit Essen versorgte, das zwar reichlich war, aber eintönig und meist ohne erkennbaren Geschmack. Aber all das machte uns nichts aus. Unsere Gedanken kreisten um die Zukunft.

Ebenso wenig störte uns die Anwesenheit eines anderen Paares in dem Zimmer, das wir bewohnten. Ich erfuhr nie ihre Namen, aber das war nicht ungewöhnlich in einer Zeit, in der die Umstände die Menschen manchmal nur für kurze Zeit zusammenbrachten, vielleicht in einem Luftschutzkeller oder in einem Wartesaal eines Bahnhofs. Das Paar stammte ursprünglich aus der Bukowina, einem Gebiet, das teilweise in Rumänien und teilweise in der Ukraine liegt. Sie waren deutscher Herkunft und stammten von Familien ab, die vor mehreren Generationen aus Deutschland in dieses Gebiet ausgewandert waren. Die Sprache, die sie sprachen, war eine merkwürdige Mischung aus Rumänisch mit einigen slawischen Anteilen, ein paar Wörtern seltsam klingendem Deutsch und als Zugabe vielleicht etwas, das sich für mich wie Ungarisch anhörte. Trotzdem gelang uns mithilfe von Gesten eine einigermaßen gute Verständigung. Ihre Geschichte ähnelte sehr anderen, die ich schon gehört hatte, manchmal direkt von Menschen deutscher Abstammung. Unmittelbar nach dem Überfall auf Polen 1939 waren viele von ihnen von der Naziregierung überredet worden, ihre alten Wohnsitze in Lettland, Estland, Ungarn, der Ukraine, Russland und anderen osteuropäischen Ländern aufzugeben und in die von Nazideutschland annektierten westpolnischen Gebiete zu ziehen. Dort erhielten sie vollständig eingerichtete Gehöfte und Wohnhäuser, aus denen die polnischen Eigentümer vertrieben worden waren, sowie alle Arten von ehemals polnischen Betrieben und landwirtschaftlichen Besitztümern, von kleinen Bauernhöfen bis hin zu riesigen Gebieten mit fruchtbarem Land und den dazugehörigen Wäldern. All die landwirtschaftlichen Maschinen, das Vieh, die Häuser, Scheunen und Ställe, vielleicht sogar hier und da ein schönes Herrenhaus – all das sollte nun den neuen Eigentümern auf ewig gehören, garantiert durch die Regierung des Dritten Reichs. Kein Wunder also, dass das Ehepaar, mit dem wir ein Zimmer teilten, stolz darauf war, dass es von ihrem Dasein als schmutzig-arme Bauern in der Bukowina unverhofft zu Gutsbesitzern aufgestiegen war. So nannte sich der Mann auch stolz, als ich ihn zum ersten Mal fragte, was er beruflich mache. Ich bin mir sicher, dass es ihm gar nicht in den Sinn kam, dass das Land und das darauf stehende Haus – ein schönes zweistöckiges Gebäude mit einem Säulengang davor – durch einfachen Raub erworben worden waren. Als er mir ein Bild dieses Hauses zeigte, fragte ich ihn, ob er wisse, was mit dem vorherigen Besitzer geschehen sei. »Oh«, sagte er. »Sie haben ihn erschossen.« »Wer hat ihn erschossen?«, fragte ich, woraufhin er mit den Schultern zuckte und sagte, dass es vielleicht die Polizei oder vielleicht die Soldaten waren. Aber als die Russen kamen, sagte er, und dann auch noch die »Polacken« mussten er und seine Frau fliehen, mitten im grausamen Winter 1944/45; und jetzt würden sie ein Leben in Kanada beginnen. In einem späteren Gespräch machte er deutlich, dass er hoffte, eines Tages auf seinen Gutsbesitz zurückzukehren und ihn wieder in Besitz zu nehmen. Schließlich war er ihm von der rechtmäßigen deutschen Regierung geschenkt worden, oder etwa nicht? Nach diesem Gespräch machte ich mir nicht mehr die Mühe, mit ihm zu sprechen.

Unsere medizinischen Untersuchungen dauerten jeweils nicht länger als zehn Minuten, und als sie beendet waren, wurden wir zum kanadischen Verwaltungsbüro geleitet. Dort erklärte uns ein gelangweilt aussehender Herr auf Englisch, dass wir uns in zwei Tagen im Büro der Cunard Line in Hamburg melden sollten, um unsere Reisedokumente zu erhalten. Von dort aus würden wir zum Hafen von Cuxhaven fahren, um an Bord der MS Samaria zu gehen, die uns in den kanadischen Hafen von Halifax bringen würde. Mein Englisch bestand damals aus drei Wörtern – »yes«, »no« und »hello« –, und ich konnte kaum verstehen, was der Mann sagte. Aber wie schon auf dem Bahnhof in Braunschweig erwiesen sich Christines Sprachkenntnisse als nützlich, und sie konnte das Wesentliche der Anweisungen übersetzen. Zwei Tage später verabschiedeten wir uns, das Gepäck in den Händen, mit einem Nicken und Winken von unseren Zimmerkollegen und verließen glücklich das Lager, um zum Bahnhof zu marschieren. Die Fahrt nach Hamburg dauerte nur ein paar Stunden, und als wir dort ankamen, fanden wir leicht den Weg zum Alster Kai und den nahegelegenen Büros der Cunard Lines. Ich war nicht überrascht, als ich sah, wie bescheiden die Büros waren, die sich in einem einstmals sehr kleinen Laden befanden, der auf irgendeine Art nicht nur den heftigen Bombenangriffen der Alliierten, sondern auch dem schrecklichen Feuersturm von 1943 entgangen war.

Das kleine Gebäude stand inmitten von Ruinen und großen Schutthügeln, die noch nicht abgetragen worden waren. Drinnen prüfte ein freundlicher und tüchtiger deutschsprachiger Mann mittleren Alters genau unsere Ausweispapiere und die Briefe, die wir von der kanadischen Einwanderungsbehörde erhalten hatten. Nachdem er all diese Daten in einen großen, wichtig aussehenden Band eingetragen hatte, händigte er uns schließlich unsere Tickets aus. Wir unterschrieben die entsprechenden Quittungen, bedankten uns bei dem Mann und gingen. Das war wohl das erste Mal, dass ich mich auf Englisch bedankt habe. Wir hatten keine Zeit, unseren Gefühlen Luft zu machen, obwohl dieser Moment so tief bewegend war. Wir mussten zurück zum Bahnhof rennen, um den Zug nach Cuxhaven zu erwischen, einem Hafen an der Elbmündung, etwa 100 Kilometer nordwestlich von Hamburg und weniger als zwei Stunden mit dem Zug entfernt, einschließlich der Zwischenstopps. Wir erreichten den Bahnhof gerade kurz vor knapp. Aber selbst als der

Die Samaria, 1949.

Zug schon fuhr, konnten wir uns nur wenig sagen. Wir waren einfach überwältigt von der plötzlichen, unerwarteten Geschwindigkeit, mit der sich die Ereignisse entfalteten. Ich schaute aus dem Fenster auf die vorbeigleitende Landschaft, die teilweise städtisch, größtenteils aber ländlich geprägt war, und dachte daran, wie sehr sie mich an die westpolnischen Ebenen erinnerte, die ich jetzt so sehr vermisste.

Wir verbrachten die Nacht in einem bescheidenen Hotel in Cuxhaven. An Bord der Samaria zu gehen, verlief am nächsten Morgen schnell und unkompliziert. Unsere Reisedokumente wurden noch einmal kontrolliert, und wir wurden zu unseren jeweiligen Kabinen geführt. Christine sollte in einem großzügigen Raum untergebracht werden, der für mehrere Frauen vorgesehen war, während ich in einen ähnlichen Bereich für männliche Passagiere verwiesen wurde. Die Samaria, die früher ein Passagierschiff gewesen war, war während des Krieges zu einem Truppenschiff umfunktioniert worden und transportierte nun tausende Flüchtlinge aus dem kriegsversehrten Europa zu ihren Bestimmungsorten in Nord- und Südamerika.

Das Schiff verließ den Hafen am Vormittag. Nur wenige Passagiere (darunter ich) bemerkten den Moment, in dem das Schiff ablegte. Während es langsam aus dem Hafen in die offene Nordsee glitt, ging ich das Hauptdeck hinunter und stand am Heck des Schiffes, um auf das Kielwasser hinunterzublicken und zuzuschauen, wie das Land am Horizont immer kleiner wurde und schließlich ganz verschwand.

Über den Autor

Jan Kamieński wurde 1923 in Poznań, Polen, geboren. Im Jahr 1949 wanderte er nach Winnipeg in die Provinz Manitoba in Kanada aus, wo er als Werbegrafiker, Designer und Illustrator arbeitete. Von 1958 bis 1980 war er als Karikaturist und Schriftsteller, Kunstkritiker und Kolumnist für die *Winnipeg Tribune* tätig. Zwischen 1980 und 1988, als er in den Ruhestand ging, war er Redaktionskarikaturist für die *Winnipeg Sun*. Nach seiner Pensionierung wandte er sich wieder der Malerei zu und stellte seine Werke in den letzten Jahren in mehreren Ausstellungen aus. Er verstarb am 26. März 2010 im Alter von 86 Jahren. Seine hier erstmals in deutscher Übersetzung vorliegenden Erinnerungen wurden 2008 in Kanada veröffentlicht.

Impressum

Herausgeber
Wolfgang Howald

Lektorat
Adrienne Heilbronner, Sandstein Verlag

Übersetzung
Kathrin Jahrreiß

Gestaltung
Nele Bielenberg, Sandstein Verlag

Satz und Reprografie
Christian Werner, Sandstein Verlag

Druck und Verarbeitung
FINIDR s.r.o., Český Těšín

Schrift
Avant Garde Gothic Std, Palatino

Papier
Munken pure rough 100 g/m²

Bildnachweis
© SLUB / Deutsche Fotothek / Unbekannter Fotograf: S. 326/327, Alle weiteren Abbildungen © Dundurn Press, Jan Kamieński

Wir haben uns intensiv bemüht, alle Inhaber von Abbildungsrechten ausfindig zu machen. Personen und Institutionen, die weitere Rechte an verwendeten Abbildungen beanspruchen, werden gebeten, sich nachträglich mit dem Herausgeber in Verbindung zu setzen.

Die Deutsche Nationalbibliothek verzeichnet diese Publikation in der Deutschen Nationalbibliografie; detaillierte bibliografische Daten sind im Internet über http://dnb.dnb.de abrufbar.

www.sandstein-verlag.de
ISBN 978-3-95498-734-4

SACHSEN

Diese Maßnahme wird mitfinanziert durch die Stiftung Sächsische Gedenkstätten aus Steuermitteln auf der Grundlage des von den Abgeordneten des Sächsischen Landtages beschlossenen Haushalts.